5 STEPS TO A 5™

AP Spanish Language and Culture

2020

5 STEPS TO A 5™

AP Spanish Language and Culture

2020

Dennis Lavoie
Yensen Sierra Lambert

McGraw Hill

New York Chicago San Francisco Athens London Madrid
Mexico City Milan New Delhi Singapore Sydney Toronto

1 2 3 4 5 6 7 8 9   LHS   25 24 23 22 21 20

ISBN   978-1-260-45670-7 (set)
MHID   1-260-45670-6 (set)

ISBN   978-1-260-45668-4 (book for set)
MHID   1-260-45668-4 (book for set)

e-ISBN   978-1-260-45671-4
e-MHID   1-260-45671-4

The series editor was Grace Freedson, and the project editor was Del Franz.
Series interior design by Jane Tenenbaum.

McGraw-Hill Education products are available at special quantity discounts to use as premiums and sales promotions or for use in corporate training programs. To contact a representative, please visit the Contact Us pages at www.mhprofessional.com.

CONTENTS

STEP 5 Build Your Test-Taking Confidence

Welcome to the AP Spanish Language and Culture review book. If you let yourself, you will learn a lot. This book contains the major concepts and ideas to which you were exposed over the past year in your AP Spanish class, as well as the concepts that you have been working with since you started your study of the Spanish language.

There are many books in the market that contain the same information as this one. However, I have approached the material a bit differently. Rather than providing you with endless "drill and kill" types of activities in isolation, to review the thousands of grammatical concepts you have studied over the past four to five years, I am giving you the opportunity to practice with questions just like those you will find on the various parts of the AP Spanish exam. And, instead of giving you a simple answer key, I have tried to provide you with a brief and easily understood explanation of each answer given.

Both the design and content of this new edition have been extensively revised. The explanations, which are given in simple terms, are derived from my own analysis as well as from observations that my students have made with regard to the various types of questions.

There is definitely a lot to learn and review to prepare you for the AP exam; remember how long you have been studying the Spanish language! Also remember that a course that might lead to college credit has to be tough. I am not going to say that you do not need to study to do well on this exam; you actually need to prepare quite a bit. This book will walk you through step-by-step, section-by-section, and question type-by-question type. As you practice and correct your errors, you may wish to make notes based on the explanations given. Be sure to try to use as many of the study tips as possible provided at the beginning of each chapter. These tips come from my many years of experience as both a teacher and a student. They also come from students just like you who have taken this examination over the years. Be sure to take the two practice tests. Do not take them just to see how you will do; take them also to see what types of questions you particularly need to practice. Do the practice essays that I have included to be well prepared for the essays on test day. Also, get used to the format of the essays as well as the types of test questions you will encounter on the examination.

Now it's time to begin! First, take the diagnostic exam in Step 2. After taking it, look through the answers and explanations to see where you stand before you dive into the practice-review process. Be sure to look carefully at the hints at the beginning of each chapter; these will help you become more comfortable and successful at answering the types of questions you will be asked. Finally, you might want to consider forming a study group with some friends. Working together is more fun, and it *sometimes* helps to discuss out loud possible answers to the questions. **¡Buena suerte!**

ACKNOWLEDGMENTS

I would like to thank those who made this book possible: my wife, Allegra Beahan-Lavoie; my parents, Jim and Mary, for always believing in and supporting me; Grace Freedson and Grace Freedson's Publishing Network for giving me this opportunity. I would also like to thank the reviewers, for their insights and professionalism, and Rita Soto and Marie Metzger, who introduced me to the language and culture of the Hispanic world. Finally, I would like to thank my colleagues, students, and administrators at Fairport Central School for their friendship, understanding, and all they have taught me. I would also like to thank Andrea Ferscey, Nancy Anderson, David Baum, June Phillips, Mimi Met, and all with whom I have worked and learned through various curriculum and test development projects. Special thanks too to Alice Matulić without whose help, careful eye, wisdom, and encouragement this book would not have been possible. I owe a special debt of gratitude to Douglas Kaukeinen, math instructor and friend, who worked out the mathematical and statistical details to enable the user to see what score he or she would receive. And last, but certainly not least, my thanks to José Diaz, who made this foray into my professional growth possible.

—Dennis Lavoie

The hard work and effort that went into this project would not have been possible without very important people in my life and I would like to thank them from the bottom of my heart: Grace Freedson and Grace Freedson Publishing for trusting in me; my son, Ezra Lambert, for his support and picking up extra chores while I worked; my life partner, William Michael McDade, for his undying encouragement; my nieces Sasha Fowler and Iesha Martinez, for always keeping me in their prayers; and my mother, Mercedes Hernández, for always believing in me. I would also like to thank my AP students and fellow language teachers at Greens Farms Academy in Connecticut. Finally, this project and many other ventures in my life would not have come to fruition without the mentorship, guidance, and encouragement of my professional mentor and dear friend, Ken Stewart.

—Yensen Sierra Lambert

ABOUT THE AUTHORS

DENNIS LAVOIE has taught AP Spanish Language and Culture and other college-level courses at Fairport High School in Fairport, New York, a suburb of Rochester, New York, for more than 34 years. He worked with the College Board's Pacesetter Spanish program from 1993 to 2002 as a trainer, writer, and member of the test development and teacher certification committees. He has also presented workshops and taught at summer institutes at the local, state, and national levels on Pacesetter Spanish and Advanced Placement Spanish Language. In addition, he has served as a reader at the national reading for the AP Spanish exam. Mr. Lavoie has served on the NAEP (National Assessment of Educational Progress) Foreign Language Standing Committee and also on its item-writing committee. He has been a mentor teacher in the Fairport Central School District and a cooperating teacher with college foreign language teacher training programs.

After earning his bachelor's degree from Saint John Fisher College (Rochester, New York) and his master's degree from Middlebury College (Vermont), Mr. Lavoie received his C.A.S. from the State University College at Brockport (Brockport, New York) in Public Administration. He also holds professional certification in French and is a certified trainer in 4MAT Lesson Development and Smart Board technology. In December 2007, Mr. Lavoie received his certificate in World Languages Other than English (WLOE) from the National Board of Professional Teaching Standards (NBPTS). In addition, he has studied at the Universities of Madrid, Granada, Santiago de Compostela, and Salamanca, and l'Université Catholique de l'Ouest (Angers, France).

YENSEN SIERRA LAMBERT has taught AP Spanish Language and Culture and other Spanish courses for 19 years in New York City, Florida, Georgia, and most recently at Greens Farms Academy in Westport, CT. She has served as a Reader and Table Leader in the AP Spanish Language and Culture Reading in Cincinnati for the last four years. In addition, Ms. Sierra Lambert has led student and teacher training workshops for the National Math and Science Initiative/AP for All in New York City for the last year, where she has helped native speakers and their teachers prepare for the AP exam. She has also presented proficiency-based sessions at ACTFL and will soon participate in NECTFL in New York City. Ms. Sierra Lambert is currently the chair of the world languages department at Greens Farms Academy in Westport, CT, where she teaches AP Spanish Language and Culture.

Ms. Sierra Lambert earned her bachelor's degree in Spanish and International Studies from Douglas College at Rutgers University in New Brunswick, NJ. After teaching for several years in New York City public school, she pursued her master's degree in Romance Languages from Hunter College in New York City. Ms. Sierra Lambert has also taken undergraduate and graduate language pedagogy courses at the Universidad de Salamanca and Universidad de Santiago de Compostela in Spain.

INTRODUCTION: THE 5-STEP PROGRAM

The Basics

Not too long ago, you agreed to enroll in AP Spanish. Maybe the allure of becoming fluent in Spanish was just too much to resist, or maybe a respected teacher encouraged you to challenge yourself and you took the bait. Either way, you find yourself here, flipping through a book that promises to help you culminate this enriching experience with the highest of honors, a 5 in AP Spanish. Can it be done without this book? Sure—there are many excellent teachers of Spanish out there who teach, coax, and cajole their students into a 5 every year. But I am here to tell you that, for the majority of students in your shoes, the comprehensive review and practice exams in this book will make it much easier for you to achieve that goal.

Introducing the 5-Step Preparation Program

This book is organized as a 5-step program to prepare you for success on the exams. These steps are designed to provide you with the skills and strategies vital to taking the exam and the practice that can lead you to that perfect 5. Each of the five steps will provide you with the opportunity to get closer and closer to that prize trophy 5. Here are the 5 steps.

Step 1: Set Up Your Study Program

In this step you'll read a brief overview of the AP Spanish exam, including the number and types of questions that will be used to test your level of achievement in Spanish. You will also follow a process to help determine which of the following preparation programs is right for you:

- Full school year: September through May
- One semester: January through May
- Basic training: Six weeks prior to the exam

Step 2: Determine Your Test Readiness

In this step you'll take a diagnostic exam in Spanish. This pretest should give you an idea of how prepared you are to take the real exam. It will also help you identify your weaknesses before you begin to study for the real exam.

- Go through the diagnostic exam step-by-step and question-by-question to build your confidence level.
- Review the correct answers and explanations to gauge where you are and to determine what you need to work on.

Step 3: Develop Strategies for Success

In this step you'll learn strategies that will help you do your best on the multiple-choice and free-response sections of the exam.

- Learn how to read multiple-choice questions.
- Learn how to answer multiple-choice questions.
- Learn how to plan and write an effective interpersonal e-mail reply and a presentational persuasive essay.
- Learn how to participate effectively in interpersonal conversations and prepare for a presentational speaking cultural comparison.

Step 4: Review the Knowledge You Need to Score High

In this step you'll review the knowledge and learn the strategies that will help you do your best in the exam. These strategies cover various types of reading and listening, as well as written and oral presentation. This step, which takes up the bulk of this book, includes:

- Interpretive communication with printed texts
- Interpretive communication with printed and audio texts
- Interpretive communication with audio texts
- Answers and explanations for each
- Interpersonal writing: E-mail reply
- Presentational writing: Persuasive essay
- Interpersonal speaking: Conversation
- Presentational speaking: Cultural comparison

Step 5: Build Your Test-Taking Confidence

In this step you'll check your preparation by testing yourself on practice exams. I have provided you with *two* complete exams, solutions, and (sometimes more important) ways to avoid common mistakes. Once again, this edition is updated to reflect more accurately the types of questions tested on recent AP exams. Be aware that these practice exams are *not* reproduced questions from actual AP Spanish exams, but they mirror the types of questions you will see in the actual exam.

Finally, at the back of this book you'll find additional resources to aid your preparation. These include:

- A list of words to help you write and speak more fluently
- Common errors English speakers make in Spanish
- Common verbal expressions
- Expressions for convincing, persuading, giving information, getting information, expressing preference, and expressing opinion
- Spanish verbs that require prepositions; verbs that require prepositions in English but not in Spanish; and common prepositional phrases
- Useful expressions for writing
- A list of websites related to the AP Spanish exam
- A list of useful resources to help prepare for the cultural comparison presentational speaking

The Graphics Used in This Book

To emphasize particular skills and strategies, we use several distinctive icons throughout this book. An icon in the margin will alert you that you need to pay particular attention to the accompanying text. We use these icons:

This icon indicates a very important concept or fact that you should not pass over.

This icon calls your attention to a strategy that you may want to try.

This icon alerts you to a tip that you might find useful.

This icon indicates a listening passage that is provided on the accompanying recording.

Throughout the book you will also find marginal notes, boxes, and starred areas. Pay close attention to these areas because they can provide tips, hints, strategies, and further explanations to help you reach your full potential.

5 STEPS TO A 5™

AP Spanish Language and Culture

2020

STEP 1

Set Up Your Study Program

CHAPTER 1

What You Need to Know About the AP Spanish Exam

IN THIS CHAPTER

Summary: Learn how you will be tested, how the test is scored, and basic test-taking information.

Key Ideas

✪ Most colleges will award credit for a score of 4 or 5.

✪ Multiple-choice questions account for half of your final score.

✪ Free-response questions account for half of your final score.

✪ Your composite score on the two test sections is converted to a score on the 1–5 scale.

✪ There is no deduction for wrong answers. Therefore it is in your best interest to thoughtfully answer all multiple-choice questions.

Background Information

The AP Spanish Language and Culture exam that you are taking was first offered by the College Board in 1956. In 1956, only 1,229 students took any AP examination. Since then, the number of students taking the test has grown rapidly, and by 2017 the number of students taking the Spanish exam alone had increased to approximately 166,307.

Some Frequently Asked Questions About the AP Spanish Exam

Why Take the AP Spanish Language and Culture Exam?

Most of you take the AP Spanish exam because you are seeking college credit. The majority of colleges and universities regard a 4 or 5 as acceptable credit for their Spanish language course. A small number of schools will sometimes accept a 3 on the exam. This means you are one course closer to graduation before you even begin. Even if you do not score high enough to earn college credit, the fact that you elected to enroll in AP courses tells admission committees that you are a high achiever and serious about your education. In 2017, 88.5 percent of students taking the Spanish exam scored a 3 or higher.

What Is the Format of the Exam?

The examination is divided into two sections: Section I (reading, listening and reading combined, and listening) is multiple choice; Section II (writing and speaking) is free response. Sections I and II are each worth 50 percent of the total score. If you complete Section I before time is called, you may go back and check any part of it that you wish. When time is called, you will turn in the booklet and have a short break. You will then move on to Section II and will not be able to look at Section I again.

The following table summarizes the format of the AP Spanish Language and Culture exam.

AP Spanish Language and Culture

SECTION I MULTIPLE CHOICE	NUMBER OF QUESTIONS	TIME LIMIT
Part A. *Interpretive Communication: Printed Texts.* Exercises with one or two printed texts followed by multiple-choice questions.	30	40 minutes
Part B 1. *Interpretive Communication: Print and Audio Texts Combined.* Exercises with both a printed passage and an audio selection followed by multiple-choice questions.	35	Approximately 55 minutes
2. *Interpretive Communication: Audio Texts.* One or more audio selections followed by multiple-choice questions.		

Total time for Section I: Approximately 95 minutes

SECTION II FREE RESPONSE	NUMBER OF QUESTIONS	TIME LIMIT
A. *Writing* 1. Interpersonal writing: Responding to an e-mail	1 prompt	Approximately 15 minutes

SECTION II FREE RESPONSE	NUMBER OF QUESTIONS	TIME LIMIT
2. Presentational writing: Document-based writing, which involves reading two texts, listening to a related passage, and using these three sources to respond to a question. You must compare and contrast the different viewpoints and express your own viewpoint and defend it using all sources.	1 prompt	Approximately 55 minutes (about 10 minutes for reading and listening, about 5 minutes for planning, and about 40 minutes for writing your response)
	Total time for Part A	Approximately 70 minutes
B. *Speaking* 1. Interpersonal speaking: Based on a role-playing situation, you will read an outline of the simulated conversation and hear some background information before beginning the conversation.	5 prompts	Approximately 10 minutes (with 20 seconds to respond to each prompt)
2. Presentational speaking: You will make an oral presentation to your class on a specific topic. You will have 4 minutes to read the topic and prepare your 2-minute presentation.	Prepare an oral presentation on a cultural topic.	Approximately 6 minutes
	Total time for Part B	Approximately 20 minutes

Total time for Section II: Approximately 90 minutes

Who Writes the AP Spanish Exam?

Development of each AP exam is a multi-year effort that involves many education and testing professionals and students. At the heart of the effort is the AP Spanish Development Committee, a group of college and high school Spanish teachers who are typically asked to serve for three years. Their job is to ensure that the annual AP Spanish exam reflects what is being taught and studied in college-level Spanish language classes at high schools.

The committee and other college professors create a large pool of multiple-choice questions. These questions are then pre-tested with college students enrolled in third-year Spanish courses for accuracy, appropriateness, clarity, and assurance that there is only one possible answer.

The free-response essay questions, presentational and interpersonal, that make up Section II go through a similar process of creation, modification, pre-testing, and final refinement so that the questions are at an appropriate level of difficulty and clarity.

At the conclusion of each AP reading and scoring of exams, the exam itself and the results are thoroughly evaluated by the committee and by ETS (Education Testing Service, of Princeton, New Jersey, developers of the actual exam). In this way, the College Board can use the results to make suggestions for course development in high schools and to plan future exams.

Who Grades My AP Spanish Exam?

Every June a group of Spanish teachers and college professors gather for a week to assign grades to your hard work. Each of these "Faculty Consultants" spends a day or so getting trained on one question and one question only. Because each reader becomes an expert on that question, and because each exam book is anonymous, this process provides a very consistent and unbiased scoring of that question. During a typical day of grading, a random sample of each reader's scores is selected and cross-checked by other experienced "Table Leaders" to insure that consistency is maintained throughout the day and the week. Each reader's scores on a given question are also statistically analyzed to make sure that they are not giving scores that are significantly higher or lower than the mean scores given by other readers of that question. All measures are taken to maintain consistency and fairness for your benefit.

Will My Exam Remain Anonymous?

Absolutely. Even if your high school teacher happens to randomly read your booklet, there is virtually no way he or she will know it is you. To the reader, each student is a number and to the computer, each student is a bar code.

What About That Permission Box on the Back?

The College Board uses some exams to help train high school teachers so that they can help the next generation of Spanish language students avoid common mistakes. If you check this box, you simply give permission to use your exam in this way. Even if you give permission, your anonymity is still maintained. Please note, if you choose not to give permission, this will in no way affect your grade.

How Is My Multiple-Choice Exam Scored?

The multiple-choice section of each exam contains 65 questions and is worth half of your final score. Your answer sheet is run through the computer, which adds up your correct responses. The resulting score is then multiplied by statistically determined factors for the different question types (reading, reading and listening combined, and listening). The two numbers are then added and rounded to the nearest whole number. This sum becomes the weighted score for Section I.

How Is My Free-Response Exam Scored?

Your performance on the free-response section is worth half of your final score. The interpersonal and presentational writing are scored on a scale of 0–5, with 5 being the highest possible score. This score is multiplied by 3.000. The 0–5 scale is a rubric. A sample rubric is provided at the end of Chapters 7 and 8.

Interpersonal and presentational speaking are also graded on a scale of 0–5, then, that score is multiplied by 2.000. The 0–5 scale is a rubric. A sample rubric appears at the end of Chapters 9 and 10. The two oral sections are evaluated in the same manner as the essays.

How Is My Final Grade Determined and What Does It Mean?

The weighted scores from Sections I and II are added together and rounded to the nearest whole number. (Remember that each section is 50 percent of the examination.) This is the composite score.

The following table gives you a very rough example of a conversion, and as you complete the practice exams, you may use this to give yourself a hypothetical grade. Keep in mind that the conversion changes slightly every year to adjust for the difficulty of the questions. You should receive your grade in early July.

AP Spanish Language and Culture

COMPOSITE SCORE RANGE	AP SCORE	INTERPRETATION	EQUIVALENT COLLEGE GRADE
117–150	5	Extremely Well Qualified for College Credit	A
99–116	4	Well Qualified	B
86–98	3	Qualified	C
71–85	2	Possibly Qualified	D
0–70	1	No Recommendation	–

How Do I Register and How Much Does It Cost?

You do not have to enroll in the AP course to register for and complete the AP exam. When in doubt, the best source of information is the College Board's website: www.collegeboard.com.

The fee for taking the AP Spanish Language and Culture exam is $94 (2019)* for each exam in the United States, U.S. Territories, U.S. Common Wealths, and Canada. (Your school may charge an additional fee for proctoring and other test related expenses. Check with your test administrator.) Students who demonstrate financial need may receive a $31 refund to help offset the cost of testing and the school forgoes its $9 per exam. So the final fee for these students is $53 per exam. Finally, most states offer exam subsidies to cover all or part of the cost. You can learn more about fee reductions and subsidies from the coordinator of your AP program, or by checking specific information on the official website: www. collegeboard.com. For U.S. Department of Defense Dependents Schools the fee is $124.

There are also several optional fees that must be paid if you want your scores rushed to you or if you wish to receive multiple grade reports.

The coordinator of the AP program at your school will inform you where and when you will take the exam. If you live in a small community, your exam may not be administered at your school, so be sure to get this information.

What Should I Bring to the Exam?

On exam day, it is a good idea to bring the following items:

- Several pencils and an eraser that doesn't leave smudges
- Black or blue colored pens for the free-response section
- A watch so that you can monitor your time. You never know if the exam room will, or will not, have a clock on the wall. Make sure you turn off the beep that goes off on the hour
- Your school code
- Your photo identification and social security number
- Tissues

What Should I NOT Bring to the Exam?

It's probably a good idea to leave the following items at home:

- A cell phone, beeper, PDA, or walkie-talkie
- Books, a dictionary, study notes, flash cards, highlighting pens, correction fluid, a ruler, or any other office supplies
- Portable music of any kind. No CD players, MP3 players, or iPods
- Clothing with any Spanish on it

*You may also check "apcentral.collegeboard.org" for the most up-to-date information.

CHAPTER 2

How to Plan Your Time

IN THIS CHAPTER:

Summary: The right preparation plan for you depends on your study habits and the amount of time you have before the test.

Key Idea

✪ Choose the study plan that's right for you.

Three Approaches to Preparing for AP Exams

What kind of preparation program for the AP exam is right for you? Should you carefully follow every step, or are there perhaps some steps you can bypass? That depends not only on how much time you have, but also on what kind of student you are. No one knows your study habits, likes, and dislikes better than you do. So you are the only one who can decide which approach you want and/or need to adopt. This chapter presents three possible study plans, labeled A, B, and C. Look at the brief profiles below. They should help you determine which of these three plans is right for you.

You're a full-school-year prep student if:

1. You are the kind of person who likes to plan for a vacation or the prom a year in advance.
2. You're always early for appointments.
3. You like detailed planning and everything in its place.
4. You feel that you must be thoroughly prepared.

5. You hate surprises.
6. You have been studying Spanish for four years or less.

If you fit this profile, consider **Plan A**.

You're a one-semester prep student if:

1. You begin to plan for your vacation or the prom four to five months before the event.
2. You are willing to plan ahead to feel comfortable in stressful situations, but are okay with skipping some details.
3. You feel more comfortable when you know what to expect, but a surprise or two is okay.
4. You're always on time for appointments.
5. You've been studying Spanish for four to five years.

If you fit this profile, consider **Plan B**.

You're a six-week prep student if:

1. You accept or find a date for the prom a week before the big day.
2. You work best under pressure and tight deadlines.
3. You feel very confident with the skills and background you've learned in your AP Spanish Language class.
4. You decided late in the year to take the exam.
5. You like surprises.
6. You feel okay if you arrive 10–15 minutes late for an appointment.
7. You've been studying Spanish for six or more years.
8. You are a heritage or native speaker of Spanish.

If you fit this profile, consider **Plan C**.

Calendar for Each Plan

Plan A: You Have a Full School Year to Prepare

Check off the activities as you complete them.

SEPTEMBER
— Take the Diagnostic Exam
— Week 1: Print texts 1–2 (Ch. 5)
— Week 2: Print and audio texts 1–2 (Ch. 6)
— Week 3: Audio texts 1–2 (Ch. 6)
— Week 4: Presentational writing 1 (Ch. 8)
— Also: Culture review: Spain

OCTOBER
— Week 1: Print texts 3–4 (Ch. 5)
— Week 2: Print and audio texts 3–4 (Ch. 6)
— Week 3: Audio texts 3–4 (Ch. 6)
— Week 4: Presentational writing 2 (Ch. 8)
— Also: Culture review: Mexico

NOVEMBER
— Week 1: Print texts 5–6 (Ch. 5)
— Week 2: Print and audio texts 5–6 (Ch. 6)
— Week 3: Audio texts 5–6 (Ch. 6)
— Week 4: Presentational writing 3 (Ch. 8)
— Also: Culture review: Countries of Central America

DECEMBER
— Week 1: Print texts 7–8 (Ch. 5)
— Week 2: Print and audio texts 7–8 and audio texts 7–8 (Ch. 6)
— Week 3: Interpersonal writing 1–10 (Ch. 7)
— Week 4: Presentational writing 4–5 (Ch. 8)

JANUARY
— Week 1: Print texts 9–10 (Ch. 5)
— Week 2: Print and audio texts 9–10 and audio texts 9–10 (Ch. 6)
— Week 3: Interpersonal writing 11–20 (Ch. 7)
— Week 4: Presentational writing 6 (Ch. 8)
— Take Practice Exam 1
— Also: Culture review: Dominican Republic, Cuba, Puerto Rico

FEBRUARY
— Week 1: Presentational writing 7–8 (Ch. 8)
— Week 2: Interpersonal speaking 1–7 (Ch. 9)
— Week 3: Presentational speaking 1–3 (Ch. 10)
— Also: Culture review: Ecuador, Venezuela, Colombia, Bolivia

MARCH
— Week 1: Presentational writing 9 (Ch. 8)
— Week 2: Interpersonal speaking 8–15 (Ch. 9)
— Week 3: Presentational speaking 4–6 (Ch. 10)
— Also: Culture review: Peru, Argentina, Uruguay, Paraguay

APRIL–MAY
— Week 1: Presentational writing 10 (Ch. 8)
— Week 2: Presentational speaking 7 (Ch. 10)
— Week 3: Presentational speaking 8 (Ch. 10)
— Week 3: Presentational speaking 9 (Ch. 10)
— Week 4: Presentational speaking 10 (Ch. 10)
— Week 5: Take Practice Exam 2
— Get a good night's sleep before the exam.

GOOD LUCK ON THE TEST!!

Plan A: Each month, beginning in September, concentrate on one area of the exam and one type of question. Each month after September, remember to go back and review one activity type from the prior month. As you practice, it is a good idea to use a separate piece of paper, instead of writing your answers in the book, so that you can go back and redo the exercises.

In addition, for each month of the plan, you should write one to three of the essays and have a friend, parent, tutor, or teacher critique your work. In February, March, and April, you should time your essay writing, giving yourself only 45 minutes (5 minutes to outline and 40 minutes to write)—after having spent 7 minutes reading the two sources, listening to the third source, and taking notes on each.

You should look at the vocabularies provided in the Appendixes of this book (the connecting word list; the common mistakes list; the list of common verbal expressions; the list of expressions for convincing/persuading, giving/receiving information, and expressing feelings; the list of verbs and verbal expressions requiring prepositions; and the useful expressions). Divide the number of words in each list by the number of weeks between the beginning of school and the exam, and take that many words from each list to study each week. Make flash cards to hang on your bathroom mirror, bedroom mirror, or bedroom door, where you can take a quick look at them a couple of times each day. You might wish to record them to listen to on the way to school.

Be sure to check the suggested resources appendix for sources to review culture from all Spanish-speaking countries during the year.

Plan B: You Have One Semester to Prepare

JANUARY
— Take the Diagnostic Exam
— Week 1: Print texts 1–6 (Ch. 5)
— Week 2: Print and audio texts 1–6 (Ch. 6)
— Week 3: Audio texts 1–6 (Ch. 6)
— Week 4: Presentational writing 1–3 (Ch. 8)
— Also: Culture review: Spain, Mexico, Central America

FEBRUARY
— Week 1: Print texts 7–10 (Ch. 5)
— Week 2: Print and audio texts 7–10 and audio texts 7–10 (Ch. 6)
— Week 3: Interpersonal writing 1–10 (Ch. 7)
— Week 4: Presentational writing 4–6 (Ch. 8) and Presentational speaking 1–2 (Ch. 10)
— Also: Culture review: Dominican Republic, Cuba, Puerto Rico

MARCH
— Take Practice Exam 1
— Week 1: Interpersonal writing 11–15 (Ch. 7)
— Week 2: Presentational writing 7–9 (Ch. 8)
— Week 3: Interpersonal speaking 1–8 (Ch. 9)
— Week 4: Culture review: Ecuador, Colombia, Venezuela, Bolivia and Presentational speaking 3–5 (Ch. 9)

APRIL
— Week 1: Interpersonal writing 16–18 (Ch. 7)
— Week 2: Presentational writing 10 (Ch. 8)
— Week 3: Interpersonal speaking 9–15 (Ch. 9)
— Week 4: Presentational speaking 6–8 (Ch. 10)
— Also: Culture review: Peru, Argentina, Uruguay, Paraguay

MAY
— Presentational speaking 9–10 (Ch. 10)
— Interpersonal writing 19–20 (Ch. 7)
— Take Practice Exam 2
— Get a good night's sleep before the exam.

GOOD LUCK ON THE TEST!!

Plan B: Starting in January, you have 16 to 17 weeks to prepare. Every 2 weeks, concentrate on one area of the examination and one type of question. Every 2 weeks, starting the end of January, remember to go back and practice one activity type from the prior month.

In addition, for each month of the plan, you should write one to two of the essays and have a friend, parent, tutor, or teacher critique your work. In February, March, and April, you should time your essay writing, giving yourself only 45 minutes (5 minutes to outline and 40 minutes to write)—after having spent 7 minutes reading the two sources and listening to the third source, taking notes on each.

You should look at the vocabularies provided in the Appendixes of this book (the connecting word list; the common mistakes list; the section on verbal expressions; the list of expressions for convincing/persuading, giving/receiving information, and expressing feelings; the list of verbs and verbal expressions requiring prepositions, and the useful expressions). Divide the number of words in each list by the number of weeks between the beginning of January and the examination and take that many words from each list to study each week. Make flash cards to hang on your bathroom mirror, bedroom mirror, or bedroom door where you can take a quick look at them a couple of times a day. You might wish to record them to listen to on the way to school.

Be sure to check the suggested resources appendix for sources to review culture from all Spanish-speaking countries during the semester.

Plan C: You Have Six Weeks to Prepare

WEEK 1
— Take the Diagnostic Exam
— Chapter 5: Print texts
— Chapter 7: Interpersonal writing 1–5
— Chapter 8: Presentational writing 1–2
— Chapter 9: Interpersonal speaking 1–3
— Also: Culture review: Spain, Mexico, Central America

WEEK 2
— Chapter 6: Print and audio texts plus audio texts
— Chapter 7: Interpersonal writing 6–9
— Chapter 8: Presentational writing 3–4
— Chapter 9: Interpersonal speaking 4–6
— Also: Culture review: Dominican Republic, Cuba, Puerto Rico

WEEK 3
— Chapter 7: Interpersonal writing 10–14
— Chapter 8: Presentational writing 5–6
— Chapter 9: Interpersonal speaking 7–9
— Take Practice Exam 1
— Also: Culture review: Ecuador, Colombia, Venezuela

WEEK 4
— Chapter 7: Interpersonal writing 15–17
— Chapter 8: Presentational writing 7–8
— Chapter 9: Interpersonal speaking 10–12
— Also: Culture review: Peru, Bolivia, Chile

WEEK 5
— Chapter 7: Interpersonal writing 18–20
— Chapter 8: Presentational writing 9–10
— Chapter 9: Interpersonal speaking 13–15
— Chapter 10: Presentational speaking 1–5
— Also: Culture review: Argentina, Paraguay, Uruguay

WEEK 6
— Chapter 10: Presentational speaking 6–10
— Take Practice Exam 2
— Get a good night's sleep before the exam.

GOOD LUCK ON THE TEST!!

In addition, for each week of the plan, you should write one to two of the essays and have a friend, parent, tutor, or teacher critique your work. You should time your essay writing, giving yourself only 45 minutes (5 minutes to outline and 40 minutes to write)—after having spent 7 minutes reading the two sources, listening to the third source, and taking notes on each.

You should look at the vocabularies provided in the Appendixes of this book (the connecting word list; the common mistakes list; the section on verbal expressions; the list of expressions for convincing/persuading, giving/receiving information, and expressing feelings; the list of verbs and verbal expressions requiring prepositions; and the useful expressions. Divide the number of words in each list by six and take that many words from each list to study each week. Make flash cards to hang on your bathroom mirror, bedroom mirror, or bedroom door where you can take a quick look at them a couple of times a day. You might wish to record them to listen to on the way to school.

Be sure to check the suggested resources appendix for sources to review culture from all Spanish-speaking countries during these 6 weeks.

STEP 2

Determine Your Test Readiness

CHAPTER 3 Take a Diagnostic Exam

CHAPTER 3

Take a Diagnostic Exam

IN THIS CHAPTER

Summary: This exam is intended to give you an idea of where you currently stand with your preparation in Spanish. The questions have been written to approximate the coverage of material that you will see on the AP exam and are similar to the practice questions that you will see in the chapters that follow. Once you are done with the exam, check your work against the given answers, which are grouped and labeled to indicate where you can find the corresponding material in the book. I also provide you with a way to convert your score to a rough AP score.

Key Ideas

✪ Practice the kind of multiple-choice questions you will be asked on the real exam.
✪ Answer questions that approximate the type of material you will need to handle on the real exam.
✪ Check your work against the given answers.
✪ Determine your areas of strength and weakness.
✪ Earmark the pages to which you must give special attention.

Study Tips

✪ Practice timed reading and audio tasks according to the exam instructions (e.g., try to complete 4 reading selections and answer the questions in 45 mins).
✪ Know the instructions in advance so you don't have to waste time during the test; this time can better be spent pre-reading the items.
✪ Don't leave any multiple choice items blank. Always guess.
✪ Be aware that the multiple choice items go in order; they follow the print or audio texts.

AP Spanish Language and Culture Diagnostic Exam

SECTION I: Multiple Choice

For this section of the actual examination, you will have 95 minutes—40 minutes for Part A (Interpretive Communication: Print Texts) and approximately 55 minutes for Part B (Interpretive Communication: Audio Texts and Print and Audio Texts Combined). Section I counts for 50 percent of your score.

SECTION I, Part A
Interpretive Communication: Print Texts

Set your timer for 45 minutes.

In this section of the test you will need to read some passages and answer some multiple-choice questions about their content. On this diagnostic test give yourself 45 minutes to do this reading. If you finish before the 45 minutes is up, you may go back and look over your work in part A. The answers for the reading comprehension questions can be found on pages 41.

- Set a timer for 45 minutes.
- Look at the questions first.
- Read through once and underline or asterisk with your pen or pencil where you think the answers are found.
- Reread the questions.
- Reread the passage and answer the questions.

Selección número 1
Tema Curricular: La vida contemporánea

Introducción: Este anuncio fue publicado en agosto del 2018 por *exploradordeviaje.com*, un sitio web y servicio de suscripción por correo electrónico de Costa Rica que alerta a sus seguidores sobre ofertas, ideas y consejos de viaje.

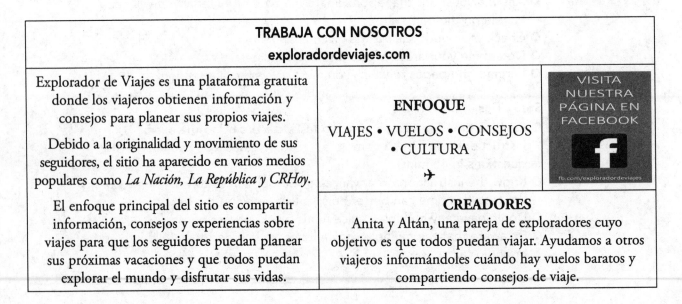

TRABAJA CON NOSOTROS

exploradordeviajes.com

Explorador de Viajes es una plataforma gratuita donde los viajeros obtienen información y consejos para planear sus propios viajes.

Debido a la originalidad y movimiento de sus seguidores, el sitio ha aparecido en varios medios populares como *La Nación, La República y CRHoy.*

El enfoque principal del sitio es compartir información, consejos y experiencias sobre viajes para que los seguidores puedan planear sus próximas vacaciones y que todos puedan explorar el mundo y disfrutar sus vidas.

ENFOQUE

VIAJES • VUELOS • CONSEJOS • CULTURA

VISITA NUESTRA PÁGINA EN FACEBOOK

fb.com/exploradordeviajes

CREADORES

Anita y Altán, una pareja de exploradores cuyo objetivo es que todos puedan viajar. Ayudamos a otros viajeros informándoles cuándo hay vuelos baratos y compartiendo consejos de viaje.

TRABAJEMOS JUNTOS

¿Interesado(a) en compartir con una audiencia de 99.000+ seguidores y más de 246.000 páginas vistas al mes?

Los seguidores de Explorador de Viajes son individuos jóvenes, modernos, de mente abierta con un fuerte interés en los viajes, cultura y experiencias divertidas. Las oportunidades de colaboración potencial incluyen:

- Viajes de prensa
- Publicaciones patrocinadas y artículos promocionales
- Concursos y obsequios (*giveaways*)
- Anuncios publicitarios
- Alianzas comerciales

PUBLICACIONES EN LA PRENSA

- **¿Cómo conseguir tiquetes baratos de avión? Los trucos de Explorador de Viajes** – La Nación – 17 enero 2018
- **Una pareja acerca a los ticos al viaje de sus sueños** – CRHoy – 1 julio 2018
- **Digitalización y desconfianza: retos de transformación para agencias de viaje** – La República – 28 mayo 2018

COLABORACIONES ANTERIORES

Explorador de Viajes se ha asociado y trabajado con varios negocios relacionados a los viajes. Abajo aparecen algunos ejemplos de colaboraciones exitosas:

- **Hotel Mexicasa** en Cancún
- Cómo ahorrar después de tu reserva de hotel (**Pruvo**)
- Cómo encontrar alojamiento barato de calidad (**HotelsCombined**)

¿LISTO(A) PARA EMPEZAR?

¡Escríbenos para empezar a trabajar juntos!

https://exploradordeviajes.com/

1. ¿Cuál es el propósito del anuncio?
   (A) Reclutar a personas o negocios interesados en la plataforma publicitaria del sitio web.
   (B) Proporcionar información sobre ofertas de vuelos de diferentes aerolíneas.
   (C) Describir el objetivo del servicio de suscripción por correo electrónico y Facebook.
   (D) Promocionar la página de Facebook para adquirir más seguidores.

2. ¿A quién se dirige el anuncio?
   (A) A viajeros que buscan vuelos baratos
   (B) A personas que buscan consejos de viaje
   (C) A viajeros que no quieren usar una agencia de viajes
   (D) A negocios en busca de una audiencia

3. Según la información del anuncio, ¿qué se puede inferir sobre el sitio web *Explorador de Viajes*?
   (A) Que es un sitio web en el que los viajeros pueden comprar vuelos baratos
   (B) Que es un sitio web en donde encuentras una variedad de ofertas y consejos de viaje
   (C) Que es un sitio web al que sus seguidores contribuyen consejos
   (D) Que es un sitio web que los hoteles y aerolíneas utilizan para promover sus ofertas

4. Según las publicaciones en la prensa, ¿qué se puede deducir sobre la pareja creadora del sitio web?
   (A) Anita y Altán necesitan aumentar el número de seguidores de su sitio web.
   (B) Anita y Altán saben cómo ahorrar dinero a la hora de viajar.
   (C) Anita y Altán se dedican a hacer anuncios publicitarios en la web.
   (D) Anita y Altán son propietarios de una agencia de viajes.

5. Necesitas más información sobre la colaboración propuesta en el anuncio y te gustaría enviarles un mensaje. ¿Cuál de las siguientes preguntas sería las más apropiada según el contexto del anuncio?
   (A) Siempre he querido viajar a Buenos Aires. ¿Cuál es la mejor temporada para obtener vuelos baratos?
   (B) Busco un buen hotel económico en Cancún. ¿Podrían proporcionar más información sobre el Hotel Mexicasa?
   (C) ¿Qué tal? Soy un guía turístico en Cancún. ¿Les gustaría visitar Chichen Itza conmigo la próxima vez que visiten?
   (D) Soy propietaria de un hotel boutique en la playa de Juan Dolio en Santo Domingo. ¿Qué tipo de publicidad podría tener en su sitio web?

Selección número 2
Tema Curricular: Las identidades personales y públicas

Introducción: Este texto abreviado trata sobre las apariencias y las suposiciones. El cuento original fue publicado en México en 1972 por el escritor Marco Antonio Almazán. Los protagonistas son un coleccionista y el propietario de una pequeña tienda de antigüedades.

<table>
<tr><td></td><td align="center">**El gato de Sèvres**</td></tr>
<tr><td>Línea</td><td>Como quien no quiere la cosa, se detuvo frente al escaparate de la tienda y paseó la mirada desdeñosamente por el amontonamiento de cachivaches que se exhibían: violines viejos, mesas y sillas cojas, figurillas de porcelana, óleos desteñidos, pedazos de cacharros supuestamente mayas o incaicos y, en fin, las mil y una menudencias que</td></tr>
<tr><td>5</td><td>suelen acumularse en tiendas de esta especie. Con el rabillo del ojo, el coleccionista atisbó una vez más el plato en que bebía leche el gato. No cabía duda: Sèvres legítimo. Posiblemente del segundo tercio del siglo XVIII. Estos animales- pensó el experto, refiriéndose a los dueños…- no saben lo que tienen entre manos.

Venciendo la natural repugnancia que le inspiraban los felinos, se agachó para acariciar el gato. De paso, examinó más de cerca la pieza de cerámica…Sin lugar a</td></tr>
<tr><td>10</td><td>dudas, Sèvres 1750.

Michito, michito- ronroneó el coleccionista, al ver que se acercaba el propietario de la tienda.

Buenas tardes. ¿Puedo servirle en algo? –En nada, muchas gracias. Sólo acariciaba al</td></tr>
<tr><td>15</td><td>animalito.

¡Ah, mi fiel Mustafá…! Está un poco sucio, pero es de casta, cruce de persa y angora, con sus ribetes de Manx. Observe Ud. que cola tan corta tiene. Eso lo distingue.

El gato, efectivamente, tenía sólo medio rabo; pero no por linaje, sino porque había perdido la otra mitad en un pleito callejero.

Se ve, se ve- dijo el coleccionista, pasándole una mano enguantada por encima del</td></tr>
<tr><td>20</td><td>lomo.

Michito, michito mirrimiáu…! Me encantaría tenerlo en casa para que hiciera pareja con una gatita amarilla limón que me obsequiaron. ¿No me lo vendería?

No, señor. Mustafá es un gran cazador de ratones y sus servicios me son indispensables en la tienda.</td></tr>
<tr><td>25</td><td>¡Lástima! - dijo el coleccionista, incorporándose. Me hubiera gustado adquirirlo. En fin, tenga usted buenas tardes.

El coleccionista hizo ademán de retirarse. -Un momento! - Lo llamó el propietario.
– ¿Cuánto daría por el gato?

¿Cuánto quiere? – le devolvió la pelota el coleccionista, maestro en el arte de trapicheo.</td></tr>
<tr><td>30</td><td>Cincuenta pesos.

No, hombre, que barbaridad. Le doy treinta y ni un centavo más.

Ni usted ni yo, cuarenta morlacos y es suya esta preciosidad de morrongo.

El coleccionista lanzó un suspiro más falso que un manifiesto político, sacó la cartera, contó los billetes y se los entregó al dueño de la tienda. Este a su vez los contó y se los</td></tr>
<tr><td>35</td><td>guardó en el bolsillo. El coleccionista, siempre aparentando una sublime indiferencia, señaló el plato con la punta del bastón.

Imagino que el animalito estará acostumbrado a tomar su leche en ese plato viejo, ¿no? Haga el favor de envolvérmelo.

Como el señor disponga- repuso el anticuario. ¡Sólo que le advierto que el plato cuesta diez mil pesos…</td></tr>
<tr><td>40</td><td>¡Diez mil pesos! aulló el coleccionista.

Sí señor. No sólo es un auténtico Sèvres, 1750, sino que además me ha servido para vender trecientos veinticinco gatos…</td></tr>
</table>

"El gato de Sèvres" de Marco Antonio Almazán, publicado por Jus en México, 1972

6. ¿Cuál de las siguientes emociones describe mejor la experiencia del coleccionista en la tienda de antigüedades?
   (A) Asombro
   (B) Lástima
   (C) Vergüenza
   (D) Admiración

7. ¿A qué se refiere la palabra "cachivaches" (línea 2) en el texto?
   (A) A la actitud del propietario hacia los artículos que vende
   (B) A la falta de organización en la tienda
   (C) A un conjunto de artículos de poco valor
   (D) A la forma en que se exhibían los artículos en la tienda

8. Según el contexto, ¿a que se refería el coleccionista cuando pensó que los dueños de las tiendas "no saben lo que tienen entre manos"? (líneas 7-8)
   (A) A que el propietario no apreciaba al gato
   (B) A que el gato bebía leche de un plato de mucho valor
   (C) A que el plato de Sèvres estaba sucio
   (D) A que el plato estaba entre otros cachivaches

9. Según el texto, ¿por qué se interesó el coleccionista en comprar el gato del propietario de la tienda?
   (A) Porque la cola del gato le llamó la atención al coleccionista.
   (B) Porque el coleccionista supuso que la compra del gato incluiría el plato.
   (C) Porque el gato era de buen linaje.
   (D) Porque el coleccionista quería un compañero para su gata.

10. ¿Qué supuso el coleccionista sobre el propietario de la tienda al pedirle que incluyera el plato en la compra del gato?
    (A) Que el propietario quería aprovecharse de él
    (B) Que el propietario quería deshacerse del plato
    (C) Que el propietario era un hombre ignorante
    (D) Que el propietario sabía el valor del plato

11. Según los acontecimientos del texto, ¿por qué se titula este relato "El gato de Sèvres"?
    (A) Porque el gato proviene de Sèvres.
    (B) Porque a fin de cuentas el gato cuesta tanto como el plato.
    (C) Porque la tienda se llama Sèvres.
    (D) Porque el gato bebe leche de un plato de Sèvres.

12. ¿Cuál de las siguientes expresiones describe mejor la moraleja del cuento?
    (A) Dime con quién andas y te diré quién eres.
    (B) En boca cerrada no entran moscas.
    (C) Caras vemos, corazones no sabemos.
    (D) El que tenga tienda que la atienda.

Selección número 3
Tema Curricular: Las familias y las comunidades

Fuente número 1

Introducción: Este texto abreviado trata de la generación de jóvenes de la última década. El artículo original fue publicado el 9 de agosto en el periódico español El País por Rafael Novella y Andrea Repetto.

	¿A qué se dedican los ninis?
Línea	Ni estudian ni trabajan. Así se define a los ninis, un neologismo que, para alrededor de 20 millones de jóvenes en América Latina y el Caribe, se ha transformado en una etiqueta pesada. Más allá de este término, convertido en un lugar común en los debates acerca de su situación en todo el mundo, la realidad es que apenas contamos con
5	información de calidad sobre este sector de la población, cuyo rostro nos resulta todavía incierto. ¿Quiénes son y qué hacen los ninis?
	Millennials en América Latina y el Caribe: ¿trabajar o estudiar?, un estudio que verá la luz el próximo noviembre, se acerca a estos chicos y chicas para conocer mejor sus enigmas y las razones que hay detrás de sus decisiones cuando se bifurca el camino
10	entre la escuela y el trabajo. La investigación, para la que contamos con la participación de 15.000 individuos de entre 15 y 24 años en nueve países (Brasil, Chile, Colombia, El Salvador, Haití, México, Paraguay, Perú y Uruguay), nos está permitiendo entender mejor a la próxima generación que copará el mercado laboral de la región. En nuestra encuesta, uno de cada cinco consultados es nini. Sin embargo, dentro de este grupo,
15	un 40% se encuentra en realidad buscando trabajo (principalmente hombres) y más de la mitad, un 57%, se dedica a labores de cuidado (especialmente mujeres). Es decir, en contra de las convenciones establecidas, la mayoría de los ninis no son ociosos, sino que realizan otras actividades productivas.
	Nuestro estudio busca ofrecer una radiografía de la situación de los jóvenes, ninis
20	o no, ante un mercado de trabajo desafiante. El *tsunami* tecnológico, la llegada masiva de los robots y el crecimiento imparable de la inteligencia artificial, este proceso que conocemos como la Cuarta Revolución Industrial, amenaza con dejar sin empleo a millones de trabajadores, especialmente a aquellos con menor preparación. Así, con la intención de ver qué tan bien equipada está la nueva generación ante estos
25	desafíos, durante nuestra investigación realizamos una medición de sus habilidades. En concreto, de las cognitivas (comprensión lectora, capacidad de resolver problemas matemáticos…), socioemocionales (como la autoeficacia, la perseverancia o la autoestima) y técnicas.
	Los resultados no son alentadores. Observamos un importante rezago en las
30	habilidades cognitivas de los chicos y chicas de la región, con independencia de su situación laboral y educativa. Por ejemplo, menos del 60% de los encuestados es capaz de realizar correctamente cálculos matemáticos muy sencillos, útiles para la vida diaria, como repartir un monto de dinero en partes iguales entre cinco personas. Respecto a la fluidez en inglés o su facilidad para el manejo de dispositivos tecnológicos,
35	otras habilidades esenciales para este nuevo mercado de trabajo, el nivel promedio encontrado en nuestro estudio resulta preocupante.

¿A qué se dedican los ninis? (8/9/2018, by Rafael Novella y Andrea Repetto, El País, España)

Fuente número 2

Introducción: Este texto trata de una iniciativa por el presidente mexicano Andrés Manuel López Obrador (AMLO). La gráfica original fue publicada el 14 de septiembre del 2018 por el sitio web Foco Económico.

¿DE QUÉ VA EL PROGRAMA DE AMLO PARA APOYAR A NINIS?

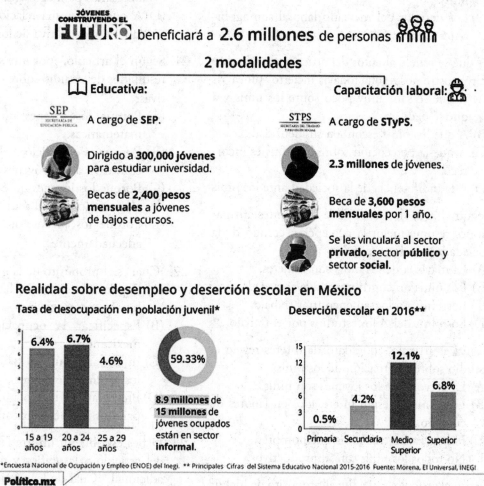

JÓVENES CONSTRUYENDO EL FUTURO beneficiará a **2.6 millones** de personas

2 modalidades

📖 **Educativa:**

SEP — A cargo de **SEP**.

Dirigido a **300,000 jóvenes** para estudiar universidad.

Becas de **2,400 pesos mensuales** a jóvenes de bajos recursos.

Capacitación laboral: 👷

STPS — A cargo de **STyPS**.

2.3 millones de jóvenes.

Beca de **3,600 pesos mensuales** por 1 año.

Se les vinculará al sector **privado**, sector **público** y sector **social**.

Realidad sobre desempleo y deserción escolar en México

Tasa de desocupación en población juvenil*

- 15 a 19 años: 6.4%
- 20 a 24 años: 6.7%
- 25 a 29 años: 4.6%

59.33%

8.9 millones de **15 millones** de jóvenes ocupados están en sector **informal**.

Deserción escolar en 2016**

- Primaria: 0.5%
- Secundaria: 4.2%
- Medio Superior: 12.1%
- Superior: 6.8%

*Encuesta Nacional de Ocupación y Empleo (ENOE) del Inegi. ** Principales Cifras del Sistema Educativo Nacional 2015-2016 Fuente: Morena, El Universal, INEGI

Político.mx

13. ¿Cuál es el objetivo del artículo?
    (A) Criticar a los jóvenes que ni estudian ni trabajan
    (B) Explicar el propósito y resultados de una investigación sobre las ocupaciones de los jóvenes
    (C) Hacer una reseña sobre la ocupación de los jóvenes
    (D) Exponer las razones por las cuales los estudiantes no tienen las habilidades para conseguir un trabajo

14. ¿Qué método utiliza el autor del artículo para presentar la información?
    (A) Presenta su punto de vista sobre los ninis según sus experiencias.
    (B) Enumera las razones por las cuales los jóvenes no tienen ocupación.
    (C) Apoya la información del artículo con datos sobre los jóvenes.
    (D) Destaca la variedad de ocupaciones de los ninis.

"¿De qué va el programa de AMLO para apoyar a ninis?" (09/14/2018, Político MX)

15. ¿Cuál de las siguientes afirmaciones resume mejor el artículo?
    (A) El estudio busca eliminar los estereotipos sobre los ninis.
    (B) Muchos jóvenes no poseen habilidades necesarias para incorporarse al mercado laboral.
    (C) Los avances tecnológicos pondrán fin a los ninis.
    (D) Los desafíos del mercado laboral son agobiantes para los jóvenes.

16. ¿A qué se refiere al autor del artículo cuando dice "cuyo rostro nos resulta todavía incierto" (línea 5)?
    (A) A que se sabe muy poco sobre los ninis y a qué se dedican
    (B) A que los ninis esconden su identidad
    (C) A que la percepción sobre los ninis es incorrecta
    (D) A la indiferencia de la sociedad ante los ninis

17. Según el artículo, ¿cuál de las siguientes afirmaciones resume mejor la percepción común de la sociedad sobre los ninis?
    (A) La mayoría de los ninis son mujeres.
    (B) Los ninis no contribuyen a la sociedad.
    (C) Los ninis no logran encontrar trabajo.
    (D) Los ninis dejan los estudios por el trabajo.

18. Según el artículo, ¿qué dato de interés reveló el estudio sobre la situación de los ninis?
    (A) La mayoría de los jóvenes son ninis.
    (B) Los ninis no están interesados en labores de cuidado.
    (C) Hay más mujeres ninis que hombres.
    (D) No todos los ninis son improductivos.

19. Según el artículo, ¿cuál fue el propósito de incluir una evaluación de las habilidades de los jóvenes en el estudio?
    (A) Para investigar los nuevos desafíos del nuevo mercado laboral
    (B) Para reclutar más jóvenes en el mercado laboral tecnológico
    (C) Para evaluar cuán preparados están los jóvenes para el nuevo mercado laboral
    (D) Para identificar las causas de la falta de estudios y de empleo entre tantos jóvenes

20. ¿A qué se refiere la frase "rezago en las habilidades" (línea 27) en el artículo?
    (A) A que muchos jóvenes no tienen un nivel adecuado de habilidades básicas.
    (B) A que no se pudieron evaluar las habilidades cognitivas de los jóvenes.
    (C) A que muchos jóvenes poseen las habilidades necesarias para conseguir empleo.
    (D) A que existe una relación entre la situación laboral y educativa de los jóvenes.

21. Según el artículo, ¿por qué son preocupantes los resultados del estudio sobre las habilidades cognitivas?
    (A) Porque los jóvenes no saben manejar las matemáticas.
    (B) Porque es un reflejo de la situación laboral y educativa de los jóvenes.
    (C) Porque los jóvenes no están preparados para el mercado laboral actual.
    (D) Porque los jóvenes no han sido educados adecuadamente.

22. ¿Cuál es el propósito de la gráfica?
    (A) Exponer la situación laboral y educativa de los jóvenes mexicanos
    (B) Especificar la ocupación de los jóvenes mexicanos
    (C) Informar al público sobre el desempleo entre los jóvenes mexicanos
    (D) Presentar un nuevo programa del gobierno para los jóvenes mexicanos

23. Debes escribir un informe sobre el mismo tema del artículo y la gráfica y necesitas información adicional. ¿Cuál de las siguientes fuentes sería la más apropiada?
    (A) *El bajo interés por la ciencia y las matemáticas entre las jóvenes mexicanas*
    (B) *La educación vocacional para jóvenes mexicanos*
    (C) *Causas de la deserción escolar entre los jóvenes mexicanos*
    (D) *La falta de representación masculina en labores de cuidado en México*

Selección número 4

Tema Curricular: La ciencia y la tecnología

Introducción: En esta carta, dirigida al fundador de Facebook, un grupo de organizaciones internacionales declaran su preocupación por la seguridad de esta red social. La carta fue publicada el 4 de octubre del 2019 en el sitio web de la Fundación Karisma en Colombia.

Estimado señor Zuckerberg,

Las organizaciones a continuación escriben hoy para alentarlo, en términos inequívocos, a continuar aumentando la seguridad de extremo a extremo en los servicios de mensajería de Facebook.

Línea
5

Hemos visto solicitudes de los gobiernos de los Estados Unidos, el Reino Unido y Australia pidiéndole que suspenda estos planes «hasta que [Facebook] pueda garantizar que la privacidad adicional no reduzca la seguridad pública». Creemos que tienen esto completamente al revés: cada día que las plataformas no admiten una seguridad sólida de extremo a extremo es otro día en que estos datos pueden ser violados, mal manejados u obtenidos por entidades poderosas o actores deshonestos para explotarlos.

10

Dado el notable alcance de los servicios de mensajería de Facebook, garantizar la seguridad de extremo a extremo predeterminada proporcionará una bendición sustancial a la libertad de comunicaciones en todo el mundo, a la seguridad pública y a los valores democráticos, y le instamos a que continúe con sus planes de cifrar mensajes a través de los productos y servicios de Facebook. Le recomendamos que se resista a los llamados para crear las llamadas «puertas traseras» o «acceso excepcional» al contenido de los mensajes de los usuarios, lo que debilitará fundamentalmente el cifrado y la privacidad y seguridad de todas las personas usuarias.

15

20

Carta abierta: Los planes de seguridad de Facebook para el cifrado punta a punta (10/04/2019, Fundación Karisma, Colombia)

24. ¿Cuál de las siguientes afirmaciones resume mejor la intención de esta carta?
    (A) Evitar que más usuarios utilicen el servicio de mensajería de Facebook
    (B) Solicitar el apoyo de los usuarios y del público en general
    (C) Exponer a las organizaciones deshonestas que invaden la privacidad de los usuarios
    (D) Pedir que se fortalezca la protección de la privacidad de los usuarios

25. Según el contenido de la carta, ¿a qué se refiere la frase "tienen esto completamente al revés" (línea 8)?
    (A) A que algunos países no entienden la urgencia de proteger la privacidad de los usuarios
    (B) A que las redes sociales no proveen la protección adecuada para sus usuarios
    (C) A que no existen leyes internacionales que protejan la privacidad de los usuarios
    (D) A la indiferencia que han demostrado las redes sociales en cuanto a la privacidad de los usuarios

26. Según la carta, ¿qué intención tienen los Estados Unidos, Reino Unido y Australia al pedir que se suspenda el aumento de seguridad en Facebook?
    (A) Proveer más acceso a los datos de los usuarios
    (B) Lograr que Facebook mejore la privacidad de los usuarios tanto como la seguridad del público en general
    (C) Llegar a un acuerdo entre el sector privado y el sector público
    (D) Debilitar la privacidad de los servicios de mensajería de Facebook

27. ¿Qué efecto tiene mencionar "el notable alcance de los servicios de mensajería" (línea 12) en esta carta?
    (A) Reafirma la falta de seguridad en los servicios de mensajería.
    (B) Contradice la petición de fortalecer la seguridad en Facebook.
    (C) Provee un ejemplo de las formas en que se pueden acceder datos privados.
    (D) Respalda la necesidad de la privacidad extrema en Facebook

28. Según la carta, ¿qué riesgo corren los usuarios de los servicios de mensajería de Facebook?
    (A) Que personas no solicitadas les manden mensajes.
    (B) Que el gobierno ingrese a sus páginas de Facebook.
    (C) Que su información personal sea accedida por distintas corporaciones.
    (D) Que Mark Zuckerberg lea sus mensajes privados

29. ¿De qué manera se presenta la petición al señor Zuckerberg en la carta?
    (A) Se dan ejemplos sobre el tipo de información que pueden acceder las corporaciones.
    (B) Se presenta la opinión contraria y se refuta con comentarios relevantes.
    (C) Se provee una lista de instrucciones de cómo se puede proteger la privacidad de los usuarios.
    (D) Se exponen los factores que condujeron a la falta de privacidad en Facebook.

30. Vas a publicar un comentario sobre la carta que acabas de leer en el sitio web. ¿Cuál de los siguientes comentarios sería el más apropiado?
    (A) Creo que las redes sociales han sido un gran aporte al mundo en general.
    (B) Soy un usuario del servicio de mensajería en Facebook y también me preocupa que distintas corporaciones tengan acceso a mis datos personales.
    (C) No entiendo por qué Facebook no ha iniciado la protección de la privacidad de los mensajes de los usuarios.
    (D) El gobierno debería crear programas que se dediquen a advertir a los jóvenes sobre los peligros de las redes sociales.

SECTION I, Part B

Interpretive Communication: Print and Audio Texts Combined

In this part of the examination, you will hear several audio selections. One or more selections will also be accompanied by a written text. You will be asked questions about each selection. Both the questions and the answer choices will be printed in your test booklet. The total time allowed for this part of the examination is approximately 55 minutes.

For this part of the practice examination, you will find the listening tracks on the accompanying recording. (Scripts for the passages can be found on pages 46–51.) Mark your answers by circling the letter of your choice.

> The timing will be done for you on the actual exam. However, for this part of the diagnostic test, you will need a stopwatch or timer. Allow yourself the specific time intervals stated in the instructions to read the introductions, read the printed texts, and answer the questions. You will also need to time the 1-minute interval between hearing the audio selection the first time and replaying it. You do not need to run the timer while you are listening to the audio passages.

- Use the time before the audio selection begins to read the introduction and the questions to get an idea of what you should listen for.
- While the narrator is speaking, give your full attention to what is being said.
- Get a stopwatch or timer. On the actual test the timing will be done for you. However, for the practice in this chapter, you will need to time yourself.
- As with any multiple-choice test, if the answer does not come to you, try to eliminate some of the others as wrong. This increases your chances of choosing the right answer.
- Once you have completed this portion of the diagnostic test, you may wish to read over the scripts and make a list of words that you did not know. Look these up, make flash cards for them, and review them during the months leading up to the examination.
- You may wish to use separate sheets of paper so that way you can later come back to this test and do it again to check your progress.
- If you have a particularly difficult time with this part of the exam, you should be sure to practice Chapter 6 very carefully, taking notes from the scripts after each practice.

Print and Audio Texts Combined: You will read one source and listen to another. Then you will answer questions on both. You will have approximately 4 minutes to read the introduction and print text (*fuente número 1*). Then you will be instructed to go on to the audio selection and you will be given 2 minutes to read the printed introduction and preview the questions. After listening once to the audio selection (*fuente número 2*), you will have 1 minute to start to answer the questions. Then you will hear the audio selection again. After the second listening you will have 15 seconds per question to finish answering.

Audio Selections Only: You will hear an audio selection that will be about 3 minutes in length. You will have 1 minute to read the introduction and preview the questions prior to listening the first time. At the end of the passage you will have 1 minute to begin to answer the multiple-choice questions based on what you heard. Then you will hear the selection again, after which you will have 15 seconds per question to finish answering the questions.

Selección número 1
Tema curricular: Los desafíos mundiales

Fuente número 1

Primero tienes 4 minutos para leer la fuente número 1.

Introducción: Este texto abreviado trata del impacto de la industria textil en el medio ambiente. El artículo original fue publicado el 8 de agosto del 2018 en Colombia por Beatriz de Vera.

	¿Por qué la industria textil es la más contaminante después del sector petrolero?
Línea	Según la ONU, produce el 10% de las emisiones de carbono en el mundo y el 20% de las aguas residuales. Aunque algunas empresas han adoptado medidas para mitigar los daños, continúan generando serios impactos a los ríos y los océanos.
5	*Burberry*, la marca británica reconocida por la gabardina que usaron los soldados ingleses en las dos guerras mundiales, cuida su marca de un modo bastante peculiar: quema sus excedentes. En 2017, la casa de moda británica quemó 33,7 millones de dólares en ropa, accesorios y perfumes. En los últimos cinco años, la cifra de productos destruidos asciende a 116,8 millones. Además del insulto a aquellos cuyos bolsillos están más interesados en llegar a fin de mes que en comprar uno de sus productos, los grupos ecologistas han puesto el grito en el
10	cielo con esta medida:
	"A pesar de sus altos precios, Burberry no muestra respeto por sus propios productos ni por el arduo trabajo y los recursos naturales que se utilizan para fabricarlos", le dijo Lu Yen Roloff, de Greenpeace, a la cadena BBC.
	"La cantidad cada vez mayor de sobrantes apunta a la sobreproducción y, en lugar de frenar
15	su producción, incineran la ropa y los productos en condiciones perfectas. Es un secreto sucio de la industria de la moda", resalta.
	Lo cierto es que la moda tiene más secretos sucios. Y contaminantes. De hecho, la industria textil es la segunda más contaminante del planeta después de la petrolera. Para producir unos pantalones se requieren alrededor de 10.000 litros de agua, una cantidad mayor a lo que bebería
20	un ser humano en 10 años.
	Además, la industria produce el 20% de las aguas residuales y el 10% de las emisiones de carbono en el mundo, mucho más que todos los vuelos internacionales y los barcos de carga combinados, según un comunicado de la ONU, emitido a finales de julio de este año.
	Los otros materiales que llevan los pantalones, como el poliéster, el nailon o el acrílico,
25	vierten hasta medio millón de micro plásticos anualmente en los ríos que terminan en los océanos. Y cada vez más los "tiempos de vida" de nuestras prendas son relativamente cortos. Además, hasta el 85% de los textiles son desechados en vertederos o incinerados causando aún más contaminación.

¿Por qué la industria textil es la más contaminante después del sector petrolero? (8/8/ 2018 by Beatriz de Vera, El Espectador, Colombia)

Fuente número 2

Tienes 2 minutos para leer la introducción y prever las preguntas.

Introducción: Esta grabación abreviada trata de la industria textil y el medio ambiente. La grabación proviene de un reportaje publicado el 21 de diciembre del 2017 por la organización *Green Data*. En el reportaje, Liz y Héctor hablan sobre el impacto de la industria textil en el medio ambiente. La grabación dura aproximadamente dos minutos y medio.

PLAY Track 1 on the accompanying audio CD. (The script for Track 1 appears on page 47.)

Ahora tienes 1 minuto para empezar a contestar las preguntas para esta selección. Después de 1 minuto vas a escuchar la selección de nuevo.

PLAY Track 1 again.

Ahora tienes 3 minutos y 15 segundos para terminar de responder a las preguntas de esta selección.

31. ¿Cuál es el propósito del artículo?
    (A) Revelar el daño que ha causado la industria textil al medio ambiente
    (B) Explicar la incineración de los textiles
    (C) Hacer una reseña sobre la contaminación de los océanos
    (D) Exponer las compañías que más han perjudicado el medio ambiente

32. En el artículo, ¿cuál es el significado de la frase "mitigar los daños" (línea 2)?
    (A) Provocar los daños
    (B) Reducir los daños
    (C) Celebrar los daños
    (D) Anunciar los daños

33. En el artículo, ¿cuál es el propósito de mencionar "las dos guerras mundiales" (líneas 4-5)?
    (A) Revelar cuando empezó la contaminación textil
    (B) Criticar las acciones cometidas por la compañía durante las guerras
    (C) Describir una compañía textil con una referencia común
    (D) Denunciar los daños que causan las guerras al medio ambiente

34. Según el artículo, ¿qué esconde la industria textil?
    (A) El daño que causan al medio ambiente
    (B) El origen del material que usan para fabricar las prendas
    (C) Los tiempos de vida de las prendas que producen
    (D) Las ganancias de la industria

35. Según la fuente auditiva, ¿qué deben tener en cuenta los compradores al elegir su ropa?
    (A) Que la ropa sea de algodón
    (B) Que el tejido de la ropa se pueda reciclar
    (C) Que la ropa no haya sido fabricada con químicos dañinos
    (D) Que la ropa barata sale cara

36. Según la fuente auditiva, ¿qué caracteriza la ropa ecológica?
    (A) Los colores de los tejidos
    (B) El uso de insecticidas y pesticidas
    (C) El bajo costo de los productos
    (D) El cuidado por el medio ambiente

37. Según la fuente auditiva, ¿cuál de los siguientes hábitos del comprador es dañino para el medio ambiente?
    (A) Comprar prendas nuevas que en realidad no necesita
    (B) Comprar prendas de segunda mano
    (C) Vender prendas no deseadas en el internet
    (D) Ir de compras cuando hay gangas en las tiendas

38. Según la fuente auditiva, ¿cuál de las siguientes prendas es más dañina para el medio ambiente?
    (A) Ropa hecha de algodón o lino
    (B) Ropa que requiere lavado en seco
    (C) Ropa que no necesita ser planchada
    (D) Ropa de segunda mano

Citation: "Industria Textil y la contaminación" (Green Data, 12/01/2017)

39. ¿Qué tienen en común las dos fuentes?
    (A) La preocupación por el impacto que tiene la industria textil en el medio ambiente
    (B) La lucha por los derechos de los trabajadores de la industria textil
    (C) La denuncia de compañías textiles que contaminan el medio ambiente
    (D) El interés por el mercado de ropa de segunda mano

40. ¿Cuál de las siguientes frases describe mejor la relación entre la fuente escrita y la fuente auditiva?
    (A) La fuente auditiva explica las consecuencias de los problemas expuestos en la fuente escrita.
    (B) La fuente auditiva presenta formas de combatir los problemas expuestos en la fuente escrita.
    (C) La fuente auditiva refuta el punto de vista expuesto en la fuente escrita.
    (D) Ambas fuentes proponen una solución viable para evitar la contaminación por la industria textil.

Selección número 2
Tema curricular: La vida contemporánea

Fuente número 1
Primero tienes un minuto para leer la fuente número 1.

Introducción: Este texto trata de un análisis sobre el ecoturismo realizado por la Facultad de Turismo de Oviedo en España. La gráfica se basa en más de 800 cuestionarios y fue publicada por el sitio web *Soy Ecoturista* el 27 de mayo del 2019.

Perfil del ecoturista

¿Pertenece a alguna asociación?	
Sí	87,5%
No	11,6%

Tipo de turista al que se identifica:	
Turista cultural que recorre espacios naturales	38%
Aficionado a la naturaleza	36%
Turista al que le gusta ir a alojamientos rurales	10%
Practicante de deporte en la naturaleza	8%
Observador especializado de la naturaleza	6%
No sabe/no contenta y otros	2%

Perfil del ecoturista, análisis elaborado por la Facultad de Turismo de Oviedo, Ministerio de Industria, Comercio y Turismo, España (soyecoturista.com), 27 de mayo del 2019

Fuente número 2
Primero tienes **1 minuto** para leer la introducción y prever las preguntas.

Introducción: Esta grabación trata del ecoturismo y las preferencias al viajar. Es una conversación entre dos estudiantes internacionales de la Universidad de Salamanca, Teresa y Joaquín. La grabación dura aproximadamente 3 minutos.

Ahora escucha la selección.

PLAY Track 2 on the accompanying audio CD. (The script for Track 2 appears on page 48.)

*Ahora tienes **1 minuto** para empezar a contestar las preguntas para esta selección. Después de 1 minuto vas a escuchar la selección de nuevo.*

PLAY Track 2 again.

*Ahora tienes **2 minutos y 45 segundos** para terminar de responder a las preguntas de esta selección.*

41. Según la gráfica, ¿qué tienen en común la mayoría de los ecoturistas en España?
 (A) Les interesa el contacto con el ambiente rural.
 (B) Les interesa el senderismo.
 (C) Aprecian la cultura rural.
 (D) Buscan actividades deportivas rurales.

42. En la gráfica, ¿cuál de las siguientes actividades no les interesaría a "los turistas culturales que recorren espacios naturales"?
 (A) Ir de senderismo por la costa norte de España
 (B) Explorar las cuevas de Mallorca
 (C) Hacer ciclismo en las autopistas de Galicia
 (D) Visitar el Parque Nacional de Los Picos de Europa en Asturias, España

43. En la gráfica, ¿cuál de las siguientes actividades les llamaría la atención a los turistas a quienes les interesan los "alojamientos rurales"?
 (A) Recoger plásticos en las playas de Santander, España
 (B) Escalar las montañas de Galicia, España
 (C) Quedarse en un hotel con vista al Mar Atlántico
 (D) Hospedarse en una casa en una granja de caballos y vacas

44. ¿Qué tienen en común los amigos en la conversación?
 (A) Ambos son aficionados al ecoturismo.
 (B) Son puertorriqueños.
 (C) Saben mucho sobre el ecoturismo.
 (D) Les interesa el contacto con la naturaleza.

45. Según la conversación, ¿cuál sería la mejor descripción para Teresa como viajera?
 (A) Practicante de deporte en la naturaleza
 (B) Observadora especializada de la naturaleza
 (C) Turista cultural que recorre espacios naturales
 (D) Experta del turismo sostenible

46. En la conversación, ¿a que se refiere Joaquín cuando usa la expresión "en un abrir y cerrar de ojos"?
 (A) A que sueña con estar de vacaciones
 (B) A que las vacaciones pasan muy rápido
 (C) A que piensa dormir durante sus vacaciones
 (D) A que no tendrá clases por mucho tiempo

47. Si Teresa continuara la conversación, ¿cuál de las siguientes preguntas sería la más apropiada?
 (A) ¿Adónde piensas viajar?
 (B) ¿Así que sabes mucho sobre el ecoturismo?
 (C) ¿Por qué no has empacado tus maletas?
 (D) ¿Cómo te fue en la clase de ecología este año?

Selección número 3
Tema curricular: La belleza y la estética

Primero tienes 1 minuto para leer la introducción y prever las preguntas.

Introducción: Esta grabación abreviada trata de las lenguas indígenas en México. La entrevista original titulada fue publicada el 23 de enero del 2019 en México por AIEDMX. Ana Cristina Olvera habla con Iván León Javier, subdirector de investigación básica del Instituto Nacional de Lenguas Indígenas en México. La grabación dura aproximadamente 2 minutos.

Ahora escucha la selección.

PLAY Track 3 on the accompanying audio CD. (The script for Track 3 appears on page 49.)

*Ahora tienes **1 minuto** para empezar a contestar las preguntas para esta selección. Después de 1 minuto vas a escuchar la selección de nuevo.*

PLAY Track 3 again.

Ahora tienes 1 minuto y 45 segundos para terminar de responder a las preguntas de esta selección.

48. ¿Cuál es el propósito de la entrevista?
    (A) Destacar la labor del Instituto Nacional de Lenguas Indígenas
    (B) Dar detalles sobre el Día Internacional de las Lenguas Indígenas
    (C) Resaltar la importancia de las lenguas indígenas en México
    (D) Reportar el estado de salud de las lenguas indígenas en México

49. Según la entrevista, ¿qué impulsó a la ONU a proclamar el 2019 como año internacional de las lenguas indígenas?
    (A) La disminución de hablantes de las lenguas indígenas mundialmente
    (B) La necesidad de reconocer la diversidad étnica en México
    (C) Los nuevos programas de desarrollo lingüístico indígenas
    (D) El reciente auge de interés por la cultura autóctona mexicana

50. Según la entrevista, ¿cuál de los siguientes factores ha contribuido a la debilidad de las lenguas indígenas en México?
    (A) La falta de acercamiento a las culturas indígenas
    (B) La ausencia de las lenguas indígenas en los hogares
    (C) La indiferencia del pueblo mexicano
    (D) La dificultad del aprendizaje de las lenguas indígenas

51. Según el entrevistado, ¿a quién le corresponde la conservación de la diversidad lingüística del país?
    (A) A las Naciones Unidas
    (B) Al gobierno mexicano
    (C) A todos los mexicanos
    (D) A los grupos indígenas mexicanos

52. Al final de la entrevista, ¿cuál sería la pregunta más apropiada para hacerle a Iván León Javier?
    (A) ¿Cuántas lenguas indígenas se hablan en México hoy en día?
    (B) ¿Cómo se comunicaban los pueblos indígenas con los conquistadores que llegaron de España?
    (C) ¿Cómo lograron los paraguayos hacer que el guaraní haya sido reconocido como el segundo idioma oficial del país?
    (D) ¿Por qué proclamó la ONU el 2019 como el año internacional de las lenguas indígenas?

Citation: Entrevista sobre 2019 año internacional de las lenguas indígenas (Agencia Informativa de Educación en México, 01/23/2019)

Selección número 4
Tema curricular: Las familias y las comunidades

*Primero tienes **1 minuto** para leer la introducción y prever las preguntas.*

Introducción: Primero tienes un minuto para leer la introducción y prever las preguntas.
Esta grabación trata de la importancia de la dicción al hablar. El informe original fue publicado el 11 de agosto del 2015 por Humberto Gutiérrez para consejosimagen.mx. La grabación dura aproximadamente tres minutos.

Ahora escucha la selección.

PLAY Track 4 on the accompanying audio CD. (The script for Track 4 appears on page 50.)

*Ahora tienes **1 minuto** para empezar a contestar las preguntas para esta selección. Después de 1 minuto vas a escuchar la selección de nuevo.*

PLAY Track 4 again.

*Ahora tienes **1 minuto y 45 segundos** para terminar de responder a las preguntas de esta selección.*

53. ¿Cuál es el propósito de este informe?
    (A) Explicar lo que significa tener buena dicción
    (B) Presentar formas de hablar con amigos o familiares
    (C) Dar recomendaciones para mejorar la dicción
    (D) Describir las dificultades que tenemos al hablar

54. Según el presentador, ¿para qué sirve tener buena dicción?
    (A) Para ser entendido completamente
    (B) Para poder entender a familiares y amigos
    (C) Para entablar buenas conversaciones
    (D) Para separar las palabras que forman una oración

55. ¿Qué sugiere el presentador con respecto a la velocidad al hablar?
    (A) Hay que hablar rápido, pero con claridad
    (B) Es importante hablar con una velocidad adecuada
    (C) La velocidad al hablar debe ajustarse según la audiencia
    (D) Se debe disminuir la velocidad al hablar con desconocidos

56. Según los consejos sobre el volumen de la voz, ¿con cuál de las siguientes afirmaciones estaría de acuerdo el presentador?
    (A) Es importante hablar en voz alta para comunicarse claramente.
    (B) Se debe hablar en voz baja para comunicarse efectivamente.
    (C) El volumen de la voz debe ser moderado.
    (D) El volumen de la voz depende de la persona con la que estés hablando.

57. ¿Qué técnica utiliza el presentador para comunicar su mensaje?
    (A) Presenta opiniones populares y las explica.
    (B) Utiliza cifras para apoyar su argumento.
    (C) Incluye información relevante para presentar su argumento.
    (D) Enumera sugerencias y las desarrolla.

Citation: "Consejos para hablar en público" (8/11/2015, Humberto Gutiérrez, consejosimagen.mx.: https://www.youtube.com/watch?v=f5RJewYebZg

Selección número 5

Tema curricular: Las identidades personales y públicas

*Primero tienes **1 minuto** para leer la introducción y prever las preguntas.*

Introducción: Primero tienes un minuto para leer la introducción y prever las preguntas. Esta grabación trata de la exhibición de las obras de Wifredo Lam en el Museo Reina Sofía en Madrid. El informe original fue publicado por la estación RTVE de España en su sitio web. En la presentación participan una narradora y un curador del Museo Reina Sofía. La grabación dura aproximadamente tres minutos.

Ahora escucha la selección.

PLAY Track 5 on the accompanying audio CD. (The script for Track 5 appears on page 51.)

*Ahora tienes **1 minuto** para empezar a contestar las preguntas para esta selección. Después de 1 minuto vas a escuchar la selección de nuevo.*

PLAY Track 5 again.

*Ahora tienes **2 minutos y 45 segundos** para terminar de responder a las preguntas de esta selección.*

58. ¿Cuál es el propósito de la narración?
    (A) Contar la historia de la vida de Wifredo Lam
    (B) Definir el período artístico de preferencia de Wifredo Lam
    (C) Hablar de las raíces cubanas de Wifredo Lam
    (D) Describir los conceptos y las influencias de las obras de Wifredo Lam

59. ¿Con qué intención describe el curador las tres etapas de la vida artística de Lam?
    (A) Para describir las diferentes corrientes artísticas en las que participó
    (B) Para mostrar la maduración de su arte a través de los años
    (C) Para dar evidencia de la vida nómada del artista
    (D) Para presentar las épocas en las que vivió

60. ¿Qué quiere decir la narradora cuando define la vida de Lam como "trashumante"?
    (A) Que la vida de Lam fue muy corta
    (B) Que Lam vivió en varias partes del mundo
    (C) Que se sabe poco de la vida de Lam
    (D) Que Lam no adoptó un estilo propio

61. Según la narradora, ¿cómo muestra el artista la dualidad de su identidad?
    (A) Con la variedad de símbolos y significados
    (B) Con su estilo cubista
    (C) Con elementos chinos y cubanos
    (D) Con la variedad de figuras africanas

62. Según el informe, ¿qué se puede afirmar sobre el arte de Wifredo Lam?
    (A) Retrata la vida nómada del artista.
    (B) Refleja los conflictos internos del artista.
    (C) Es una mezcla de estilos y culturas.
    (D) Es generalmente surrealista.

63. Según el curador, ¿qué efecto tuvieron las pinturas de Picasso en el arte de Lam?
    (A) Le hicieron incluir figuras geométricas en sus pinturas.
    (B) Le ayudaron a refinar su identidad como artista.
    (C) Le enseñaron sobre la historia de España.
    (D) Le inspiraron a regresar a Cuba.

Citation: Wifredo Lam, pintura mestiza en el Reina Sofía (A la carta, Televisión y Radio, rtve.es, 04/21/2016)

64. Si quisieras encontrar más información sobre el contenido del arte de Wifredo Lam, ¿cuál de las siguientes fuentes sería más útil?
    (A) *Historia del mestizaje americano*
    (B) *La migración china al caribe hispano*
    (C) *Las características del surrealismo*
    (D) *El eclecticismo en el arte del Siglo XX*

65. ¿Cuál de los siguientes títulos sería el mejor para este informe?
    (A) "Wifredo Lam, pintura mestiza en el Reina Sofía"
    (B) "La pintura nómada afrocubana"
    (C) "Wifredo Lam, pintura cubista en el Reina Sofía"
    (D) "El mestizaje en el arte de los años 40"

Citation: Wifredo Lam, pintura mestiza en el Reina Sofía (A la carta, Televisión y Radio, rtve.es, 04/21/2016)

SECTION II: Free Response

You are given a total of approximately 1 hour and 35 minutes to do Section II of the examination: 15 minutes for the interpersonal writing, approximately 55 minutes for the presentational writing, approximately 10 minutes for the interpersonal speaking simulated conversation, and finally approximately 6 minutes for the presentational speaking.

Interpersonal Writing: E-mail Reply

In this part of the examination, you will need to write an e-mail message. You are given 15 minutes to read the e-mail and write your response.

- Read the prompt carefully to see what type of message you need to write.
- Decide in what tense to write the passage (present, past, future, and so on).
- Keep in mind that this is a formal e-mail; you must address the recipients with usted or ustedes.
- Do not forget a formal salutation: *Muy señor[a] mío[a], Estimado[a] señor[a].*
- Do not forget an appropriate closing such as "Atentamente," "Cordialmente."
- Be sure to check the rubric at the end of Chapter 7 to see how you will be rated.

Instructions: You are to write a reply to the following e-mail that you have received. You will have a total of 15 minutes to read the e-mail and write your reply. Your reply should include an appropriate greeting and closing. Be sure to answer all questions posed in the e-mail. You should also ask for more information/details about what is mentioned in the e-mail. Do not forget to use a formal register.

Instrucciones: Tienes que escribir una respuesta al mensaje electrónico que has recibido. Tendrás 15 minutos en total para leer el mensaje electrónico y responder a este mensaje. La respuesta debe incluir un saludo y una despedida apropiados. Asegúrate de contestar todas las preguntas en el mensaje electrónico. También debes pedir más información/ más detalles sobre lo que se menciona en el mensaje electrónico. No olvides usar un registro formal.

Tema curricular: La belleza y la estética

Introducción: Este mensaje electrónico es de Manuela Valdés, directora de la organización *Mis dos idiomas,* que fomenta la educación bilingüe en comunidades hispanohablantes en EE. UU. Has recibido el siguiente mensaje porque solicitaste para un puesto de voluntario en su programa de verano. La organización te pide más información.

De: Manuela Valdés
Asunto: Mis dos idiomas
Estimado/a solicitante: Muchas gracias por su interés en el puesto de voluntario en nuestro programa de verano de niños bilingües. Necesitamos más información antes de tomar una decisión sobre el puesto. Nuestra organización ofrece programas para niños hispanohablantes preescolares y también para jóvenes inmigrantes que necesitan aprender el inglés. La meta de nuestros programas no es solo enseñarles a los niños/jóvenes a comunicarse en inglés, sino también refinar su lengua materna mediante juegos interactivos, actividades educativas, y la celebración de eventos de importancia cultural. Nuestra organización reconoce que estos niños deben aprender a comunicarse en inglés lo más pronto posible, ya que es el idioma que tendrán que usar en la escuela. Al mismo tiempo, valoramos la conservación de nuestra lengua materna, el español. • ¿Qué opina usted sobre el bilingüismo y la enseñanza de idiomas en EE. UU.? • ¿Qué actividades propone para nuestro programa de verano? Le agradeceríamos sus comentarios lo antes posible ya que estamos en la etapa final de la selección de voluntarios para el próximo verano. Cordialmente, Manuela Valdés Directora de *Mis dos idiomas*

Presentational Writing: Argumentative Essay

In this part of the examination, you will need to write a persuasive essay based on three sources, two printed and one audio. You will have 6 minutes to read the print material. Then you will hear the audio material. You should take notes on what you hear. After you have heard the audio source twice, you will have approximately 40 minutes to write your essay.

- Read the introduction and sources carefully to see what your essay topic will be about.
- Decide in what tense to write the passage (present, past, future, and so on).
- While reading the two printed prompts, you may wish to underline key ideas.
- Be sure to take notes while you listen to the audio prompt.
- You must **cite all three sources** appropriately in your essay.

- Clearly indicate *your own* viewpoint and defend it.
- Be sure to organize your essay.
- The timing will be done for you on the actual exam. However, for this diagnostic test you will need a stopwatch or timer. Allow yourself the specific time intervals stated in the instructions for reading the printed texts, reading the introduction to the audio passage, and writing your essay.
- Be sure to look over the rubric at the end of Chapter 8 to see how you will be rated.
- Avoid summary of the 3 sources.
- Develop a clear thesis that takes a stand on the issue, pro or con.
- Explicitly cite the 3 sources. This can be (F1, F2, F3) as used in parenthetical citations.
- Avoid long quotations from the sources.
- Use effective transitions.
- Consider the opposing side of the argument to include a concessions statement.
- Avoid rhetorical questions.

Tema Curricular: La vida contemporánea

Primero tienes 6 minutos para leer el tema del ensayo, la fuente número 1 y la fuente número 2.

Tema del ensayo: ¿Se deben conservar las corridas de toros como patrimonio cultural?

Fuente número 1

Introducción: Este texto trata de las corridas de toros en el Perú. El artículo original fue publicado el 23 de octubre del 2014 en el Diario Correo de Perú.

Mario Vargas Llosa encabeza manifiesto en favor a corridas de toros

Un grupo de artistas, intelectuales y personajes de la cultura peruana suscribieron un manifiesto en defensa de las corridas de toros como "una tradición profundamente arraigada en el Perú criollo, mestizo y andino".

El manifiesto, reproducido por la publicación digital Tendido 7, tiene entre sus firmantes al premio Nobel de Literatura 2010, Mario Vargas Llosa, y a su colega Alfredo Bryce Echenique y señala que los toros "representan un elemento central de las fiestas patronales que, a su vez, operan como mecanismos integradores y de cohesión social y cultural".

Pronunciamiento a favor de la libertad y de las corridas

El arte y el espectáculo taurinos son una tradición profundamente arraigada en el Perú criollo, mestizo y andino. Representan un elemento central de las fiestas patronales que, a su vez, operan como mecanismos integradores y de cohesión social y cultural.

Las corridas de toros son un espectáculo de masas que no generan manifestaciones violentas, ni actos vandálicos, agresivos o de fuerza dentro o fuera de las plazas de toros. No fomentan, por tanto, una cultura de violencia entre los jóvenes, como se pretende afirmar. Fomentan, más bien, valores y capacidades humanas como la valentía, el heroísmo, la superación ante las adversidades, entre muchas otras.

Una serie de normas ordenan el espectáculo taurino. Así, este se constituye en una liturgia que pone de manifiesto el respeto hacia el toro de lidia y la nítida metáfora que supone un rito en el que el hombre busca imponerse ante la muerte a través de la creación estética y artística.

Pretendemos que se respete la libertad y el derecho de todos a asistir o no a las corridas de toros y de inculcar a nuestros hijos la cultura taurina que algunos consideramos poseedora de un hondo contenido simbólico y artístico, que es formativa y que busca la sensibilidad profunda del espectador.

Asimismo, respetamos a quienes no disfrutan de la fiesta brava y cuya sensibilidad, entendemos, no les permite apreciarla.

Del mismo modo, no aceptamos la intolerancia de quienes propugnan su prohibición. Rechazamos todo intento por abolirla y restringir su desarrollo, así como cualquier actitud que pueda liquidar esta tradición que, como todas, evoluciona por sí sola y que perdurará mientras los pueblos sigan apreciando su contenido y su estética.

Los espectáculos taurinos han sido reconocidos por el Tribunal Constitucional del Perú en mayo de 2011. El Tribunal precisa que no se puede alegar la afectación a derecho constitucional alguno por la sola oferta de dichos espectáculos mientras no se coaccione la asistencia a ellos.

Es deber del Estado promover y difundir cultura, y no, como pretenden ciertos sectores intolerantes, proscribirla con argumentos falaces.

Fuente número 2

Introducción: Este texto trata de una encuesta nacional sobre la prohibición de las corridas de toros en España. El gráfico original fue publicado el 23 de noviembre del 2015 en el sitio web La Economía del Toro.

¿Está usted en contra o a favor de la abolición o prohibición de las corridas de toros?				
	A favor	En contra	Ni a favor ni en contra	No comenta
Total	33,8	35,5	29,8	0,9
Según sexo	%	%	%	%
Hombre	34,0	37,7	27,7	0,7
Mujer	33,5	33,4	31,9	1,1
Según edad	%	%	%	%
De 18 a 24 años	61,1	22,4	15,7	0,8
De 25 a 34 años	38,3	25,2	35,1	1,4
De 35 a 44 años	33,1	39,1	27,0	0,8
De 45 a 54 años	28,8	33,8	37,3	0,0
De 55 a 64 años	34,1	39,1	25,6	1,3
De 65 y más años	23,7	44,7	30,5	1,0

Citation: Mario Vargas Llosa encabeza manifiesto en favor a corridas de toros (10/23/2014, el Diario Correo, Perú)
Citation: (11/23/2015, La economía del toro)

Fuente número 3
Tienes 30 segundos para leer la introducción.

Introducción: Esta grabación trata de las corridas de toros en México. El informe original "Eugenio Derbez Antitaurino" fue publicado el 20 de febrero del 2013 por El Muro, una asociación civil mexicana. La grabación dura aproximadamente dos minutos.

Citation: Eugenio Derbez Antitaurino (02/20/2013, El Muro, www.elmuro.mx)

Ahora escucha la fuente número 3.

Play Track 6 on the accompanying audio CD. (The script for Track 6 appears on page 52.)

Ahora escucha de nuevo.
Play Track 6 again.

Now you have 40 minutes to complete your essay.

Interpersonal Speaking: Conversation

In this part of the examination, you will need to participate in a conversation. The situation will be a role-playing simulated telephone conversation. You will have 1 minute to read a preview of the conversation. Then the telephone call will begin. Be sure to follow the outline. Each time it is your turn to speak, you will have 20 seconds in which to respond. You should participate as fully and appropriately as possible. You will find the recorded message and the recorded portions of the conversation on the accompanying recording. The script appears on page 51.

- Read the introduction and conversation outline carefully to see what the conversation will be about.
- This is a one-time attempt. You will only hear the conversation 1 time and have 1 time to answer the 5 turns in the conversation.
- Jot down some sentence stems as possible responses (Debes…Recomiendo que…No me digas…lo siento, pero no puedo…etc.)
- While you listen to each line of the dialogue, try to pick out words, expressions, or phrases that you might be able to use. (BE CAREFUL, though, to not just restate what you have heard!)
- Higher scores are awarded for conversations in which complex structures and rich vocabulary are used.
- Be sure to look over the rubric at the end of Chapter 9 to see how you will be rated.
- Be prepared to answer a variety of questions or situations: ("Contesta negativamente/afirmativamente," "Propón," "Sugiere una alternativa," "Finaliza y despídete").
- If you hear yourself make a mistake, correct it immediately.
- The conversation is always in the informal register. Be consistent on how you address the speaker.

*Tienes **1 minuto** para leer la introducción y el esquema de la conversación.*

Tema curricular: Las familias y las comunidades

Introducción: Esta es una conversación con Elena, una compañera de clase. Vas a participar en esta conversación porque ella está organizando un evento para recaudar fondos para las víctimas del huracán María en Puerto Rico.

> Elena: Te saluda y te pide tu opinión

Tú: Salúdala y dale una respuesta

> Elena Te da más información y te hace una pregunta

Tú: Contesta afirmativamente y da más detalles

> Elena: Continua la conversación y te propone algo más

Tú Responde negativamente y da la razón

> Elena: Reacciona y continúa la conversación

Tú: Respóndele con detalles

> Elena: Continúa la conversación y te hace una pregunta

Tú: Propón una opción y despídete

En este momento va a empezar la conversación. Ahora presiona el botón record.

PLAY Track 7 *on the accompanying audio CD. (The script for Track 7 appears on page 55.)*

Presentational Speaking: Cultural Comparison

In this part of Section II of the examination you will make a 2-minute oral presentation to your class on the following topic. You will have 4 minutes to read the topic and prepare your presentation. Once the 4 minutes have passed you will record your 2-minute presentation.

- Be sure to have a timer.
- Read the topic carefully.
- Be sure to demonstrate your understanding of certain cultural features of the area you have chosen.
- Be sure to have a clear organization for your presentation with a variety of transitional phrases (sin embargo, al contrario, etc.).
- You must compare! Explicitly state what 2 "communities" or examples you're going to compare.

- Per the scoring guidelines, the term "community" can refer to something as large as a continent or as small as a family unit. The phrase "target culture" can refer to any community, large or small, associated with the target language.
- Start with the target community and with your best example.
- Use a ping-pong approach to your delivery giving examples connecting the 2 communities.

Tema de la presentación: ¿Qué edades marcan transiciones importantes en tu comunidad?

Compara tus observaciones sobre las comunidades en que has vivido con tus observaciones de cómo la celebran en una región del mundo hispanohablante que te sea familiar. En la presentación, puedes mencionar lo que has estudiado, vivido y/u observado.

Answers, Explanations, and Listening Scripts

Section I, Part A
Interpretive Communication: Print Texts

Where applicable in the print passages, the answers are underlined, followed by the question number in parentheses.

Selección número 1
Tema Curricular: La vida contemporánea

Questions and Answers

1. ¿Cuál es el propósito del anuncio?
   (A) Reclutar a personas o negocios interesados en la plataforma publicitaria del sitio web.
   Explanation: "Trabaja con nosotros"

2. ¿A quién se dirige el anuncio?
   (D) A negocios en busca de una audiencia
   Explanation: "¿Interesado(a) en compartir con una audiencia de 99.000+ seguidores y más de 246.000 páginas vistas al mes?"

3. Según la información del anuncio, ¿qué se puede inferir sobre el sitio web Explorador de Viajes?
   (B) Que es un sitio web en donde encuentras una variedad de ofertas y consejos de viaje
   Explanation: "Explorador de Viajes es una plataforma gratuita donde los viajeros obtienen información y consejos para planear sus propios viajes."

   "Ayudamos a otros viajeros informándoles cuándo hay vuelos baratos y compartiendo consejos de viaje."

4. Según las publicaciones en la prensa, ¿qué se puede deducir sobre la pareja creadora del sitio web?
   (B) Anita y Altán saben cómo ahorrar dinero a la hora de viajar.
   Explanation: "Ayudamos a otros viajeros informándoles cuándo hay vuelos baratos y compartiendo consejos de viaje."

5. Necesitas más información sobre la colaboración propuesta en el anuncio y te gustaría enviarles un mensaje. ¿Cuál de las siguientes preguntas sería las más apropiada según el contexto del anuncio?
   (D) Soy propietaria de un hotel boutique en la playa de Juan Dolio en Santo Domingo. ¿Qué tipo de publicidad podría tener en su sitio web?
   Explanation: "Explorador de Viajes se ha asociado y trabajado con varios negocios relacionados a los viajes."

Selección número 2

Tema Curricular: Las identidades personales y públicas

Línea	**El gato de Sèvres**
	Como quien no quiere la cosa, se detuvo frente al escaparate de la tienda y paseó la mirada desdeñosamente por el amontonamiento de cachivaches que se exhibían: <u>violines viejos, mesas y sillas cojas, figurillas de porcelana, óleos desteñidos, pedazos de cacharros supuestamente mayas o incaicos y, en fin, las mil y una menudencias que</u>
5	<u>suelen acumularse en tiendas de esta especie.</u> **(#7)** Con el rabillo del ojo, <u>el coleccionista atisbó una vez más el plato en que bebía leche el gato. No cabía duda: Sèvres legítimo.</u> **(#8)** Posiblemente del segundo tercio del siglo XVIII. Estos animales- pensó el experto, refiriéndose a los dueños…- no saben lo que tienen entre manos.
10	Venciendo la natural repugnancia que le inspiraban los felinos, se agachó para acariciar el gato. De paso, examinó más de cerca la pieza de cerámica…Sin lugar a dudas, Sèvres 1750.
	Michito, michito- ronroneó el coleccionista, al ver que se acercaba el propietario de la tienda.
15	Buenas tardes. ¿Puedo servirle en algo? —En nada, muchas gracias. Sólo acariciaba al animalito.
	¡Ah, mi fiel Mustafá…! Está un poco sucio, pero es de casta, cruce de persa y angora, con sus ribetes de Manx. Observe Ud. que cola tan corta tiene. Eso lo distingue.
	El gato, efectivamente, tenía sólo medio rabo; pero no por linaje, sino porque había perdido la otra mitad en un pleito callejero.
20	Se ve, se ve- dijo el coleccionista, pasándole una mano enguantada por encima del lomo.
	Michito, michito mirrimiáu…! Me encantaría tenerlo en casa para que hiciera pareja con una gatita amarilla limón que me obsequiaron. ¿No me lo vendería?
25	No, señor. Mustafá es un gran cazador de ratones y sus servicios me son indispensables en la tienda.
	¡Lástima! – dijo el coleccionista, incorporándose. Me hubiera gustado adquirirlo. En fin, tenga usted buenas tardes.
	El coleccionista hizo ademán de retirarse. -Un momento! – Lo llamó el propietario. – ¿Cuánto daría por el gato?
30	¿Cuánto quiere? – le devolvió la pelota el coleccionista, maestro en el arte de trapicheo.
	Cincuenta pesos.
	No, hombre, que barbaridad. Le doy treinta y ni un centavo más.
	Ni usted ni yo, cuarenta morlacos y es suya esta preciosidad de morrongo.
35	El coleccionista lanzó un suspiro más falso que un manifiesto político, sacó la cartera, contó los billetes y se los entregó al dueño de la tienda. Este a su vez los contó y se los guardó en el bolsillo. <u>El coleccionista, siempre aparentando una sublime indiferencia, señaló el plato con la punta del bastón.</u> **(#10)**
40	<u>Imagino que el animalito estará acostumbrado a tomar su leche en ese plato viejo, ¿no? Haga el favor de envolvérmelo.</u> **(#9)**
	Como el señor disponga- repuso el anticuario. <u>¡Sólo que le advierto que el plato cuesta diez mil pesos…</u> **(#11)**
	<u>¡Diez mil pesos!</u> aulló el coleccionista. **(#6)**
45	<u>Sí señor. No sólo es un auténtico Sèvres, 1750, sino que además me ha servido para vender trecientos veinticinco gatos…</u> **(#6) (#12)**

Questions and Answers

6. ¿Cuál de las siguientes emociones describe mejor la experiencia del coleccionista en la tienda de antigüedades?
   (A) Asombro

7. ¿A qué se refiere la palabra "cachivaches" (línea 2) en el texto?
   (C) A un conjunto de artículos de poco valor

8. Según el contexto, ¿a que se refería el coleccionista cuando pensó que los dueños de las tiendas "no saben lo que tienen entre manos"? (líneas 7-8)
   (B) A que el gato bebía leche de un plato de mucho valor.

9. Según el texto, ¿por qué se interesó el coleccionista en comprar el gato del propietario de la tienda?
   (B) Porque el coleccionista supuso que la compra del gato incluiría el plato.

10. ¿Qué supuso el coleccionista sobre el propietario de la tienda al pedirle que incluyera el plato en la compra del gato?
    (C) Que el propietario era un hombre ignorante

11. Según los acontecimientos del texto, ¿por qué se titula este relato "El gato de Sèvres"?
    (B) Porque a fin de cuentas el gato cuesta tanto como el plato.

12. ¿Cuál de las siguientes expresiones describe mejor la moraleja del cuento?
    (C) Caras vemos, corazones no sabemos.

Selección número 3
Tema Curricular: Las familias y las comunidades

Fuente número 1

Línea	¿A qué se dedican los ninis?
	Ni estudian ni trabajan. Así se define a <u>los ninis</u>, un neologismo que, para alrededor de 20 millones de jóvenes en América Latina y el Caribe, se ha transformado en una etiqueta pesada. Más allá de este término, convertido en un lugar común en los debates acerca de su situación en todo el mundo, la realidad es que <u>apenas contamos con</u>
5	<u>información de calidad sobre este sector de la población</u> (**#16**), cuyo rostro nos resulta todavía incierto. ¿Quiénes son y qué hacen los ninis?
	<u>*Millennials en América Latina y el Caribe: ¿trabajar o estudiar?*, un estudio que verá</u> <u>la luz el próximo noviembre, se acerca a estos chicos y chicas para conocer mejor sus</u> <u>enigmas y las razones que hay detrás de sus decisiones cuando se bifurca el camino entre</u> <u>la escuela y el trabajo.</u> (**#13**) La investigación, para la que contamos con la participación
10	de 15.000 individuos de entre 15 y 24 años en nueve países (Brasil, Chile, Colombia, El Salvador, Haití, México, Paraguay, Perú y Uruguay), nos está permitiendo entender mejor a la próxima generación que copará el mercado laboral de la región. <u>En nuestra</u> <u>encuesta, uno de cada cinco consultados es nini. Sin embargo, dentro de este grupo,</u> <u>un 40% se encuentra en realidad buscando trabajo (principalmente hombres) y más</u>
15	<u>de la mitad, un 57%, se dedica a labores de cuidado (especialmente mujeres). Es decir,</u> <u>en contra de las convenciones establecidas, la mayoría de los ninis no son ociosos, sino</u> <u>que realizan otras actividades productivas.</u> (**#14**) (**#15**) (**#17**) (**#18**)
	<u>Nuestro estudio busca ofrecer una radiografía de la situación de los jóvenes, ninis</u> <u>o no, ante un mercado de trabajo desafiante.</u> (**#19**) El *tsunami* tecnológico, la llegada
20	masiva de los robots y el crecimiento imparable de la inteligencia artificial, este proceso que conocemos como la <u>Cuarta Revolución Industrial, amenaza con dejar sin empleo</u>

25	a millones de trabajadores, especialmente a aquellos con menor preparación. **(#21)** Así, con la intención de ver qué tan bien equipada está la nueva generación ante estos desafíos, durante nuestra investigación realizamos una medición de sus habilidades. En concreto, de las cognitivas (comprensión lectora, capacidad de resolver problemas matemáticos…), socioemocionales (como la autoeficacia, la perseverancia o la autoestima) y técnicas.
30	Los resultados no son alentadores. <u>Observamos un importante rezago en las habilidades cognitivas de los chicos y chicas de la región, con independencia de su situación laboral y educativa. **(#15)** Por ejemplo, menos del 60% de los encuestados es capaz de realizar correctamente cálculos matemáticos muy sencillos, útiles para la vida diaria, como repartir un monto de dinero en partes iguales entre cinco personas.</u> **(#20)**
35	Respecto a la fluidez en inglés o su facilidad para el manejo de dispositivos tecnológicos, otras habilidades esenciales para este nuevo mercado de trabajo, el nivel promedio encontrado en nuestro estudio resulta preocupante.

Fuente número 2
"¿DE QUÉ VA EL PROGRAMA DE AMLO PARA APOYAR A NINIS?" (See Selection 3 in Diagnostic Exam)

Questions and Answers

13. ¿Cuál es el objetivo del artículo?
    (B) Explicar el propósito y resultados de una investigación sobre las ocupaciones de los jóvenes

14. ¿Qué método utiliza el autor del artículo para presentar la información?
    (C) Apoya la información del artículo con datos sobre los jóvenes.

15. ¿Cuál de las siguientes afirmaciones resume mejor el artículo?
    (B) Muchos jóvenes no poseen habilidades necesarias para incorporarse al mercado laboral.

16. ¿A qué se refiere al autor del artículo cuando dice "cuyo rostro nos resulta todavía incierto" (línea 5)?
    (A) A que se sabe muy poco sobre los ninis y a qué se dedican

17. Según el artículo, ¿cuál de las siguientes afirmaciones resume mejor la percepción común de la sociedad sobre los ninis?
    (B) Los ninis no contribuyen a la sociedad.

18. Según el artículo, ¿qué dato de interés reveló el estudio sobre la situación de los ninis?
    (D) No todos los ninis son improductivos.

19. Según el artículo, ¿cuál fue el propósito de incluir una evaluación de las habilidades de los jóvenes en el estudio?
    (C) Para evaluar cuán preparados están los jóvenes para el nuevo mercado laboral

20. ¿A qué se refiere la frase "rezago en las habilidades" (línea 27) en el artículo?
    A que muchos jóvenes no tienen un nivel adecuado de habilidades básicas.

21. Según el artículo, ¿por qué son preocupantes los resultados del estudio sobre las habilidades cognitivas?
    (C) Porque los jóvenes no están preparados para el mercado laboral actual.

22. ¿Cuál es el propósito de la gráfica?
    (D) Presentar un nuevo programa del gobierno para los jóvenes mexicanos
    Explanation: "Jóvenes Construyendo el Futuro beneficiará a 2.6 millones de personas"

23. Debes escribir un informe sobre el mismo tema del artículo y la gráfica y necesitas información adicional. ¿Cuál de las siguientes fuentes sería la más apropiada?
    (B) *La educación vocacional para jóvenes mexicanos*

Selección número 4
Tema Curricular: La ciencia y la tecnología

Línea 5 10 15 20	Estimado señor Zuckerberg, Las organizaciones a continuación escriben hoy para alentarlo, en términos inequívocos, <u>a continuar aumentando la seguridad de extremo a extremo en los servicios de mensajería de Facebook.</u> (#24) <u>Hemos visto solicitudes de los gobiernos de los Estados Unidos, el Reino Unido y Australia pidiéndole que suspenda estos planes</u> (#29) <u>«hasta que [Facebook] pueda garantizar que la privacidad adicional no reduzca la seguridad pública».</u> (#26) Creemos que tienen esto completamente al revés: <u>cada día que las plataformas no admiten una seguridad sólida de extremo a extremo es otro día en que estos datos pueden ser violados</u> (#25) (#28), mal manejados u obtenidos por entidades poderosas o actores deshonestos para explotarlos. Dado el notable alcance de los servicios de mensajería de Facebook, <u>garantizar la seguridad de extremo a extremo predeterminada proporcionará una bendición sustancial a la libertad de comunicaciones en todo el mundo, a la seguridad pública</u> (#27) y a los valores democráticos, y le instamos a que continúe con sus planes de cifrar mensajes a través de los productos y servicios de Facebook. Le recomendamos que se resista a los llamados para crear las llamadas «puertas traseras» o «acceso excepcional» al contenido de los mensajes de los usuarios, <u>lo que debilitará fundamentalmente el cifrado y la privacidad y seguridad de todas las personas usuarias.</u> (#30)

Questions and Answers

24. ¿Cuál de las siguientes afirmaciones resume mejor la intención de esta carta?
    (D) Pedir que se fortalezca la protección de la privacidad de los usuarios

25. Según el contenido de la carta, ¿a qué se refiere la frase "tienen esto completamente al revés" (línea 8)?
    (A) A que algunos países no entienden la urgencia de proteger la privacidad de los usuarios

26. Según la carta, ¿qué intención tienen los Estados Unidos, Reino Unido y Australia al pedir que se suspenda el aumento de seguridad en Facebook?
    (C) Lograr que Facebook mejore la privacidad de los usuarios tanto como la seguridad del público en general

27. ¿Qué efecto tiene mencionar "el notable alcance de los servicios de mensajería" (línea 12) en esta carta?
    (D) Respalda la necesidad de la privacidad extrema en Facebook

28. ¿Según la carta, ¿qué riesgo corren los usuarios de los servicios de mensajería de Facebook?
    (C) Que su información personal sea accedida por distintas corporaciones.

29. ¿De qué manera se presenta la petición al señor Zuckerberg en la carta?
    (B) Se presenta la opinión contraria y se refuta con comentarios relevantes.

30. Vas a publicar un comentario sobre la carta que acabas de leer en el sitio web. ¿Cuál de los siguientes comentarios sería el más apropiado?
    (B) Soy un usuario del servicio de mensajería en Facebook y también me preocupa que distintas corporaciones tengan acceso a mis datos personales.

Section I, Part B:

Interpretive Communication: Print and Audio Texts Combined
Where applicable in the print passages and the listening scripts, the answers are underlined, followed by the question number in parentheses.

Selección número 1
Tema curricular: Los desafíos mundiales

Fuente número 1

	¿Por qué la industria textil es la más contaminante después del sector petrolero?
1	Según la ONU, produce el 10% de las emisiones de carbono en el mundo y el 20% de las aguas residuales. (#31) (#39) Aunque algunas empresas han adoptado medidas para mitigar los daños, continúan generando serios impactos a los ríos y los océanos.
5	*Burberry*, la marca británica reconocida por la gabardina que usaron los soldados ingleses (#33) en las dos guerras mundiales, cuida su marca de un modo bastante peculiar: quema sus excedentes. En 2017, la casa de moda británica quemó 33,7 millones de dólares en ropa, accesorios y perfumes. En los últimos cinco años, la cifra de productos destruidos asciende a 116,8 millones. Además del insulto a aquellos cuyos bolsillos están más interesados en llegar a fin de mes que en comprar uno de sus productos, los grupos ecologistas han puesto el grito en el cielo con esta medida:
10	"A pesar de sus altos precios, Burberry no muestra respeto por sus propios productos ni por el arduo trabajo y los recursos naturales que se utilizan para fabricarlos", le dijo Lu Yen Roloff, de Greenpeace, a la cadena BBC.

15	"La cantidad cada vez mayor de sobrantes apunta a la sobreproducción y, en lugar de frenar su producción, incineran la ropa y los productos en condiciones perfectas. Es un secreto sucio de la industria de la moda", resalta.
	Lo cierto es que la moda tiene más secretos sucios. Y contaminantes. De hecho, **la industria textil es la segunda más contaminante del planeta** después de la petrolera. (#34)
20	Para producir unos pantalones se requieren alrededor de 10.000 litros de agua, una cantidad mayor a lo que bebería un ser humano en 10 años.
	Además, **la industria produce el 20% de las aguas residuales y el 10% de las emisiones de carbono en el mundo**, mucho más que todos los vuelos internacionales y los barcos de carga combinados, según un comunicado de la ONU, emitido a finales de julio de este año.
25	Los otros materiales que llevan los pantalones, como el poliéster, el nailon o el acrílico, vierten hasta medio millón de micro plásticos anualmente en los ríos que terminan en los océanos. Y cada vez más los "tiempos de vida" de nuestras prendas son relativamente cortos. Además, hasta el 85% de los textiles son desechados en vertederos o incinerados causando aún más contaminación. (#40)

TRACK 1

Fuente número 2

Script for Audio Text

Héctor: *Si bien no podemos dejar de comprar y utilizar ropa, <u>si podemos encontrar soluciones que eviten que el daño al medio ambiente siga siendo cada vez mayor.</u> (#39) Diversas marcas han decidido reducir o dejar de utilizar las diversas sustancias que son nocivas para biosfera. <u>Una manera de reconocer algunas de estas marcas es por medio de su etiqueta, pues una empresa llamada OEKO-TEX se ha encargado de analizar las sustancias en la ropa y reconocer los productos químicos que se encuentran prohibidos para este uso, además de aquellos que cuentas con sustancias nocivas para la salud.</u> (#35) Esta es una etiqueta que puedes encontrar en las prendas como Made in Green Bay by Acotex.*

Por otro lado está la ropa ecológica: <u>aquella en la que no se hace uso de pesticidas e insecticidas, además de contar con tinturas que cumplen con parámetros ecológicos.</u> (#36) Estas prendas están hechas principalmente con materias primas como el algodón, lino, o fibras vegetales.

Otro ejemplo de este cambio lo tiene Green Peace, quienes a través de su campaña Detox, lograron que varias marcas trasnacionales y de las que se realiza un gran consumo se comprometieran con el vertido cero de las 11 sustancias más nocivas para biosfera para el año 2020. Algunas de las marcas comprometidas son C&A, Mango, Benetton e Inditex.

Otra forma de reducir el daño al medio ambiente y a nuestra economía personal es comprando menos. <u>La mayoría de las veces compramos prendas solo porque nos parecen baratas, únicas o realmente necesarias, y esto casi nunca resulta ser verdad.</u> (#37) Lo mismo ocurre cuando preferimos regalar ropa en fechas importantes. Antes de ir de compras debemos estar consciente de lo que tenemos y de lo que en realidad necesitamos; de esta forma podemos evitar comprar prendas que lleguemos a utilizar solo una vez.

Existen también sitios web y mercados sobre ruedas en donde venden ropa de segunda mano a un precio mucho menor que en las plazas comerciales. Así, podemos ahorrar y al mismo tiempo evitar el daño al medio ambiente.

Cuidar al medio ambiente también puede ayudar a los demás. Muchas instituciones, organizaciones y fundaciones reciben ropa nueva y usada que se encuentra en buenas condiciones con el fin de llevarlas a manos de aquellas personas que más lo necesitan, como personas en situación de calle, orfanatos, entre otros.

Otra forma de aprovechar la ropa que ya no nos gusta, nos ha dejado de quedar o simplemente ya no queremos es intercambiándola con otras personas o bien puedes realizar la venta online de las prendas que no requieras.

Es importante que nos hagamos conscientes de la manera en que limpiamos ropa ya que algunos procesos <u>como el lavado en seco resultan dañinos para el medio ambiente</u> (#38) debido a los solventes que se utilizan. De igual manera, se puede evitar el uso de la secadora y de la plancha, pues esto implica el consumo de energía eléctrica.

Questions and Answers

31. ¿Cuál es el propósito del artículo?
    (A) Revelar el daño que ha causado la industria textil al medio ambiente

32. En el artículo, ¿cuál es el significado de la frase "mitigar los daños" (línea 2)?
    (B) Reducir los daños

33. En el artículo, ¿cuál es el propósito de mencionar "las dos guerras mundiales" (líneas 4-5) en el artículo?
    (C) escribir una compañía textil con una referencia común

34. Según el artículo, ¿qué esconde la industria textil?
    (A) El daño que causan al medio ambiente

35. Según la fuente auditiva, ¿qué deben tener en cuenta los compradores al elegir su ropa?
    (C) Que la ropa no haya sido fabricada con químicos dañinos

36. Según la fuente auditiva, ¿qué caracteriza la ropa ecológica?
    (D) El cuidado por el medio ambiente

37. Según la fuente auditiva, ¿cuál de los siguientes hábitos del comprador es dañino para el medio ambiente?
    (A) Comprar prendas nuevas que en realidad no necesita

38. Según la fuente auditiva, ¿cuál de las siguientes prendas es más dañina para el medio ambiente?
    (B) Ropa que requiere lavado en seco

39. ¿Qué tienen en común las dos fuentes?
    (A) La preocupación por el impacto que tiene la industria textil en el medio ambiente

40. ¿Cuál de las siguientes frases describe mejor la relación entre la fuente escrita y la fuente auditiva?
    (B) La fuente auditiva presenta formas de combatir los problemas expuestos en la fuente escrita.

Selección número 2: Respuestas y explicaciones
Tema curricular: La vida contemporánea

Fuente número 1: Perfil del ecoturista (See *Selección número 2* in the Diagnostic Exam)

TRACK 2

Fuente número 2

Script for Audio Text

Chica:	Hola, Joaquín. ¿Qué tal?
Chico:	Hola, Teresa. Estoy muy bien, ¿y tú?
Chica:	Pues…estoy muy contenta de haber terminado el semestre.
Chico:	Me alegro. Oye, ¿qué planes tienes para este verano?
Chica:	Pues…antes de regresar a Puerto Rico, pienso recorrer varios parques naturales en España con unos compañeros de la universidad.
Chico:	¿Así que te interesaba el turismo rural? ¡Qué bien! Tú sabes que lo mío es la naturaleza, los animales, las plantas…También sé mucho sobre el ecoturismo en España… así que, si necesitan alguna sugerencia, les puedo ayudar. **(#44)**
Chica:	Gracias, Joaquín. Pues…primero vamos a hospedarnos en una casa rural cerca de Los Picos de Europa en Asturias, en donde vamos a hacer senderismo por varios días.
Chico:	¡Qué bien! Visité Los Picos de Europa el verano pasado con mi compañero de cuarto y me encantaron las cumbres, los lagos, los ríos y las praderas… Es el lugar perfecto para apreciar el esplendor natural de España.
Chica:	Bueno…yo no soy tan aficionada a la naturaleza como tú, pero me encanta recorrer espacios naturales. **(#45)**
Chico:	Te va a encantar la variedad de paisajes y terrenos. Será una experiencia inolvidable.
Chica:	En realidad, lo que me interesa más de este viaje es conocer la cultura de las áreas rurales y degustar la gastronomía de los pueblos de esta zona. **(#45)** Aunque también, me interesa aprender más sobre el turismo sostenible. A ver Joaquín, ¿cómo funciona esto del ecoturismo?
Chico:	Pues…es simplemente el turismo en espacios naturales sin alterar el equilibrio ecológico de los espacios. O sea, hay que ser responsable en cuanto al uso de estos espacios.
Chica:	Me parece muy bien. Me imagino que este tipo de turismo también contribuye a la conservación de estos espacios naturales, ¿no?
Chico:	Estás en lo cierto. No solamente contribuye a la conservación, pero también ayuda al bienestar de la población local.
Chica:	¡Qué bien! Me hace mucha ilusión hacer esta jornada en contacto con la naturaleza y además contribuir a su conservación. ¿Y tú? ¿Piensas viajar este verano?

Chico:	Sí, pero <u>todavía no he comprado los boletos de avión</u> **(#47),** ¿lo puedes creer? <u>Pero tengo que apurarme por que no tenemos tanto tiempo libre este verano</u> **(#46)** y estaremos de vuelta a clases en un abrir y cerrar de ojos.
Chica:	Así es. Bueno, fue un placer platicar contigo. Nos vemos en un par de meses.
Chico:	Igualmente, Teresa. ¡Que tengas un viaje fenomenal!

Questions and Answers

41. Según la gráfica, ¿qué tienen en común la mayoría de los ecoturistas en España?
    (A) Les interesa el contacto con el ambiente rural.
    Explanation: Most activities are outdoors.

42. En la gráfica, ¿cuál de las siguientes actividades **no les** interesaría a "los turistas culturales que recorren espacios naturales"?
    (C) Hacer ciclismo en las autopistas de Galicia
    Explanation: Highways are not natural spaces.

43. En la gráfica, ¿cuál de las siguientes actividades les llamaría la atención a los turistas que les interesan los "alojamientos rurales"?
    (D) Hospedarse en una casa en una granja de caballos y vacas
    Explanation: Farm houses are typically in rural areas.

44. ¿Qué tienen en común los amigos en la conversación?
    (D) Les interesa el contacto con la naturaleza.

45. Según la conversación, ¿cuál sería la mejor descripción para Teresa como viajera?
    (C) Turista cultural que recorre espacios naturales

46. En la conversación, ¿a que se refiere Joaquín cuando usa la expresión "en un abrir y cerrar de ojos"?
    (B) A que las vacaciones pasan muy rápido

47. Si Teresa continuara la conversación, ¿cuál de las siguientes preguntas sería la más apropiada?
    (A) ¿Adónde piensas viajar?

Selección número 3: Respuestas y explicaciones
Tema curricular: La belleza y la estética

TRACK 3

Script for Audio Text

ACO:	Yo quisiera preguntarles cómo hacer, porque bueno, existen muchas estrategias, existe el INALI, existe la Dirección de Lenguas Indígenas de la Secretaría de Educación Pública…de Educación Indígena, perdón. Existen muchas estrategias, sin embargo, todavía falta que las familias se empapen de maneras de cómo acercar a estas culturas a su vida diaria y a sus familiares, a sus niños, etcétera. Desde el INALI, ¿cuáles son las recomendaciones? Y por supuesto también que la arqueóloga nos de su punto de vista.
ILJ:	Claro. <u>Primeramente, es importante señalar que la diversidad lingüística y cultural es patrimonio de todos los mexicanos, y como tal, todos debemos contribuir y debemos velar por el desarrollo de estas diversidades.</u> (#48)

Efectivamente, estamos viviendo otro tiempo en el que el estado, pues antaño, desarrollaba políticas educativas homogéneas, políticas educativas no pertinentes que a mediado largo plazo incidieron, y hoy en día, <u>muchas de estas lenguas indígenas están desapareciendo</u>. (#49) De ahí de que la ONU proclama el 2019 como el año internacional de las lenguas indígenas con la finalidad de alertar, de hacer conciencia entre la población a nivel mundial para fortalecer, para desarrollar, <u>para revitalizar estas lenguas indígenas</u>. (#52) <u>Muchas de estas lenguas indígenas están dejándose de heredar transgeneracionalmente de los adultos a los más jóvenes por diversos factores, y eso ha hecho que hoy en día, pues muchas de estas lenguas estén en agonía</u>. Pero este trabajo, para su revaloración, para su conocimiento y reconocimiento <u>nos compete a toda la población mexicana</u>. (#51)

Questions and Answers

48. ¿Cuál es el propósito de la entrevista?
    (C) Resaltar la importancia de las lenguas indígenas en México

49. ¿Según la entrevista, ¿qué impulsó a la ONU a proclamar el 2019 como año internacional de las lenguas indígenas?
    (A) La disminución de hablantes de las lenguas indígenas mundialmente

50. Según la entrevista, ¿cuál de los siguientes factores ha contribuido a la debilidad de las lenguas indígenas en México?
    (B) La ausencia de las lenguas indígenas en los hogares

51. Según el entrevistado, ¿a quién le corresponde la conservación de la diversidad lingüística del país?
    (C) A todos los mexicanos

52. Al final de la entrevista, ¿cuál sería la pregunta más apropiada para hacerle a Iván León Javier?
    (A) ¿Cuántas lenguas indígenas se hablan en México hoy en día?

Selección número 4: Respuestas y explicaciones

Tema curricular: La vida contemporánea

TRACK 4

Script for Audio Text

HG: *La forma en la que hablas es determinante para que tu mensaje llegue correctamente a las demás personas. Yo soy Humberto Gutiérrez. Soy consultor en imagen pública estratégica y reputación online. <u>En el video consejo de hoy te voy a dar recomendaciones para mejorar tu dicción.</u>* **(#53)**

Bien. Primero que nada, ¿a qué se refiere la dicción en estos consejos para hablar en público? La dicción se refiere a que la gente te entienda perfecto lo que estás diciendo; es decir, que cada una de las palabras se entienda completa y que en conjunto hagan una oración que se entienda también. Todas las palabras se deben entender.

Seguramente te ha pasado que hay gente que habla muy bajito o que habla muy rápido y que no le endientes bien lo que te está diciendo. Y bueno, es todo más complicado cuando se trata de familias, cuando la familia te está hablando y entonces hablan tan rápido que no se les entiende. Es por que la dicción no está siendo adecuada. <u>Entonces, la dicción quiere decir que se entiendan las palabras completas.</u> **(#54)** *Nada de que yo porque entiendo que palabra vas a decir adivino lo que estás diciendo. Se trata de que se entiendan completas. Para lo cual te voy a dar recomendaciones muy particulares para mejorar tu dicción.*

<u>La primera tiene que ver con vocalizar adecuadamente.</u> **(#57)** *¿Qué es vocalizar? Abrir bien la boca en cada una de las vocales para que la palabra se entienda. En programas de televisión, cuando me toca tener una participación o cuando un conductor está practicando o ensayando antes del programa, se ve como vocaliza; abre demasiado la boca y está haciendo juegos con la cara para que los músculos se relajen y pueda vocalizar adecuadamente. Primera recomendación: vocalizar.*

<u>Segunda recomendación basa en tener una velocidad adecuada. Si tú hablas muy rápido, es probable que algunos te entiendan porque ya te conocen o están acostumbrados o saben de qué les estás hablando y te entienden.</u> **(#55)** **(#57)** *Pero, no es lo más indicado para tener una buena dicción. Entonces, la velocidad hay que disminuirla un poquito para que sea mejor la dicción.*

<u>Y la tercera recomendación tiene que ver con el volumen que hablas. Ya te he platicado de este tema, del volumen.</u> **(#57)** *Todos tenemos una escala al partir de la cual nos estamos moviendo. A lo mejor hay personas que siempre hablan muy fuerte y hay personas que hablan bajito. <u>Bueno, no importa como hables, te vas a tener que ir en esta escala de cero y de diez, te vas a tener que ir al menos en un cinco, al menos en la mitad para que la gente te entienda.</u>* **(#56)**

Son recomendaciones muy sencillas, a partir de las cuales tu forma de hablar en público y de tener una buena dicción va a ser más adecuada. Vocaliza. Ten una velocidad adecuada y tener un volumen adecuado.

Questions and Answers

53. ¿Cuál es el propósito de este informe?
(C) Dar recomendaciones para mejorar la dicción

54. Según el presentador, ¿para qué sirve tener buena dicción?
(A) Para ser entendido completamente

55. ¿Qué sugiere el presentador con respecto a la velocidad al hablar?
(B) Es importante hablar con una velocidad adecuada.

56. Según los consejos sobre el volumen de la voz, ¿con cuál de las siguientes afirmaciones estaría de acuerdo el presentador?
(C) El volumen de la voz debe ser moderado.

57. ¿Qué técnica utiliza el presentador para comunicar su mensaje?
(D) Enumera sugerencias y las desarrolla.

Selección número 5: Respuestas y explicaciones
Tema curricular: Las identidades personales y públicas

TRACK 5

Script for Audio Text

Isabel: Mestiza (#62) (#65), nómada y global…así es la perfección de la realidad de uno de los artistas más fascinantes del Siglo XX: Wifredo Lam.

Manuel: En Lam hay como tres momentos…eh, claves…eh, uno es un momento ecléctico de aprendizaje cuando está en España. (#60) Otro es…eh, un momento…eh, en que empieza a adoptar…eh, los lenguajes modernos… eh, vigentes en París (#60) y luego finalmente…eh, el momento maduro de su obra en los años 40. (#59)

Isabel: Aunque nació en Cuba, su vida trashumante le llevó a recibir influencias de los principales artistas del Siglo XX. Cubismo, surrealismo, abstracción… experimentó todos los estilos, aunque al final…desarrolló uno propio e inimitable.
Sus figuras polimórficas, con sus múltiples variantes y significados muestran la propia dualidad interna del artista…hijo de chino y mulata. (#58) (#61) (#62) (#65)

Manuel: Él empieza a tener conciencia de este mundo primitivo…de este mundo afrocubano a través de las pinturas de Picasso (#58) y empieza a tomar conciencia de la posición de Europa en relación al Caribe…en relación al otro (#63) cuando vuelve a Cuba.
Tiene diversas temáticas (#64) … en sus diversos momentos vemos paisajes, retratos…pero si tuviésemos que destacar uno…La jungla.

Isabel: Potencia plástica, exilio permanente y diversidad (#62) (#64) …en Wifredo Lam, la extrañeza es la norma.

Questions and Answers

58. ¿Cuál es el propósito de la narración?
    (D) Describir los conceptos y las influencias de las obras de Wifredo Lam

59. ¿Con qué intención describe el curador las tres etapas de la vida artística de Lam?
    (B) Para mostrar la maduración de su arte a través de los años

60. ¿Qué quiere decir la narradora cuando define la vida de Lam como "trashumante"?
    (B) Que Lam vivió en varias partes del mundo

61. Según la narradora, ¿cómo muestra el artista la dualidad de su identidad?
    (A) Con la variedad de símbolos y significados

62. Según el informe, ¿qué se puede afirmar sobre el arte de Wifredo Lam?
    (C) Es una mezcla de estilos y culturas.

63. Según el curador, ¿qué efecto tuvieron las pinturas de Picasso en el arte de Lam?
    (B) Le ayudaron a refinar su identidad como artista.

64. Si quisieras encontrar más información sobre el contenido del arte de Wifredo Lam, ¿cuál de las siguientes fuentes sería más útil?
    (D) *El eclecticismo en el arte del Siglo XX*

65. ¿Cuál de los siguientes títulos sería el mejor para este informe?
    (A) "Wifredo Lam, pintura mestiza en el Reina Sofía"

Section II: Free Response

Presentational Writing: Argumentative Essay
Tema curricular: La vida contemporánea

Fuente número 3

TRACK 6   **Script for Audio Text**

Eugenio: Está comprobado por el FBI que todos...absolutamente todos los asesinos seriales maltrataron, torturaron o mataron animales en su infancia o su juventud. La tauromaquia es un espectáculo cruel en el que hay entretenimiento y diversión...únicamente a costa del sufrimiento de un ser vivo. Ahora, habiendo tantas opciones para divertirte, ¿crees que esto sea correcto? ¡Ni siquiera es una tradición mexicana!

Vaya, hay ciudades como Barcelona en donde ya están, incluso, prohibidas las corridas de toros. ¿Sabías que solo hay ocho países en todo el mundo en donde se permite la tauromaquia? Por algo será.

Yo soy artista y el arte en todas sus manifestaciones... ¡crea! No destruye. Terminemos ya con esta práctica. Yo quiero un México sin violencia y lo último que necesitamos en este país es un lugar lleno de gente celebrando el asesinato de un animal.

Bernardo: En todo de la tauromaquia hay crueldad ¿no? Al haber sangre siempre va a ser algo cruel. Sería... sería también muy iluso no verlo ¿no?... el decir, pues es que es el toreo y es muy bonito... y por ser bonito no puede ser cruel... y están mal ellos... no.

Pero bueno, ya sabes que ahorita ya las... en Barcelona ya no puede haber corridas... o sea sí van avanzando.

Interpersonal Speaking: Conversation
Tema curricular: Las familias y las comunidades

TRACK 7   **Script for Audio Text**

| Elena: | ¡Hola ¡¿Cómo estás? ¡Qué bueno que me encuentro contigo! ¿Sabías que estoy organizando un festival de arte en la escuela para recaudar fondos para las víctimas del huracán María en Puerto Rico? |

| Tú: | Salúdala y dale una respuesta |

| Elena | El evento será en el patio de la escuela este sábado. Me encantaría que participaras. Ya varios compañeros se ofrecieron para hacer diferentes presentaciones artísticas. ¿Te gustaría tocar tu guitarra? |

| Tú: | Contesta afirmativamente y da más detalles |

| Elena: | Me parece muy bien. ¡Muchísimas gracias por participar! Aún necesitamos ayuda para decorar el patio el sábado por la mañana. ¿Podrías ayudarnos? |

| Tú | Responde negativamente y da la razón |

| Elena: | Bueno, no pasa nada. Te entiendo completamente. ¿Se te ocurre otra idea una actividad divertida para la feria? |

| Tú: | Respóndele con detalles |

| Elena: | Eso me parece genial. Me avisas cuando puedes reunirte con el resto del grupo para compartir tu idea y discutir los detalles. Fue un placer hablar contigo. Hasta pronto. |

| Tú: | Propón una opción y despídete |

Scoring and Interpreting Your Results

Once you have taken the Diagnostic Test, look to see what sections were more difficult for you.

If you found a certain section to be more difficult, do extra practice on those types of questions:

Section I: Multiple Choice
o Part A (Interpretive Communication: Print Texts)—Chapter 5
o Part B (Interpretive Communication: Audio Texts and Print and Audio Texts Combined)—Chapter 6

Section II: Free Response
o Interpersonal Writing: E-mail Reply—Chapter 7
o Presentational Writing: Persuasive Essay—Chapter 8
o Interpersonal Speaking: Conversation—Chapter 9
o Presentational Speaking: Cultural Comparison—Chapter 10

Here is a way you can see how you might have done if this had been the actual examination. This is *not* scientific and the results *do not* guarantee that you will do similarly on the actual examination.

Section I: Multiple Choice
   Part A: Interpretive Communication: Print Texts

   Part B: Interpretive Communication: Audio Texts and Print and Audio Texts Combined

_____ (number correct) × 0.64085
(71 possible)

Section I Score
_____

Section II: Free Response
(In computing Section II **do not** round.)

Interpersonal Writing: E-mail Reply   _____ (0 to 5 on the rubric) × 2.275

Presentational Writing: Persuasive Essay   _____ (0 to 5 on the rubric) × 2.275

Interpersonal Speaking: Conversation   _____ (0 to 5 on the rubric) × 2.275

Presentational Speaking: Cultural Comparison _____ (0 to 5 on the rubric) × 2.275

Section II Score
_____

Total for Sections I and II (round to the nearest whole number)
_____

Score		Rubric Score		Letter Grade
71–91	=	5	=	A
60–70	=	4	=	B
52–59	=	3	=	C
43–51	=	2	=	D
0–42	=	1	=	no recommendation

STEP **3**

Develop Strategies
for Success

CHAPTER **4**   Tips for Taking the Exam

CHAPTER 4

Tips for Taking the Exam

IN THIS CHAPTER

Summary: Use these question-answering strategies to raise your AP score.

Key Ideas

Multiple-Choice Questions

- ✪ Read the question and the answer choices carefully.
- ✪ Try your best to answer each and every question by eliminating one or more of the choices that cannot be correct.
- ✪ Don't spend too much time on any one question.
- ✪ There is no penalty for guessing, so even if time is running out and you have to guess wildly, you should not leave any answers blank.

Free-Response Questions

- ✪ Write clearly and legibly.
- ✪ Only capitalize the first letter of a word that starts a sentence. DO NOT write or print in all capital letters.
- ✪ For the interpersonal and presentational writings, sketching out a quick outline may help to organize your ideas and keep your response on track.
- ✪ In the interpersonal and presentational writings, be sure to accomplish all parts of the task.
- ✪ In the presentational writing, be sure to use and cite all three sources. Do not just quote but synthesize the information. Be sure to give your opinion using the sources.
- ✪ In the interpersonal speaking, be sure to answer as fully as possible, even if you run out of time. Explain why you think that way.
- ✪ In the presentational speaking be sure to use the full 2 minutes.

Section I: Multiple-Choice Questions

Because you are accustomed to the educational testing machine, you have surely participated in more standardized tests than you care to count. You probably know some students who always seem to ace the multiple-choice questions and some students who would rather set themselves on fire than sit for another round of "bubble trouble." I hope that, with a little background and a few tips, you might improve your scores in this important component of the AP Spanish Language and Culture exam.

First, the background. Every multiple-choice question has three important parts:

1. The **stem** is the basis for the actual question. Sometimes this comes in the form of a fill-in-the-blank statement, rather than a question.

   Example: El mejor título para esta lectura sería…

2. The **correct answer option**. Obviously, this is the one selection that best completes the statement, or responds to the question in the stem. Because you have purchased this book, you will select this option many, many times.

   Example: ¿Cuál sería el motivo de su decisión de abandonar su país?

3. **Distractor options**. Just as it sounds, these are the incorrect answers intended to distract the person who decided not to purchase this book. These may actually use words from the text to try to trick you.

Students who do well on multiple-choice exams are so well prepared that they can easily find the correct answer, but other students do well because they are savvy enough to identify and avoid the distractors. Much research has been done on how to best study for multiple-choice questions. You can find some of this research by using your favorite Internet search engine, but here are a few tips that many Spanish students find useful.

1. *Be careful.* You must carefully read the question. This sounds pretty obvious, but you would be surprised how tricky those test developers can be. For example, rushing past and failing to see the use of a synonym for a key word used in the passage or an expression that is replaced with a description of the concept (*el sol se levantaba y el cielo adquirió un color azul claro rojizo = el amanecer*).

   Example: In a passage "el amanecer" is used, but in the answer choices the synonym "la madrugada" is used:

   1. ¿Cuándo transcurrió la acción?
   (A) al atardecer
   (B) al anochecer
   (C) en la madrugada
   (D) al mediodía

   A student who is going too fast, and ignores synonyms and descriptive passages, might choose the wrong answer.

2. *Easy is as easy does.* It's exam day and you're all geared up to set this very difficult test on its ear. Question number one looks like a no-brainer. Of course! The answer is choice c. But rather than smiling at the satisfaction that you knew the answer, you doubt yourself. Could it be that easy? Sometimes they are just that easy.

3. *Sometimes a blind squirrel finds an acorn.* Should you guess? Guessing becomes a much better gamble if you can eliminate even one obviously incorrect response. If you can narrow the choices down to two possibilities by eliminating obvious wrong answers, you might just find that acorn. In fact, since there is no penalty for guessing, you should not leave any answers blank, even if time is running out and you have to guess wildly. After all, you have a 25-percent chance of getting even a wild guess right.

4. *Come back Lassie, come back!* There are 65 questions. If you are struggling with a particular question, circle it in your exam book and move on. You can then go back and quickly slay the beast. But if you spend a ridiculous amount of time on one question, you will feel your confidence and your time slipping away. This leads me to my last tip.

5. *Timing is everything.* You have slightly over 1 minute for each of the multiple-choice questions. Keep an eye on your watch as you pass the halfway point. If you are running out of time and you have a few questions left, skim them for the easy (and quick) ones so that the rest of your scarce time can be devoted to those that need a little extra reading or thought.

Other things to keep in mind:

- Take the extra half of a second required to clearly fill in the bubbles.
- Don't smudge anything with sloppy erasures. If your eraser is smudgy, ask the proctor for another.
- Absolutely, positively, check that you are bubbling the same line on the answer sheet as the question you are answering. I suggest that every time you turn the page, you double check that you are still lined up correctly.

Section II: Free-Response Questions (FRQs)

Your score on the FRQs amounts to half of your grade on the exam. While you can guess on a multiple-choice question and have a 25-percent chance of getting the correct answer, there is no room for guessing in this section. There are, however, some tips that you can use to enhance your FRQ scores.

1. *Easy to Read = Easy to Grade:* On the interpersonal and presentational writings, organize your responses around the separate parts of the question. Try to use an organizer to structure the information. Be sure to use and *cite* all sources. For the interpersonal writing be sure to address all parts of the prompt and to format the response correctly (i.e., salutations and closing appropriate to use for the person you are addressing).

Other things to keep in mind:

- The free-response interpersonal writing gives you only 15 minutes to read the prompt and write the response. Be sure to address all parts of the prompt. Also, watch to whom it is being addressed to determine whether or not you should use the informal (*tú / ustedes / vosotros*) or the formal (*usted / ustedes*).
- The free-response presentational writing begins with a 10-minute reading/listening period. Use this time to jot down some quick notes to yourself so that when you actually begin to respond, you will have a good start. Be sure to cite all sources in your response.
- The free-response presentational speaking begins with 4 minutes to read the introduction and the question and to prepare your 2-minute talk. Use this time to jot down some quick notes to yourself so that when you actually begin to respond, you will have a good start.

STEP 4

Review the Knowledge You Need to Score High

CHAPTER 5

Exam Section I, Part A
Interpretive Communication:
Print Texts

IN THIS CHAPTER

Summary: In this part of the examination, you will need to read printed passages and answer multiple-choice questions testing your understanding of the passages. Passages may be fiction or nonfiction. They may be from literary works (either poetry or prose) or from everyday sources like newspapers or advertisements, and the printed passages may include items like maps, tables, or graphs. Section I, Part A (Interpretive Communication: Print Texts) is 40 minutes in length and constitutes about one-fourth of your total test score. In this chapter, you'll find guidance on how to approach this part of the test, opportunities for practice using test-like reading passages followed by multiple-choice questions, and explanations of the correct answers to the multiple-choice questions.

Strategy for Interpretive Communication: Print Texts

You will be given either a single passage or a pair of passages to read. After reading each passage or pair of passages, you'll need to answer multiple-choice questions, which are based on your interpretation of the content of the passage(s). Below are suggestions on how to approach this part of the test in order to score your best:

- Read the introduction and/or skim the passage(s) to see what topic is being discussed (context).
- After reading the introduction to get an idea of the context of the passage(s), look at the questions to determine the type of information you need to look for in the passage.
- You can underline or mark in your test booklet. As you read each passage, mark where you think the answers are found.
- If there are two reading passages, try to determine in what ways they are similar and in what ways they are different (compare and contrast: look for points of agreement and for differences).
- If there are words that you do not understand, try to make an educated guess at their meaning by looking at . . .
  o Cognates
  o The context of the passage, paragraph, or sentences before and after the word
  o Roots (smaller words inside larger ones)
  o Sounds (sometimes if you say a word softly to yourself you will hear and recognize it).
- You may want to answer the questions in this chapter on scrap paper rather than marking in the book, so you can go back and work through the practice questions to check your comprehension at a later date.
- Before time is called you may go back and look again at any question about which you were unsure. Mark questions you want to come back to if you have time.
- As with any multiple-choice test, if you do not know the answer immediately, try to eliminate one or two of the possible responses and then make a guess.
- There is no penalty for guessing, so even if time is running out and you have to guess wildly, you should not leave any answers blank. After all, you have a 25 percent chance of getting even a wild guess right!

Practice for Interpretive Communication: Print Texts

In this chapter, there are 10 reading selections followed by multiple-choice questions. Just like on the actual test, some selections contain only one reading passage while others contain two different passages. The reading passages and multiple-choice questions are similar to what you will find on the actual test; use these to practice your reading comprehension skills. On the actual test, you will mark your responses on an answer sheet you have been given. For the questions in this book, you may circle the letter of the correct answer or write the answer on another piece of paper.

Instructions: You are going to read one or more selections. Each selection will be followed by questions. Choose the answer that best answers the question according to the information you have read.

Instrucciones: Vas a leer una selección o más de una. Cada selección va seguida por unas preguntas. Escoge la respuesta que mejor responde a la pregunta según la información que has leído.

Selección Número 1
Tema curricular: Los desafíos mundiales

Fuente número 1

Introducción: Este texto trata del problema con el cual el mundo actual enfrenta: cómo asegurar que tengamos la energía que necesitamos ahora y en el futuro.

La energía: ¿De dónde sacarla y cómo asegurarla?

Planteamiento del problema: El reto más grande para la humanidad en el siglo XXI es la cuestión de la energía y de dónde sacarla. Los países ya industrializados tales como los EE.UU., Alemania, Inglaterra y el Japón ya tienen que luchar por el petróleo, un recurso limitado, con países en vías de desarrollo industrial como la China y la India. Mientras la demanda sigue en aumenta, los depósitos de petróleo continúan a disminuir o a encontrarse en lugares donde sacarlos es cada vez más difícil y peligroso para el hombre y el medio ambiente.

Consecuencias: Por ser limitado con una demanda creciente de los países desarrollados y una demanda creciente de países en vías de desarrollo, el precio del petróleo sigue aumentando y a la vez es inestable. Junto con el problema de conseguir el petróleo, algunos dicen que el aumento en el uso de combustibles fósiles contribuye al calentamiento global, la contaminación del aire, de la tierra y del agua. Algunas ciudades en la China y la India sufren ahora de los mismos problemas de que sufrieron ciudades europeas y americanas durante la revolución industrial y la primera mitad del siglo XX con alertas por el smog y derrames de químicos en ríos y lagos.

¿Hay remedio?: Ahora muchos científicos, ingenieros, inventores y otros buscan fuentes de energía que son seguras, limpias y abundantes. Ellos estudian y experimentan con la energía solar, la energía del viento, la energía nuclear, la energía termoeléctrica y con biocombustibles que emplean maíz, cáñamo, hierbas y aceite de cocina reciclado. Mientras ha habido éxitos hay cuestiones en cuanto a la fiabilidad de estas energías. Por eso hay una resistencia por parte de los consumidores de adoptar nuevas formas de energía y, en algunos casos, las compañías que producen formas de energía tradicionales, como el petróleo y el carbón, trabajan para impedir el desarrollo y el uso de éstas para proteger lo suyo.

Conclusiones: Dado el hecho de que hay y habrá más competencia por formas de energía antiguas, que son limitadas, junto con la creciente preocupación por el calentamiento global y la contaminación, no tendremos más remedio que encontrar otras formas de energía renovables, abundantes y limpias. Ya se puede ver adelantos en Europa, los EE.UU., y el Canadá en la producción de formas alternativas de energía.

1

5

10

15

20

25

30

35

40

45

50

55

60

Fuente número 2

Introducción: Este texto trata de un evento patrocinado cada año en Europa por la Unión Europea con motivo de promover la energía sostenible.

EUSEW Organiza un Día de la Energía[1]

Cada año cientos de organizaciones e individuos en más de 30 países participan en La Semana de Energía Sostenible de la Unión Europea (EUSEW) por patrocinar eventos y

65

actividades para el Día de la Energía que promueven la energía eficiente y fuentes renovables de la energía. Este año habrá diez días

70

---

[1]http://eusew.eu/.

cuando se celebrarán varios proyectos en España.

¿Le importa el uso eficiente de la energía y la energía renovable?
Si el uso eficaz de la energía y la energía renovable le importa, quizá sea un organizador para un Día de la Energía. Organizadores de años previos han incluido

- Una autoridad local o regional;
- Una compañía, empresa, cámara de comercio;
- Una asociación de consumidores, un grupo de ciudadanos, una universidad, un centro de investigaciones o un think tank.

5 buenas razones por involucrarse

1. Elevar el perfil y el imagen de su organización, pueblo, ciudad o región
2. Ser parte de un movimiento europeo
3. Difundir sus tecnologías y prácticas para la energía sostenible
4. Atraer la atención de medios de comunicación y conseguir los titulares en los periódicos locales

5. Obtener apoyo y más atención del Secretaría del EUSEW para su evento

Sea parte de este evento por tener un evento, proyecto o actividad con el tema de la energía sostenible en Bruselas o en su propio país entre el 18 y el 22 de junio.

Para hacerte un anfitrión oficial, sólo hace falta registrar tu Día de Energía en http://eusew.eu/. Este año anticipamos la participación de más de 500 anfitriones de más de 30 países. No esperes. Crea una cuenta en EUSEW, y hoy registrar su actividad para el Día de la Energía.

O encuentra un Día de la Energía cercano.
Un Día de la Energía se define como un evento, una actividad, un proyecto, una exhibición o muestra sin fines lucrativos que promueve el uso eficiente de la energía o la energía renovable. Es necesario que tenga lugar entre el 18 y el 22 de junio de este año (los fines de semana antes y después de estas fechas son aceptables también).
Ve a http://eusew.eu/ para averiguar donde tendrán lugar eventos este año.

75
80
85
90
95
100
105
110
115
120
125
130

1. El problema más candente que los países industrializados y los en vía de desarrollo encuentran ahora es…
   (A) la falta de energía.
   (B) el suministro de energía.
   (C) la competencia entre países desarrollados y los en vía de desarrollo.
   (D) la lucha por el control del petróleo.

2. Otro problema con fuentes tradicionales de combustibles es que para extraerlos…
   (A) puede costar mucho.
   (B) puede ser peligroso.
   (C) puede dañar centros de población.
   (D) puede dañar el planeta.

3. El uso del carbón, petróleo, madera y turba…
   (A) hace que la Tierra se caliente.
   (B) no produce energía suficiente.
   (C) favorece a la China y la India.
   (D) es costoso.

4. Ahora muchos investigan como producir energía que sea…
   (A) poco segura, sin límite e incontaminada.
   (B) durable, escasa e incontaminada.
   (C) constante, en gran cantidad e incontaminada.
   (D) fiable, insuficiente y nociva.

5. La búsqueda de formas alternativas de energía se dificulta por…
   (A) la falta de dinero para llevar a cabo las investigaciones.
   (B) la falta de interés por parte del público.
   (C) empresas que no quieren compartir sus descubrimientos.
   (D) empresas que quieren proteger sus ganancias.

6. En Europa, los EE.UU. y el Canadá hay … en la producción de energía alternativa.
   (A) progresos
   (B) impedimentos
   (C) falta de interés
   (D) falta de motivaciones

7. Según este anuncio, para ser organizador de un Día de la Energía, hay que…
   (A) ser una compañía.
   (B) ser un grupo de ciudadanos.
   (C) ser alguien a quien le importa la energía.
   (D) ser un órgano gubernamental.

8. La razón más importante, según el anuncio, para participar sería por…
   (A) apoyar un movimiento europeo.
   (B) compartir tecnologías y prácticas para la energía sostenible.
   (C) recibir atención y publicidad para su organización.
   (D) promover la energía eficiente y renovable.

9. Para ser parte oficial de un Día de Energía sólo hay que inscribir tu día…
   (A) en el sitio Web de La Semana de Energía Sostenible de la Unión Europea.
   (B) en el sitio Web de tu gobierno local.
   (C) en el sitio Web de tu gobierno regional.
   (D) en el sitio Web del gobierno de la Unión Europea.

10. Un Día de Energía tiene el propósito de…
    (A) aumentar fondos para tu comunidad.
    (B) adelantar el uso eficaz y renovable de la energía.
    (C) adelantar los usos tradicionales de la energía.
    (D) aumentar fondos para organizaciones no lucrativos.

Selección Número 2
Tema curricular: La vida contemporánea

Fuente número 1

Introducción: Este texto trata de la influencia que la comida peruana tiene en la cocina mundial.

Revolución de los gustos en el Perú[2]

Gastón Acurio se fue a Europa a estudiar derecho. Años más tarde, retornó al Perú con el título de chef graduado del Cordón Bleu de París, aunque él prefiere que lo llamen cocinero y punto. Fue así que en un «raro y fugaz arranque de valentía» como él mismo ha dicho en más de una ocasión, decidió orientar su vida hacia su verdadera pasión: la cocina. Su padre, un respetado político que fue senador y ministro durante los dos gobiernos de Fernando Belaúnde Terry, y que esperaba que su hijo siguiera sus pasos en la política, no tuvo más remedio que apoyarlo frente a semejante giro en su vida: de las cortes y el litigio, a los cucharones y el fogón.

Gastón Acurio es probablemente el miembro más exitoso de la Nueva Cocina Peruana, un título arbitrario —podrían objetar algunos— para un fenómeno culinario que existe y genera mucha expectativa: la revolución iniciada por una generación de cocineros formados en prestigiosas escuelas europeas, que hoy, despercudidos de tanto afrancesamiento, emplean sus técnicas para revalorizar la riqueza de la milenaria gastronomía peruana.

1

5

10

15

20

25

30

[2]«Revolución de los gustos en el Perú», la revista *Américas*, páginas 45–49 [fragmento], junio 2006. Reprinted from *Américas*, a bimonthly magazine printed in separate English and Spanish editions; published by the General Secretariat of the Organization of American States (www.oas.org). Used with permission.

En la actualidad, la comida peruana está considerada como una de las doce mejores del planeta, según los entendidos, debido al exquisito resultado del sincretismo de sabores procedentes de diversos puntos del globo. En esta fusión de sabores, primó sobremanera el encuentro de dos mundos con absoluto desenfado y sin rencores: el andino y europeo.

«Fue en el terreno gastronómico en el cual los nativos e invasores se entendieron mejor; de seguro porque el aspecto más permeable en cualquier cultura es el más cercano al placer, la necesidad y el hambre», sugiere Rodolfo Hinostroza, poeta y experto en asuntos culinarios.

Este «mestizaje» dio inicio a una suculenta creación de comidas durante el virreinato, sobre las cuales se forjó la cocina peruana tal como la conocemos en la actualidad. Pero la fusión no acabó ahí, por suerte. Las migraciones de africanos, chinos, árabes, japoneses y europeos (especialmente del sur de España y la costa de Liguria en Italia) sólo contribuyeron a enriquecer e innovar el uso de productos e ingredientes en una de las regiones con mayor biodiversidad del planeta.

Acurio refuerza este concepto: «La gran virtud de la cocina peruana es que somos una fusión de sabores. Siempre hemos dado la bienvenida a todo lo rico que hay, ya sea chino, francés, español, italiano o japonés. Pero más aún, el Perú es un país despensa. Uno consigue todo el año ochenta tipos de vegetales y sesenta tipos de frutas. Además, un centenar de microclimas en el país aseguran que nunca faltará ninguna variedad de nada. En España sólo se pueden comer espárragos seis meses al año, y en Chile la albahaca sólo se

35

40

consigue durante tres. Los cocineros de climas mediterráneos están obligados a reinventar las cartas de los restaurantes en cada cambio de estación. Pero aquí en Lima sólo lo hacemos por el pánico a pasar de moda en un mercado miniatura, despiadado, conocedor y tragón.»

En la actualidad, la comida peruana genera un inusitado interés en todo el mundo, en donde cada vez es más común encontrar un buen restaurante que ofrezca comida peruana, ya sea en Nueva York, Madrid, São Paulo, Montreal o Seattle. A su vez, Lima es una activa y bulliciosa plaza donde se han abierto en los últimos años catorce escuelas de cocina incluyendo un proyecto con Le Cordon Bleu. La apertura de nuevos restaurantes en Lima y otras ciudades del país —que pese a crear preocupación entre otros propietarios por sentir que no se genera un incremento de comensales, sino más bien una sobre oferta— pareciera ser una señal de que a todos les va muy bien. A esta «revolución», se suma una «evolución» constante y contundente de la comida peruana sin perder su esencia. Por citar un caso: el cebiche. Bajo el mismo nombre, se consumen versiones distintas desde el Perú hasta México. Sin embargo, el origen de un plato tan sencillo y exquisito fue en las costas soleadas del Perú. La razón se remonta al poder y la influencia que se expandió desde Lima al resto de Sudamérica, por más de cuatro siglos durante el virreinato. Las recetas gastronómicas no fueron una excepción. Así, un cebiche fue tomando cuerpo y sabor según la región que abrazaba el nuevo potaje; de ahí las variedades. Y sigue siendo el caso que la Nueva Cocina Peruana continúa incluyendo elementos extranjeros y sigue evolucionando según las áreas adonde se ha extendido.

45

50

55

60

65

70

75

80

85

90

95

100

105

110

115

120

125

130

Fuente número 2

Introducción: Este gráfico muestra el intercambio de alimentos que ocurrió gracias al encuentro entre Europa y el Nuevo Mundo.

1492, un encuentro culinario

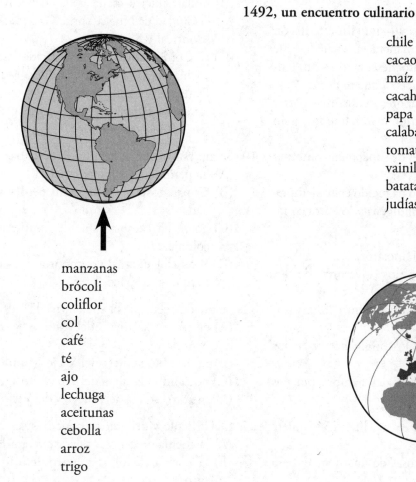

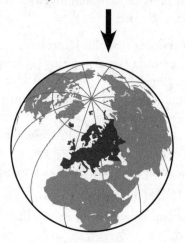

chile
cacao
maíz
cacahuete
papa
calabaza
tomate
vainilla
batata
judías comunes

manzanas
brócoli
coliflor
col
café
té
ajo
lechuga
aceitunas
cebolla
arroz
trigo

A pesar de las tragedias que el encuentro produjo en las Américas, hubo un encuentro de ingredientes que ha enriquecido ambas, la cocina del Nuevo Mundo y la del Viejo produciendo un mestizaje de sabores. 135

1. Gastón Acurio se fue a Europa originalmente para estudiar para…
   (A) político.
   (B) abogado.
   (C) juez.
   (D) cocinero.

2. Gastón le pone mucha importancia de haber graduado del Cordon Bleu.
   (A) Sí, tiene mucho orgullo de haber graduado del Cordon Bleu.
   (B) No, no le importa tanto el título.
   (C) No, porque nunca lo hizo.
   (D) Sí, porque es bueno para el negocio.

3. La Nueva Cocina Peruana viene…
   (A) de Francia donde las escuelas prestigiosas tomaron la comida peruana y la renovaron con sus técnicas.
   (B) de las nuevas escuelas culinarias que se han establecido en el Perú.
   (C) del descubrimiento de textos del tiempo de la conquista.
   (D) de un grupo de cocineros que estudiaron en el extranjero y aplicaron lo aprendido a la cocina peruana.

4. La comida peruana tiene mucha popularidad…
   - (A) sólo en el Perú.
   - (B) sólo en las Américas.
   - (C) en todo el mundo.
   - (D) en Francia.

5. Cuando dice en las líneas 40–44: «En esta fusión de sabores, primó sobremanera el encuentro de dos mundos con absoluto desenfado y sin rencores: el andino y el europeo.» quiere decir…
   - (A) la combinación de sabores de distintas partes del mundo ha ocurrido naturalmente y sin dificultades.
   - (B) ha habido dificultades de superar en combinar los sabores.
   - (C) la fusión de sabores no ha tenido éxito siempre.
   - (D) por muchos años lo indígena y lo europeo no se mezclaron.

6. Según el poeta Rodolfo Hinostroza,…
   - (A) la comida separó a los invasores de los indígenas.
   - (B) el hambre provocó conflictos entre los invasores y los indígenas.
   - (C) la comida unió a los indígenas y a los invasores.
   - (D) los indígenas sufrieron del hambre por los invasores.

7. La palabra «mestizaje» en la línea 54 quiere decir…
   - (A) la combinación de cosas de una manera para crear algo nuevo.
   - (B) la dominación de los productos venidos de otras partes.
   - (C) el empobrecimiento de la cocina nacional.
   - (D) el control ejercido sobre las colonias en el tiempo del virreinato.

8. El Perú, a diferencia de otros países del mundo,…
   - (A) ha tenido gran éxito en la combinación de comidas de otras partes del mundo.
   - (B) sólo puede producir ciertos productos durante ciertas estaciones del año.
   - (C) tiene que revisar sus cartas con cada estación por la falta de ciertos productos.
   - (D) puede proveer una variedad de productos a lo largo del año gracias a sus muchas zonas climáticas.

9. Una muestra de la popularidad de la comida peruana es que…
   - (A) se puede encontrar restaurantes que ofrecen comida peruana en todo el mundo.
   - (B) se han abierto escuelas de cocina peruana en la Ciudad de Nueva York, Madrid, São Paulo, Montreal y Seattle.
   - (C) el Cordon Bleu ha establecido escuelas de cocina peruana en Nueva York, Madrid, São Paulo, Montreal y Seattle.
   - (D) muchos viajan a Lima para probar este fenómeno gastronómico.

10. Según este artículo, la comida peruana…
    - (A) ha perdido su carácter especial.
    - (B) ha pasado por cambios sin perder su identidad.
    - (C) no se ha cambiado desde los tiempos de la colonia.
    - (D) el cebiche es igual no importa si se come en el Perú o en México.

11. Se puede decir que el encuentro de 1492…
    - (A) empeoró la dieta del Nuevo y del Viejo Mundos.
    - (B) no cambió la dieta del Viejo Mundo.
    - (C) no cambió la dieta del Nuevo Mundo.
    - (D) mejoró la dieta del Nuevo y del Viejo Mundos.

12. Del artículo y del gráfico podemos ver como…
    - (A) la cocina de un país puede superar la de otro.
    - (B) la cocina de unos pueden influir en la de otros.
    - (C) la cocina de un país puede sobrevivir la invasión de otro.
    - (D) la cocina de un país no siempre tiene éxito en otro.

Selección número 3
Tema curricular: La ciencia y la tecnología

Fuente número 1

Introducción: Este texto trata de una manera verde de construcción que puede ayudar a conservar nuestros recursos naturales.

Audaz artífice de bambú colombiano[3]

No importa adónde lo lleve su trabajo, ya sea la Florida, el Brasil, México o Indonesia, hay algo que el arquitecto colombiano Simón Vélez siempre trae de regreso en su maleta: plantas. Pequeñas plantas de bambú. Y según dice, nunca tiene problemas con la aduana porque, después de todo, son para fines científicos, y una vez en suelo colombiano las planta y las estudia. Pero, dice, «sin ser nacionalista, no he encontrado una especie más fuerte, derecha y fácil de cosechar que la *Guadua angustifolia*», que crece en su propio país.

Durante los últimos veinte años, Vélez ha diseñado y construido casas, hoteles, centros de convenciones, puentes y prácticamente todo lo que puede con la planta que domina «prodigio de la naturaleza».

Asegura que es más fuerte que el hierro, más flexible —es decir, que soporta mejor el tipo de presión que enfrentan los edificios durante los terremotos—, y crece más rápido que cualquier otra planta, lo que la convierte en un recurso renovable ideal; pero durante gran parte de la historia humana moderna, el bambú ha sido ignorado como material de construcción, excepto por los pobres. Esto es, hasta que intervino Vélez.

Durante las últimas dos décadas, sus heterodoxos diseños, técnicas y materiales han ganado adeptos desde la Florida hasta el Brasil y en una media docena de países, algunos tan alejados como China, y han dejado sus huellas en Alemania y Francia. Su trabajo es el tema central del libro *Grow Your Own House: Simón Vélez and Bamboo Architecture*, y se describe en varios otros.

Para lograr lo que Mehta llama «la calidad orgánica… en la manera que los materiales naturales se relacionan con uno», Vélez ha tenido que convencer a prosaicos burócratas de todo el mundo de que él puede construir con bambú en lugar de los materiales más ampliamente aceptados, como el ladrillo y la argamasa. En una oportunidad, tuvo que construir en Colombia una versión de un pabellón antes de que los ingenieros de Alemania lo aceptaran en la Expo 2000.

A lo largo de su trayectoria, quizá tan importante como sus casas, puentes, techos y torres, se encuentran las legiones de conversos a la causa del bambú que ha dejado a su paso en todo el mundo, y en muchos casos, incluso en lugares donde no ha estado, mediante referencias o libros que presentan sus fuertes pero graciosas, y firmes pero flexibles edificaciones.

1
5
10
15
20
25
30
35
40
45
50
55
60
65
70
75

---

[3]«Audaz artífice de bambú colombiano», la revista *Américas*, adoptado de las páginas 13–20, febrero 2006. Used with permission.

La arquitecta Gale Beth Goldberg dice que recientemente el grupo de arquitectos y otros profesionales influidos por Vélez que están trabajando o apoyando el uso del bambú han hecho una diferencia: un grupo de arquitectos logró que los revisores del Código Internacional de la Construcción aprobaran una especie de bambú para usar como material de construcción después de realizar pruebas en el estado de Washington. Sin embargo, la especie *Bambusa stenostachya* es sólo una de lo que deben ser miles en todo el mundo.

«Pero sienta el precedente», dice Goldberg refiriéndose a la aprobación.

Al mismo tiempo, dice, en países desarrollados como los Estados Unidos, los departamentos de construcción locales no están preparados para aceptar el bambú como material, y las madererías locales todavía no lo venden.

En cualquier caso, el mismo Vélez dice que el tipo de innovación que ha marcado su carrera es prácticamente imposible en el mundo desarrollado por otro motivo: los abogados.

«En los países del primer mundo, nadie experimenta con materiales nuevos porque tienen miedo de que los demanden», dice.

Inesperadamente, el veterano arquitecto terminó la conversación de larga distancia diciendo: «de todas maneras, no estoy tratando de convencer a nadie de que use el bambú. No quiero que me encasillen, como Sean Connery con James Bond. Además, ni siquiera sé cómo vender mi propio trabajo, y mucho menos el bambú».

En lo que respecta al futuro, dice: «no tengo objetivos claros». Y luego, repitiendo un dicho típico de la región de donde proviene, rica en expresiones heredadas de España, dice: «de todas maneras, nunca se sabe para qué lado va a saltar el conejo».

80
85
90
95
100
105
110
115
120
125

Fuente número 2

Introducción: El bambú es una planta que se puede usar para muchas aplicaciones.

Las muchas aplicaciones del bambú[4]

El bambú, planta milagrosa, se presta a muchos usos. Se puede usar para comer, vestirse, construir y fabricar cosas de uso cotidiano. Además es una materia verde que es fácil de cultivar, crece muy rápidamente y no requiere ni mucho agua ni pesticidas.

Aquí hay una lista parcial de productos que se pueden hacer del bambú: cestas, jaulas, persianas, barcos, puentes, cuadros para bicicletas, canoas, baldes, cepillos, ropa, utensilios para la cocina, carretas, pañales, abanicos, cercas, leña, cañas de pescar, muebles, útiles para el jardín, sombreros, instrumentos musicales, papel, plumas, tubería, paraguas, juguetes, bastones, palillos, retretes, cubiertos para la mesa, andamiaje para la construcción, techos y hasta comida.

Éstos son sólo algunos de los usos de este producto verde, renovable y sostenible. ¡Considérelo cuando haga la compra!

130
135
140
145
150

[4]http://www.greenlivingtips.com/articles/191/1/Uses-of-Bamboo.

1. Simón Vélez nunca tiene problemas en llevar plantas a Colombia de otras partes porque…
   (A) es un arquitecto famoso.
   (B) las declara para el estudio científico.
   (C) las esconde en su maleta.
   (D) tiene conexiones con la aduana.

2. A través de sus estudios, Vélez…
   (A) no ha encontrado una planta más fuerte que la que crece en su propio país.
   (B) no ha visto mucha diferencia entre las plantas de distintos orígenes.
   (C) no es adecuado para la construcción.
   (D) tiende a ser menos flexible que el hierro.

3. Cuando Vélez dice en la línea 24 que el bambú es «prodigio de la naturaleza» él quiere decir que…
   (A) es un desperdicio de la naturaleza.
   (B) es un milagro de la naturaleza.
   (C) es un producto de la naturaleza.
   (D) está en peligro de extinción.

4. Quizá la cosa más importante con relación a la preservación del medio ambiente es que…
   (A) es una planta abundante.
   (B) requiere menos terreno para su cultivo.
   (C) crece rápidamente entonces es un material de construcción que se reestablece pronto.
   (D) su cultivo produce menos contaminación.

5. El problema más grande que ha tenido Vélez es…
   (A) obtener ayuda financiera para sus proyectos.
   (B) obtener suficientes plantas para realizar obras grandes.
   (C) asegurar que sus estructuras puedan aguantar los terremotos.
   (D) convencer a los oficiales que él puede sustituir el bambú por otros materiales más convencionales.

6. A pesar de todo, hay esperanzas para extender el uso del bambú en visto de que…
   (A) hay cada vez menos recursos naturales para las construcciones.
   (B) un grupo de arquitectos ha aprobado el uso de un tipo de bambú para la construcción.
   (C) muchos burócratas han aprobado su uso.
   (D) el Código Internacional de la Construcción ha aprobado el uso de un tipo de bambú para la construcción.

7. En cuanto a los Estados Unidos…
   (A) los departamentos de construcción locales no están dispuestos a usar el bambú en la construcción.
   (B) se puede conseguir fácilmente en las madererías.
   (C) los departamentos de construcción locales son líderes en el uso del bambú.
   (D) las madererías están en contra de vender el bambú.

8. En los países industrializados, a diferencia de los países en vías de desarrollo, muchos tienen miedo de usar el bambú por…
   (A) la influencia de las madererías.
   (B) razones políticas.
   (C) miedo de pleitos.
   (D) la desconfianza de los consumidores.

9. El deseo más fuerte de Vélez es de…
   (A) extender el uso del bambú como materia prima de construcción por todo el mundo.
   (B) ser conocido como padre de este movimiento.
   (C) no ser sólo conocido como padre de este movimiento.
   (D) poder vender su propio trabajo.

10. La expresión en las líneas 128 y 129, «nunca se sabe para qué lado va a saltar el conejo» quiere decir…
    (A) nadie sabe cómo va a resolverse la cuestión del uso del bambú.
    (B) él no ve claramente su futuro como arquitecto.
    (C) que todo no se resolverá a su medida.
    (D) que es una cuestión sin resolución.

11. El bambú es una planta que tiene…
    (A) una utilidad diversa.
    (B) una utilidad escasa.
    (C) una utilidad limitada.
    (D) una utilidad reducida.

12. El bambú se puede usar…
    (A) para la construcción.
    (B) para el vestuario.
    (C) para implementos.
    (D) para todo lo de arriba y más.

13. Quizá el uso más sorprendente del bambú es como…
    (A) material de construcción.
    (B) material de instrumentos musicales.
    (C) material de alimento.
    (D) material de muebles.

14. Lo bueno del bambú es que…
   (A) requiere mucha atención.
   (B) requiere mucho riego.
   (C) requiere poca atención.
   (D) requiere tierra muy fértil.

15. De los dos artículos, podemos decir que el bambú puede…
   (A) reemplazar materias primas de construcción.
   (B) reemplazar materias primas en muchas aplicaciones.
   (C) reemplazar la madera.
   (D) reemplazar el acero.

Selección número 4
Tema curricular: La vida contemporánea

Fuente número 1
Introducción: Este texto trata de la llamada «festival nacional», la corrida de toros, y como se desarrolla.

Un paseo por el mundo taurino[5]

La corrida de toros es
una celebración española
considerada como deporte por
su competitividad y como arte
por el vestuario, música y   5
movimientos elegantes.
Durante la prehistoria, el toro
era venerado, representaba un
símbolo de fortaleza, y se
podían apreciar imágenes de   10
hombres luchando contra este
animal. Por su parte, durante la
época del Imperio Romano se
llevaban a cabo enfrentamientos
entre hombres a pie y a caballo 15
contra animales salvajes,
incluyendo toros. Asimismo,
fiestas taurinas se realizaban
durante la Edad Media para
celebrar acontecimientos de   20
cierta importancia, como las
bodas reales y nacimientos de príncipes.
    Las corridas de toros son
prácticas que se han propagado
por varias partes del mundo.   25
FortuneCity.com indica que en
el continente americano naciones
como México, Venezuela,
Ecuador, Colombia, Perú,
Bolivia, Costa Rica, Guatemala, 30

Panamá y Nicaragua participan
en esta tradición.
    A pesar de ser una
actividad muy popular,
muchos desconocen cómo se   35
efectúa una corrida de toros.
La tradición
    Clarines y timbales suenan
al ritmo del pasodoble, ante
los espectadores aparece la   40
comitiva taurina constituida por
dos alguaciles a caballo,
aquellos que de manera
simbólica solicitan ante la
autoridad la llave de los toriles, 45
donde se encuentran los toros.
El resto de la comitiva
compuesto por tres toreros,
vestidos de trajes de luces y
con sombreros de tres picos,   50
son quienes por orden de
antigüedad lucirán sus faenas
y lidiarán con seis toros, dos para
cada uno. Detrás de ellos se
encuentran los miembros de   55
sus cuadrillas constituidos por
sus subalternos o banderilleros,
los picadores y el personal de la
plaza. Esta entrada lleva el
nombre de paseíllo y se encarga 60

[5]«Un paseo por el mundo taurino» por Rose Quiñones, prensa «ConXion», the Rochester *Democrat and Chronicle's* monthly bilingual newspaper, page 13, April 2006. Used with permission.

de abrir de una manera formal una corrida de toros, tal como lo explica la enciclopedia virtual Wikipedia.

La corrida de toros se divide en tres tercios, los cuales van marcados con el toque de clarines y timbales. En la primera parte, se da el encuentro inicial entre el toro y el torero y es cuando el matador torea con su capote. Los dos picadores entran montados a caballo, los cuales tienen los ojos cubiertos, y cada uno de los picadores se coloca en un extremo de la plaza. En ese momento se lleva a cabo la suerte o el lance de varas para probar la bravura del animal y dosificar su fuerza. Durante el segundo tercio se realiza la denominada suerte de banderillas, con la finalidad de enaltecer el temperamento del animal. En el tercer tercio, se efectúa la parte decisiva de la corrida, la llamada suerte suprema, y se produce cuando el diestro torea con una muleta, que consiste 65 70 75 80 85 90

en un bastón que lleva pendiente a lo largo una capa; el torero espera que el animal lo embista y en el momento más indicado procederá a la muerte del toro utilizando su espada. 95

Si durante la jornada el diestro hace una excelente actuación, la multitud grita «¡Ole!» para manifestar su aprobación. Al final de la corrida se le entrega al matador algunos de los trofeos que se mencionan aquí en orden de importancia: dos orejas y el rabo, dos orejas y una oreja. 100 105

La atracción de las corridas de toros radica en la admiración del público al valor y destreza que tiene el torero al enfrentarse al toro. Sin embargo, desde hace muchos años y en varias partes del mundo ha surgido la oposición hacia esta fiesta taurina, debido a la violencia que representa matar al toro. Luego del ingreso de España en la Comunidad Europea algunas personas sugirieron terminar estas prácticas. 110 115 120

Fuente número 2

Introducción: El fútbol se ha convertido en un fenómeno mundial, especialmente en países de habla española.

¡Gooooool![6]

El fútbol se ha convertido en un fenómeno mundial y aunque muchos dicen que la corrida de toros es la fiesta nacional, la verdad es que en España, como en el resto de los países de habla española, el fútbol se ha convertido desde hace muchos años en el deporte nacional. 125

El fútbol llegó primero a la Península Ibérica con trabajadores extranjeros, sobre todo de Inglaterra, en el siglo XIX. Aunque había evidencia de otros, el primer club de fútbol se fundó oficialmente 130

en 1889 y se llamó Real Club Recreativo de Huelva. De ahí se desarrollaron varios clubes y en 1902 nació la primera 135

---

[6]http://es.wikipedia.org/wiki/fútbol_en_España.

competición nacional, la Copa de la
Coronación que sigue hoy como
la Copa del Rey. Durante los años 1990   140
los clubes se convirtieron en sociedades
anónimas (S.A.) que les permitió cobrar
dinero por la emisión de sus partidos por la
tele y este dinero les permitió contratar
con jugadores de la mayor categoría.   145
    Con el creciente interés mundial
por el fútbol, las transmisiones por la

tele de partidos comunitarios, nacionales
e internacionales, y cierto orgullo de
ciudadanos de las ciudades, regiones   150
y países representados por los equipos,
el fútbol definitivamente ha reemplazado
la corrida en los corazones de la mayoría
de los españoles y en muchos casos
la corrida se ha convertido en una   155
curiosidad cultural para turistas.

1. Algunos consideran la corrida de toros como un deporte…
   (A) porque es una competencia entre el hombre y el animal.
   (B) por los movimientos del torero y del toro.
   (C) por su aspecto de celebración.
   (D) porque se práctica en todos los países de habla española.

2. En tiempos prehistóricos el toro…
   (A) representaba la fertilidad.
   (B) representaba la lucha entre el hombre y la naturaleza.
   (C) representaba la sobrevivencia del hombre gracias a su carne.
   (D) representaba la fuerza.

3. Durante la Edad Media se utilizaban las corridas…
   (A) para el entretenimiento del público.
   (B) para venerar al animal que era símbolo de fortaleza.
   (C) para celebrar acontecimientos importantes.
   (D) para mostrar la valentía de los hombres.

4. Según la descripción de cómo se presenta la corrida, podemos decir que…
   (A) es un evento muy parecido a cómo se realiza eventos como el fútbol.
   (B) es un evento lleno de tradición y ceremonia.
   (C) es un evento en que sólo los que participan en la lucha se desfilan.
   (D) es un evento que se hace de maneras distintas en lugares distintos.

5. En cada corrida siempre hay…
   (A) tres matadores y sus subalternos que luchan en contra de tres toros.
   (B) seis matadores y sus subalternos que luchan en contra de seis toros.
   (C) seis matadores y sus subalternos que luchan en contra de tres toros.
   (D) tres matadores y sus subalternos que luchan en contra de seis toros.

6. La función de los picadores es de…
   (A) matar al toro.
   (B) ver la fuerza del toro y de apreciar el grado de su fuerza.
   (C) elevar el temperamento del animal.
   (D) torear con una muleta que es un bastón cubierto por una capa.

7. El honor más grande que puede recibir el torero si su actuación ha sido excelente es…
   (A) los gritos de ¡Ole! de los espectadores.
   (B) una oreja del animal.
   (C) las orejas y el rabo del animal.
   (D) el rabo del animal.

8. Lo atractivo de la corrida para algunos es…
   (A) la habilidad y la valentía del matador.
   (B) la violencia.
   (C) lo artístico de los movimientos.
   (D) la tradición y la historia del deporte.

9. De todos modos, algunas personas se oponen a la corrida…
   (A) porque es peligroso.
   (B) porque ya no es tan popular.
   (C) porque la Comunidad Europea no la aprueba.
   (D) por la crueldad hacia el toro.

10. Después de leer este artículo podemos decir que…
    (A) la corrida es una expresión artística.
    (B) la corrida es muy popular por todo el mundo.
    (C) la corrida simboliza la cultura hispánica.
    (D) la corrida tiene raíces históricas que predatan España.

11. Ahora, según el segundo artículo, se puede decir que…
    (A) el fútbol es el deporte nacional de España.
    (B) la corrida sigue siendo el deporte nacional de España.
    (C) el fútbol es tan popular entre los españoles como la corrida.
    (D) la corrida atrae a muchos aficionados españoles también.

12. El fútbol…
    (A) nació en el norte de España.
    (B) nació en Huelva.
    (C) llegó con inmigrantes.
    (D) fue establecido en España por la corona.

13. El fútbol recibió un gran empuje cuando…
    (A) se estableció la Copa del Rey.
    (B) se establecieron más clubes después de él de Huelva.
    (C) se establecieron corporaciones de fútbol.
    (D) se establecieron competiciones al nivel mundial.

14. Podemos decir que la corrida de toros…
    (A) sigue como la fiesta nacional.
    (B) sigue como espectáculo más bien turístico.
    (C) ya no se practica en España.
    (D) sigue muy popular en el mundo hispano.

Selección número 5
Tema curricular: Las identidades personales y públicas

Fuente número 1
Introducción: Este texto trata del origen y de la contribución de un grupo de inmigrantes a Puerto Rico.

Rastreando nuestras raíces familiares: explorando una parte ignorada de las historia de Puerto Rico[7]

Cuando pensamos en Puerto Rico, regularmente pensamos en un clima cálido, música de calidad mundial, playas hermosas y por supuesto estupendo café. Podemos enorgullecernos de nuestro «puertorricanismo multicultural» y de la increíble mezcla de influencias tainas, españolas y africanas.

Mientras que disfrutamos nuestro café recién hecho, muchos de nosotros no conectamos la industria del café con la inmigración de familias de la isla de Córcega.

Además de la industria del café, los inmigrantes de Córcega han influenciado la música, cocina y política. Su influencia es todavía muy fuerte en nuestros días.

Córcega, la cuarta isla más grande del mar Mediterráneo, está localizada en la parte oeste de Italia y el sur de Francia. Muchas personas de Córcega comenzaron a inmigrar a Puerto Rico en 1850, cuando España realizó la Real Cédula de Gracias, alentando a ciudadanos de España, Irlanda, Alemania y Francia a mudarse al Caribe o Sudamérica.

---

[7]«Rastreando nuestras raíces familiares: explorando una parte ignorada de la historia de Puerto Rico» por José Olivieri Rivera, prensa «ConXion», the Rochester *Democrat and Chronicle's* monthly bilingual newspaper, October 2006. Used with permission.

Se estima que actualmente hay más de 400.000 descendientes de Córcega viviendo en Puerto Rico; muchos de los que se mudaron debido a las similitudes con su isla nativa. 40

Aunque muchos han perdido sus conexiones con Córcega, todavía les interesa la historia detrás de sus apellidos ya que la mayoría son italianos o franceses. 45

Individuos y familias pueden mantener conexión con Córcega por medio de la Asociación de Corzos de Puerto Rico. Este grupo organiza viajes a Córcega y ayuda a las personas a explorar su herencia. 50

Según la página de Internet Corsu Lista, alrededor de 1800, colonizadores de Córcega habían establecido un mercado de café fuerte y viable en Europa, donde «se vendía por un precio alto». Durante 1890, Puerto Rico se estableció como el sexto más grande productor de café del mundo. Por esta razón, muchos países intentaron copiar los modelos de producción de café de Puerto Rico. Aunque se producía café en varias regiones de Puerto Rico, según el historiador puertorriqueño Otto Sievenz Irizarry, Yauco fue el pueblo conocido como el lugar del café original. 55 60 65 70 75

«Yauco era el pueblo» mencionó en una entrevista telefónica, «en donde muchos de los dueños de grandes plantaciones tenían sus residencias principales». 80

El café de Yauco era vendido a los «reyes y reinas de toda Europa».

«Bajo el nombre de San Carlos, el café puertorriqueño fue disfrutado por el Papa y fue reconocido como el café oficial del Vaticano.» 85

Una de las plantaciones más grandes de Puerto Rico fue nombrada «La hacienda del Tomino» por el pueblo de Tomino en Córcega. La Tomino fue comenzada por Domingo Olivieri (Dominique en francés) que emigró a Puerto Rico a mitades de 1840 para unirse a su familia. 90 95

El padre de Olivieri, Antonio Olivieri y Antongiorgi, vivía en Yauco de 1818 a 1847, cuando regresó a Córcega, donde murió en 1848. Tras su llegada a Puerto Rico, Olivieri comenzó a establecer su distinción en la industria del café. Los límites originales de La Tomino se extienden en la actualidad de Yauco, Adjuntas y Guayanilla. 100 105 110

Domingo José Olivieri explicó, «La mayoría del café es vendida a mayoristas, quienes venden el café a grandes corporaciones para mezclarlo y distribuirlo bajo importantes marcas americanas.» 115

Olivieri continuó diciendo que «están orgullosos del trabajo que ellos hacen y del legado que las personas de Córcega nos heredaron, aunque seamos puertorriqueños de corazón.» 120 125

Fuente número 2

Introducción: Se ha dicho que los EE.UU. son un crisol de culturas, pero muchas veces no conocemos las contribuciones de ciertas culturas en regiones inesperadas.

Amerikanuak

Cuando pensamos en la historia de los Estados Unidos y la migración hacia el oeste pensamos en los exploradores, vaqueros, campesinos y pastores que poblaron las tierras del oeste. Muchos 130 de éstos vinieron del este de los Estados Unidos en busca de riqueza mientras otros inmigraron de otras partes del mundo buscando una vida mejor. Entre éstos que vinieron y contribuyeron a la colonización 135 del oeste hubo un grupo que quizá pueda sorprendernos. Este grupo que sigue manteniendo una importancia económica y cultural vino del norte de España y del sur oeste de Francia. Ellos son los vascos o sean *Eukal*. 140

Hubo tres muy grandes períodos de inmigración vasca. El primero ocurrió durante las Guerras Carlistas que tuvieron lugar en España en los 1830 sobre la sucesión al trono español tras la muerte de Fernando 145 VII. El segundo ocurrió en los 1860 con el descubrimiento del oro en los territorios del oeste de los EE.UU. El último tuvo que ver con la tragedia de la Guerra Civil Española, 1936–1939, cuando los vascos eran el 150 blanco de las fuerzas fascistas.

Estos pioneros vascos en muchos casos continuaban la ocupación que tenían en su país natal, la de pastores de ovejas. Aunque la llamada del oro era fuerte, muchos 155 pastores vascos pronto se dieron cuenta de que podían ganar más vendiendo carne y lana a los mineros en los campamentos.[8] La tradición de pastor de su tierra natal les daba una 160 entrada muy grande y hasta animó a más jóvenes vascos a venir.

Los vascos desarrollaron esta industria pero también con el paso del tiempo contribuyeron al desarrollo del oeste en otros 165 campos. Por ejemplo, Dominique Amestoy, que fue pastor y banquero, era uno de los mayores productores de lana en el sur de California en los 1860, y en 1871 ayudó establecer el Farmers and Merchants Bank 170 en Los Ángeles, California. Al fin de su vida, Amestoy poseía 4.500 acres de tierra y 30.000 ovejas. Hoy lo que era parte de sus terrenos incluyen las comunidades de Sherman Oaks y Encino. Tuvo tanto impacto 175 en el sur de California que nombraron una escuela y una avenida en honor a su familia.[9]

La mayoría de los descendientes de los primeros vascos viven en California, Idaho, Nevada, Washington y Oregón. Quizá el 180 estado más vinculado con la cultura vasca es Idaho donde hay celebraciones vascas y hasta un centro cultural en Boise. No importa dónde se encuentren, donde hay comunidades de herencia vasca mantienen 185 clubes y eventos culturales para preservar su cultura, sus tradiciones y hasta su lengua.

Los vascos y sus descendientes, o sea los Amerikanuak, han contribuido mucho a los Estados Unidos en otras maneras también. 190 Algunos de éstos incluyen David Archuleta (cantor), Ted Williams (beisbolista), Joseph A. Unanue (hombre de negocios), Paul Laxalt (senador), Frank Bergon (novelista) y Earl W. Fasion (pintor y 195 escultor), Jimmie Heuga (piloto de esquí, ganador de una medalla olímpica en 1964) y Jedediah Smith (explorador de las Montañas Rocosas).

---

[8]http://knowledgecenter.unr.edu/sheepherders/basques.html.
[9]http://en.wikipedia.org/wiki/Dominique_Amestoy.

1. El término «puertorricanismo multicultural» en la línea 8 viene...
    (A) de la influencia que ha tenido el turismo en la isla.
    (B) de la influencia que diferentes culturas han aportado a la isla.
    (C) de la música puertorriqueña.
    (D) del comercio internacional de café de que ha gozado la isla.

2. La industria del café se debe en gran parte a...
    (A) los inmigrantes de España.
    (B) los inmigrantes del continente de África.
    (C) los inmigrantes tainos.
    (D) los inmigrantes de una isla mediterránea.

3. La ola grande de inmigración del siglo XIX fue gracias...
    (A) a una invitación de España a inmigrantes europeos a venir a las Américas.
    (B) a una guerra entre Francia y Alemania.
    (C) a problemas políticos en Córcega.
    (D) al hambre causado por la escasez de la papa en Irlanda.

4. Se puede decir que lo atractivo para los inmigrantes corsos fue...
    (A) que la isla les parecía mucho a Córcega.
    (B) que la industria del café necesitaba trabajadores.
    (C) que muchos descendientes suyos vivían en la isla.
    (D) que existía una asociación de corsos en la isla para ayudarlos.

5. Muchos otros países trataron de copiar los modelos de producción de café de Puerto Rico...
    (A) por la calidad de su café.
    (B) por el precio que recibía su café.
    (C) por el éxito que su industria tenía.
    (D) porque tenía un mercado en Europa.

6. La grandeza del café puertorriqueño se veía en que...
    (A) se vendía mucho en Europa.
    (B) se vendía a las casas reales de Europa.
    (C) se vendía a precios muy altos.
    (D) se producía sólo en un lugar, Yauco, lo cual lo hizo muy raro.

7. Hoy día el café de La Hacienda del Tomino se vende...
    (A) en la isla de Córcega.
    (B) en el Vaticano.
    (C) a familias reales de Europa.
    (D) a compañías estadounidenses que lo venden bajo sus nombres.

8. ¿Qué quiere decir Olivieri en las líneas 120–125 cuando dice «están orgullosos del trabajo que ellos hacen y del legado que las personas de Córcega nos heredaron, aunque seamos puertorriqueños de corazón»?
    (A) Los descendientes de los inmigrantes corsos se sienten todavía más corsos que puertorriqueños.
    (B) Los descendientes de los inmigrantes corsos se consideren puertorriqueños y al mismo tiempo tienen orgullo de su herencia.
    (C) A los descendientes de los inmigrantes corsos no les importa su herencia corsa.
    (D) Muchos descendientes de los inmigrantes corsos ya no trabajan en la industria del café.

9. La migración vasca recibió su mayor empuje históricamente por...
    (A) el deseo de hacerse rico.
    (B) conflictos en su tierra natal.
    (C) el descubrimiento de oro.
    (D) el deseo de la aventura.

10. La pericia que los inmigrantes vascos llevaron a su nuevo país tenía que ver con...
    (A) la minería.
    (B) las finanzas.
    (C) la agricultura.
    (D) la ganadería.

11. La pericia que los inmigrantes corsos de la primera lectura llevaron a su nuevo país tenía que ver con...
    (A) la minería.
    (B) las finanzas.
    (C) la agricultura.
    (D) la ganadería.

12. Mientras muchos buscaban su fortuna en el oro, muchos inmigrantes vascos descubrieron que podían…
    (A) ganarse mejor la vida proveyendo productos a los mineros.
    (B) ganarse mejor la vida juntándose en asociaciones.
    (C) ganar más estableciendo bancos para los mineros.
    (D) ganar más en la minería.

13. Se puede decir que los inmigrantes vascos…
    (A) no han dejado huella en los EE.UU.
    (B) han dejado huella en los EE.UU.
    (C) han sido olvidados en los EE.UU.
    (D) han dejado su estampa en la industria financiera de los EE.UU.

14. La mayor concentración de personas de ascendencia vasca se encuentra en … de los EE.UU.
    (A) el suroeste
    (B) el noroeste
    (C) el oeste
    (D) el suroeste

15. Los «Amerikanuak» son…
    (A) los inmigrantes vascos españoles.
    (B) los inmigrantes vascos franceses.
    (C) los vascos americanos.
    (D) los inmigrantes españoles y franceses.

Selección número 6
Tema curricular: La belleza y la estética

Fuente número 1

Introducción: Este texto trata de la belleza y la estética, cómo se determina y el deseo de alcanzarla.

La belleza, ¿cómo se determina y se define siempre de la misma manera?

La preocupación por la belleza hoy en día tiene un gran impacto en la sociedad tanto con los mayores como con los jóvenes. Hay un deseo promovido por la prensa, la televisión y el cine de ser joven, delgado/a y guapo/a. Por años las estrellas de Hollywood, hombres y mujeres, han servido de modelo de la belleza. No sólo es un fenómeno en los EE.UU. sino también, y con un inverosimilitud más grande, en países como México donde la población es mayormente mestiza pero los presentadores de televisión y las estrellas son de apariencia más europea. La inverosimilitud entre la población en general y lo que se ve en las fuentes de comunicación empuja a algunos a tomar medias drásticas para tratar de ser como las personas que ven.

Por años las estrellas de Hollywood y de televisión han recurrido a la cirugía estética o plástica para eliminar defectos que ellos mismos perciben o para tratar de parar o retroceder su envejecimiento natural. Ahora la cirugía estética es accesible a todos que tengan el dinero para hacerlo y no es sólo para los ricos y famosos. Entonces la gente normal ahora puede tratar de transformarse para que sean más como sus actores y modelos favoritos.

Como cualquier cirugía, la cirugía estética lleva consigo ciertos riesgos. Cada año la Sociedad de Cirujanos Plásticos calcula que hay una muerte por cada 57.000 intervenciones médicas.[10] El riesgo es bajo pero todavía hay riesgo, no sólo de la muerte sino también de

---

[10]http://www.newimage.com/resource-center/is-plastic-surgery-safe.html.

un resultado no deseado. Ha habido muchos casos de personas famosas que han tenido estas cirugías que las han dejado deformadas y hasta grotescas. 40

Claro la cirugía estética no siempre es para cambiar la apariencia física, también existe para reparar defectos de nacimiento, lesiones causadas por accidentes, incendios y ataques de animales. En estos casos la cirugía es para la reconstrucción física y no cosmética y el motivo es de mejorar la vida de la persona lesionada. 45 50

La cosa es que el concepto de la belleza es algo que siempre ha sido fluido. Para cada generación puede ser algo bien diferente. Si uno ve un cuadro de Rubens, por ejemplo, las figuras son bastante corpulentas o sea gordas. Pero, durante su época, una mujer bella era corpulenta y también la gordura de una persona era una muestra de su riqueza porque podía comprar y comer lo que le diera la gana. 55 60

Antes de tomar una medida tan drástica se debe reflexionar bien en el motivo por el deseo y decidir si de verdad vale la pena y el riesgo. 65

Fuente número 2

Introducción: Este anuncio trata de un regalo quizá un poco raro para la quinceañera.

Para alguien muy especial, qué se cumplan todos sus deseos. Haz los quince muy especial con el regalo de cirugía estética. Padres, padrinos, abuelos, tíos y amigos ya pueden darle este regalo, no sólo memorable sino perdurable.
Llamen al Centro Quirúrgico Sueños Realizados al (212)-HERMOSA. Ofrecemos vales para comprar un regalo a precios razonables. Hasta podemos arreglar un préstamo bancario a una tasa de interés módico.
¡Contáctennos hoy!

Venezuela tiene mucha fama por el número de sus mujeres que han ganado el concurso de Miss Universe. Desde 1952 siete mujeres venezolanas han sido premiadas con la corona de Miss Universe. Estos éxitos han ayudado motivar la preocupación con la belleza hasta tal punto que anuncios tales como él a la izquierda aparecen no sólo para adultos y mayores sino también para niñas que van a cumplir los 15. La situación ha sido tan surreal que el mismo presidente de la república venezolana ha denunciado este fenómeno en sus discursos. 70 75 80

¿Es la cirugía plástica por razones estéticas algo bueno o un abuso de las niñas? Éste es el problema. 85

1. El gran empuje hoy en día, entre mayores tanto como menores, por cambiar la apariencia viene de…
   - (A) un deseo de mejorarse.
   - (B) un deseo de tener mejor salud.
   - (C) medios de comunicación.
   - (D) un deseo de avanzar en el trabajo.

2. En el caso de México, por ejemplo, la mayoría de la población es mestiza, o sea india y europea, pero en los medios de comunicación tienden a usar gente…
   - (A) blanca.
   - (B) negra.
   - (C) india.
   - (D) asiática.

3. Originalmente las estrellas empleaban la cirugía estética para…
   - (A) hacerse parecer a otro.
   - (B) ciertos papeles que desempeñaban.
   - (C) hacerse más maduro.
   - (D) hacerse parecer más joven.

4. Mientras en el pasado la cirugía estética se usaba sólo en Hollywood, ahora…
   - (A) es cosa de los ricos.
   - (B) es para todos.
   - (C) es sólo por razones médicas.
   - (D) es prohibido para menores.

5. Mientras a muchas personas les gustaría gozar de la cirugía estética, hay que reconocer que es una intervención quirúrgica y puede…
   - (A) tener un costo muy alto.
   - (B) tener mucho éxito.
   - (C) tener consecuencias no esperadas.
   - (D) tener el resultado esperado.

6. A veces la cirugía estética se necesita para darle al paciente…
   - (A) más oportunidades de ganarse la vida.
   - (B) una vida mejor o normal.
   - (C) un aspecto más agradable.
   - (D) un mejor estado de ser.

7. El concepto de la belleza siempre ha…
   - (A) cambiado según los ideales de la época.
   - (B) tenido el mismo significado de generación en generación.
   - (C) favorecido a las mujeres esbeltas.
   - (D) causado controversia.

8. En Venezuela, algunas compañías promueven la cirugía plástica para…
   - (A) víctimas de accidentes.
   - (B) pretendientes al concurso Miss Universe.
   - (C) jóvenes que entran una etapa importante de la vida.
   - (D) adultos que quieren un aspecto más joven.

9. Según el anuncio, no importa si uno no tiene el dinero para el tratamiento porque…
   - (A) no cuesta tanto.
   - (B) se puede pagar a plazos.
   - (C) se puede conseguir dinero de un banco.
   - (D) el costo es reembolsado por el gobierno.

10. La cirugía plástica se ha puesto tanto de moda, el presidente de la república … la práctica para los jóvenes.
    - (A) está a favor de
    - (B) está en contra de
    - (C) no tiene opinión de
    - (D) no permite

Selección número 7
Tema curricular: Los desafíos mundiales

Fuente número 1

Introducción: Este texto trata de los braceros inmigrantes del estado de Nueva York.

Inmigrantes: ¿Por qué la parte oeste de Nueva York?[11]

Cuando visitas casi cualquier campo o casa de trabajadores agrícolas durante la cena, el olor a chiles y tortillas de maíz calientes está en el aire. Música mexicana se toca en algún radio o tocadiscos y jóvenes de apariencia indígena descansan en los sillones o se sientan a la par de la mesa de la cocina. Si cierras los ojos, los olores, la música y el idioma te harán pensar que estás en México. Pero no es así. Estás en la parte occidental de Nueva York no muy lejos de la ciudad de Rochester.

La mayoría de los trabajadores agrícolas del área son de pueblos de las partes rurales de estados como Oaxaca, Chiapas y Guerrero, estados localizados en la parte sur de México.

A pesar de que es difícil tener un número exacto, la mayoría de los grupos que ayudan a los inmigrantes estiman que hay aproximadamente entre 50.000 y 60.000 trabajadores en la parte occidental de Nueva York.

«Al menos la mitad de ellos están aquí ilegalmente», mencionó Rosa Rivera, directora del CITA (Centro Independiente de Trabajadores Agrícolas). Lo que significa que estas personas viajaron por más de 3.000 millas para llegar aquí, y por el hecho de que entraron como ilegales, tuvieron que pagar alrededor de 2.500 dólares a un coyote para que los pasara a los Estados Unidos ilegalmente.

El viaje de Oaxaca a esta parte de Nueva York es muy largo, costoso y peligroso. ¿Por qué eligen este territorio específicamente?

«Ellos vienen aquí porque la agricultura de Nueva York es un negocio de tres mil millones de dólares por año», mencionó Amy Kadar, directora provisional de CITA. «Es un negocio muy grande y se necesitan muchos trabajadores. La agricultura en Estados Unidos no funcionaría sin trabajadores agrícolas.»

El viaje de Omar a Nueva York fue un poco más corto que la mayoría, ya que su hogar está en la Ciudad de México. Él ha estado en este país por tres años y siempre ha trabajado en la agricultura.

«Mi única opción de entrar a los Estados Unidos era como ilegal ya que el consulado americano nunca me daría una visa,» mencionó.

[11]«Inmigrantes: ¿Por qué la parte oeste de Nueva York?» por Joseph Sorrentino, escritor de ConXion, «ConXion», the Rochester *Democrat and Chronicle's* monthly bilingual newspaper, page 39, October 2006. Used with permission.

«Yo crucé la frontera con un grupo de personas y con un coyote, y no conocía a nadie del grupo. Después me encontré con un amigo que me dijo que aquí había mucho trabajo y no mucha gente como en Florida o California. Estoy aquí sólo porque necesitan a muchos trabajadores.»

Raúl, un trabajador agrícola de Oaxaca, mencionó que es mejor aquí que en los estados cerca de la frontera. «Hay más trabajos aquí, más oportunidades.»

Eric Shoen de Rural Opportunities, Inc., una organización que ayuda a los inmigrantes, está de acuerdo. «Menos trabajadores vienen a la parte occidental de Nueva York, entonces sí, probablemente es más fácil obtener trabajo.»

Mientras la mayoría de los trabajadores agrícolas y los grupos de ayuda afirman que la disponibilidad de empleos es lo que atrae a las personas, la razón por la llegada de Antonio fue más que sorprendente.

«Estoy aquí por el clima,» dijo sin inmutarse. Después añadió «estuve en Miami por cinco años. Trabajé como constructor y era muy caliente y húmedo. Me gusta más aquí.»

Bob King de Cornell Cooperative Extension indicó que «hay una demanda muy fuerte para trabajadores en el área de la agricultura, y es todavía más fuerte en el área de los productos lácteos.»

En años recientes algunos granjeros se han quejado de que no hay suficientes trabajadores en el área. Esto puede ser debido a la dificultad de ingresar a los Estados Unidos después del 11 de septiembre, ya que se aumentó la vigilancia por parte del departamento de inmigración o por el hecho de que muchos trabajadores han obtenido mejores trabajos en construcción.

La mayoría de las organizaciones que ayudan a los inmigrantes no están de acuerdo con esto. Velma Smith, directora de Rural Opportunities, Inc., es una de ellas.

«Tal vez haya escasez de trabajadores documentados. Sin embargo hay una saturación de trabajadores ilegales.»

El debate sobre la inmigración y qué hacer con millones de personas que están aquí ilegalmente se ha convertido en un tema de mucha controversia recientemente, con diferentes reglas en el Congreso que buscan intensificar el control.

Muchos grupos de ayuda a los inmigrantes afirman que a pesar de la promulgación de la legislación, siempre y cuando exista pobreza en México, muchos correrán el riesgo de cruzar la frontera y transportarse a áreas como ésta.

Fuente número 2

Introducción: En el gráfico siguiente hay datos sobre los braceros que se encuentran en los EE.UU.[12]

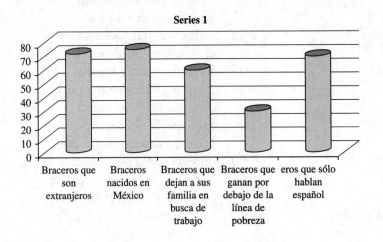

Otros datos interesantes:

- Los braceros pagan más en impuestos para la seguridad social, impuestos sobre la renta e impuestos sobre 170 las ventas de lo que reciben del gobierno.
- Los braceros trabajan entre 12 y 14 horas por día hasta 7 días por semana durante la cosecha.

- Gracias a su mano de obra, nuestra 175 comida cuesta menos como porcentaje de nuestra renta que en cualquier otra nación en el mundo.
- Se encuentran en todos los estados.
- Hace trabajo que el ciudadano 180 normal no haría.

1. La cosa quizá más curiosa en el primer párrafo es…
   (A) que no estás en México.
   (B) que estás en el estado de Nueva York.
   (C) que hay jóvenes de apariencia indígena.
   (D) que puedes comer chiles y tortillas calientes en el estado de Nueva York.

2. Muchos de los trabajadores agrícolas en este estado son…
   (A) de la parte norteña de México.
   (B) de la parte rural de México.
   (C) de la parte sureña de México.
   (D) de estados mexicanos.

3. En el párrafo 4 el «coyote» es…
   (A) alguien que cruza a los inmigrantes ilegales a los Estados Unidos.
   (B) un animal peligroso de que tienen que tener cuidado los inmigrantes al pasar la frontera.
   (C) la cantidad de dinero, $2.500 dólares, que pagan los inmigrantes ilegales para cruzar la frontera.
   (D) es lo que llaman el viaje por los Estados Unidos para llegar adonde hay trabajo.

4. En el sexto párrafo, según lo que dice Amy Kadar, podemos decir que…
   (A) la industria agrícola en Nueva York no es muy grande.
   (B) a la industria agrícola en Nueva York no le hacen falta trabajadores ilegales.
   (C) el trabajar ilegalmente en Nueva York es peligroso.
   (D) habría una crisis en la industria agrícola sin los trabajadores agrícolas.

---

[12]http://doleta.gov and http://nfwm-yaya.org "Farm workers issues: low wages".

5. La razón principal por la cual los trabajadores agrícolas se ven obligados a cruzar ilegalmente a los Estados Unidos es que…
   (A) no tienen el dinero para comprar una visa en el consulado americano.
   (B) el gobierno estadounidense no les dará visas para venir a trabajar.
   (C) el gobierno mexicano quiere que se queden a trabajar en México.
   (D) las entradas legales para cruzar están más lejos.

6. Otra razón por la cual muchos trabajadores agrícolas de México deciden venir al estado de Nueva York es que…
   (A) ya hay muchos trabajadores mexicanos aquí.
   (B) es más fácil llegar aquí.
   (C) hay más trabajos y menos trabajadores aquí.
   (D) la Oficina de Inmigración no los persigue tanto como en los estados de California y la Florida.

7. Una cosa sorprendente que ha influido en la decisión de algunos trabajadores de venir al estado de Nueva York es…
   (A) la necesidad de trabajadores agrícolas en el estado de Nueva York.
   (B) que hay trabajos en las industrias lácteas.
   (C) que hay trabajos en la construcción.
   (D) que el clima lo hace más agradable trabajar en el estado de Nueva York.

8. Más recientemente los granjeros de Nueva York han dicho que no tienen suficientes trabajadores por…
   (A) restricciones impuestas a partir del 11 de septiembre.
   (B) un sentimiento en contra de los inmigrantes que ha surgido a partir del 11 de septiembre.
   (C) unas mejoras en la economía mexicana que eliminan la necesidad de emigrar.
   (D) los inmigrantes que han comenzado a conseguir mejores trabajos profesionales.

9. Velma Smith piensa que…
   (A) no hay una falta de trabajadores documentados ahora.
   (B) hay una saturación de trabajadores documentados.
   (C) hay una abundancia de trabajadores indocumentados.
   (D) los granjeros del estado de Nueva York tienen razón.

10. De todos modos, la conclusión de muchos es que…
    (A) la promulgación de legislación para controlar a los inmigrantes ilegales ayudará.
    (B) la falta de trabajos aquí disminuirá el deseo de inmigrar a los Estados Unidos.
    (C) las nuevas reglas del Congreso van a intensificar el control sobre la inmigración ilegal.
    (D) si existe la pobreza en países vecinos muchos continuarán a arriesgarse en busca de una vida mejor.

11. Podemos ver del gráfico que…
    (A) la mayoría de los braceros son monolingües.
    (B) la mayoría de los braceros vienen de Sudamérica.
    (C) la mayoría de los braceros ganan más del sueldo mínimo.
    (D) la mayoría de los braceros son los Estados Unidos.

12. También el gráfico indica que…
    (A) muchos braceros vienen con su familia para buscar trabajo.
    (B) muchos braceros vienen solos para buscar trabajo.
    (C) muchos braceros mandan dinero a sus familias.
    (D) muchos braceros no mandan dinero a sus familias.

13. Los datos indican que los braceros…
    (A) toman trabajo de ciudadanos americanos.
    (B) no tienen que trabajar duro.
    (C) reciben más de los ciudadanos americanos que dan.
    (D) dan más que reciben de los ciudadanos americanos.

14. Por el trabajo que hacen los braceros…
    (A) la comida no nos cuesta tanto como en otros países.
    (B) la comida nos cuesta tanto como en otros países.
    (C) la comida no abunda tanto como en otros países.
    (D) la comida nos cuesta más que en otros países.

Selección número 8
Tema curricular: Las identidades personales y públicas

Fuente numero 1
Introducción: Este texto trata de una celebración para promover el orgullo entre las jóvenes latinas.

Están orgullosas de ser latinas[13]

Natazia Torres disfruta
el poder hablar en español e
inglés. A ella le gusta saber
bailar y ser latina.

«Todos somos especiales
de distintas maneras,»
mencionó Natazia, de 11 años,
con una sonrisa.

«Entonces está
funcionando,» mencionó
Daisy Rivera Algarín, una
de las organizadoras de «Soy
única soy latina» y presidenta
de Latinas Unidas.

El evento gratuito, el
cual atrajo a más de 200
jóvenes a la escuela Franklin
en Norton Street, se enfocó
en el desarrollo de
habilidades cotidianas como
el manejo de dinero, autoestima
y el elegir relaciones saludables.

Éste es el cuarto año
que Latinas Unidas patrocina
este evento, y la tercera vez
que Natazia ha asistido.

«Me gusta que te dan
cosas gratis,» mencionó
Natazia, estudiante de quinto
grado de la escuela #5
«Tenemos la oportunidad de
hablar acerca de nuestra cultura
y de asistir a talleres para
ayudarnos con nuestro
crecimiento. Podemos
bailar y no estar apenadas.»

Varias personas bailaron
al final del evento. El grupo Arco
Iris invitó a las jóvenes que
asistieron al evento a bailar en
el escenario.

Había gritos y
aplausos. Jóvenes en
faldas tradicionales mexicanas
de color rojo, verde, morado
y azul bailaron con otras jóvenes
de camisetas y vaqueros.

«¿No están orgullosas de
ser latinas?,» un presentador
preguntó.

Un rugido de «Sí» se
escuchó de la gente, la mayoría
entre las edades de 7 y 17 años.

Algunos de los padres
asistieron también, y cerca de
40 se quedaron para un taller
de dos horas acerca de la
educación de los hijos en dos
culturas, mencionó Rivera Algarín.
La sesión fue ofrecida
en inglés y español.

Ella mencionó que vio
más apoyo y participación este
año por parte de las familias.
«Padres de familia
están finalmente entendiendo,»
mencionó Rivera Algarín,
añadiendo que eventualmente
Latinas Unidas espera alcanzar
1.000 jóvenes en el evento
anual.

Para aquellos que piensan
en asistir el año que viene,
Natazia mencionó que vale mucho
la pena.

«Es una gran manera de
expresarte y no deben de tener
miedo de asistir porque
aprenderán más de su herencia.»

---

[13]«Están orgullosas de ser latinas» por Marketta Gregory, «ConXion», the Rochester *Democrat and Chronicle's* monthly bilingual newspaper, page 17, April 2006. Used with permission.

Fuente número 2

Introducción: Ahora las jóvenes latinas forman la minoría más grande de jóvenes en los EE.UU. Con esto estas chicas se enfrentan con muchos obstáculos que necesitan superar para lograr el dicho sueño americano.

Retos para latinas estadounidenses

Las jóvenes latinas se enfrentan con muchos obstáculos para vencer para llegar a ser adultas completamente realizadas. Muchos tienen que ver con sus raíces culturales, cuestiones económicas y presiones sociales. Aquí hay algunas que sobresalen:

La educación: 30% de latinas abandonan la escuela antes de graduarse mientras 12.9% de afro-americanas y 8.2% de blancas lo hacen. Las factores por abandonarlo incluyen la necesidad de ayudar en casa y criar a hermanos menores y novios que no quieren una

mujer demasiada educada o sea quieren una mujer como su mamá o su abuela.[14]

La salud: Entre las latinas, las afro-americanas y las blancas, las latinas están en segundo lugar de tener un exceso de peso.[15] A causa de varias presiones, una de cada siete latinas tratarán de suicidarse.[16]

80

85

90

95

100

1. Natazia Torres se siente especial por…
   (A) ser única.
   (B) tener 11 años.
   (C) poder hablar sólo inglés.
   (D) ser latina.

2. «Soy única soy latina» fue un evento…
   (A) de bailes y música.
   (B) de conciertos y música latina.
   (C) para aprender cosas para tener una vida mejor.
   (D) para mantener y mejorar el uso del español por parte de los hispanos.

3. Al final del evento, los jóvenes podían…
   (A) vestirse a la mexicana.
   (B) bailar enfrente de todos.
   (C) conocer al grupo Arco Iris.
   (D) recibir cosas gratis.

4. Al final del evento, los padres podían…
   (A) participar en una presentación sobre la crianza de los hijos en un mundo multicultural.
   (B) participar en clases de inglés y español.
   (C) mostrar su orgullo de ser latinos.
   (D) participar en el baile.

5. Rivera Algarín piensa que han tenido éxito en que…
   (A) 1.000 jóvenes asistieron este año.
   (B) 200 jóvenes asistieron este año.
   (C) 40 padres asistieron este año.
   (D) los padres ya entienden la importancia de eventos así.

6. Según Natazia, vale la pena asistir porque…
   (A) les darán cosas gratis.
   (B) es una manera de expresar quién eres.
   (C) se aprende mucho.
   (D) se puede conocer a otras jóvenes.

7. Podemos decir que la meta de Latinas Unidas en patrocinar tal evento es…
   (A) fortalecer a las familias hispanas.
   (B) ayudar a las familias hispanas a asimilarse.
   (C) divertir a los niños hispanos.
   (D) promover la herencia hispana en toda la comunidad.

---

[14]http://abcnews.go.com/US/story?id=94298&page=1#.T_WstXDmfBJ.
[15]www.girlscouts.org/research/publications/…/latinas_and_overweight.pdf.
[16]http://www.latinousa.org/oldsite/1211-2/.

8. Las jóvenes en los EE.UU. ya sean blancas, latinas o afro-americanas se enfrentan con impedimentos pero las latinas tienden a tener…
   (A) más problemas con superarlos.
   (B) menos problemas con superarlos.
   (C) tantos problemas con superarlos.
   (D) ningún problema con superarlos.

9. Mientras ciertos problemas se comparten todos los grupos, las latinas en particular también tienen obstáculos impuestos por…
   (A) la religión.
   (B) la cultura.
   (C) la economía.
   (D) la presión social.

10. La segunda fuente parece indicar que eventos como «Soy única y soy latina» de la primera fuente…
    (A) son innecesarios.
    (B) separan las latinas de la comunidad.
    (C) son eventos con sólo una importancia cultural.
    (D) son importantes y necesarios para fortalecer a jóvenes latinas.

Selección número 9
Tema curricular: La vida contemporánea
Introducción: Este texto trata de un programa que les da a los que participan la oportunidad de un aprendizaje cultural.

Programas Juveniles - Intercambio Juvenil[17]

Para muchos jóvenes, la participación en el Programa de Intercambio Juvenil de los Leones es una experiencia que les cambia la vida. Viajar a otro país, vivir con una familia anfitriona y experimentar otra cultura son actividades que dejan huella. [5]

Si desea leer el **artículo sobre intercambio juvenil y campamentos de jóvenes** que se publicó en la edición de la sede internacional de la Revista THE LION, **pulse aquí.** [10]

Todos los años desde 1961, los jóvenes participan en el Programa Internacional de Intercambio Juvenil. El objetivo del programa es:

Crear y promover un espíritu de comprensión entre los pueblos del mundo. [15]

A diferencia de otros programas de intercambio, el Programa Internacional de Intercambio Juvenil no se lleva a cabo para hacer turismo, ni tiene fines educativos ni laborales. En cambio, se trata de una oportunidad de aprendizaje cultural única.

Los participantes en el Programa Internacional de Intercambio Juvenil de los Leones deben: [20]

- Tener entre 15 y 21 años.
- Ser patrocinados por un club de Leones.
- Tener conocimientos básicos del idioma del país anfitrión.
- Ser aptos para representar a su comunidad, su club de Leones y su país. [25]
- Estar dispuestos a aceptar las costumbres de otra cultura.

Más información

Directorio de Intercambio juvenil
Información para presidentes y asesores
Información para potenciales participantes en los intercambios
Opiniones de participantes en los intercambios
Sea una familia anfitriona
Información sobre el club anfitrión
Información sobre el club patrocinador
Requisitos del seguro

[17]«Programas juveniles – Intercambio juvenil» Lions Clubs International, http://www.lionsclubs.org/SP/content/youth_youth_exchange.shtml. Used with permission.

Los jóvenes que deseen participar en estos intercambios pueden solicitar el patrocinio del club de Leones de su localidad. Si se reciben numerosas solicitudes o si no se recibe ninguna, con frecuencia los clubes de Leones organizan concursos de oratoria, concursos de redacción de ensayos o entrevistas personales para seleccionar a los jóvenes que participarán en los intercambios. 30

Los intercambios pueden tener lugar en cualquiera de los más de 190 países que cuentan con clubes de Leones. La mayoría de los intercambios tiene una duración de entre cuatro a seis semanas. A menudo, los jóvenes que participan en los intercambios también lo hacen en el Programa Internacional de Campamentos Juveniles. 35

Los preparativos de viaje de los participantes están a cargo de los asesores de Intercambio Juvenil de la región patrocinadora y la región anfitriona. 40

El costo del transporte (incluidos pasajes, seguro, tasas de aeropuertos, impuestos de aduana y el costo de las escalas y el alojamiento por una noche) están a cargo del club de Leones patrocinador. Estos costos pueden ser pagados por el club con los fondos del distrito (si los hay), por el joven, por la familia del joven o por alguna combinación de estas opciones. 45

1. Este sitio web sería de interés para…
   (A) adultos que tienen interés en viajar.
   (B) jubilados que tienen interés en viajar.
   (C) jóvenes que quieren viajar por los Estados Unidos.
   (D) jóvenes que quieren experimentar otra cultura y país.

2. La meta de este programa es…
   (A) darles a los jóvenes posibilidades de viajar.
   (B) promover la comprensión entre culturas distintas.
   (C) darles la oportunidad de vivir con una familia anfitriona.
   (D) darles la oportunidad de acampar.

3. Este programa tiene motivos…
   (A) educativos.
   (B) turísticos
   (C) laborales.
   (D) culturales.

4. A los participantes les hace falta…
   (A) ser apoyados por un club.
   (B) tener menos de 21 años.
   (C) conocer las costumbres del país que visitan.
   (D) tener un conocimiento de la lengua que se habla en el país que visitan.

5. Si un club recibe muchas solicitudes, se hace la selección por medio de…
   (A) exámenes en la lengua del país.
   (B) una lotería.
   (C) competiciones académicas.
   (D) la fecha de la solicitud.

6. Por la duración del programa, probablemente se realizará…
   (A) durante las vacaciones de invierno.
   (B) durante las vacaciones de verano.
   (C) durante las vacaciones de primavera.
   (D) durante un semestre escolar.

7. La responsabilidad para la preparación de los viajeros está a cargo…
   (A) del club local.
   (B) de los padres.
   (C) de los participantes mismos.
   (D) de los líderes del intercambio en la región de donde son y adonde van.

8. Los gastos para el viaje son pagados por…
   (A) una combinación de recursos del club y de la persona que participa.
   (B) el distrito donde se encuentra el club.
   (C) el club local.
   (D) la persona que participa.

9. Si quieres más información sobre lo que piensan los que ya han participado, tienes que ver…
   (A) «Sea una familia anfitriona.»
   (B) «Información para potenciales participantes en los intercambios.»
   (C) «Opiniones de participantes en los intercambios.»
   (D) «Información sobre el club patrocinador.»

Selección número 10
Tema curricular: La ciencia y la tecnología

Fuente número 1
Introducción: Este texto trata de los avances tecnológicos que son cada vez más rápidos gracias a la diseminación fácil, rápida e instantánea de información.

«El mundo es un pañuelo» es un dicho bien conocido y gracias a avances en la tecnología, que han hecho la comunicación a largas distancias más rápida y fiable, se puede alcanzar los lugares más lejos en un (5) abrir y cerrar del ojo. Ahora la comunicación por internet, por correo electrónico, o sea e-mail, o por sitios tales como Facebook eliminan las distancias.

También ahora cuando un (10) estudiante, hombre de negocios, profesor, o una persona cualquiera necesite información sobre un tema, muchos usan un motor de búsqueda para encontrar las pisas necesarias en donde buscar la (15) información deseada y el más popular de éstos es Google. Hasta en inglés el nombre Google se ha convertido en verbo y también en español (guglear o googlear) aunque todavía no se ha incluido en el (20) diccionario de la Real Academia Española.

Pero, cuando uno piensa en estas innovaciones, muchos piensan en la pericia de científicos e inventores estadounidenses, europeos o asiáticos pero no saben que (25) debemos las gracias también a inventores de habla española de países hispanos por los avances en la tecnología electrónica. Uno de éstos es un señor que se llama Héctor García

Molina, un hombre nacido en Monterrey, (30) México y que ahora es profesor en los departamentos de Computación (o sea Informática) y de Ingeniería Eléctrica de la Universidad de Stanford.

El profesor García Molina (35) se graduó del Instituto Tecnológico de Monterrey en 1973 con su licenciatura en la ingeniería eléctrica, y recibió su maestría en la ingeniería eléctrica de la Universidad de Stanford en 1975 y (40) el doctorado en Informática en 1979 de la misma universidad. De 1979 hasta 1991 trabajó de profesor en el Departamento de Informática de la Universidad de Princeton. En 1992 se juntó con el (45) profesorado de la Universidad de Stanford. De 1994 hasta 1998 el fue el investigador principal para el Proyecto Biblioteca Digital de Stanford del cual salió el motor de búsqueda Google. Junto con ser profesor, (50) el Doctor García Molina es también miembro de la junta de directores de Oracle.

Gracias al trabajo de Héctor García Molina y sus colaboradores gozamos de tener lazos con la red mundial con Google que (45) nos permiten buscar cualquier cosa sin ningún inconveniente y ni siquiera pensarlo.

Fuente número 2

Introducción: Este texto trata de algunos científicos e inventores latinoamericanos y sus contribuciones a la tecnología moderna.

Científicos e inventores latinoamericanos modernos[18]

1. México
    *   Guillermo González Camarena, científico e inventor, en 1943 60 fabricó una cámara de televisión a los 17 años y desarrolló un Sistema Tricromático Secuencial de Campos para darle color.
    *   Armando M. Fernández inventó y 65 nombró la almohadilla de ratón, o sea mouse pad, en 1979.
    *   Víctor Celorio inventó la tecnología de la impresión distribuida que permite que un libro electrónico sea distribuido. 70
    *   Miguel de Iraza y Federico Mena son los líderes del proyecto GNOME, un entorno de escritorio e infraestructura para sistemas operativos Unix/Linux.
2. Venezuela 75
    *   Baruj Benacerraf recibió el Premio Nobel de Fisiología o Medicina en 1980 por su trabajo en la genética.
3. Argentina
    *   László Józef Brió, inventor y periodista, 80 inventó el bolígrafo Brio.
4. Costa Rica
    *   Franklin Chang Díaz es el primer astronauta latinoamericano de la NASA. Él fundó Ad Astra Rocket en 85 Houston, Texas que trata de desarrollar un motor de plasma llamado VASIMR.

1. En la primera línea del artículo, el dicho «El mundo es un pañuelo» es una metáfora que quiere decir que…
   (A) el mundo es grande.
   (B) el mundo es pequeño.
   (C) el mundo es amplio.
   (D) el mundo es estrecho.

2. La pequeñez del mundo actual según el artículo es gracias…
   (A) a la comunicación.
   (B) a adelantados técnicos.
   (C) a Internet.
   (D) al correo electrónico.

3. Se puede decir que la comunicación es…
   (A) más segura que antes.
   (B) menos segura que antes.
   (C) menos rápida que antes.
   (D) tan rápida que antes.

4. Ahora, para comenzar una investigación de un tema, muchas personas emplean … como punto de partida para encontrar fuentes de información sobre el tema.
   (A) Facebook
   (B) el correo electrónico
   (C) un motor de búsqueda
   (D) Internet

[18]Información sacada del sitio Web http://www.aeromental.com/2007/03/23/grandes-inventos-y-logros-científicos-realizados-por-latinoamericanos/.

5. Ahora tanto en inglés como en español el nombre Google se ha convertido en…
   (A) nombre.
   (B) descripción.
   (C) adverbio.
   (D) acción.

6. Según el artículo, algunos avances en la tecnología se deben…
   (A) a inventores de la Asia.
   (B) a inventores de los Estados Unidos.
   (C) a inventores de la América Latina.
   (D) a inventores de Europa.

7. El doctor García Molina sacó su doctorado de…
   (A) la Universidad de Princeton.
   (B) la Universidad de Stanford.
   (C) el Tecnológico de Monterrey.
   (D) la Universidad de Monterrey.

8. El motor de búsqueda de Google…
   (A) produjo el Proyecto Biblioteca Digital.
   (B) investigó el Proyecto Biblioteca Digital.
   (C) nació del Proyecto biblioteca Digital.
   (D) colaboró con el Proyecto Biblioteca Digital.

9. El doctor García Molina…
   (A) fundó Google.
   (B) sirve en la junta de directores de Google.
   (C) encabezó un proyecto que permitió la creación de Google.
   (D) dirigió la digitalización de la biblioteca de Stanford.

10. Gracias al descubrimiento tecnológico del inventor … podemos leer libros, revistas y periódicos por medio de lectores electrónicos tales como Kindle y Nook.
    (A) Guillermo González Camarena
    (B) Baruj Benacerraf
    (C) Armando M. Fernández
    (D) Víctor Celorio

11. El innovador … es uno de la pareja que encabezó el equipo responsable por las bases de un sistema operativo de ordenador.
    (A) Franklin Chang Díaz
    (B) Federico Mena
    (C) Víctor Celorio
    (D) Armando Fernández

12. Se puede decir que el mundo hispano…
    (A) ha producido adelantados en la tecnología y ciencia.
    (B) ha producido pocos adelantados en la tecnología y ciencia.
    (C) no ha contribuido a la comunicación electrónica.
    (D) no ha producido inventos que han impactado nuestras vidas diarias.

Answers and Explanations for Interpretive Communication: Print Texts

Selection #1
1. B (lines 1–4: reto = *challenge*)
2. D (lines 13–14: dañar = *to damage, injure*)
3. A (lines 22–23: calentarse = *to heat up*)
4. C (lines 34–35)
5. D (lines 46–50: lo suyo = *what's theirs*)
6. A (lines 58–61: adelantos = *advances, progress*)
7. C (lines 75–80)
8. C (lines 95–97, 98–101, 102–104)
9. A (lines 110–112: inscribir = *to register*)
10. B (lines 120–125: adelantar = *to advance* / promover = *to promote*)

Selection #2
1. B (lines 1–2: derecho = *law*)
2. B (lines 5–6: y punto = *end of story*)
3. D (lines 26–33: formados = *trained* / revalorizar = *to revalue*)
4. C (lines 34–36)
5. A (lines 40–44: "In this fusion of flavors, the encounter of two worlds took priority with complete openness and without grudges: the Andean and European.")
6. C (lines 45–51: "It was in the field of gastronomy where natives and invaders understood each other best …")
7. A (lines 54–59: fusión = *fusion*)
8. D (lines 74–80: despensa = *pantry* [where food supplies are stored] / nunca faltará ninguna variedad de nada = *no variety of anything will ever be lacking*)
9. A (lines 93–98)
10. B (lines 109–112: sin perder su escencia = *without losing its essence*)
11. D (lines 133–136: ha enriquecido = *has enriched*)
12. B (A dish like *cebiche* has spread with variation to other countries as the exchange of products from the Old and New Worlds influenced their cooking. / cebiche = *a shellfish dish*)

Selection #3
1. B (lines 7–10: "… he never has problems with customs, after all, they are for scientific use.")
2. A (lines 13–17: "'… I have not found a species stronger, straighter, and easier to harvest than the *Guadua angustifolia*' that grows in his own country.")
3. B (line 24: prodigio = milagro = *miracle*)
4. C (lines 29–32: "… grows faster than any other plant, which makes it an ideal renewable resource")
5. D (lines 54–58: "… Vélez has had to convince bureaucrats lacking in imagination from all over the world that he can build with bamboo in place of more widely accepted materials")
6. D (lines 82–87: "… a group of architects succeeded in getting the reviewers of the International Construction Code to approve a species of bamboo to be used as a construction material …")
7. A (lines 95–100: "… in developed countries like the United States, local building departments are not prepared to accept bamboo as a material …")
8. C (lines 103–107: "… the type of innovation that has marked his career is practically impossible in the developed world for another reason: lawyers." / pleitos = *lawsuits*)
9. C (lines 117–119: I do not want to be limited [typecast], like Sean Connery with James Bond.")
10. A (lines 128–129: "… one never knows from which side the rabbit is going to jump.")
11. A (lines 137–148)
12. D (lines 137–148)
13. C (lines 131–132 and 148: "Considering its varied uses to make objects, it is perhaps surprising that it is also a source of nourishment.")
14. C (lines 135–136)
15. B (lines 137–148)

Selection # 4
1. A (lines 1–4: "The bullfight is a Spanish celebration considered a sport because of its competitiveness …")
2. D (lines 7–9: "… the bull was venerated, it represented a symbol of strength …")
3. C (lines 17–22: "In a like manner, bullfights were carried out during the Middle Ages to celebrate events having a certain importance, such as royal weddings and the birth of princes.")

4. B (lines 38–64)
5. D (lines 48–54: "… three bullfighters, dressed in their suit of lights and with three-cornered hats, are those who in order of seniority will show off their skills and will fight six bulls …")
6. B (lines 76–81: "… in order to test the ferocity of the animal and to measure its strength.")
7. C (lines 102–107: "… in order of importance: two ears and the tail, two ears, and one ear.")
8. A (lines 108–112: "The attraction of the bull-fight lies in the admiration of the audience of the bravery and skill that the bullfighter has when faced with the bull.")
9. D (lines 112–118: "… opposition has arisen in various places in the world because of the violence that killing the bull represents.")
10. D (lines 7–22)
11. A (lines 124–129)
12. C (lines 130–132)
13. C (lines 140–145) (corporaciones = sociedades anónimas = *corporations*)
14. B (lines 154–156)

Selection # 5

1. B (lines 6–11: "We can be proud of our multicultural 'Puerto-Ricanism' and the incredible mixture of Taino, Spanish, and African influences.")
2. D (lines 14–17: "… many of us do not connect the coffee industry with the immigration of families from the island of Corsica.")
3. A (lines 28–35: "Many people from Corsica began to immigrate to Puerto Rico in 1850, when Spain issued the Royal Decree of Graces, encouraging citizens of Spain, Ireland, Germany, and France to move to the Caribbean or South America.")
4. A (lines 40–42: "… many of those moved due to the similarities with their native island.")
5. C (lines 63–69: "During 1890, Puerto Rico established itself as the sixth largest producer of coffee in the world. For that reason, many countries tried to copy the production model of Puerto Rican coffee.")
6. B (lines 82–84: "Yauco coffee was sold to all the kings and queens of Europe.")
7. D (lines 113–118: "The majority of the coffee is sold to wholesalers, who sell the coffee to large corporations to mix it and distribute it under well-known American brand names.")

8. B (lines: 120–125: "… they are proud of the work they do and of the legacy that we have inherited from the people of Corsica, even though we might be Puerto Ricans in our hearts.")
9. B (lines 141–152: Of the three periods, two involved conflict.)
10. D (lines 152–154 and 159–164: pastores = *shepherds* / ovejas = *sheep*)
11. C (lines 15–17: café = *coffee, an agricultural product*)
12. A (lines 154–159: vendiendo carne y lana = *by selling meat and wool*)
13. B (lines 164–177: dejar huella = *to leave a mark* [literally, *footstep*])
14. B (lines 178–180)
15. C (lines 188–189: sus descendientes = *their descendants* [*Americans of Basque descent*])

Selection #6

1. C (lines 4–6: medios de comunicación = *mass media*)
2. A (line 14: europeos = *Europeans* [usually depicted as white])
3. D (lines 23–25: retroceder = *turn back* / parar = *stop*)
4. B (line 26: accesible a todos = *accessible to all*)
5. C (lines 40–42: un resultado no deseado = *an undesired result*)
6. B (lines 50–51: mejorar la vida de la persona lesionada = *improve the life of the injured person*)
7. A (lines 54–62)
8. C (lines 78–79)
9. C (the third sentence of the second paragraph of the advertisement)
10. B (lines 80–82)

Selection #7

1. B (lines 12–18: "If you close your eyes, the smells, the music, the language will make you think that you are in Mexico. But that is not the case. You are in the western part of New York [state], not too far from the city of Rochester.")
2. C (lines 21–25: "… they are from towns from the rural areas of states like Oaxaca, Chiapas, and Guerrero; states located in the southern part of Mexico.")
3. A (lines 43–47: "… they had to pay around 2,500 dollars to a coyote so that he would transport them to the United States illegally.")

4. D (lines 59–65: "It is a very large business that needs many workers. Agriculture in the United States would not function without agricultural workers.")

5. B (lines 73–77: "My only option to enter the United States was as an illegal since the American Consulate would never give me a visa …")

6. C (lines 81–85: "After I met up with a friend who told me that there was a lot of work here and not many people come here like to Florida or California.")

7. D (line 112: "I am here because of the weather.")

8. A (lines 129–135: "This could be due to the difficulty in entering the United States after September 11, as vigilance on the part of the Department of Immigration increased …")

9. C (lines 147–148: "Nevertheless there is a saturation of illegal workers.")

10. D (lines 161–166: "… always and whenever poverty exists in Mexico, many will take the risk of crossing the border and traveling to areas like this.")

11. A (fifth column of the graph: monolingües = speak only one language)

12. B (third column of the graph: dejar = *to leave behind*)

13. D (lines 168–171: impuestos = *taxes*)

14. A (lines 175–177: como porcentaje de nuestra renta = *as a percentage of our income*)

Selection #8

1. D (lines 3–4: "She likes to know how to dance and to be a Latina.")

2. C (lines 18–22: "… is focused on the development of daily skills such as money management, self-esteem, and selecting healthy relationships.")

3. B (lines 39–41: "… invited the young girls who attended the event to dance on the stage.")

4. A (lines 54–59: "Some of the parents attended also, and about 40 stayed for a two-hour workshop on educating children in two cultures …")

5. D (lines 65–67: "Parents are finally understanding, …")

6. B (lines 76–79: "It is a great way to express yourself and they should not be afraid to attend because they will learn about their heritage.")

7. A (lines 18–22 and 54–59)

8. A (lines 87–98)

9. B (lines 83–85 and 96–100)

10. D (lines 15–22 and lines 80–100)

Selection #9

1. D (the title of the Web page)

2. B (lines 14–15: "To create and promote a spirit of understanding among the peoples of the world.")

3. D (lines 18–19: "… it is about a unique opportunity for cultural learning.")

4. A (line 23, second bullet: "To be sponsored by a Lions Club.")

5. C (lines 29–33: "…frequently Lions Clubs organize public speaking competitions, essay competitions, or personal interviews to select the students who will participate in the exchanges.")

6. B (lines 35–36: "The majority of the exchanges have a duration of between four and six weeks.")

7. D (lines 39–41: "The preparation for the trip for the participants is the responsibility of the International Exchange from the region sponsoring the trip and from the region hosting the trip.")

8. A (lines 42–47: "The cost of transportation (including tickets, insurance, airport taxes, customs taxes, the cost of layovers and one night's lodging) are the responsibility of the sponsoring Lions Club. These costs can be paid for by the club with district funds (if there are any), by the youth, by the family of the youth, or by some combination of these.")

9. C (fourth paragraph under "more information": "Opinions of the participants in the exchanges.")

Selection #10

1. B (lines 4–9: eliminan las distancias = *eliminate distances* / un pañuelo = *handkerchief*)

2. B (line 2: avances = adelantados = *advances*)

3. A (line 4: fiable = seguro = *sure, safe*)

4. C (line 14: motor de búsqueda = *search engine*)

5. D (lines 17–19)

6. C (lines 26–27: de habla española de países hispanos = *Spanish speaking from Hispanic countries*)

7. B (lines 38–42)

8. C (lines 48–50: salió = *came out of* / nació = *was born*)

9. C (lines 47–50: fue el investigador principal para el Proyecto Biblioteca Digital = *was the head investigator for the Digital Library Project*)

10. D (lines 68–70)

11. B (lines 71–74)

12. A (given the numerous contributions made to technology by scientists and inventors of Hispanic origin)

CHAPTER 6

Exam Section I, Part B

Interpretive Communication: Audio Texts and Print and Audio Texts Combined

IN THIS CHAPTER

Summary: In this part of the examination you will listen to audio selections and answer questions printed in the examination booklet based on your understanding of what you have heard. Section I, Part B contains two subsections. In **Print and Audio Texts Combined**, you will read a printed text and listen to an audio selection before answering questions on both passages. In the other subsection, **Audio Texts**, you will listen only to an audio passage and then answer questions. These two subsections together will require approximately 55 minutes and will account for about a fourth of your total AP Spanish Language and Culture exam score. This chapter provides guidance on developing a strategy to approach this part of the exam. You will be able to practice using test-like multiple-choice questions based on audio and print texts combined. The scripts, answers, and explanations follow. Then you'll find a section of audio texts only with multiple-choice questions based on what you've heard. Finally, the chapter contains the scripts, answers, and explanations for the audio-only selections.

Strategy for Interpretive Communication: Audio Texts and Print and Audio Texts Combined

For some of the questions in this section, you will read a printed passage and listen to an audio recording and then answer multiple-choice questions on both of them. For other questions, you will hear only an audio recording and then answer multiple-choice questions. For all audio passages, you will listen once and get 1 minute to begin to answer the questions; then the audio recording will be played a second time. After you have heard the audio recording twice, you will be given more time to answer the multiple-choice questions. The amount of time will vary depending on the number of questions, with 15 seconds allocated for each question. The multiple-choice questions you will need to answer are printed in the test booklet and will not be read to you.

Below are suggestions on how to approach this part of the test in order to score your best.

STRATEGY

- Get a stopwatch or timer. On the actual test the timing will be done for you. However, for the practice in this chapter, you will need to time yourself.
- Use the time before the audio selection begins to read the introduction and as many questions as you can to get an idea of what you should listen for.
- While the narrator is speaking, give your full attention to what is being said.
- Take notes while you listen to the audio selections; notes you make in the test booklet will not be read or scored. It's a good idea to take your notes in Spanish so that you capture some of the words directly from the passage and can refer to them when answering the questions. Don't worry about writing full sentences of ideas; it's better to just try to capture key words and phrases.
- While reading the printed passages, you should underline key ideas or phrases.
- As with any multiple-choice test, if you do not know the answer immediately, try to eliminate one or two of the possible responses and then make a guess.
- There is no penalty for guessing, so even if time is running out and you have to guess wildly, you should not leave any answers blank. After all, you have a 25-percent chance of getting even a wild guess right!
- After you have done the exercises and are checking your answers and reading the explanations, note any words that you do not know in the audio scripts and printed passages. Make a list and/or flash cards and review them from time to time before you take the test.

Practice for Interpretive Communication: Print and Audio Texts Combined

In this section of the chapter there are 10 selections, each of which contains both a printed text and an audio passage similar to what you will find on the actual test. For each selection, you will listen to the audio passage on the accompanying audio CD. After you've listened to the audio passage the first time, you will have 1 minute to begin to answer the questions printed in the test booklet. Then you will hear the passage a second time and be given additional time to answer the questions.

On the actual examination, you will mark your responses on an answer sheet you have been given. For the questions in this chapter, you may circle the letter of the correct answer. However, you may wish to write your answers on scrap paper rather than marking in this book. That way, you can go back and try the questions again later in the year (time permitting). Practice makes perfect!

The timing will be done for you on the actual exam. However, for the practice exercises in this chapter, you will need a stopwatch or timer. Allow yourself the specific time intervals stated in the instructions to read the introductions, read the printed texts, and answer the questions. You will also need to time the 1-minute interval between hearing the audio selection the first time and replaying it. You do not need to run the timer while you are listening to the audio passages.

Instructions: You will have approximately 4 minutes to read the printed article. Then you will have 2 minutes to read the introduction to the second source and preview the questions. Afterward, you will hear the audio selection; you may take notes while you listen. Then you will have 1 minute to start to answer the questions. After 1 minute you will hear the audio selection again. Then you will have 15 seconds per question to answer the questions.

Instrucciones: Tendrás 4 minutos para leer el artículo impreso. Entonces tendrás 2 minutos para leer la introducción de la segunda fuente y prever las preguntas. Después, escucharás la selección auditiva; puedes tomar apuntes mientras escuchas. Entonces tendrás 1 minuto para empezar a contestar las preguntas. Después de 1 minuto, escucharás la selección auditiva otra vez. Entonces tendrás 15 segundos por pregunta para contestar las preguntas.

Selección número 1

Tema curricular: Las identidades personales y públicas

*Primero tienes **4 minutos** para leer la fuente número 1.*

Fuente número 1

Introducción: El artículo impreso describe el fondo histórico de la celebración llamada el Cinco de Mayo.

La derrota francesa el cinco de mayo 1862

Mientras la Guerra Civil rugía en los Estados Unidos, los franceses aprovecharon   1
de la situación para poder tratar de extender su influencia en las Américas. Por la
lucha de independencia de España, la Guerra de Texas y su propia guerra civil,
México tenía una deuda externa muy grande. España, Inglaterra y Francia le habían
prestado dinero y México no podía devolvérselo. Por esta razón y el deseo francés de   5
poder tomar posición en las Américas, con el apoyo de los conservadores mexicanos,
Francia invadió a México e instaló a Maximiliano de Hapsburgo como emperador
Maximiliano I. Pero Maximiliano sólo iba a gobernar por 3 años, de 1864 hasta 1867.
Cuando los conservadores vieron que Maximiliano simpatizaba con Benito Juárez y los
ideales liberales de sus partidarios, los conservadores lo abandonaron. Maximiliano y   10
dos de sus generales fueron ejecutados en Querétaro en 1867. Años más tarde, transfir-
ieron su cuerpo a Austria para estar enterrado con otros de su familia.

    El cinco de mayo no conmemora la derrota final de los franceses y Maximiliano,
sino la primera victoria de los mexicanos en contra de los franceses en la batalla
de Puebla de 1862. La razón original por la cual se celebraba era la victoria del   15
General Zaragoza en contra de los franceses después de que aquéllos habían llegado
a Veracruz. Los franceses llegaron a Veracruz e intentaron avanzar hacia la capital.
Pero en Puebla el ejército mexicano los esperaba y aunque lucharon en contra de un
ejército mejor preparado y almacenado, los mexicanos ganaron aquella batalla.

    Entonces el cinco de mayo, de verdad, reconoce la valentía y la victoria del   20
ejército mexicano en 1862 a principios de la invasión francesa y el breve reinado
de Maximiliano.

*Deja de leer. Ahora pasa a la fuente número 2. Tienes **2 minutos** para leer la introducción y prever las preguntas.*

Fuente número 2

Introducción: Esta monografía de radio trata de la celebración del Cinco de Mayo en los Estados Unidos.

Ahora escucha la selección.

PLAY Track 6 on the accompanying audio CD. (The script for Track 6 appears on page 119.)

*Ahora tienes **1 minuto** para empezar a contestar las preguntas para esta selección. Después de 1 minuto vas a escuchar la selección de nuevo.*

PLAY Track 6 again.

*Ahora tienes **2 minutos y 30 segundos** para terminar de responder a las preguntas de esta selección.*

1. El propósito de la primera fuente es…
   (A) de aclarar el origen de una celebración norteamericana.
   (B) de promover una celebración norteamericana.
   (C) de describir una celebración norteamericana.
   (D) de comparar dos celebraciones norteamericanas.

2. En realidad, el Cinco de Mayo celebra la derrota de los … por los mexicanos.
   (A) ingleses
   (B) franceses
   (C) americanos
   (D) alemanes

3. Esta invasión de México tenía dos motivos, uno para tener más poder en el nuevo mundo y el otro por motivos…
   (A) nacionalistas.
   (B) culturales.
   (C) antiamericanos.
   (D) económicos.

4. Los Estados Unidos no pudieron ofrecerles ayuda a los mexicanos porque…
   (A) estaban involucrados en otra guerra.
   (B) estaban aliados con los agresores.
   (C) no tenían los recursos financieros.
   (D) tenían ya una deuda externa muy grande.

5. En realidad, el Cinco de Mayo conmemora…
   (A) la Guerra de Independencia Mexicana.
   (B) la Guerra de Texas.
   (C) la primera derrota de los invasores al llegar a México.
   (D) la Guerra Civil Mexicana.

6. Según la fuente auditiva, la celebración del Cinco de Mayo tiene … importancia en los EE.UU. … en México.
   (A) tanta … como
   (B) menos … que
   (C) la misma … como
   (D) más … que

7. En la fuente auditiva se ve que en los Estados Unidos esta celebración se ha convertido en…
   (A) una celebración de una victoria mexicana.
   (B) una razón por tener una fiesta.
   (C) una celebración de la independencia mexicana.
   (D) una razón por ofrecer rebajas en las tiendas.

8. La fuente auditiva nos dice que esta celebración para mexicoamericanos se ha convertido en…
   (A) una celebración de una victoria mexicana.
   (B) una celebración de la independencia mexicana.
   (C) una celebración de su herencia.
   (D) una celebración de su nueva ciudadanía.

9. La fuente auditiva nos indica que el Cinco de Mayo ahora...
(A) es celebrado casi por todos.
(B) es celebrado sólo en el suroeste de los Estados Unidos.
(C) es celebrado sólo en restaurantes mexicanos.
(D) es celebrado sólo por los mexicoamericanos.

10. Podemos ver de estas dos fuentes...
(A) una celebración que sigue en conmemoración de una victoria mexicana.
(B) una celebración que se ha transformado en un fenómeno cultural.
(C) una celebración que tiene más importancia en México que en los Estados Unidos.
(D) una celebración en que la población mayoritaria no participa.

Selección número 2

Tema curricular: Las familias y las comunidades

*Primero tienes **4 minutos** para leer la fuente número 1.*

Fuente número 1

Introducción: El artículo impreso describe la historia del embajador de los Estados Unidos a México, Joel Roberts Poinsett, y la flor de nochebuena.

La flor de Nochebuena

En 1821 México por fin afirmó su independencia y poco después los Estados   1
Unidos reconocieron a México y le mandaron su primer embajador, Joel Roberts
Poinsett. Durante su estancia en México, Poinsett conoció una flor llamada en la
lengua náhuatl, lengua de los aztecas, cuitluxochitl, que florecía en el mes de diciembre en las regiones tropicales del sur de México. Para los aztecas esta flor sim-   5
bolizaba la pureza y hasta usaban la savia de la planta para curar fiebres. Al volver a
los Estados Unidos Poinsett llevó algunas de estas flores consigo y desde entonces se
hicieron populares durante el mes de diciembre para celebrar la Navidad. En inglés
se llama poinsettia por el embajador Poinsett.

En realidad, la flor de Nochebuena no es una flor, sino un arbusto y sus flores   10
no son flores sino las hojas en las puntas de sus ramas que se cambian al color rojo.
La planta puede ser arbusto o llegar a ser un árbol pequeño. A través de los años los
horticultores han creado 109 variedades de esta planta que originalmente era una
planta silvestre. De éstas las tres más populares son la roja, la rosada y la blanca.
En una encuesta 69 por ciento de la gente prefiere la roja, 14 por ciento la rosada y   15
7 por ciento la blanca.

Como esta "flor" florece en el mes de diciembre, tiene flores en la forma de
estrellas y antiguamente representaba la pureza, se convirtió fácilmente en símbolo
de la Navidad.

*Ahora tienes **2 minutos** para leer la introducción de la fuente número 2 y prever las preguntas.*

Fuente número 2

Introducción: Esta monografía de radio trata de una leyenda que explica el origen de la flor de nochebuena.

Ahora escucha la selección.

PLAY Track 7 on the accompanying audio CD. (The script for Track 7 appears on page 119.)

TRACK 7

*Ahora tienes **1 minuto** para empezar a contestar las preguntas para esta selección. Después de 1 minuto vas a escuchar la selección de nuevo.*

PLAY Track 7 again.

*Ahora tienes **2 minutos y 30 segundos** para terminar de responder a las preguntas de esta selección.*

1. La primera fuente nos explica…
   (A) el origen de una flor.
   (B) el origen del nombre de una flor.
   (C) el origen de una celebración.
   (D) el origen del color de una flor.

2. La flor, que en cierto modo simboliza las fiestas navideñas, lleva el nombre que tiene en los Estados Unidos por…
   (A) su nombre náhuatl.
   (B) un político azteca.
   (C) su nombre en español.
   (D) un político estadounidense.

3. Los aztecas usaron parte de esta planta…
   (A) como decoración.
   (B) en diciembre.
   (C) en ritos religiosos.
   (D) como medicina.

4. Lo que puede sorprender en la primera fuente es que la flor de nochebuena…
   (A) no es una flor.
   (B) no florece en diciembre.
   (C) no era de color rojo originalmente.
   (D) no tiene hojas.

5. Esta flor se convirtió fácilmente en símbolo de la navidad por…
   (A) llegar a los Estados Unidos en diciembre.
   (B) ser de color rojo.
   (C) ser un árbol pequeño.
   (D) el mes en que florecía, su forma y lo que simbolizaba.

6. La fuente auditiva trata de … que explica un fenómeno natural.
   (A) una fábula
   (B) una historia real
   (C) un cuento de hadas
   (D) un cuento histórico

7. En la fuente auditiva, el sacerdote pidió que la madre de María … para la celebración de la Navidad.
   (A) limpiara la iglesia
   (B) cantara en la iglesia
   (C) tejiera una cubierta nueva para el pesebre
   (D) ayudara a preparar la iglesia

8. Según la fuente auditiva, la madre de María no pudo hacer lo que el padre le había pedido porque…
   (A) murió.
   (B) se enfermó.
   (C) hubo un accidente.
   (D) María lo destruyó.

9. Según la fuente auditiva, los otros en la iglesia comenzaron a susurrar entre sí…
   (A) criticando el regalo de María.
   (B) criticando a María por no tener regalo.
   (C) viendo el regalo de María transformarse.
   (D) viendo María entrar en la iglesia.

10. Las dos fuentes nos sirven para…
    (A) explicar un evento ficticio.
    (B) explicar el origen de una tradición invernal.
    (C) explicar el origen de una tradición mexicana.
    (D) explicar un evento histórico.

Selección número 3

Tema curricular: Los desafíos mundiales

*Primero tienes **4 minutos** para leer la fuente número 1.*

Fuente número 1

Introducción: El artículo impreso plantea el debate sobre si los Estados Unidos son «un crisol» de culturas (la metáfora histórica) o mejor una ensaladera de muchas culturas.

Los Estados Unidos, ¿crisol de culturas o ensaladera de culturas?

Tradicionalmente en clases de historia por los Estados Unidos los profesores y los   1
textos han empleado la metáfora del crisol para explicar la combinación y asimilación de culturas en los Estados Unidos. Como se hace con los metales en un crisol
real, cada ola de inmigración a los Estados Unidos se ha fundido con la cultura
predominante para convertirse en algo nuevo. Pero, ¿es esto exactamente lo que pasa   5
en práctica? ¿Es que cada grupo se une por completo con la cultura americana a
costo de perder su identidad?

Muchos grupos a través de la historia se han juntado con otros que comparten
una cultura y un idioma al llegar a los Estados Unidos. En ciudades grandes y
hasta en las pequeñas, se puede ver barrios italianos, alemanes, franceses, irlandeses,   10
chinos, etcétera. Mientras algunos de estos barrios sólo existen históricamente, otros
todavía han mantenido su carácter cultural. Más recientemente las olas de inmigración de Vietnam, China, el Medio Oriente y Latinoamérica han creado nuevos
barrios étnicos.

En el pasado, para los de la primera generación sobre todo, ha habido el deseo   15
de integrarse por completo. En mi propio caso mi abuela rehusó forzosamente
hablar francés fuera de la casa y por consiguiente yo tuve que aprenderlo en la universidad. Pero en nuestros días parece que hay un deseo más fuerte por preservar
la herencia mientras se asimila a la nueva cultura. Puede ser porque los números
de inmigrantes que llegan son más numerosos o simplemente que hay un deseo   20
humano de recordar y celebrar las raíces. Hasta en las comunidades más establecidas,
como la italiana y la irlandesa, hay clubes y asociaciones que se empeñan en conservar la cultura y hasta la lengua materna.

Parece que teniendo en cuenta todo esto, la metáfora no representa perfectamente la asimilación cultural de los Estados Unidos. A lo mejor la metáfora de la   25
ensaladera funciona mejor. Como en una ensaladera mezclamos muchos vegetales
con sabores, apariencias y texturas diferentes, mientras que se combinan los sabores
hasta cierto punto, los ingredientes no pierden por completo su esencia y sabor
originales.

*Ahora tienes **2 minutos** para leer la introducción de la fuente número 2 y prever las preguntas.*

Fuente número 2

Introducción: Esta monografía trata de varias celebraciones étnicas que tienen lugar en los Estados Unidos y que reflejan los orígenes de su ciudadanos.

Ahora escucha la selección.

PLAY Track 8 on the accompanying audio CD. (The script for Track 8 appears on page 120.)

*Ahora tienes **1 minuto** para empezar a contestar las preguntas para esta selección. Después de 1 minuto vas a escuchar la selección de nuevo.*

PLAY Track 8 again.

*Ahora tienes **2 minutos y 30 segundos** para terminar de responder a las preguntas de esta selección.*

1. En la primera fuente, la metáfora del crisol se usa para explicar…
   (A) la homogeneización de culturas fundidas en una nueva.
   (B) la separación de culturas y etnias.
   (C) la pérdida de identidad cultural.
   (D) los cambios culturales a la cultura predominante.

2. Según el primer artículo, se puede ver las diferentes olas de inmigración en…
   (A) los restaurantes nacionales en los EE.UU.
   (B) las lenguas habladas en diferentes regiones de los EE.UU.
   (C) los vecindarios nacionales adonde acudieron primero los recién llegados.
   (D) la nacionalidad de la población de muchas ciudades.

3. La primera fuente nos dice que antes era el deseo de muchos inmigrantes…
   (A) mantener el uso de la lengua materna en casa.
   (B) asimilarse por completo a la nueva cultura.
   (C) usar el inglés sólo fuera de la casa.
   (D) preservar su cultura y lengua maternas.

4. Un ejemplo del fenómeno mencionado en la pregunta 3 es el caso del autor donde él…
   (A) aprendió la lengua de sus antepasados en casa.
   (B) aprendió la lengua de sus antepasados en su barrio.
   (C) aprendió la lengua de sus antepasados volviendo al país de sus antepasados.
   (D) aprendió la lengua de sus antepasados en la universidad.

5. La primera fuente nos dice que muchos grupos de inmigrantes celebran sus raíces por medio de…
   (A) grupos dedicados a preservar la cultura materna.
   (B) viajes al país materno.
   (C) estudios de su lengua materna.
   (D) programas de estudios culturales.

6. La conclusión a la cual llega el autor del primer artículo es que mejor metáfora para explicar la cultura americana fuera «ensaladera» porque…
   (A) somos uno por convertirnos en algo nuevo.
   (B) somos uno pero hecho de muchas cosas diferentes.
   (C) somos uno por ser ciudadanos del mismo país.
   (D) somos uno por amenguar nuestras diferencias para ser una creación nueva.

7. Vemos en la segunda fuente que muchos grupos celebran su herencia y la comparten con otros con…
   (A) servicios religiosos.
   (B) documentales.
   (C) celebraciones públicas.
   (D) proclamaciones.

8. Muchas de éstas se celebran…
   (A) el día de la independencia del país materno.
   (B) el Año Nuevo.
   (C) el mes de marzo.
   (D) una fecha o época del ano importante para el grupo.

9. Las conmemoraciones mencionadas en la segunda fuente pueden ser genéricas como el mes de la hispanidad, o específicas según…
   (A) una concentración de inmigrantes recién llegados.
   (B) una concentración de una cultura específica.
   (C) una conexión entre ciudades como en el programa de Ciudades Hermanas.
   (D) una conexión entre la comunidad que celebra y la población mayoritaria.

10. Lo bueno de estos eventos es que…
    (A) preservan nuestras herencias.
    (B) nos permiten compartir nuestras herencias.
    (C) ayudan en el proceso de asimilación.
    (D) subrayan nuestras similitudes.

Selección número 4

Tema curricular: La vida contemporánea

*Primero tienes **4 minutos** para leer la fuente número 1.*

Fuente número 1

Introducción: El artículo impreso es sobre la importancia del maíz como base de alimentación en México. Trata de la importancia histórica y cultural que tiene y ha tenido el maíz para los mexicanos y sus ancestros.

El maíz, fuente de la vida[1]

Tanto como la harina y el pan han representado la base de la comida europea, el maíz   1
ha representado la vida para muchas civilizaciones precolombinas. El cultivo del maíz
fue una actividad importante en estas culturas y hasta tenía importancia en su religión.
En la cultura zapoteca el dios del maíz se conocía como «Pitao Cozobi» (dios de las
mieses). En la cultura mexica había la diosa Chicomecoatl, que tenía mazorcas de maíz   5
en sus manos, y Cintéotl (dios del maíz). Como se ve, el hecho de tener un dios o una
diosa para representar algo elemental indica claramente la importancia que tenía esta
planta para aquellos pueblos. El maíz servía también como ofrenda a los dioses, y rez-
aban y ofrendaban a aquellos dioses para que tuvieran buenas cosechas de maíz de las
cuales dependía la supervivencia de sus culturas.   10

Nadie sabe exactamente donde se originó el maíz pero se cree que tiene sus
orígenes en el valle de Tehuacan en el estado actual de Puebla. Su cultivo había
evolucionado cuando llegaron los primeros españoles. Era y sigue siendo el alimento
básico de muchos pueblos precolombinos y forma la base de muchas comidas
mexicanas que se conocen hoy en día. El maíz se emplea en platos como tacos,   15
enchiladas, tamales, y bebidas como el pozole. Con la comida, en vez de comer pan
o panecillos como los europeos, los mexicanos normalmente comen tortillas de maíz.

Como la harina se ha formado la base alimenticia de países europeos, por ejemplo Francia, y la papa ha servido históricamente ese papel en Irlanda, el maíz sigue
siendo la base de la comida de México, su fuente de vida.   20

*Ahora tienes **2 minutos** para leer la introducción de la fuente número 2 y prever las
preguntas.*

Fuente número 2

Introducción: Esta monografía de radio trata del *Popol Vuh*, el libro sagrado de los maya-
quiché que cuenta la historia de la creación de los mayas quiché.

Ahora escucha la selección.

TRACK 9

PLAY Track 9 on the accompanying audio CD. (The script for Track 9 appears on page 120.)

*Ahora tienes **1 minuto** para empezar a contestar las preguntas para esta selección. Después de
1 minuto vas a escuchar la selección de nuevo.*

PLAY Track 9 again.

*Ahora tienes **2 minutos y 15 segundos** para terminar de responder a las preguntas de esta selección.*

1. La primera fuente nos explica que el maíz es para las culturas mesoamericanas como … es para las culturas europeas.
   (A) el pan
   (B) la harina
   (C) la mazorca
   (D) el cultivo

2. Sabemos que el maíz era de suma importancia para las culturas mesoamericanas porque…
   (A) era la base de su economía.
   (B) era la base de la comida europea.
   (C) formaba parte de sus ceremonias políticas.
   (D) formaba parte de su religión y sus prácticas religiosas.

---

[1]Algunos de los datos para este artículo vienen de "México, Hombres de Maíz", http://www.las-buenas-mesas.com/hmaiz.html.

3. El autor menciona en la primera fuente que se cree que el maíz vino de…
   - (A) México.
   - (B) Europa con los españoles.
   - (C) el Perú.
   - (D) Irlanda.

4. El autor de la primera fuente explica que el pozole se hace con…
   - (A) maíz.
   - (B) harina.
   - (C) arroz.
   - (D) papas.

5. Según la segunda fuente las leyendas funcionan para…
   - (A) explicar nuestra historia.
   - (B) contar nuestra historia.
   - (C) engrandecer nuestra historia.
   - (D) explicar lo que no tiene explicación.

6. Los mayas, según su religión, fueron hechos de … por los dioses.
   - (A) madera
   - (B) maíz
   - (C) tierra
   - (D) lluvia

7. Según la segunda fuente, dos historias que coinciden en la Biblia cristiana y el *Popol Vuh* son la creación del hombre de barro y…
   - (A) la historia de Adán y Eva.
   - (B) la creación del hombre varias veces.
   - (C) la creación del hombre de madera.
   - (D) la destrucción del hombre por un diluvio.

8. La historia de la creación del hombre maya-quiché muestra…
   - (A) la importancia de su religión.
   - (B) la importancia que les tenían un alimento.
   - (C) la importancia que les tenía el *Popol Vuh*.
   - (D) la importancia que les tenía la agricultura.

9. Estos dos artículos muestran el valor que le dieron a…
   - (A) algo que les dio la religión.
   - (B) algo que les dio la vida.
   - (C) algo que les dieron los primeros españoles.
   - (D) algo que les dieron los maya-quiches.

Selección número 5

Tema curricular: La vida contemporánea

*Primero tienes **4 minutos** para leer la fuente número 1.*

Fuente número 1

Introducción: El artículo impreso es sobre una bebida importante para la gente de la Argentina, el Paraguay y el Brasil y su valor nutritivo.

La yerba mate, ¿bebida o elixir?[2]

La yerba mate es una infusión muy popular en la Argentina, el Paraguay y el Brasil   1
que muchos toman como los ingleses disfrutan de su té. Es una bebida que tiene
cafeína como el café o té pero también dicen que tiene propiedades medicinales.
Según los indios guaraníes de Paraguay, la yerba mate ayuda a elevar la inmunidad,
limpiar y desintoxicar la sangre, combatir el cansancio, estimular los procesos men-   5
tales, controlar el apetito, menguar los efectos de ciertas enfermedades, restaurar el
color al pelo, ayudar el sistema nervioso y retrasar el proceso de envejecimiento.

   La verdad es que esta infusión sí ofrece ciertas vitaminas y minerales. En un
estudio realizado en Francia por el Instituto Pasteur y la Sociedad Científica de París,
concluyeron que la yerba mate tiene casi todas las vitaminas y minerales necesarias   10
para sostener la vida.

---

[2]Algunos de los datos para este artículo vienen de "Yerba Mate or Hierba Mate", http://www.miyerbamate.com/content/Yerba+Mate+hierba+mate+permier+south+american+beverage.html.

Para hacer la infusión, se hace una especie de té con las hojas molidas del árbol yerba mati, que primero son empapadas en agua fría y luego se añade el agua caliente. Mientras se bebe, se continúa a añadir agua caliente a las hojas hasta que se haya agotado toda la esencia. 15

Como se sabe, la yerba mate también tiene cierta ceremonia. Se mezclan las hojas y el agua caliente en una calabaza seca, o sea un «mate». Muchas veces estos mates se decoran con pintura o se cubren con piel u otra cosa. Después de «cebar» (preparar) la hierba mate, se bebe con una bombilla que filtra los pedazos de las hojas para que sólo la infusión entre en la boca. 20

Aunque la yerba mate no sea tan conocida ni tan popular como otros alimentos de Hispanoamérica, sí se puede conseguir casi por todas partes. Hasta compañías como «Tazo» y «Mi yerba mate» ofrecen versiones de esta bebida tan premiada por los habitantes de la Argentina, el Brasil y el Paraguay.

*Ahora tienes **2 minutos** para leer la introducción de la fuente número 2 y prever las preguntas.*

Fuente número 2

Introducción: Esta monografía de radio trata de unas leyendas sobre el origen de la yerba mate.[3]

Ahora escucha la selección.

TRACK 10

PLAY Track 10 on the accompanying audio CD. (The script for Track 10 appears on page 121.)

*Ahora tienes **1 minuto** para empezar a contestar las preguntas para esta selección. Después de 1 minuto vas a escuchar la selección de nuevo.*

PLAY Track 10 again.

*Ahora tienes **2 minutos y 30 segundos** para terminar de responder a las preguntas de esta selección.*

1. Según la primera fuente, la yerba mate es una bebida que…
   (A) tiene efectos sedativos.
   (B) tiene efectos curativos.
   (C) toman los ingleses.
   (D) no tiene cafeína.

2. La primera fuente dice que según un estudio realizado en Francia, la yerba mate…
   (A) eleva la inmunidad.
   (B) contiene todo lo necesario para mantener la vida.
   (C) desintoxica la sangre.
   (D) retrasa el envejecimiento.

3. Las hojas de que se hacen la infusión crecen de…
   (A) una flor.
   (B) un arbusto.
   (C) un árbol.
   (D) una hierba.

4. En la «ceremonia» de la yerba mate, el «mate» sirve de…
   (A) taza.
   (B) filtro.
   (C) molino.
   (D) bombilla.

---

[3]Esta monografía se informó de dos artículos: "La leyenda de la yerba mate", http://www.practique-espanol.com/cultura.literatura/literatura021104.html, y "Yerba Mate or Hierba Mate – Summary", http://www.miyerbamate.com/content/Yerba+Mate+hierba+mate+permier+south+american+beverage.html.

5. El mate se ofrece…
   (A) en muchos lugares.
   (B) sólo en la Argentina, el Paraguay y el Brasil.
   (C) sólo en Hispanoamérica.
   (D) sólo de «Tazo» y «Mi yerba mate».

6. Las dos leyendas sobre la yerba mate en la segunda fuente…
   (A) quieren explicar sus usos medicinales.
   (B) quieren explicar el origen de los guaraníes.
   (C) quieren explicar la historia de los guaraníes.
   (D) quieren explicar el origen de una bebida.

7. Según la primera leyenda en la segunda fuente, los ascendientes de los guaraníes…
   (A) poblaban las Américas desde siempre.
   (B) poblaban la América del Sur desde siempre.
   (C) cruzaron el agua para llegar a las Américas.
   (D) cruzaron un puente de tierra al norte para llegar a las Américas.

8. En la primera leyenda, la tribu guaraní recibió el regalo de la hierba mate por…
   (A) continuar la vida nómada de la tribu.
   (B) continuar la vida agrícola de la tribu.
   (C) conocer los secretos de la yerba mate.
   (D) conocer los secretos de la artesanía.

9. En la segunda de las leyendas, la yerba mate fue regalada por la diosa Así porque…
   (A) el indio les había dado de beber a las dos diosas.
   (B) el indio les había salvado la vida de las dos diosas.
   (C) el indio les había dado un jaguar a las dos diosas.
   (D) el indio les había dado una nueva planta a las dos diosas.

10. Sabemos por las dos leyendas de la segunda fuente, y de la primera fuente, que la yerba mate…
    (A) les importa mucho a los guaraníes nutritivamente.
    (B) les importa mucho a los guaraníes religiosamente.
    (C) les importa mucho a los guaraníes económicamente.
    (D) les importa mucho a los guaraníes culturalmente.

Selección número 6

Tema curricular: La belleza y la estética

*Primero tienes **4 minutos** para leer la fuente número 1.*

Fuente número 1

Introducción: El artículo impreso es sobre el artista español Salvador Dalí.

Salvador Dalí: realidad deformada[4]

Salvador Felipe Jacinto Dalí í Domènech nació el 11 de mayo, 1904, en la región autónoma de Cataluña en España. De joven le atraía el arte y asistía a una escuela de dibujo. En 1916 Dalí descubrió el arte moderno a través de un amigo de familia que viajaba mucho a París. En 1917 su padre, Salvador Dalí i Cuisí, organizó su primera exhibición en su propia casa y dos años después realizó su primera exhibición pública en el Teatro Municipal de Figueres. Luego Dalí se fue a Madrid para continuar sus estudios de arte en la Escuela de Bellas Artes de San Fernando en 1922.

   Como muchos artistas de su época, Dalí pasó por varias etapas: el realismo, el impresionismo, el cubismo, el dadaísmo y el surrealismo. Esta última etapa es quizá la por la cual Dalí sea más reconocido. También, como otros de su época, Dalí

1

5

10

---

[4]Este artículo se informó de «Salvador Dalí» de Wikipedia, la enciclopedia libre, http://en.wikipedia.org/wiki/Salvador_Dal%C3%AD.

experimentó con muchos medios artísticos diferentes para expresarse. Su estilo se
expresó a través de la pintura, el dibujo, la fotografía y la escultura. Hasta en 1929
Dalí colaboró con el director Luis Buñuel en una película llamada *Un chien andalou*
(*Un perro andaluz*). Esta película corta fue surrealista.

Durante los años 20 y 30 Dalí conoció y se hizo amigo de otros artistas y   15
autores importantes como Pablo Picasso, Joan Miró, Man Ray, Federico García
Lorca y André Breton. Pero al terminar la Guerra Civil Española, mientras muchos
intelectuales decidieron no volver a España por la dictadura de Franco, Dalí sí volvió
y fue expulsado del movimiento surrealista por eso.

El surrealismo de Dalí es lo que él mismo llamó «el método crítico paranóico de   20
dar entrada en la subsconsciencia para mejor creatividad artística.» Él representaba
cosas reales y reconocibles pero en formas exageradas que no corresponden a la realidad. Una de sus obras surrealistas más famosas es *La persistencia de la memoria* o *Relojes
blandos* (1931) donde se ve un fondo que parece ser un desierto con rocas y un árbol
desnudo donde hay relojes que se derriten sobre las rocas y una rama del árbol.   25
También se ven hormigas que aparecen en algunos de sus cuadros. Otro cuadro es
«Un sueño causado por el vuelo de una abeja alrededor de una granada un segundo
antes de despertarse» donde hay dos leones que vuelan hacia una mujer desnuda
sobre una roca. En el fondo hay un elefante con piernas muy largas y delgadas. El
surrealismo expresado por Dalí es algo como una pesadilla donde se ven los objetos   30
que existen en la realidad, pero éstos son deformados… una realidad deformada.
Salvador Dalí murió en Figueres, España, el 23 de enero, 1989.

*Ahora tienes **2 minutos** para leer la introducción de la fuente número 2 y prever las preguntas.*

Fuente número 2

Introducción: Esta monografía de radio trata del artista español Joan Miró.[5]

Ahora escucha la selección.

PLAY Track 11 on the accompanying audio CD. (The script for Track 11 appears on page 122.)

TRACK 11

*Ahora tienes **1 minuto** para empezar a contestar las preguntas para esta selección. Después de
1 minuto vas a escuchar la selección de nuevo.*

PLAY Track 11 again.

*Ahora tienes **2 minutos y 30 segundos** para terminar de responder a las preguntas de esta selección.*

1. Vemos en la primera fuente que Dalí comenzó su carrera artística a una edad…
   (A) muy joven.
   (B) muy avanzada.
   (C) mayor.
   (D) mediana.

2. El padre de Dalí…
   (A) desaprobó su carrera artística.
   (B) ignoró su carrera artística.
   (C) aprobó su carrera artística.
   (D) impidió su carrera artística.

[5]Esta monografía se informó de Wikipedia, la enciclopedia libre, http://wwwen.wikipedia.org/wiki/Joan_Mir%C3%B3
y Artists Rights Society (ARS), New York, http://www.mcs.cshuayward.edu/~malek/Miro.html.

3. Según la primera fuente, Dalí ganó su mayor fama por su arte…
   - (A) realista.
   - (B) surrealista.
   - (C) cubista.
   - (D) dadaísta.

4. Podemos decir de Dalí que se expresó artísticamente…
   - (A) por la pintura.
   - (B) por el dibujo.
   - (C) por la fotografía.
   - (D) por muchos medios artísticos.

5. Según la segunda fuente, una de las formas artísticas de Joan Miró se basaba en…
   - (A) el arte de París.
   - (B) el arte moderno.
   - (C) el arte antiguo de su región de España.
   - (D) el arte impresionista.

6. La segunda fuente nos dice que durante su estancia en París, Joan Miró…
   - (A) no se hizo miembro oficial de ningún movimiento artístico.
   - (B) se hizo miembro del movimiento artístico fauvismo.
   - (C) se hizo miembro del movimiento artístico cubista.
   - (D) se hizo miembro del movimiento artístico surrealista.

7. Este hecho mencionado en la pregunta 6 le permitió a Miró…
   - (A) más oportunidades para vender su arte.
   - (B) más libertad para desarrollar su arte.
   - (C) menos libertad para desarrollar su arte.
   - (D) más aprobación por el movimiento surrealista.

8. Según la primera fuente, se puede decir que el arte de Dalí es…
   - (A) un mundo de fantasía.
   - (B) un mundo de lo real y reconocible pero deformado.
   - (C) un mundo de realidad.
   - (D) un mundo de sólo dos dimensiones.

9. Según la segunda fuente, se puede decir que el arte de Joan Miró es…
   - (A) un mundo de fantasía.
   - (B) un mundo de lo real y reconocible pero deformada.
   - (C) un mundo de realidad.
   - (D) un mundo de sólo dos dimensiones.

10. André Breton, el fundador del movimiento surrealista, dijo que Miró…
    - (A) fue hecho líder del movimiento surrealista.
    - (B) fue expulsado del movimiento surrealista por volver y vivir en España bajo Franco.
    - (C) era el menos surrealista del movimiento surrealista.
    - (D) era el más surrealista de todos ellos del movimiento surrealista.

Selección número 7

Tema curricular: Las identidades personales y públicas

*Primero tienes **4 minutos** para leer la fuente número 1.*

Fuente número 1

Introducción: El artículo impreso es sobre el héroe de la guerra de la independencia de la Argentina, Chile y el Perú, José de San Martín.

José de San Martín, héroe del Cono Sur[6]

José de San Martín Matorras nació el 25 de febrero, 1778, en Yapeyú, Argentina. Cuando era joven el padre de José fue transferido a España. En España él ingresó en el Real Seminario de Nobles para estudiar. Allí él conoció a Bernardo O'Higgins, el futuro héroe de Chile. Mientras estaba en Madrid, se estalló la Guerra de

1

---

[6]Este artículo se informó de Wikipedia, la enciclopedia libre, http://www.en. wikipedia.org/wiki/José_de_San_Martín.

Independencia Española en contra de las tropas de Napoleón. José se alistó y luchó   5
por los españoles en contra de los franceses.

En 1812, después de la derrota de los franceses, San Martín volvió a la
Argentina y se juntó con otros para conseguir la independencia de la Argentina. Bajo
el liderazgo de San Martín, la Argentina, Chile y el Perú consiguieron su independencia de la Corona Española.   10

Una de las hazañas más impresionantes de San Martín fue su dirección del
Ejército de los Andes. Para atacar a los españoles en Chile, San Martín necesitaba
cruzar los Andes pero el ejército español controlaba los pasos. Entonces, en 1817
San Martín dirigió a sus hombres por los Andes en un área difícil de cruzar y por
eso no protegida por los españoles. Algunos comparan esta hazaña con la de Aníbal   15
cuando cruzó los Alpes para atacar a Roma.

Con Bernardo O'Higgins, San Martín consiguió la independencia de Chile
en 1818. Después, San Martín continuó hasta Lima, Perú, donde fue nombrado
protector del Perú y su primer presidente. En 1822 San Martín y Simón Bolívar
tuvieron una reunión en Guayaquil, Ecuador. Nadie sabe lo que ocurrió en la   20
reunión pero Bolívar tomó el mando de liberar al Perú. Poco después, San Martín
dimitió su cargo como líder de sus fuerzas y dejó al Perú. Él rehusó participar en
la política y el ejército y, después de la muerte de su mujer, se fue para vivir en un
autoexilio en Francia desanimado por la turbulencia política en la Argentina.

José de San Martín murió el 20 de septiembre, 1850, en Francia. Junto con   25
Simón Bolívar, José de San Martín es reconocido hoy como uno de los grandes
libertadores de la América del Sur y es el héroe nacional de la Argentina. Sus restos
mortales fueron transferidos de Francia y ahora se encuentran en la Catedral de
Buenos Aires en el país que liberó.

*Ahora tienes **2 minutos** para leer la introducción de la fuente número 2 y prever las preguntas.*

Fuente número 2

Introducción: Esta monografía trata de Simón Bolívar, el héroe de la guerra de independencia de Venezuela, Colombia, el Ecuador y el Perú.[7]

Ahora escucha la selección.

TRACK 12

PLAY Track 12 on the accompanying audio CD. (The script for Track 12 appears on
page 122.)

*Ahora tienes **1 minuto** para empezar a contestar las preguntas para esta selección. Después de
1 minuto vas a escuchar la selección de nuevo.*

PLAY Track 12 again.

*Ahora tienes **2 minutos y 30 segundos** para terminar de responder a las preguntas de esta
selección.*

---

[7]Esta monografía se informó de la Biblioteca Virtual de Simón Bolívar, http://www.geocities.com/Athens/
Acropolis/7609/eng/bio.html.

1. De acuerdo con la primera fuente, José de San Martín de joven se formó en y luchó por...
   (A) España.
   (B) Francia.
   (C) Chile.
   (D) Argentina.

2. Al volver a la Argentina, San Martín luchó...
   (A) por la Corona Española.
   (B) por los españoles en Chile.
   (C) para obtener la independencia de la Argentina.
   (D) para libertar la Argentina de Chile.

3. Según la primera fuente, San Martín tuvo éxito con el Ejército de los Andes por...
   (A) cruzar los Andes por el paso más protegido por el enemigo.
   (B) cruzar los Andes por el paso más fácil y menos protegido por el enemigo.
   (C) cruzar los Andes por el Perú.
   (D) cruzar los Andes en un área dificultosa y menos protegida por el enemigo.

4. Después de su victoria, San Martín...
   (A) siguió al sur a Chile.
   (B) siguió al norte al Perú.
   (C) siguió al norte al Ecuador.
   (D) siguió al noreste a Bolivia.

5. Vemos en la primera fuente que después de reunirse con Simón Bolívar, San Martín...
   (A) se hizo presidente del Perú.
   (B) se hizo presidente de la Argentina.
   (C) renunció la presidencia del Perú.
   (D) renunció la presidencia de la Argentina.

6. Se explica en la segunda fuente que la razón por la cual muchos como Bolívar se levantaron en contra de España fue porque...
   (A) querían establecer una aristocracia venezolana.
   (B) querían establecer un Estados Unidos de Sudamérica.
   (C) no tenían los mismos derechos que tenían sus padres que nacieron en España.
   (D) sus padres fueron matados por los españoles.

7. Un criollo es...
   (A) una persona nacida en las Américas de padres españoles.
   (B) una persona nacida en España de padres españoles que vivían en las Américas.
   (C) una persona nacida en las Américas de padres nacidos en las Américas.
   (D) una persona nacida en las Américas de la aristocracia española.

8. Bolívar, como San Martín, ...
   (A) estudió en la madre patria.
   (B) luchó por la independencia del Cono Sur.
   (C) luchó por la independencia de España de los franceses.
   (D) estudió en el Real Seminario de Nobles.

9. Según la segunda fuente, el gran sueño de Bolívar fue...
   (A) ser presidente de Venezuela.
   (B) seguir el modelo de los norteamericanos libertados de Inglaterra.
   (C) seguir la lucha por la independencia hasta la Argentina.
   (D) ser líder de la Junta de Caracas.

10. Después de haber leído y escuchado las dos fuentes, podemos decir de ambos líderes que...
    (A) tuvieron el éxito que buscaron.
    (B) estuvieron contentos con sus hazañas.
    (C) se quedaron desilusionados por no haber tenido el resultado que querían.
    (D) murieron en el exilio.

Selección número 8

Tema curricular: Las identidades personales y públicas

*Primero tienes **4 minutos** para leer la fuente número 1.*

Fuente número 1

Introducción: El artículo impreso es sobre la importancia del caballo como símbolo en el arte.

El caballo, animal noble[8]

A través de la historia, el caballo ha representado el poder, la lealtad, la fuerza y   1
la fecundidad. Los hindúes, griegos, caballeros y reyes de la antigüedad veneraban
el caballo. El vaquero norteamericano, el charro mexicano y el gaucho argentino
dependían de sus fieles compañeros tanto en el trabajo como en la defensa; eran sus
amigos íntimos. Los indígenas norteamericanos también valoraban estos animales.   5
En la Edad Media el caballo y su caballero representaban el poder y el mando.
Había fiestas donde el caballero y su jinete mostraban su valentía y destreza al participar en una justa o torneo. Tan importante era que hasta la crianza de los caballos se
hizo importante para preservar y continuar las características más deseables en ciertas
razas de caballos. Ciertos caballos se criaban por su rapidez, como el caballo andaluz   10
y el caballo árabe. Otros se criaban para el trabajo como el caballo crianza Morgan,
que se desarrolló en el estado de Vermont, para necesidades agrícolas y militares.

    El caballo y su jinete muchas veces se convirtieron casi en uno compartiendo
su identidad. En la televisión norteamericana de los años 50 el vaquero Roy Rogers
siempre andaba con su fiel caballo Trigger y el Zorro también con su Tornado. Se   15
ve en el arte, la pintura y la escultura, donde el jinete y el caballo se representan para
mostrar el poder y el rango de la persona. Líderes, generales, reyes, reinas, empera-
dores, todos a través de la historia han sido representados con sus caballos: el
emperador Carlos V de España por Tiziano, el rey Felipe IV por Velázquez y el rey
Carlos IV y la reina María Luisa por Goya. Hasta dicen que hay una leyenda urbana   20
que dice que según la posición de los pies del animal en la pintura o escultura, se
puede deducir cómo se murió su jinete.

    Aun en tiempos modernos el caballo ocupa un lugar singular por su lealtad, su
inteligencia y su majestuosidad. Mientras el caballo sigue en el trabajo de los vaqueros y policías, también se ve en muestras de agilidad, desfiles en honor de difuntos   25
y como mascotas con que su jinete comparte una vida singular. Y, no obstante, en
algunos lugares continúa en su papel de transporte para personas y mercancías.

*Ahora tienes **2 minutos** para leer la introducción de la fuente número 2 y prever las preguntas.*

Fuente número 2

Introducción: Esta monografía de radio trata de los caballos de la literatura española.[9]

Ahora escucha la selección.

PLAY Track 13 on the accompanying audio CD. (The script for Track 13 appears on page 123.)

---

[8]Este artículo se informó de The Holisticshop Dictionary, Horse, http://www.holisticshop.co.uk/dictionary/horse.html.
[9]Esta monografía se informó de «Rocinante» y «Babieca» de la enciclopedia libre Wikipedia, http://www.en.wikipedia.org/
wiki/Babieca y http://www.enwikipedia.org/wiki/Rocinante y El diccionario de la Real Academia Española, http://buscon.rae.es/
dreal y http://www.elmundo.es/quijote/capitulo.html?cual-1.

*Ahora tienes **1 minuto** para empezar a contestar las preguntas para esta selección. Después de 1 minuto vas a escuchar la selección de nuevo.*

PLAY Track 13 again.

*Ahora tienes **2 minutos y 30 segundos** para terminar de responder a las preguntas de esta selección.*

1. En la primera fuente leemos que a través de la historia el caballo ha sido…
   (A) valorado en todo por el hombre.
   (B) sólo valorado de animal de carga.
   (C) sólo valorado de símbolo de lo importante que era la persona.
   (D) sólo valorado por su poder.

2. Diferentes razas de caballo han sido criados con ciertas características…
   (A) según su apariencia.
   (B) según su origen.
   (C) según su uso.
   (D) según su raza.

3. Según la primera fuente, la relación entre el jinete y el caballo era tan estrecha que…
   (A) se identificaban el uno con el otro.
   (B) se hicieron famosos en la televisión.
   (C) eran inseparables.
   (D) se confundían el uno con el otro.

4. El primer artículo nos dice que en muchos retratos artísticos, el sujeto de la obra va acompañado de un caballo…
   (A) para identificar quien era la persona.
   (B) para indicar el poderío o dominio de la persona.
   (C) para identificar la profesión de la persona.
   (D) para adornar el retrato.

5. Se ha dicho que según la posición de las patas del caballo en un cuadro, podemos saber…
   (A) la importancia de la persona.
   (B) la profesión de la persona.
   (C) el rango social de la persona.
   (D) como murió la persona.

6. La segunda fuente nos presenta a Babieca que fue…
   (A) un caballo mitológico.
   (B) un caballo imaginario.
   (C) un caballo histórico.
   (D) un caballo literario.

7. Conocemos el nombre de Babieca…
   (A) por su victoria sobre los enemigos.
   (B) por su relación con un héroe nacional.
   (C) por una obra literaria.
   (D) por estar enterrado con su amo.

8. Por otro lado, Rocinante fue…
   (A) un caballo mitológico.
   (B) un caballo imaginario.
   (C) un caballo histórico.
   (D) un caballo literario.

9. La palabra raíz de su nombre, Rocinante, es «rocín» que quiere decir…
   (A) caballo de poca estatura.
   (B) caballo fuerte.
   (C) caballo leal.
   (D) caballo noble.

10. Como podemos ver de las dos fuentes, el caballo ha sido y sigue siendo animal…
   (A) de utilidad práctica.
   (B) de utilidad militar.
   (C) de utilidad social.
   (D) de utilidad simbólica y práctica.

Selección número 9

Tema curricular: La belleza y la estética

*Primero tienes **4 minutos** para leer la fuente número 1.*

Fuente número 1

Introducción: El artículo impreso es sobre la música y el baile llamados la salsa.

La salsa: música y baile picantes[10]

La salsa tan popular en Cuba y Puerto Rico es un estilo de música y baile que   1
surgió de los encuentros culturales y la mezcla de éstos. Cuando los españoles
llegaron y colonizaron las Antillas, ellos llevaron consigo su música y baile, los
dos influenciados por el encuentro cultural árabe, judío, cristiano y gitano que
había ocurrido en la Península Ibérica a través de los siglos. Para tener mano de   5
obra en las nuevas colonias, los españoles llevaron esclavos de África para trabajar
en las casas, las minas y los campos de los colonizadores. Estos africanos también
llevaron consigo sus tradiciones entre las cuales había la música y el baile. Nadie
puede decir a ciencia cierta cuáles fueron los orígenes de la salsa pero es fácil
deducir que los bailes y las canciones llevados por ambos grupos se influenciaron   10
mutuamente.

Según Jaime Andrés Pretil, podemos decir que la salsa nació en Cuba. En Cuba
las rumbas de origen africano se mezclaron con el son de la gente cubana y con la
música española y los ritmos africanos del tambor. Con la independencia de Haití,
muchos franceses se trasladaron a Cuba para vivir y añadieron su «contra-danze» o   15
sea «danzón».

La salsa se toca y baila en muchos países, así que hay ciertas variaciones según el
país. En la República Dominicana, Colombia y Puerto Rico hay ciertas diferencias.
Eventualmente este fenómeno llegó a Nueva York donde recibió el nombre « salsa».
Claro está, el baile no se creó allí, sino el nombre para denominar la música.   20

La salsa continúa en sus países de origen y se ha puesto muy popular por casi
todo el mundo. Y, ¿qué le pasa?, pues en cada lugar donde se baila, el baile continúa
evolucionando con características de donde se encuentra. Es justo, como la salsa,
baile y música, de verdad es una mezcla cultural.

*Ahora tienes **2 minutos** para leer la introducción de la fuente número 2 y prever las preguntas.*

Fuente número 2

Introducción: Esta monografía de radio trata del baile y de la música flamencos de España.[11]

Ahora escucha la selección.

TRACK 14

PLAY Track 14 on the accompanying audio CD. (The script for Track 14 appears on
page 124.)

*Ahora tienes **1 minuto** para empezar a contestar las preguntas para esta selección. Después de
1 minuto vas a escuchar la selección de nuevo.*

PLAY Track 14 again.

*Ahora tienes **2 minutos y 30 segundos** para terminar de responder a las preguntas de esta
selección.*

---

[10]Este artículo se informó de Centralhome.com, "History of Salsa", http://www.centralhome.com/salsa.htm.

[11]Esta monografía se informó de «Historia del flamenco» por Daniel Muñoz, http://www.eup.us.es/portada/alumnos/
cultura/aula_musica/aulamus/Historia/Hist-F1.html.

1. Según el primer artículo, la salsa nació de…
   (A) la música y el baile africanos.
   (B) el mestizaje de músicas y bailes.
   (C) la música y el baile españoles.
   (D) la música y el baile gitanos.

2. Según un musicólogo, la salsa originó en…
   (A) Cuba.
   (B) Haití.
   (C) la República Dominicana.
   (D) Puerto Rico.

3. La música y el baile recibieron su nombre en…
   (A) la República Dominicana.
   (B) Colombia.
   (C) Puerto Rico.
   (D) los Estados Unidos.

4. La primera fuente nos dice que el baile y la música salsa continúan evolucionando…
   (A) según nuevas ondas musicales.
   (B) según nuevas formas de bailar.
   (C) según unos elementos fijos.
   (D) según donde se baila y se toca.

5. Según lo que leemos en las dos fuentes, cuando uno dice salsa o flamenco, se habla de…
   (A) la música y el baile.
   (B) la música.
   (C) el baile.
   (D) la técnica.

6. El flamenco, como la salsa,…
   (A) es regional.
   (B) es de origen español.
   (C) es una mezcla de varias influencias.
   (D) es folklórica.

7. Según la segunda fuente, lo que ayudó la evolución del flamenco fue…
   (A) un período cuando las diversas culturas vivieron en paz en la Península Ibérica.
   (B) un período cuando la cultura gitana dominó en la Península Ibérica.
   (C) un período cuando las culturas principales de la Península Ibérica se lucharon.
   (D) un período cuando los árabes invadieron la Península Ibérica.

8. La segunda fuente nos dice que Carlos Saura, un director de cine, y Antonio Gades, un bailarín flamenco, colaboraron…
   (A) en unas películas que usaban el flamenco para relatar la historia.
   (B) en unas canciones que mezclaban el flamenco y la salsa.
   (C) en unas colaboraciones en que estrenaron la guitarra flamenca.
   (D) en unos espectáculos flamencos.

9. Si comparamos estas dos expresiones artísticas, se puede decir que el flamenco y la salsa tienen en común…
   (A) sus influencias.
   (B) sus cantos.
   (C) sus temas.
   (D) sus ritmos.

10. Podemos ver de las dos fuentes que el flamenco y la salsa son formas artísticas…
    (A) nuevas.
    (B) estáticas.
    (C) cambiantes.
    (D) anticuadas.

Selección número 10

Tema curricular: La vida contemporánea

*Primero tienes **4 minutos** para leer la fuente número 1.*

Fuente número 1

Introducción: El artículo impreso es sobre el chocolate, un producto importante para la cocina latina que vino de las Américas.

El chocolate, regalo del nuevo mundo[12]

Después del encuentro cultural entre Europa y las Américas, comenzó un intercam-   1
bio alimenticio. Los españoles llevaron con ellos de vuelta a España alimentos nuevos y exóticos, uno de los cuales siendo el chocolate.

Para los aztecas y mayas, entre otros, el chocolate, el fruto de la planta cacao,
fue muy importante. Los mayas lo usaron como dinero y para comerciar con otras   5
tribus. Bernal Díaz, quien acompañó a Cortés en la conquista de México, lo mencionó por primera vez en su crónica de la conquista. Se dice que Moctezuma lo
bebía en grandes cantidades. Pero en aquel entonces el chocolate no era la golosina
dulce que conocemos hoy en día. El chocolate azteca se mezclaba con miel, vainilla,
pimienta y macazuchil. Los aztecas creían que el chocolate tenía calidades médicas y   10
afrodisíacas.

Al llegar a Europa los europeos añadieron el azúcar al chocolate para crear
dulces y bebidas, y así cambiaron su sabor y propósito alimenticio original. Aunque
los europeos cambiaron el chocolate, todavía se puede gozar de él como lo hicieron
los indígenas en platos como el mole, que consiste en una salsa de chocolate, chiles   15
y otras especies, y también en bebidas como el atole, en que se puede mezclarlo
con masa de maíz, agua, piloncillo, canela y vainilla, que sigue siendo muy popular
durante la Navidad.

De todos los regalos que el mundo recibió del Nuevo Mundo, quizá el chocolate
sea el más dulce y más premiado por todo el mundo.   20

*Ahora tienes **2 minutos** para leer la introducción de la fuente número 2 y prever las preguntas.*

Fuente número 2

Introducción: Esta monografía trata de la banana y su origen e importancia para la cocina
latina.[13]

Ahora escucha la selección.

TRACK 15

PLAY Track 15 on the accompanying audio CD. (The script for Track 15 appears on
page 124.)

*Ahora tienes **1 minuto** para empezar a contestar las preguntas para esta selección. Después de
1 minuto vas a escuchar la selección de nuevo.*

PLAY Track 15 again.

*Ahora tienes **2 minutos y 30 segundos** para terminar de responder a las preguntas de esta
selección.*

---

[12]Este artículo se informó de «Chocolate, la historia americana de este alimento», http://www.historiacocina.com/
historia/articulos/chocolate.html.

[13]Esta monografía se informó de «History of Bananas», http://www.mindspring.com/~miessau/bananas/story.html y
"Columbian Exchange," http://www.answers.com/topic/columbian-exchange.

1. Como se puede ver en la primera fuente, el encuentro entre Europa y las Américas…
   (A) les dio a conocer nuevas comidas a los Europeos.
   (B) les dio a conocer nuevas comidas a los del Nuevo Mundo.
   (C) les dio a conocer nuevas comidas a los europeos y a los del Nuevo Mundo.
   (D) les dio a conocer nuevas culturas a los del Nuevo Mundo.

2. De la primera fuente, sabemos que el chocolate les tenía mucho valor a los indígenas en las Américas porque…
   (A) formaba base de su comida.
   (B) se usaba en transacciones comerciales.
   (C) formaba un tributo a Moctezuma.
   (D) lo bebía Moctezuma en grandes cantidades.

3. El chocolate de los aztecas no era…
   (A) bien dulce.
   (B) bien picante.
   (C) bien blando.
   (D) bien caliente.

4. Para los aztecas, el chocolate…
   (A) tenía propiedades curativas.
   (B) era una golosina.
   (C) era una ofrenda.
   (D) tenía propiedades mágicas.

5. El chocolate hoy en día…
   (A) sólo se usa como dulce.
   (B) sólo se usa en bebidas.
   (C) sólo se usa en salsas.
   (D) se usa en dulces, bebidas y platos típicos.

6. Como vemos en la segunda fuente, se puede decir que algunos productos que relacionamos con ciertos países latinoamericanos…
   (A) vinieron de la región donde se encuentran los países.
   (B) siempre han sido parte de la dieta latinoamericana.
   (C) siempre han sido importantes a las regiones donde se crían ahora.
   (D) vinieron de otras partes.

7. La segunda fuente nos dice que la banana llegó a las Américas…
   (A) por Asia.
   (B) por la India.
   (C) por Europa.
   (D) por la Corea.

8. Desgraciadamente, por algunos países de Centro América, la banana siendo producto tan importante llegó a…
   (A) la dominación de algunos países por corporaciones extranjeras.
   (B) la dominación de la banana en la cocina de algunos países.
   (C) la independencia de algunos países.
   (D) la formación de la United Fruit Company.

9. Se puede ver el impacto que ha tenido la banana…
   (A) en las plantaciones de Centro América.
   (B) en la cocina de muchos países latinoamericanos.
   (C) en la poesía de Pablo Neruda.
   (D) en restaurantes americanos.

10. Las dos fuentes ejemplifican … que ocurrió gracias al encuentro.
    (A) el intercambio cultural
    (B) el intercambio alimenticio
    (C) el intercambio económico
    (D) el intercambio triste

Scripts, Answers, and Explanations for Interpretive Communication: Print and Audio Texts Combined

Scripts for Interpretive Communication: Print and Audio Texts Combined

In this section are printed the scripts for the audio recordings for selections 1–10. Note the track numbers provided in the left margin.

TRACK 6

Selection 1
La celebración del Cinco de Mayo en los Estados Unidos

«¡Vengan todos para celebrar el Cinco de Mayo en el restaurante México Lindo! Habrá música, baile y descuentos en comida típica de México. ¡Que vengan todos!»

Se puede oír este tipo de anuncio cada año por las fechas del Cinco de   25
Mayo que en los Estados Unidos se ha convertido en una ocasión para festejar, celebrar y ofrecer rebajas en tiendas y restaurantes. En la actualidad, el Cinco de Mayo se celebra mucho más ahora en ciertas partes de los Estados Unidos que en el mismo México donde se originó para reconocer la victoria de los mexicanos sobre los franceses en la batalla de Puebla al comienzo de la ocu-   30
pación francesa del siglo XIX.

El Cinco de Mayo, para muchos aquí en los Estados Unidos, se ha convertido en otra ocasión para tener una fiesta, pero para los hispanos de ascendencia mexicana es mucho más. Esta celebración para ellos ya no es para conmemorar una victoria mexicana de hace más de un siglo, sino para celebrar y mostrar su   35
orgullo por sus raíces. Es el momento cada año para recordar quienes son, de donde son y de reconocer su cultura. En ciudades, y hasta pueblos pequeños, donde hay residentes de México o residentes mexicano-americanos, hay fiestas, bailes, música y comida todos típicos de México que quizá varíen sólo por la región de donde son las personas que celebran.   40

Esta celebración también ha tenido un impacto en la población mayoritaria. En cualquier tienda se puede ver platos de papel, servilletas, carteles, comida y bebidas a la venta para este día. Las tiendas ofrecen rebajas especiales y los restaurantes comida, música y bebidas mexicanas. Con el paso del tiempo esta celebración mexicana ha sido recogida por muchos en este país y se está haci-   45
endo parte de la cultura estadounidense celebrada por casi todos. Pero el Cinco de Mayo tiene en particular un significado muy especial para los mexicano-americanos y los inmigrantes documentados e indocumentados de México, es una celebración de quienes son.

TRACK 7

Selection 2
La leyenda de la flor de Nochebuena

Como ha ocurrido en muchos casos por la historia de la humanidad, se han   20
creado muchas leyendas para tratar de explicar fenómenos naturales, desastres y hasta cómo ciertas cosas se crearon. Éste es el caso también con la flor de Nochebuena. La leyenda dice así…

Érase una vez una familia de labradores. Había un padre, una madre y unos niños. Una de las niñas se llamaba María. El mes de diciembre había llegado y   25
todo el pueblo estaba preparando la celebración de la Navidad. Los hombres ayudaban a preparar la iglesia, los niños practicaban para cantar y las madres limpiaban y ayudaban en la iglesia. El sacerdote de la parroquia le había pedido a la madre de María que hiciese una manta nueva para la estatua

del niño Jesús que ponían en el pesebre la Nochebuena. Desgraciadamente   30
la madre de María se cayó enferma antes de terminar la manta. María intentó
terminarla pero acabó por destruirla. Avergonzada y sin un regalo para llevar
al niño Jesús, María decidió no ir a la iglesia para celebrar la Nochebuena. Se
escondía para ver la procesión cuando de repente una mujer apareció a su lado
y hasta conocía su nombre. Esta mujer la animó a ir a la celebración. Cuando   35
María protestó porque no tenía regalo para el niño Jesús, la mujer le señaló
unas hierbas altas y verdes. Le dijo que las llevase como regalo. María recogió
las hierbas, pero cuando volvió a hablar con la señora, ya no estaba. María
entró en la iglesia silenciosamente, se acercó al pesebre, depositó las hierbas,
y con los ojos cerrados empezó a rezar. De repente oyó a los otros en la iglesia   40
que comenzaron a susurrar. Abrió sus ojos y vio que cada hierba estaba coro-
nada de una flor roja en forma de una estrella. De hecho, al salir de la iglesia,
todas las hierbas silvestres estaban coronadas de estrellas rojas. Y así es cómo
llegó a existir la flor de Nochebuena.

TRACK 8

Selection 3
Celebraciones de nuestras herencias

Hay una tradición muy larga de celebraciones de la herencia de nuestros   30
antepasados. En muchas ciudades cada año hay desfiles y festivales que celebran la historia, lengua, tradiciones y comidas de casi todos los grupos étnicos
que hay en los Estados Unidos. Cada marzo los irlandeses celebran el día de
San Patricio, el 17 de marzo, con desfiles y fiestas. También en marzo muchas
comunidades italianas celebran el día de San José, el 19 de marzo. El festival   35
de Octubre se celebra en comunidades de herencia alemana y las comunidades
chinas celebran su año nuevo que cambia de fecha cada año según su calen-
dario. Las otras comunidades étnicas no se quedan atrás tampoco, con festivales griegos, lituanos, japoneses, turcos, rusos, etcétera.

Entonces, ¿qué hay de esperar de los inmigrantes hispanos? Donde hay   40
una concentración de inmigrantes hispanos también hay celebraciones de sus
raíces. En la Florida donde hay muchos cubano-americanos hay festivales de la
herencia cubana. Por ejemplo, en Cayo Hueso (Key West) llevan varios años celebrando la herencia cubana con un festival en junio. En mayo, en Nueva York,
se celebra el Desfile de Orgullo Puertorriqueño donde se puede oír a la gente   45
gritar «viva Puerto Rico». En California y el suroeste se celebra cada mayo el
Cinco de Mayo con motivo de celebrar la cultura mexicana. En algunas ciudades hay simplemente festivales hispanos que celebran todo lo que tiene que
ver con la cultura hispana.

Como es fácil de ver, la tradición de celebrar nuestras raíces no es un fenómeno   50
nuevo. Tampoco es algo que debilita la cultura estadounidense como algunos pen-
sarían. Al contrario, mientras estos festivales, antiguos y nuevos, celebran nuestras
raíces, también nos enriquecen. El festival de Octubre ya no se limita a personas de
ascendencia alemana, tampoco se limita el Cinco de Mayo a los mexicanos ni el día
de San Patricio a los irlandeses. Estas fiestas se han hecho parte de nuestra   55
cultura en que todos podemos celebrar y compartir nuestras raíces.

TRACK 9

Selection 4
La leyenda maya-quiché de la creación

Cada civilización tiene sus propias leyendas para explicar fenómenos naturales,   21
cosas, costumbres y hasta para engrandecer a líderes y héroes de la cultura. Como
en todas las culturas había un deseo de explicar lo inexplicable, como la creación
del hombre. Una leyenda que viene de la civilización maya tiene que ver con esto.

En la tradición judeocristiana que viene del Medio Oriente, se ve en la   25
Génesis la historia de la creación de Adán y Eva. Según las Sagradas Escrituras
Adán fue creado por Dios del barro y Eva de una costilla de Adán.

En el caso de los mayas, su texto sagrado, el Popol Vuh, cuenta la historia de la
creación del maya-quiché. Cuando los dioses decidieron crear al hombre, trataron
varias veces pero no tuvieron éxito. Una vez usaron el barro, como en la historia   30
cristiana, pero los hombres de barro se disolvieron cuando llegaron las lluvias.
Luego intentaron crear al hombre de la madera, pero estos hombres no tenían
corazón y no podían hablar con los dioses. Entonces hicieron una inundación para
borrarlos de la tierra. Por fin hicieron al hombre del maíz y así nació la raza maya.

Esta leyenda nos muestra la importancia que tiene el maíz para los mayas.   35
El maíz para los mayas fue de suma importancia, un elemento sagrado. El hombre
fue creado del maíz y vivió gracias a él. Sin el cultivo del maíz, el hombre no exist-
iría. La importancia se podía ver en su sociedad también como era su producto más
importante a que dedicaron mucho tiempo y desarrollaron maneras de cultivarlo.

Entonces, el maíz para el maya-quiché fue su raíz y su sustento y sigue siéndolo   40
hoy en día. Se puede ver fácilmente la importancia que tiene el maíz no sólo en la
cultura maya sino en otras culturas como de la América del Norte, Centroamérica,
y la América del Sur.

TRACK 10

Selection 5
El regalo de la yerba mate

Siendo una bebida muy importante para los guaraníes claro está que había un   25
deseo de explicar el origen de algo tan premiado. En realidad existen dos
leyendas que explican el origen de la hierba mate, una infusión, con propiedades medicinales, que se bebe en la América del Sur, sobre todo en la
Argentina y en el Paraguay.

La primera de estas leyendas cuenta que la yerba mate tiene sus orígenes   30
en los bosques del Paraguay. La leyenda cuenta que los ascendientes de los
guaraníes habían cruzado un gran océano para llegar a lo que llamamos hoy
las Américas. Con el paso del tiempo la tribu se dividió en dos bandas, los
guaraníes y los tupíes según el nombre del hermano que era su líder. Los tupíes
rechazaron sus prácticas agrícolas a favor de una vida nómada mientras los   35
guaraníes continuaron con su vida agrícola cultivando la tierra y haciéndose
artesanos. Los guaraníes esperaban la llegada de su dios, Pa'i Shume. Cuando
éste llegó, estaba muy contento con la vida que llevaban los guaraníes y les
enseñó ciertas prácticas agrícolas. También les dio a conocer los secretos
benéficos de las plantas. El secreto más importante que compartió con ellos fue 40
cómo recoger y preparar las hojas del árbol mati.

Otra leyenda que se cuenta sobre los orígenes de la yerba mate tiene que
ver con dos diosas, Así (la Luna) y su amiga Aria (la Nube) que bajaron a la tierra
en forma humana. Mientras caminaban un jaguar las vio y se preparó para ata-
carlas. Un indio viejo vio lo que iba a pasar y mató al animal. El viejo entonces   45
las llevó a su humilde casa donde su mujer les preparó algo para comer de lo
poco que tenían. Al volver al cielo, las diosas quisieron recompensar el acto
del indio. Una noche, mientras dormía la familia del indio, las diosas hicieron
que lloviera semillas que brotaron en árboles pequeños de hojas verdes. El día
siguiente Así apareció al indio y le dijo que en recompensa por su acto le regal-   50
aba una nueva planta, la yerba mate.

Estas dos leyendas, aunque muy diferentes, muestran la importancia que
tenía y sigue teniendo la yerba mate para los habitantes del Paraguay y la
Argentina.

TRACK 11

Selection 6
Joan Miró, un mundo de fantasía

Joan Miró i Ferrà nació el 20 de abril de 1893 en Barcelona, España. Miró estudió
arte en la Escuela de Bellas Artes de Barcelona y también en la Academia Galí.
Miró se expresó por medio de pinturas, esculturas y cerámicas. Sus primeras   35
obras muestran la influencia de los colores brillantes y formas simples y expresi-
vas del fauvismo, el cubismo y el arte folklórico catalán que consistía en sólo dos
dimensiones, y hasta el arte románico español.

En 1920 Miró se fue a París donde se había establecido una comunidad de
artistas en el barrio Montparnasse. Allí fue influenciado por los poetas, escri-   40
tores y artistas surrealistas y dadaístas. A diferencia de otros, Joan Miró nunca
se hizo socio de ninguno de los movimientos artísticos de la época, lo cual le
dejó más libre para explorar y desarrollar su forma distinta de arte.

Comparado con el otro gran artista surrealista español, Salvador Dalí,
se puede describir el mundo artístico de Miró como un mundo de fantasía.   45
Mientras el surrealismo expresado por Dalí fue de una realidad deformada
donde se pueden reconocer las figuras, en el surrealismo desarrollado por Miró
vemos un mundo puramente fantástico con formas orgánicas, líneas agudas,
figuras geométricas y colores brillantes, sobre todo azul, rojo, amarillo, verde y
negro. Una de sus obras más famosas, Carnaval del arlequín es una colección de   50
líneas onduladas, líneas rectas, esferas y lo que parece ser unos animalitos raros
en el primer plano. Hay también una figura que parece ser dibujo de niño con
un cuerpo triángulo y una cabeza redonda y grande. En otra, Paisaje catalán se
ve una tierra surrealista de color anaranjado con un cielo amarillo. El sol es como
un ojo de que salen tres rayos y hay líneas rectas y onduladas con esferas y   55
figuras cónicas. André Breton, el fundador del movimiento surrealista, dijo que
Miró era «el más surrealista de todos nosotros.»

Joan Miró murió el 25 de diciembre de 1983 en la isla de Mallorca, España.

TRACK 12

Selection 7
Simón Bolívar, un sueño sin realizar

Simón José Antonio de la Santísima Trinidad Bolívar nació el 24 de julio, 1783,   30
en Caracas. Su familia era una familia aristócrata pero, como Simón nació en
Caracas, en el Nuevo Mundo, fue considerado criollo y aunque era aristócrata
por nacimiento, bajo la ley española de entonces, no gozaba de los mismos
derechos de los que nacieron en la península, como sus padres. Algunos
creen que este hecho puede haber creado en él el deseo de ver su país natal   35
libre. Cuando tenía nueve años sus padres murieron y Simón fue a vivir con un
tío, quien le mandó a estudiar en España cuando tenía quince años. En 1807
Bolívar volvió a Caracas.

Inspirado por los ideales republicanos de las revoluciones francesa y
americana y de sus estudios del Siglo de las Luces, Simón Bolívar se juntó con   40
la Junta de Caracas para luchar por la independencia de Venezuela. Bolívar
continuó a luchar con la ayuda de sus compatriotas de Nueva Granada, lo que
hoy es Colombia. Luego él consiguió la ayuda del presidente de Haití también.
Después de conseguir la libertad de Venezuela, Bolívar continuó a luchar para
liberar a Ecuador, Perú y Bolivia.   45

El gran sueño de Bolívar era establecer una república como habían hecho
las antiguas colonias británicas en la América del Norte. En 1819 Bolívar creó la
República de Gran Colombia que consistía en los países actuales de Venezuela,
Colombia, Panamá y Ecuador y él sirvió como su primer presidente. Desgraciadamente su sueño nunca se realizó por completo. En el año 1827, gracias   50

a rivalidades entre generales de la revolución, estallaron varias guerras civiles y se disolvió la República de Gran Colombia. Simón Bolívar murió el 17 de diciembre, 1830, enfermo con tuberculosis y desilusionado al ver su sueño de unidad sudamericana destruido.

Simón Bolívar es venerado como uno de los grandes libertadores de la 55 América del Sur como los norteamericanos veneran a su Jorge Washington. Hasta uno de los países que liberó, Bolivia, lleva su nombre en memoria de sus hazañas.

Selection 8
Dos caballos famosos de la literatura española: Babieca y Rocinante

En la vida real, la leyenda y la literatura ha habido caballos muy importantes y legendarios. Dos de la literatura española son Babieca y Rocinante. 30

Babieca era el caballo de Rodrigo Díaz de Vivar, conocido por su apodo árabe «el Cid» que quiere decir «el Señor». Siendo caballero y guerrero ilustre de la Reconquista española, el Cid y su caballo, que existían en la realidad, a través de la historia llegaron a ser legendarios y casi mitológicos. El poema del mío Cid fue escrito hacia 1140 y basado en historias que circulaban sobre el Cid, quien murió 35 en Valencia en 1099. Por su fama legendaria y su importancia histórica el Cid, y todo lo que tenía que ver con él, se convirtió en cosas mitológicas: su persona (el Cid), su espada (la Tizona) y su caballo (Babieca). Según la leyenda, el Cid fue herido gravemente en Valencia pero en la última batalla por la ciudad sus soldados ataron su cuerpo a Babieca y la Tizona, su espada, en su mano y lo pusieron 40 enfrente de sus tropas al salir de la ciudad. Los enemigos, pensando que se había vuelto de la muerte, corrieron en retirada. Tan unidos en vida fueron que el Cid quería que Babieca fuera enterrado con él y su mujer, Ximena, unidos en la muerte como en la vida. Actualmente se puede ver las tumbas del Cid y Ximena en la catedral de Burgos, España; Babieca fue enterrado por los partidarios del 45 Cid frente a la puerta del monasterio de Valencia.

Otro caballo famosísimo en la literatura española es el leal compañero de Don Quijote de la Mancha en la novela El ingenioso hidalgo Don Quijote de la Mancha, escrita por Miguel de Cervantes Saavedra. La novela, una obra de ficción, cuenta la historia de Alonso Quijano, un hombre que leía tantos libros 50 de caballería que se acabó por pensar que podría llevar la vida de un caballero andante ayudando a los menos afortunados, luchando por la justicia y protegiendo a las damas en peligro. Como en todos los libros de caballería que él había leído, él necesitaba ciertas cosas entre las cuales figuraba un caballo. Alonso tenía un caballo algo viejo y débil, lo que se llamaría «rocín», que quiere 55 decir «caballo de mala traza, basto y de poca alzada o caballo de trabajo, a distinción del de regalo» (Diccionario de la Real Academia de la Lengua Española, http://buscon.rae.es/dreal). A este caballo después de mucho pensar le puso el nombre «Rocinante»: «… y así, después de muchos nombres que formó, borró y quitó, añadió, deshizo y tornó a hacer en su memoria e imaginación, al fin le 60 vino a llamar Rocinante, nombre a su parecer alto, sonoro y significativo de lo que había más cuando fue rocín, antes de lo que ahora era, que era antes y primero de todos los rocines del mundo.» (http://www.elmundo.es/quijote/capitulo.html?cual-l) Así es como le nombró a su caballo antes de que se pusiera un nombre a sí mismo. 65

Un caballo real e histórico convertido en leyenda es Babieca del Cid. Otro caballo, pero de ficción, es Rocinante de Don Quijote de la Mancha, pero ambos muestran la importancia simbólica y práctica del caballo para su caballero. Dos caballos héroes de la literatura española.

TRACK 14

Selection 9
El flamenco, un mestizaje cultural

Una expresión artística española reconocida por todo el mundo es el flamenco. 25
Cuando se dice «flamenco» no sólo se habla de un baile sino también de la
música instrumental y vocal que lo acompaña. También se puede bailarlo sin
música; se puede tocarlo sin baile; se puede cantarlo sin instrumentos o con ellos.

El flamenco originó entre los gitanos españoles que llegaron al sur de
España, a la provincia de Andalucía, en el siglo XV de la era común. Los gitanos 30
se vieron obligados a mudarse de la India a Egipto, luego a Checoslovaquia y
la región de los Balcanes, y por fin se dispersaron a otros países incluso España.
El hecho de haber pasado por muchos países y culturas impactó el desarrollo
del flamenco gitano. Como nos dice Daniel Muñoz en su artículo «Historia del
flamenco», «La tradición nómada les lleva a ser una cultura acostumbrada a 35
tomar prestadas las formas musicales de allí donde llegaran para reinterpretar-
las a su manera». De haber pasado por tantos lugares estaban en contacto con
varias culturas como la india, la árabe y la cristiana del este de Europa. Al llegar
a Andalucía los gitanos conocieron la cultura, la música y el baile árabe del
norte de África y los cantos judíos. Andalucía permanecía bajo el control árabe 40
por un período de tiempo más largo y gracias a la convivencia, cuando árabes,
cristianos y judíos vivían en paz, ellos compartieron sus tradiciones y costumbres. Los gitanos aportaron nuevos elementos con ellos con el resultado de la
creación del flamenco.

Como pasa muchas veces, lo de la cultura minoritaria muchas veces es 45
adoptado por la cultura mayoritaria; éste ha sido el caso con el flamenco. Por
casi toda España se puede ver espectáculos flamencos, o sea tablao flamenco.
El flamenco formaba parte importante de unas colaboraciones que hicieron
Carlos Saura, un director de cine español, y Antonio Gadés, quien fue el primer
bailarín flamenco español contemporáneo, en que usaron el flamenco para 50
contar la historia en las películas «Bodas de Sangre», «Carmen» y «El amor
brujo». También hay guitarristas de renombre mundial que han llevado el flamenco a todo el mundo como Paco de Lucía y hasta existe un rock flamenco
del grupo «Azúcar Moreno».

Como se puede ver, el flamenco nació de la interacción de muchas culturas 55
y sigue vivo adoptándose y cambiándose según los gustos no soló de los gitanos sino de todos que gozan de él.

TRACK 15

Selection 10
La banana, cultivo y alimento gracias al intercambio colombino

Mientras el encuentro entre el viejo mundo y el nuevo produjo un choque a
veces violento y desastroso para los indígenas, también enriqueció en ciertas
maneras a los dos, sobre todo en la agricultura. Del Nuevo Mundo los conquistadores llevaron a Europa el aguacate, el chicle, el algodón, el tomate, la papa,
el maíz, el chocolate y muchos otros productos. Los europeos también llevaron 25
cultivos nuevos al Nuevo Mundo y eso también ha tenido un impacto grande
en la cocina latinoamericana y en su economía. Tales productos son las naranjas,
el café, la caña de azúcar, el trigo, la lechuga y la banana. Muchos de estos productos no sólo entraron en la dieta latinoamericana sino que también crearon
industrias importantes en muchos países: el café colombiano, el azúcar cubano 30
y puertorriqueño, las naranjas de la Florida y California, y también las bananas
de Centroamérica y del Ecuador.

Según lo que se ha podido deducir, la banana tiene su origen en Asia, quizá
en India o en Corea. Gracias al comercio entre Europa y Asia el cultivo de la

banana se extendió. En el siglo XVI exploradores españoles llevaron plantas   35
para cultivar en el Nuevo Mundo en áreas que tenían las mismas características
climáticas que en sus países de origen. Los españoles establecieron plantaciones para la crianza de la banana. Después de la independencia, muchos
países de Centroamérica se encontraron con la banana como su producto principal. En los siglos XIX y XX compañías norteamericanas comenzaron a controlar   40
estas plantaciones, como la United Fruit Company. Desgraciadamente estas
compañías continuaron el sistema de la plantación y a muchos países los llama-
ron Repúblicas Bananas. Ese control extranjero sería condenado más tarde por,
entre otros, el poeta chileno Pablo Neruda.

    A pesar de su historia complicada y triste, la banana ha contribuido y sigue   45
contribuyendo a la cocina y a la economía de muchos países. Sólo hace falta
ver el menú de un restaurante como La Carreta en Miami, o en otros restaurantes en la Florida, para ver las diferentes maneras en que se sirve. Existen
platos típicos como plátanos fritos del Caribe, estofado o cocido de lentejas
y plátanos de Centroamérica y rondón de Costa Rica. En muchos platos el   50
plátano o la banana sirve en vez de una papa.

    Es fácil ver que mientras el encuentro fue una época triste que vivió la humani-
dad, también enriqueció nuestras culturas con la adición de comidas y conocimientos diferentes.

Answers and Explanations for Interpretive Communication: Print and Audio Texts Combined

In this section you'll find the letter of the correct answer choice, usually followed by references to the lines where the answer can be found. Some difficult or unusual words are defined, and in some cases an additional explanation in English has been provided.

Selection 1

1. A (The first source as a whole explains the origins of this celebration.)
2. B (lines 5–7 and 29–31)
3. D (lines 2–5)
4. A (line 1)
5. C (lines 13–15)
6. D (lines 27–29)
7. B (lines 32–33)
8. C (lines 34–36)
9. A (lines 44–46)
10. B (The celebration really has become more a cultural event than a commemoration.)

Selection 2

1. B (The passage as a whole explains the naming of the flower.)
2. D (lines 1–9)
3. D (lines 5–6)
4. A (line 10: un arbusto = *a bush*)
5. D (lines 17–19: florece = *blooms*)
6. A (lines 20–23: leyenda = *legend* / fábula = *fable*)
7. C (lines 28–30: tejer = *to weave*)

8. B (lines 30–31: se cayó enferma = *became sick*)
9. C (lines 40–42)
10. B (Both sources are about a flower that became a winter tradition. / invernal = *winter*.)

Selection 3

1. A (lines 2–5: crisol = *melting pot* / homogeneización = *homogenization, blending together*)
2. C (lines 8–12: olas = *waves*)
3. B (lines 15–16)
4. D (lines 16–18: antepasados = *ancestors*)
5. A (lines 21–23)
6. B (lines 25–26: ensaladera = *salad bowl*)
7. C (lines 30–34)
8. D (lines 30–38)
9. B (lines 33–42)
10. B (lines 54–56)

Selection 4

1. B (lines 1–2: harina = *wheat flour*)
2. D (lines 2–10)
3. A (lines 11–12 and 19–20: Puebla = *a Mexican state and city*)

4. A (lines 15–16)
5. D (lines 21–24)
6. B (lines 36–37)
7. D (line 33: inundación = diluvio = *flood*)
8. B (lines 35–37: the point of the legend is that man is created from corn, which was their main sustenance. / alimento = *food*)
9. B (line 41: corn is what gave the Maya life, literally and figuratively.)

Selection 5

1. B (lines 3–7: curativos = *curative* / medicinales = *medicinal*)
2. B (lines 8–11: mantener = sostener = *to maintain, sustain*)
3. C (lines 12–13)
4. A (lines 16–17)
5. A (line 22: casi por todas partes = *almost everywhere*)
6. D (lines 25–26)
7. C (lines 31–33: habían cruzado un gran océano = *they had crossed a great ocean*)
8. B (lines 35–37)
9. B (lines 42–51)
10. D (lines 25–26 and 52–54)

Selection 6

1. A (lines 1–5)
2. C (line 4)
3. B (lines 9–10)
4. D (lines 10–12)
5. C (lines 36–37: el arte folklórico catalán = *Catalonian folk art*)
6. A (lines 41–42: socio = *member*)
7. B (lines 42–43: le dejó más libre = *left him more free*)
8. B (lines 21–23 and 46–47)
9. A (line 45)
10. D (lines 56–57)

Selection 7

1. A (lines 2–6: formarse = educarse = *to be educated*)
2. C (lines 7–8: conseguir = obtener = *to obtain*)
3. D (lines 12–15)
4. B (line 18)
5. C (lines 19–22: dimitió = renunció = *gave up, resigned*)
6. C (lines 31–35)

7. A (lines 31–32)
8. A (lines 36–37)
9. B (lines 46–47)
10. C (lines 22–24 and 49–54)

Selection 8

1. A (lines 2–5: venerar = *to venerate* / valorar = *to value*)
2. C (lines 10–12)
3. A (lines 13–14: se convirtieron en uno = *they became one*)
4. B (lines 15–17: poderío = dominio = *power* / rango social = *social status*)
5. D (lines 20–22)
6. C (lines 30–33)
7. B (lines 33–37)
8. D (lines 46–49)
9. A (lines 54–56)
10. D (lines 65–68)

Selection 9

1. B (lines 2–8 and 23–24: mezcla = *mixture* / mestizaje = *mestization, crossbreeding*)
2. A (line 12)
3. D (line 19)
4. D (lines 22–23)
5. A (lines 17 and 26–27)
6. C (lines 29–34)
7. A (lines 41–44: la convivencia = *when Arabs, Christians, Jews, and Gypsies lived in peace together* / convivir = *live together*)
8. A (lines 48–52)
9. A (lines 2–11 and 35–40)
10. C (lines 22–23 and 55–57)

Selection 10

1. C (lines 1–2: intercambio = *exchange*)
2. B (lines 5–6: comerciar = *to trade, to do business*)
3. A (lines 8–9: golosina = *candy, sweet*)
4. A (line 10: médicas = curativas = *curative* = *that cure*)
5. D (lines 12–18)
6. D (lines 25–32)
7. C (lines 33–38: por = *through* or *by way of*)
8. A (lines 38–41)
9. B (lines 45–51)
10. B (alimenticio = *food*)

Practice for Interpretive Communication: Audio Texts

In this section, you'll find six audio-only passages similar to what you will find on the actual test. You will need to listen to each of these passages on the accompanying audio CD. For each of these you will have 1 minute to read the introduction and preview the questions, all of which will be printed in your examination booklet. After you've listened to the audio passage the first time, you will have 1 minute to begin to answer the questions. Then you will hear the passage a second time and be given additional time to answer the questions.

On the actual examination, you will mark your responses on an answer sheet you have been given. For the questions in this chapter, you may circle the letter of the correct answer. However, you may wish to write your answers on scrap paper rather than marking in this book. That way, you can go back and try the questions again later in the year (time permitting).

> The timing will be done for you on the actual exam. However, for the practice exercises in this chapter, you will need a stopwatch or timer. Allow yourself the specific time intervals stated in the instructions to read the introductions and answer the questions. You will also need to time the 1-minute interval between hearing the audio selection the first time and replaying it. You do not need to run the timer while you are listening to the audio passages.

Instructions: You will have 1 minute to read the introduction and preview the questions. Afterward you will hear the audio selection; you may take notes while you listen. Then you will have 1 minute to start to answer the questions. After 1 minute you will hear the audio selection again. Then you will have 15 seconds per question to answer the questions.

Instrucciones: Primero tienes 1 minuto para leer la introducción y prever las preguntas. Después escucharás la selección auditiva; puedes tomar apuntes mientras escuchas. Entonces tendrás 1 minuto para empezar a contestar las preguntas. Después de 1 minuto, escucharás la selección auditiva otra vez. Entonces tendrás 15 segundos por pregunta para contestar las preguntas.

Selección número 1

*Primero tienes **1 minuto** para leer la introducción y prever las preguntas.*

Introducción: La siguiente monografía trata del censo estadounidense de 2000 en cuanto al impacto que ha tenido la inmigración hispana a los Estados Unidos.

Ahora escucha la selección.

TRACK 16

PLAY Track 16 on the accompanying audio CD. (The script for Track 16 appears on page 135.)

*Ahora tienes **1 minuto** para empezar a contestar las preguntas para esta selección. Después de 1 minuto vas a escuchar la selección de nuevo.*

PLAY Track 16 again.

*Ahora tienes **1 minuto y 15 segundos** para terminar de responder a las preguntas de esta selección.*

1. Según el censo de 2000, ¿qué ha pasado con la población hispana?
   (A) Se ha quedado igual.
   (B) Ha bajado.
   (C) Ahora iguala a la población afroamericana.
   (D) Es casi igual a la población afroamericana.

2. ¿Qué es una controversia que ha surgido en cuanto a los inmigrantes hispanos?
   (A) la cuestión de los partidos políticos hispanos
   (B) la cuestión de una lengua nacional
   (C) la cuestión de establecer más programas bilingües
   (D) la cuestión de las leyes en contra de la inmigración

3. ¿Cuál es un ejemplo del impacto que han tenido?
   (A) la atención que los candidatos les prestan en las campañas electorales
   (B) el número de hispanos elegidos en las elecciones de 2000
   (C) la fundación de comunidades donde sólo se habla español
   (D) el aumento de programas bilingües

4. ¿Qué ha hecho Río Martínez?
   (A) Estableció una compañía publicitaria para productos para la comunidad hispana.
   (B) Pudo encontrar productos de belleza para hispanas en una farmacia.
   (C) Estableció una compañía para proveer productos a mujeres hispanas.
   (D) Vende productos para mujeres hispanas de puerta en puerta.

5. ¿Qué es necesario hacer para tener éxito en la venta de productos a una clientela hispana?
   (A) tener empleados que les hablan en español
   (B) venderles ropa informal
   (C) ofrecerles productos que usan
   (D) ofrecerles los mismos productos que se les ofrecen a todos

Selección número 2

*Primero tienes **1 minuto** para leer la introducción y prever las preguntas.*

Introducción: La siguiente monografía trata del Imperio Incaico y sus logros impresionantes antes de la llegada de los conquistadores españoles.

Ahora escucha la selección.

TRACK 17

PLAY Track 17 on the accompanying audio CD. (The script for Track 17 appears on page 136.)

*Ahora tienes **1 minuto** para empezar a contestar las preguntas para esta selección. Después de 1 minuto vas a escuchar la selección de nuevo.*

PLAY Track 17 again.

*Ahora tienes **2 minutos** para terminar de responder a las preguntas de esta selección.*

1. ¿Cómo podemos describir al imperio incaico?
   (A) inestable
   (B) estable
   (C) viejo
   (D) débil

2. Según el escritor peruano José Carlos Mariátegui, ¿a qué filosofía política se asemejó la estructura política y social de los incas?
   (A) feudal
   (B) comunista
   (C) socialista
   (D) demócrata

3. Cada inca tenía la obligación de dar parte de sus productos agrícolas al gobierno y...
   (A) donar tiempo para trabajar en obras públicas.
   (B) servir en el ejército.
   (C) donar tejidos para entierros.
   (D) servir en el gobierno.

4. El gobierno usaba los productos que guardaba en sus almacenes para...
   (A) ayudar a los enfermos.
   (B) alimentar a los religiosos.
   (C) alimentar a los miembros del gobierno y del ejército.
   (D) ayudar a comunidades afectadas por desastres naturales.

5. Una de las artes de los incas tenía tanto valor que las mujeres que la hacían bien eran mandadas a un tipo de convento donde pasaban la vida haciéndola. ¿Cuál de las artes era?
   (A) el trabajar el oro
   (B) el trabajar la plata
   (C) el esculpir piedras semi-preciosas
   (D) el tejer

6. ¿Cómo se llamaban los mensajeros que llevaban mensajes por el imperio como una especie de *Pony Express?*
   (A) los ayllus
   (B) los chasquis
   (C) los quipus
   (D) los incas

7. ¿Cuál es quizá el avance más impresionante de los incas?
   (A) la cirugía del cráneo
   (B) el entierro de sus muertos
   (C) su sistema de escribir
   (D) su arte de tejer

8. Según la hipótesis del autor Mariátegui, ¿cuál es la razón principal de los problemas que han tenido los países hispanos?
   (A) las enfermedades que les trajeron los españoles
   (B) la imposición del sistema feudal por los españoles
   (C) los abusos del gobierno maya
   (D) la imposición del sistema socialista por los españoles

Selección número 3

*Primero tienes **1 minuto** para leer la introducción y prever las preguntas.*

Introducción: La siguiente monografía trata del Camino de Santiago en el norte de España que ha sido y sigue siendo una ruta de peregrinación a la ciudad de Santiago de Compostela y su importancia artística.

TRACK 18

Ahora escucha la selección.

PLAY Track 18 on the accompanying audio CD. (The script for Track 18 appears on page 137.)

*Ahora tienes **1 minuto** para empezar a contestar las preguntas para esta selección. Después de 1 minuto vas a escuchar la selección de nuevo.*

PLAY Track 18 again.

*Ahora tienes **2 minutos y 15 segundos** para terminar de responder a las preguntas de esta selección.*

1. Los cristianos durante la Edad Media hacían peregrinaciones a Roma, a Jerusalén y a Santiago de Compostela. ¿Dónde está Santiago de Compostela?
   (A) en el noreste de España
   (B) en el Medio Oriente
   (C) en el noroeste de España
   (D) en Meca

2. ¿Para qué hacían el viaje esos peregrinos?
   (A) para tener unas vacaciones
   (B) para luchar en las cruzadas
   (C) para cumplir con una promesa
   (D) para comerciar

3. Según la leyenda, ¿por qué enterraron a Santiago en la Península Ibérica después de su muerte?
   (A) Él enseñó el cristianismo allí.
   (B) Él luchó por el cristianismo allí.
   (C) No lo enterraron allí.
   (D) Él nació allí.

4. ¿Por qué se hizo tan popular la peregrinación a Santiago?
   (A) porque estaba cerca
   (B) porque Roma estaba en manos de los árabes
   (C) por la estrella que descubrieron
   (D) porque Jerusalén estaba en manos de los árabes

5. ¿Dónde tenían que quedarse los peregrinos antes de que Fernando e Isabel construyeran su hospital en Santiago de Compostela?
   (A) en casas privadas
   (B) en la catedral misma
   (C) en un hotel
   (D) en la calle

6. ¿Qué es un parador nacional?
   (A) un edificio histórico convertido en hotel por el gobierno
   (B) un hotel construido por el gobierno
   (C) un parque nacional
   (D) un hospital construido por el gobierno

7. Tradicionalmente, ¿dónde comenzaba la ruta a Santiago de Compostela?
   (A) en los Pirineos
   (B) en el norte de España
   (C) en el sur de Francia
   (D) en París

8. ¿Por qué son de interés e importancia los edificios a lo largo de la ruta?
   (A) por su importancia artística e histórica
   (B) por los peregrinos que los visitan
   (C) por ser de la época romana
   (D) por su importancia religiosa

9. ¿Cuándo se celebra la fiesta de Santiago?
   (A) el 25 de junio
   (B) el 25 de julio
   (C) el 25 de enero
   (D) el 25 de agosto

Selección número 4

*Primero tienes **1 minuto** para leer la introducción y prever las preguntas.*

Introducción: La siguiente monografía trata del movimiento muralista, sus temas y los grandes muralistas mexicanos.

Ahora escucha la selección.

PLAY Track 19 on the accompanying audio CD. (The script for Track 19 appears on page 138.)

*Ahora tienes **1 minuto** para empezar a contestar las preguntas para esta selección. Después de 1 minuto vas a escuchar la selección de nuevo.*

PLAY Track 19 again.

*Ahora tienes **2 minutos** para terminar de responder a las preguntas de esta selección.*

1. ¿En qué pensamos cuando pensamos en México?
   (A) en la comida picante
   (B) en los lugares turísticos
   (C) en el arte indígena precolombina
   (D) en sus artistas modernos

2. ¿Qué es el muralismo?
   (A) retratos de personas famosas
   (B) pintura abstracta
   (C) cuadros pequeños de tema social
   (D) cuadros grandes de tema social que se pintan en las paredes

3. ¿Dónde se encuentran principalmente los murales?
   (A) en museos
   (B) en colecciones privadas
   (C) en edificios públicos
   (D) en paredes exteriores de edificios antiguos

4. ¿Cuáles son los temas principales de David Alfaro Siqueiros?
   (A) temas sociales
   (B) temas religiosos
   (C) temas revolucionarios
   (D) temas socialistas

5. ¿Cuáles son los temas principales de José Clemente Orozco?
   (A) temas religiosos
   (B) temas revolucionarios
   (C) temas socialistas
   (D) temas sociales

6. ¿De qué trata la serie de murales que pintó Diego Rivera en el Palacio Nacional de México?
   (A) de los campesinos de México
   (B) de los problemas sociales de México
   (C) de la historia de México
   (D) de las tribus indígenas de México

7. ¿Para qué construyó Diego Rivera su «teocali»?
   (A) como casa personal
   (B) como museo
   (C) como representación de una pirámide
   (D) como estudio y escuela para artistas

8. ¿Para qué nos sirve el arte de los murales?
   (A) Nos sirve de decoración urbana.
   (B) Nos muestra productos nuevos.
   (C) Nos sirve de inspiración.
   (D) Nos hace pensar en la realidad de nuestro mundo.

Selección número 5

*Primero tienes **1 minuto** para leer la introducción y prever las preguntas.*

Introducción: La siguiente monografía trata de unos de los grandes héroes nacionales de Hispanoamérica, las raíces de su nacionalismo, sus éxitos y sus sueños no realizados.

Ahora escucha la selección.

TRACK 20

PLAY Track 20 on the accompanying audio CD. (The script for Track 20 appears on page 139.)

*Ahora tienes **1 minuto** para empezar a contestar las preguntas para esta selección. Después de 1 minuto vas a escuchar la selección de nuevo.*

PLAY Track 20 again.

*Ahora tienes **2 minutos** para terminar de responder a las preguntas de esta selección.*

1. ¿Cuál de estos héroes fue elegido presidente de su país tres veces?
   (A) Porfirio Díaz
   (B) José de San Martín
   (C) Simón Bolívar
   (D) Benito Juárez

2. ¿Quiénes invadieron a México durante la presidencia de Benito Juárez?
   (A) los ingleses
   (B) los americanos
   (C) los franceses
   (D) los tejanos

3. ¿Qué es lo más curioso de José de San Martín como líder de la independencia en contra de España?
   (A) Estudió en España y sirvió en sus fuerzas armadas.
   (B) Nació en la Argentina.
   (C) Luchó en contra de las fuerzas de Napoleón.
   (D) Nació en España.

4. ¿Cómo se llama el ejército famoso de San Martín?
   (A) el Ejército de Liberación
   (B) el Ejército de Buenos Aires
   (C) el Ejército de los Andes
   (D) el Ejército de Perú

5. ¿Qué problema tenían los criollos?
   (A) No tenían los mismos derechos que los españoles nacidos en España.
   (B) Eran mestizos y sufrían de la discriminación.
   (C) Eran indios y sufrían de la discriminación.
   (D) Eran los defensores del gobierno español en el nuevo mundo.

6. ¿Qué influyó en el pensamiento político de Simón Bolívar?
   (A) las ideas de Napoleón
   (B) las ideas de los revolucionarios americanos y franceses
   (C) las ideas de San Martín
   (D) las ideas de los intelectuales ingleses

7. ¿Cuál fue el gran sueño de Simón Bolívar?
   (A) ser presidente de la República
   (B) estudiar en España
   (C) libertar a la Argentina
   (D) formar una unión de los países de Sudamérica

8. ¿Qué tenían en común estos tres grandes líderes?
   (A) Todos eran criollos.
   (B) No vieron el resultado que querían ver.
   (C) Todos querían una América unida.
   (D) Todos estudiaron en España.

Selección número 6

*Primero tienes **1 minuto** para leer la introducción y prever las preguntas.*

Introducción: La siguiente monografía trata de ganadores hispanohablantes del Premio Nobel.

Ahora escucha la selección.

PLAY Track 21 on the accompanying audio CD. (The script for Track 21 appears on page 140.)

*Ahora tienes **1 minuto** para empezar a contestar las preguntas para esta selección. Después de 1 minuto vas a escuchar la selección de nuevo.*

PLAY Track 21 again.

*Ahora tienes **2 minutos y 15 segundos** para terminar de responder a las preguntas de esta selección.*

1. ¿Qué fue Alfredo Nóbel?
   (A) doctor
   (B) filósofo
   (C) profesor de literatura
   (D) industrial y químico

2. Ha habido personas hispanas que han recibido el premio…
   (A) por la paz.
   (B) en todas las categorías.
   (C) por la medicina.
   (D) por la literatura.

3. ¿A qué género literario pertenece la obra de Gabriel García Márquez?
   (A) a la fantasía y la realidad mágica
   (B) al modernismo
   (C) al realismo
   (D) al naturalismo

4. Este género literario…
   (A) tiene la naturaleza como protagonista.
   (B) mezcla la realidad con la fantasía.
   (C) trata de captar la realidad tal como es.
   (D) tiene mucho interés en las cosas modernas o que están de moda.

5. ¿Cuál es la obra maestra de García Márquez que ejemplifica este género?
   (A) *Cien años de soledad*
   (B) *Los de abajo*
   (C) *Doña Bárbara*
   (D) *Ficciones*

6. Óscar Arias de Costa Rica recibió el Premio Nóbel en 1987 por…
   (A) su trabajo con los mayas.
   (B) ganar la guerra civil en Nicaragua.
   (C) poner fin al conflicto y tener elecciones libres en Nicaragua.
   (D) poner fin al conflicto y tener elecciones libres en Costa Rica.

7. Rigoberta Menchú ganó el Premio Nóbel de la Paz por…
   (A) ayudar a poner fin al conflicto y tener elecciones libres en Guatemala.
   (B) trabajar para poner fin a la violencia y a los abusos de los indígenas en Guatemala.
   (C) trabajar con los indígenas de Chiapas, México.
   (D) trabajar para poner fin al conflicto y tener elecciones libres en Nicaragua.

8. ¿Qué premio recibieron Santiago Ramón y Cajal y Severo Ochoa, dos españoles?
   (A) el Premio Nóbel de la Paz
   (B) el Premio Nóbel de Literatura
   (C) el Premio Nóbel de Física
   (D) el Premio Nóbel de Medicina

9. ¿Qué premio recibió el doctor Luis Álvarez, profesor californiano?
   (A) el de la Paz
   (B) el de Literatura
   (C) el de Física
   (D) el de Medicina

Scripts, Answers, and Explanations for Interpretive Communication: Audio Texts

Answers and Explanations for Interpretive Communication: Audio Texts

Here are the correct answers for the multiple-choice questions for all six audio selections. For explanations of the correct answers, refer to the bold text in the printed scripts of the audio recordings that follow.

Selection 1
1. D
2. B
3. A
4. C
5. C

Selection 2
1. B
2. C
3. A
4. D
5. D
6. B
7. A
8. B

Selection 3
1. C
2. C
3. A
4. D
5. B
6. A
7. D
8. A
9. B

Selection 4
1. C
2. D
3. C
4. A
5. B
6. C
7. B
8. D

Selection 5
1. D
2. C
3. A
4. C
5. A
6. B
7. D
8. B

Selection 6
1. D
2. B
3. A
4. B
5. A
6. C
7. B
8. D
9. C

Scripts for Interpretive Communication: Audio Texts

In this section, the scripts for the audio recordings for selections 1–6 are printed. Note the track numbers provided in the left margin. Boldfaced text highlights where the correct answers can be found. The question number that is answered by the highlighted text is given in parentheses at the beginning of the boldfaced text.

Selection 1

Una conferencia sobre la inmigración

Según la oficina del Censo del gobierno de los Estados Unidos, el grupo denominado «hispano» ha llegado a ser la minoría más grande de los Estados Unidos. Ya en el año 2000 la tasa de natalidad hispana superó a la de afroamericanos y en el censo de 2000 (#1, D) **el número de hispanos casi iguala al número de afroamericanos.** La creciente población hispana en los Estados Unidos ha tenido, y tiene, muchas implicaciones sociales, económicas y políticas.

Ya en los Estados Unidos hay áreas donde se usa el español casi exclusivamente para comunicarse. Muchos piensan que todos los inmigrantes deben esforzarse para aprender el inglés si quieren ser ciudadanos de los Estados Unidos. Ha habido mucha controversia sobre este fenómeno y sobre la educación bilingüe. Este debate sobre qué lengua se debe usar, o sea, sobre la cuestión de establecer una lengua nacional, ha llevado a varios estados a promulgar leyes, o a tratar de promulgarlas, para eliminar la educación bilingüe y (#2, B) **establecer el inglés como lengua oficial.** Pero el hecho es que hay un número creciente de personas para quienes el español es la lengua que usan para comunicarse. Ese número es tan grande que los partidos políticos y las grandes compañías han comenzado a darse cuenta de su importancia política y económica.

En las elecciones de 2000, 2004 y 2008 ambos candidatos para presidente de los Estados Unidos trataron de dar sus discursos en español, por lo menos en parte, ante un público hispanohablante. En el caso de George W. Bush, hasta sus familiares se aprovecharon de su conocimiento del español para animar al público hispano. La importancia del voto hispano no se puede negar, y (#3, A) **como consecuencia, los políticos les prestan más atención a los asuntos de importancia para la comunidad hispana** como el tratamiento médico, la educación y el trabajo.

Las grandes compañías norteamericanas están aprendiendo que si no quieren perder el mercado latino, tendrán que dirigir sus campañas publicitarias y sus productos al mercado hispano. Si no hacen esto, la comunidad hispana misma proveerá los productos que quieren. Un buen ejemplo es lo que ocurrió en Chicago hace poco. Una joven hispana, Río Martínez, en camino a una fiesta, paró en una farmacia para comprar unos cosméticos. En esta farmacia todo el maquillaje que tenían no era para el cutis olivo de una mujer hispana sino para una mujer con el cutis bien blanco. Eso fue el empuje para (#4, C) **establecer una nueva compañía de productos de belleza para la mujer hispana.** «Somos» fue fundada por Río Martínez y Elena Sotomayor con su propio dinero. Ahora venden sus productos por Internet.

Otro ejemplo de este fenómeno tiene que ver con una de las tiendas más viejas y famosas de los Estados Unidos, Sears. En East Los Ángeles, California, una comunidad mayormente hispana, la tienda de Sears ganaba poco dinero para la compañía. Su jefe, un hispano, les pidió permiso a los jefes de Sears para (#5, C) **ofrecer productos que fueran de más interés para una comunidad hispana,** mayormente de México. Normalmente todas las tiendas de Sears ofrecen la misma mercancía, estén dónde estén. Después de que esta tienda comenzó a ofrecer productos de más interés y utilidad para los hispanos, las ganancias de la tienda subieron en un 40 por ciento. En vez de vender tanta ropa informal, comenzaron a vender ropa más formal y ropa para, por ejemplo, la primera comunión. En vez de vender cortacéspedes, comenzaron a vender máquinas de coser ya que muchas hispanas todavía se hacen la ropa.

El hecho es que en el siglo veintiuno habrá más personas de ascendencia hispana en los Estados Unidos, y por eso las compañías y los políticos que quieren tener éxito tendrán que servir a este grupo cada vez más importante. Si no, otros van a servirlo.

Una conferencia sobre los incas

Los incas sólo habían reinado apenas 100 años cuando llegó el conquistador español Francisco Pizarro en 1532, pero en aquellos 100 años habían creado un imperio impresionante. En poco tiempo (#1, B) **habían creado un imperio con un gobierno estable,** un sistema de carreteras, puentes, acueductos, almacenes, comunicación y seguridad social. En el arte habían hecho adelantos en el arte de tejer, una de sus artes más importantes. También hicieron obras impresionantes en plata, oro y piedras semi-preciosas. No fue nada fácil la conquista tampoco. De hecho, Pizarro había hecho dos tentativas antes sin tener éxito. Hay teorías que tratan de explicar por qué este imperio llegó a las alturas que alcanzó en este período de tiempo tan breve.

Según el autor peruano José Carlos Mariátegui, en su obra Siete ensayos de interpretación de la realidad peruana, la estructura social y política del imperio incaico (#2, C) **se asemejó mucho a la filosofía socialista del siglo veinte** donde todos se ayudaban los unos a los otros para el bien de todos. Como todos se apoyaban los unos a los otros, el imperio pudo tener éxito. El imperio se dividía en comunidades que se llamaban «ayllus». Cada familia del ayllu que cultivaba la tierra tenía la obligación de dar parte de los productos de su terreno al gobierno como un impuesto. El gobierno entonces dividía los productos en cuatro partes, una parte para el gobierno y el ejército, otra para los religiosos, otra para los ancianos y enfermos y otra para guardar en almacenes en anticipación de desastres naturales. (#4, D) **La comida que se guardaba se usaba si había una catástrofe en uno de los ayllus. El gobierno ayudaba a la comunidad afectada usando productos de sus almacenes.** La comida de los almacenes se conservaba bien gracias al frío y a la altura sobre el mar en las montañas. En realidad, los incas inventaron el proceso de conservar la comida en seco.

Además de tener que dar parte de sus productos al estado, (#3, A) **los hombres tenían también que donar cierto número de días cada año para trabajar en obras públicas** como puentes, caminos, acueductos y terrazas. Entonces todos contribuían al bienestar del estado proveyendo productos de la tierra y manos para el trabajo.

Las mujeres también contribuían al imperio. Como se mencionó antes, (#5, D) **el arte de tejer era una de las artes más desarrolladas y valoradas. Entonces mandaban a las mejores tejedoras a centros de tejer, como conventos, donde pasaban la vida produciendo tela y tejidos para el imperio.** Estos tejidos se usaban para comerciar con otras tribus y también se usaban para enterrar a las personas.

Otro trabajo muy importante era el del chasqui. (#6, B) **Los chasquis eran mensajeros que llevaban mensajes por los caminos del imperio.** A trechos, según la distancia que un hombre podía correr en un día, habían construido un tipo de hotel y un almacén. En cada uno de esos hoteles había un chasqui. Cuando llegaba uno, le daba el mensaje al chasqui que estaba allí y éste continuaba con el mensaje hasta que llegaba a su destinación mientras que el otro descansaba en espera del próximo mensaje para llevar. Funcionaba como una carrera de relevos moderna donde una persona lleva el testigo cierta distancia para dárselo a otro para continuar. Los incas no tenían un sistema de escritura sino que usaban quipus, cuerdas anudadas que según el número y tamaño de los nudos transmitían un mensaje.

(#7, A) **Otra muestra de los avances que alcanzaron los incas es en el campo de la cirugía. Los antropólogos han encontrado a momias cuyos cráneos fueron operados.** Y lo más sorprendente es que no solamente muestran la operación, sino que también muestran que el paciente sobrevivió la operación y siguió viviendo años después de haber sido operado.

Todo esto terminó con la conquista por Pizarro y los españoles que impusieron un sistema más bien feudal en las Américas. La teoría de Mariátegui en su libro es que los problemas de que ha sufrido el Perú, y otros países en Latinoamérica, tienen que ver con el hecho de que (#8, B) **los españoles reemplazaron un sistema socialista puro con el sistema feudal europeo. De esta manera cambiaron un sistema avanzado por uno inferior y antiguo.** En el sistema feudal, según la teoría, hay menos razones para trabajar porque no se trabaja para el bien común.

Selection 3

Una conferencia sobre el camino de Santiago

Durante la Edad Media había tres lugares de peregrinación principales para la Europa cristiana: Roma, el Medio Oriente y (#1, C) **Santiago de Compostela en el noroeste de España.** Como hacen los musulmanes hoy día a Meca, los cristianos medievales trataban de hacer una peregrinación a un sitio considerado sagrado durante su vida, sobre todo para (#2, C) **cumplir con una promesa.** Por ejemplo, si ellos se curaban de una enfermedad, o recibían otro bien, ellos hacían una peregrinación para darle las gracias a Dios por su buena suerte. Quizás es fácil imaginar por qué querían ir al Medio Oriente y a Roma, pero ¿por qué quisieran ir al noroeste de España a un pueblecito?

Según nos cuenta la historia religiosa, después de la muerte de Jesús Cristo sus apóstoles se fueron a varias partes del imperio romano para predicar las buenas nuevas y extender el cristianismo. Se dice que (#3, A) **Santiago el Mayor, uno de los apóstoles de Jesús, se fue a la Península Ibérica para predicar el mensaje de Jesús. Cuando volvió después al Medio Oriente, los romanos lo mataron como a muchos de los apóstoles. Según la leyenda, después de su martirio, sus discípulos llevaron su cuerpo a la Península Ibérica otra vez para enterrarlo.** Se dice que los discípulos lo llevaron a un campo en el noroeste de la península y lo enterraron donde vieron una estrella sobre ellos. El lugar entonces recibió el nombre Santiago de Compostela (campo de la estrella). Allí, en el siglo once de la era común, comenzaron a construir una catedral para guardar los restos mortales del santo y entonces comenzaron las peregrinaciones. (#4, D) **Lo que también hizo a Santiago de Compostela tan popular con los peregrinos fue el hecho de que Jerusalén estaba en manos árabes y, por las cruzadas y la violencia religiosa, no les era tan fácil visitar los sitios santos en el Medio Oriente.** Para la época de Fernando e Isabel, tantos peregrinos iban cada año que mandaron construir un hospital allí donde los peregrinos podían quedarse durante su visita. (#5, B) **Antes, los peregrinos tenían que quedarse en la catedral misma.**

Hoy día el hospital que mandaron construir Isabel y Fernando sigue en Santiago de Compostela pero ahora forma parte de una cadena de (#6, A) **paradores nacionales, edificios históricos que el gobierno ha convertido en hoteles de gran lujo.** En la ciudad, y en el camino a la ciudad, todavía se puede ver los peregrinos modernos caminando o montados en bicicleta con su mochila con la concha, símbolo de Santiago, en la espalda. Muchos peregrinos mayores vienen en autocares de todas partes de Europa, algunos en plan turístico, otros por motivos religiosos, todos a Santiago como se ha hecho por más de mil años. Santiago sigue siendo una destinación de mucho interés no sólo religioso sino también turístico.

(#7, D) **Tradicionalmente el viaje comenzaba en la Torre de Santiago o, en francés, la Tour de San Jacques, en París.** De allí los peregrinos pasaban hacia el sur de Francia, cruzaban los Pirineos y continuaban por el norte de España. Para atenderlos se construyeron conventos, monasterios e iglesias a lo largo del camino. Todavía quedan, algunos en ruinas o abandonados y otros que todavía sirven su propósito original de atender a los peregrinos en camino a Santiago. (#8, A) **Estos edificios a lo largo de la ruta son mayormente de estilo románico y hoy día de gran interés artístico e histórico.**

En Santiago todavía mantienen una oficina de peregrinación y los que vienen andando, o en bicicleta, y han recibido las firmas de ciertos oficiales en ruta, tienen derecho a un certificado para celebrar su logro.

Mientras hoy no hay tantos que hacen esta peregrinación, Santiago de Compostela sigue siendo un sitio y una ruta de gran interés histórico, artístico, turístico y aun religioso. (#9, B) **El día de Santiago es el 25 de julio** y cada año millares de personas vienen para festejar y celebrar en esta ciudad que es un cruce entre los caminos del mundo antiguo y el mundo moderno.

Selection 4

Una conferencia sobre los grandes muralistas mexicanos

Cuando pensamos en el arte de México muchas veces (#1, C) **lo que nos viene a la mente es el arte precolombino de los aztecas, toltecas, olmecas y mayas.** Las grandes pirámides, centros ceremoniales, cerámica, joyas y esculturas se encuentran por todas partes. Cuando se visita a México algunos de los lugares más populares para visitar son los centros arqueológicos como Teotihuacán, Palenque, Chichen Itzá y la excavación del templo mayor en la Ciudad de México. También en la capital mexicana se encuentra el famosísimo Museo de Antropología que reúne artefactos de todas las culturas de México. Pero, también en esta ciudad, y otras en México, se pueden ver las obras de otros grandes artistas mexicanos, los muralistas.

(#2, D) **El muralismo es el arte de pintar grandes cuadros en las paredes de edificios,** muchas veces edificios públicos. Los murales, no importa en que país se encuentran, muchas veces contienen crítica social o política, o conmemoran a personas o eventos importantes en la mente del pueblo. Los artistas mexicanos llevaron esta forma de arte a un nivel muy alto en el siglo veinte y la hicieron una expressión artística que se relaciona mucho con México.

En el muralismo mexicano los temas reflejan eventos históricos de México, las civilizaciones precolombinas, leyendas, grandes líderes y la crítica social. (#3, C) **Estas obras se encuentran en edificios públicos,** el sitio perfecto para mostrar el arte y el mensaje que comunican. Los tres grandes nombres de este movimiento artístico son Diego Rivera, José Clemente Orozco y David Alfaro Siqueiros.

David Alfaro Siqueiros nació en 1896 y murió en 1974. Él realizó murales de gran simbolismo cuyos (#4, A) **temas son sociales.** Un ejemplo es su mural titulado Madre campesina, que se encuentra en el Instituto Nacional de Bellas Artes. Los murales de Siqueiros captan la realidad de la gente en la expresión de su situación en la vida. En el mural Madre campesina, vemos a una madre, en un desierto, con la cara triste sosteniendo a su bebé en los brazos bajo la manta.

José Clemente Orozco nació en 1883 y murió en 1949. (#5, B) **Sus pinturas, murales y frescos representan temas revolucionarios.** Uno de sus murales más famosos se llama Zapatistas y muestra a los campesinos y a las campesinas que luchaban en la Revolución mexicana con el revolucionario famoso Emiliano Zapata.

Quizá el muralista de más renombre mundial sea Diego Rivera, quien nació en Guanajuato, México, en 1886 y murió en 1957. La obra de Rivera incluye murales, cuadros, dibujos y retratos de gente famosa. Sus temas abarcan todos los que trataron los muralistas mexicanos: la vida, la historia y los problemas sociales. Entre sus obras más impresionantes se encuentra la serie de murales que hizo en el Palacio Nacional de México. Allí, en una escalera y en las galerías de uno de los patios, (#6, C) **Rivera pintó la historia de México de los tiempos precolombinos hasta la lucha del proletariado de los años veinte y treinta.** Se puede ver la vida de los indígenas de México antes de la llegada de Cortés, el encuentro entre Cortés, la Melinche y Moctezuma, la lucha entre los españoles e indígenas y la subyugación y el abuso de ellos. Antes de morir, (#7, B) **Diego Rivera hizo construir un «teocali» en la capital; un teocali es una pirámide maya que sirve de museo para algunas de sus obras y antigüedades.** Fue el regalo de Rivera al pueblo mexicano y a su herencia indígena.

El arte muralista de México ha servido también de inspiración para jóvenes artistas latinos en los Estados Unidos. Al visitar muchas ciudades norteamericanas, se puede ver murales, algunos pagados y otros de expresión personal y anónimos, en las paredes de edificios y en las murallas de algunos barrios. Todavía muchos tratan de temas sociales y políticos mientras hay otros que son simplemente para embellecer el barrio con escenas de la vida cotidiana. La inspiración de estos tres muralistas inmortales de México — Siqueiros, Orozco y Rivera— sigue en las nuevas generaciones aquí y allí (#8, D) **enseñándonos y haciéndonos pensar en la realidad del mundo que nos rodea.**

TRACK 20 Selection 5

Una conferencia sobre los grandes líderes de Hispanoamérica

Benito Juárez, José de San Martín y Simón Bolívar son algunos de los grandes líderes que participaron en la creación de muchos de los países modernos de Latinoamérica ayudándolos a ganar o mantener su independencia de poderes europeos y emprender el camino nacional.

Benito Juárez nació en San Pablo de Guelatao, México, en 1806. Él sirvió como gobernador de Oaxaca y presidente de la suprema corte de justicia. (#1, D) **Este hombre, que sería elegido presidente de México tres veces,** luchó por la libertad de sus ciudadanos, no sólo en contra de la oligarquía rica y conservadora sino también (#2, C) **en contra de los franceses y el emperador Maximiliano, que ellos y la oligarquía instalaron en México.** Hijo de indios, enseñado por un sacerdote, Benito Juárez llegó a ser uno de los líderes más importantes del siglo diecinueve y de todos los tiempos. Intentó defender a todos los mexicanos y por eso tuvo problemas con los elementos más poderosos del país.

José de San Martín nació en Yapeyú, Argentina, en 1778 y de joven (#3, A) **se fue con sus padres a vivir en España. En España estudió en un colegio para militares y se alistó en las fuerzas armadas españolas.** Estaba en España durante la invasión napoleónica y luchó en contra de ellos en el ejército español. Aunque vivió muchos años en España y fue miembro de sus fuerzas armadas, San Martín se interesó mucho en la independencia de su país natal. En 1812, al terminar las guerras napoleónicas en España, San Martín vio la oportunidad de conseguir la independencia de la Argentina y volvió a Buenos Aires. Allí él ayudó a conseguir la independencia de la Argentina y planeó la liberación de Chile y del Perú. En enero de 1817, (#4, C) **con su famoso Ejército de los Andes,** San Martín cruzó los Andes y libertó a Chile. Después se fue al norte y con Bolívar libertó al Perú y Bolivia. José de San Martín fue el protector del Perú por un año. Después él renunció al puesto y se fue a vivir en Francia.

Decidió no participar en la política de la Argentina y pasó el resto de su vida en Francia, donde murió en 1850. Aunque nunca volvió a la Argentina, sigue en la memoria de la nación argentina como uno de sus grandes líderes.

Simón Bolívar nació en Caracas, Venezuela, en 1783, hijo de padres españoles. Por haber nacido en Venezuela, (#5, A) **Bolívar fue criollo, hijo de españoles nacido en las colonias. Por eso no gozaba de los mismos derechos que tenían sus padres por haber nacido en España.** Eso sería uno de los factores que lo empujaron a tomar parte en el movimiento de independencia en las Américas. Como San Martín, Simón Bolívar se fue a estudiar en España. (#6, B) **Allí él estudió las ideas de los grandes intelectuales franceses de la Revolución Francesa. Con esta influencia y la independencia reciente de los Estados Unidos de Inglaterra, él se dedicó a la liberación de las Américas.** Bolívar ganó la independencia de Venezuela, Colombia y Ecuador. Luego con San Martín logró la independencia de Bolivia. (#7, D) **El sueño de Bolívar fue establecer los Estados Unidos de Sudamérica como lo habían hecho los patriotas al norte.** Él pudo establecer la República de Gran Colombia, que incluía a Venezuela, Colombia, Ecuador y Panamá. Bolívar fue elegido su primer presidente pero desgraciadamente esa unión duró poco tiempo.

(#8, B) **Aunque estos tres hombres cambiaron la suerte de sus países no vieron el resultado que esperaban:** Benito Juárez vio el ascenso del dictador Porfirio Díaz; José de San Martín se vio obligado a pasar sus últimos días en Francia por el caos que había en su país; y Simón Bolívar vio el desmembramiento de la República de Gran Colombia y la desaparición de su sueño de una Sudamérica unida. A pesar del aparente fracaso de sus sueños, estos tres hombres permanecen en la memoria de sus compatriotas, y también en la memoria colectiva humana, por lo que pudieron realizar durante su vida.

Selection 6

Una conferencia sobre ganadores del Premio Nóbel

(#1, D) **Alfredo Nóbel, industrial y químico sueco** que inventó la dinamita, estableció en su último testamento cinco premios para personas que han hecho cosas importantes para la humanidad. Los premios son de literatura, paz, fisiología y medicina, física y química. Cada 10 de diciembre, el aniversario de su muerte, estos premios se otorgan en la capital de Suecia, Estocolmo y el de la Paz en la capital noruega Oslo. Hombres y mujeres representantes de muchos países y culturas han recibido estos premios desde su principio, incluso personajes del mundo hispano. (#2, B) **Unos 14 hispanohablantes, que representan las cinco categorías, han sido recipientes de este honor.**

El Premio Nóbel de Literatura ha sido recibido por ocho escritores de cinco países del mundo hispano. Gabriel García Márquez de Colombia, Miguel Ángel Asturias de Guatemala, Pablo Neruda de Chile, Octavio Paz de México, Gabriela Mistral de Chile, Vicente Aleixandre, Juan Ramón Jiménez y Jacinto Benavente de España lo han recibido. Quizá el más conocido sea Gabriel García Márquez de Colombia, (#3, A) **cuya obra literaria le dio al mundo a conocer mejor el género literario latinoamericano de la fantasía y la realidad mágica.** En sus obras (#4, B) **se mezclan el mundo real y el mundo de la fantasía.** Muchas de sus obras se relacionan con un pueblo imaginario, que se llama Macondo, y sus habitantes. Sus novelas y cuentos antes de y después de (#5, A) **su obra maestra *Cien años de soledad* tienen lazos con Macondo y sus habitantes casi sobrenaturales.**

Dos hispanos han sido premiados con el Premio Nóbel de la Paz por su esfuerzo por lograr la paz en Centroamérica: Rigoberta Menchú, una indígena guatemalteca, y Óscar Arias, el antiguo presidente de Costa Rica. Óscar Arias fue elegido presidente de Costa Rica por primera vez en 1986. En aquel entonces se luchaba una guerra civil en Nicaragua al norte de Costa Rica. Aquella guerra entre los sandanistas, que habían tomado control del país, y los contras, rebeldes que recibían apoyo del gobierno de los Estados Unidos, arriesgaba la estabilidad de la región. Además, era una amenaza para Costa Rica, un país neutral que no tiene ejército para defenderse. (#6, C) **Arias trabajó para poner fin al conflicto y tener elecciones libres en Nicaragua. Por sus esfuerzos, recibió el Premio Nóbel de la Paz en 1987.**

Rigoberta Menchú, indígena guatemalteca, escribió Me llamo Rigoberta Menchú y así me nació la conciencia, que mostró al mundo la discriminación y la violencia de que sufrían los indígenas de Guatemala a manos del gobierno, el ejército y la oligarquía. En este libro autobiográfico ella cuenta su historia. Describe cómo los soldados del ejército de Guatemala mataron a su familia y escribe sobre los abusos del gobierno. Además de escribir un libro, (#7, B) **ella también ha trabajado para organizar a la gente indígena de Guatemala para poner fin a la violencia y a los abusos del pasado. Ella también ha trabajado en la repatriación de indígenas que huyeron a México para escaparse de la violencia. Por sus esfuerzos ella ganó el Premio Nóbel de la Paz en 1992.**

(#8, D) **Dos españoles han recibido el Premio Nóbel de Medicina. Santiago Ramón y Cajal lo recibió en 1906 por su trabajo en el funcionamiento del sistema nervioso. Severo Ochoa lo recibió en 1959 por sus estudios sobre las enzimas.**

En esta lista también podemos incluir a un americano nacido en San Francisco, Luis Álvarez. El doctor Álvarez nació en 1911 en San Francisco, California. En 1936 recibió un doctorado en física de la Universidad de Chicago. Luego se instaló como profesor de física en la Universidad de California en Berkeley. (#9, C) **En 1968 recibió el Premio Nóbel de Física por su trabajo en este campo.**

Nóbel quería premiar a personas notables que hubieran contribuido al bien común del género humano. Como se puede ver, la comunidad mundial hispana ha participado y sigue participando en esta tarea de servir a los seres humanos y enriquecer su vida por medio de su trabajo, sea lo que sea.

CHAPTER 7

Exam Section II
Interpersonal Writing: E-mail Reply

IN THIS CHAPTER

Summary: In the **Interpersonal Writing: E-mail Reply** portion of the AP Spanish Language and Culture exam, you will be required to write a reply to an e-mail message provided in the examination book. This part of the exam accounts for one-eighth (12.5 percent) of your total AP Spanish exam score. This chapter provides suggestions on how to write the best e-mail response possible in the time allotted and give you some ideas on how to go about preparing for this part of the examination. It includes 20 sample e-mail messages similar to what you will need to respond to on the actual AP Spanish exam. Use these sample exercises to familiarize yourself with the test and practice your e-mail writing skills. Finally this chapter also includes a detailed explanation of how your e-mail reply will be scored.

Strategy for Interpersonal Writing: E-mail Reply

You will have 15 minutes to read the e-mail message provided on the test and then write your e-mail response. Following are suggestions regarding your strategy in approaching this part of the test. Also included are tips on how to best prepare yourself for the e-mail reply portion of the AP Spanish exam.

STRATEGY

- Read the question carefully. Look for the main idea or theme and related ideas or themes.
- Determine to whom the e-mail message is being addressed. If it is to a friend or relative, use familiar forms (*tú, vosotros, ustedes*). If it is to a company, an adult, or someone whom you do not know, use the formal forms (*usted, ustedes*).
- Try to make a short quick list of nouns, verbs, adjectives, and adverbs that you might want to use. Remember, however, that you are to write an e-mail message, not just a list of answers or ideas.
- Remember the *purpose* of the piece of writing. For example, if it is to get information, resolve a dispute, make plans, etc., you will want to be sure to let the person to whom you are writing know that you want a response and how to get back to you.
- Be careful to use an appropriate greeting and an appropriate closing.
- Be sure to answer all questions asked of you in the e-mail message.
- In your response, you should ask for more details about something mentioned in the e-mail message.
- Set a timer or alarm for 15 minutes, then open to one of the topics and start writing. Be sure to stop immediately when the time is up so that you have an accurate idea of what you can do in 15 minutes.
- Once you know what you can do in 15 minutes, try each time thereafter to do a little more or to improve upon the quality of the work.
- Be sure to look at the rubric provided at the end of this chapter to see how you will be assessed.

Practice for Interpersonal Writing: E-mail Reply

> **Some key words to look for:**
>
> - Un mensaje electrónico = an e-mail
> - Un mensaje/recado = a message
> - Querido/a = Dear (informal)
> - Estimado/a = Dear (formal)
> - Un abrazo = a way to close a familiar letter
> - Atentamente = a way to close a formal letter

Instructions: You will write a reply to an e-mail message you have received. You have 15 minutes to read the e-mail and write your response.

Instrucciones: Escribirás una respuesta a un mensaje electrónico que has recibido. Tienes 15 minutos para leer el mensaje electrónico y escribir tu respuesta.

Mensaje electrónico número 1

Tema curricular: La vida contemporánea

Introducción: Este mensaje electrónico te ha escrito un amigo. Has recibido el mensaje invitándote a una fiesta.

De: María López
Asunto: ¡Fiesta!

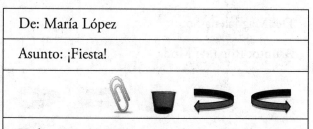

¡Hola amigo/a!

¿Cómo estás? Espero que todo te vaya bien. Mira, quiero invitarte a una fiesta en mi casa el día 15. Celebraremos el cumpleaños de nuestra amiga Juana. La fiesta es de sorpresa. ¡Ojalá puedas venir!

Si puedes venir, ¿podrás traer algo para comer? Todos los invitados van a contribuir comida y yo las bebidas. También, en vez de darle regalos de cada uno de nosotros, vamos a contribuir dinero para comprarle un regalo bien especial. ¿Te gustaría contribuir, y tendrías unas ideas de cosas que a Juana le gustarían?

Déjame saber cuanto antes si puedes participar.

Besos,

María

Mensaje electrónico número 2

Tema curricular: La vida contemporánea

Introducción: Recibiste este mensaje electrónico de tu primo Raúl. Él está muy emocionado porque lo han seleccionado para un equipo de fútbol.

De: Raúl Martínez
Asunto: Buenas noticias

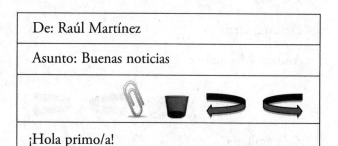

¡Hola primo/a!

Tengo unas noticias fenomenales. ¡Me han seleccionado para jugar en nuestro equipo de fútbol! ¿Tú lo puedes creer? ¿Qué piensas? Aunque estoy muy emocionado, también me siento nervioso. Espero poder servir bien a mi nuevo equipo. Voy a practicar aun más duro con mis compañeros.

Yo sé que te interesa el fútbol también pero quizá no tanto como yo. De todos modos quiero que vengas a algunos de mis partidos para apoyarme. ¿Lo harás? ¿Crees que mis tíos vendrían contigo también? Sería fantástico.

Mañana mis amigos y yo nos reunimos en el parque para jugar, ven si puedes.

Un abrazo,

Marcos

Mensaje electrónico número 3

Tema curricular: Las familias y las comunidades

Introducción: Recibiste un mensaje electrónico de tu amiga Ana. Ella acaba de cumplir sus quince con una fiesta y te cuenta como le fue.

De: Ana Ortiz
Asunto: Mis quince

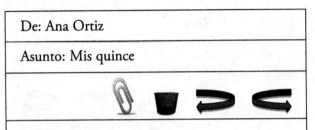

Hola amigo/a,

¿Cómo estás? Yo muy bien. Como sabes cumplí los quince el fin de semana pasada y el día fue como un sueño. Todo salió a maravilla. Mi familia, mis amigos y yo comenzamos el día con un servicio en nuestra iglesia y después todos fuimos para almorzar en mi restaurante favorito. ¿Fue similar cuando tu cumpliste los quince?

Después de comer había una banda que tocaba y todos bailábamos. ¡Yo bailé primero con mi papá! Luego todos salieron a la pista para acompañarnos. ¿Había música y baile en tu fiesta también?

En vez de comprarme muchos regalos, mi familia y mis amigos juntaron dinero para ofrecerme un viaje al Mundo de Disney. Qué padre, ¿no?

Dime qué piensas de mi día y si tú tenías una experiencia igual. ¡Ojalá que vivieras más cerca!

Besos,

María

Mensaje electrónico número 4

Tema curricular: La vida contemporánea

Introducción: Este mensaje electrónico viene de la Sra. Magdalena Soto, gerente de una tienda de ropa donde te gustaría trabajar.

De: Magdalena Soto
Asunto: Ropa de Moda

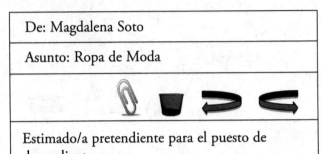

Estimado/a pretendiente para el puesto de dependiente,

Le agradezco el interés que ha mostrado en el puesto que tenemos en nuestra tienda Ropa de Moda. Estoy encargada de seleccionar el candidato o la candidata que mejor nos servirá. Para llevar esto a cabo, me gustaría tener más información acerca de usted.

En la solicitud preliminar tengo todos sus datos pero me ayudaría saber qué clases ha seguido o sigue en su colegio que lo/la han preparado para trabajar de dependiente en una tienda de ropa o qué otra(s) experiencia(s) haya tenido que le serviría en el puesto.

Como usted es estudiante de secundaria, ¿qué días y horas estaría usted disponible para trabajar?

Por fin, en su opinión, ¿por qué se cree el/la candidato/a ideal para este puesto más que otro/a?

Atentamente,

Sra. Magdalena Soto, administradora de personal

Mensaje electrónico número 5

Tema curricular: La ciencia y la tecnología

Introducción: Este mensaje es de la compañía fotográfica Picaflor. Has recibido este mensaje porque acabas de comprar de ellos por Internet una cámara digital.

De: Jesús Fernández

Asunto: Su opinión cuenta

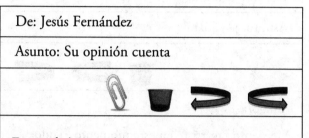

Estimado/a señor/a,

Soy Jesús Fernández de la compañía fotográfica Picaflor. Usted ya ha recibido la cámara que pidió por Internet y nos gustaría hacerle algunas preguntas.

¿Cuál modelo decidió comprar y por qué? ¿Por qué decidió usted comprar una de nuestras cámaras en vez de otra? Si ya saca fotos, ¿cómo le han salido? ¿Qué nos puede decir cómo funciona y si satisface sus necesidades?

Por último, ¿puede usted decirnos cómo le fue la experiencia de usar nuestra tienda Web y tendría usted unas recomendaciones en cuanto podamos mejorar la experiencia?

Gracias por su tiempo.

Atentamente,

Jesús Fernández, encargado de mercadeo, Fotos Picaflor

Mensaje electrónico número 6

Tema curricular: La vida contemporánea

Introducción: Este mensaje electrónico viene de una agencia de viajes que se especializa en viajes para estudiantes. Has recibido este mensaje porque tú habías pedido en su página Web que te contacten.

De: Nico Blanco

Asunto: Tours cuando y a dondequiera

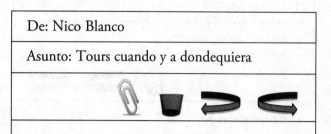

Estimado/a señor/a,

Soy Nico Blanco de Tours cuando y a dondequiera (T.C.A.). Cuando usted visitó nuestra página Web, indicó que le gustaría más información. Ofrecemos muchos paquetes a lo largo del año, entonces si puede darme más información, yo podré mandarle por correo electrónico información que le servirá mejor.

¿Durante qué temporada del año planea usted y sus amigos viajar? ¿Tienen ustedes unas destinaciones que les interesan? También nos ayudaría saber cuántos viajarán en el grupo y el presupuesto que ustedes tienen.

En adición, si puede mencionar tipos de actividades que les gustan, podremos afinar un poco más el tipo de paquete que les servirá mejor.

Cuando reciba esta información, podré enviarle más información.

En espera de su respuesta,

Nico Blanco, T.C.A.

Mensaje electrónico número 7

Tema curricular: La vida contemporánea

Introducción: Este mensaje electrónico es de tu amiga Paty. Tú estás de vacaciones y a ella le gustaría saber como te las pasas.

De: Paty Molina

Asunto: Las vacaciones

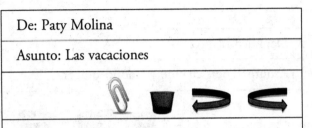

Hola amigo/a,

¡Qué suerte te ha tocado estar de vacaciones! Hace muy mal tiempo aquí, mucho frío, llueve y no he visto el sol por días. ¿Qué tal el tiempo por allí? ¿Has conocido a unas personas interesantes? ¿Qué me cuentas de ellos?

En cuanto a actividades, ¿qué se ofrece al balneario? ¿Has participado ya en algunas de éstas? ¿Cómo es la comida allí? ¿Has probado platos típicos de la región? ¡Espero que no comas sólo hamburguesas y papas fritas!

Si puedes, mándame unas fotos del balneario y algunas de los lugares que visitas.

Pues, en total, ¿cómo te lo pasas?

Un abrazo y un beso,

Paty

Mensaje electrónico número 8

Tema curricular: Las identidades personales y públicas

Introducción: Este mensaje es de tu amigo José. Él pasa por un momento difícil y quiere tu consejo.

De: José Morales

Asunto: ¡Ayúdame!

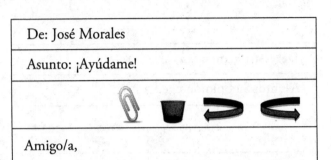

Amigo/a,

Me siento tan triste en este momento. Todo parecía ir sobre ruedas hasta hoy en el colegio.

Como sabes, me interesa seguir estudios para médico en la universidad y por esta razón me hace falta seguir muchas clases de matemáticas y ciencias. Pues hoy tuvimos un examen fatal en biología, un examen «matatodos». Me quedo tan preocupado. ¿Qué voy a hacer? ¿Qué harías tú mi amigo/a si estuvieras en mi lugar? Creí haber estudiado lo suficiente y he hecho todos los experimentos requeridos antes de este examen.

He pensado buscarme un tutor. ¿Qué te parece? ¿Conoces a alguien que pueda trabajar conmigo? No sé, quizá debo cambiar mis planes para la universidad. Quizá no soy bastante inteligente para la medicina.

Amigo/a, ¿qué voy a hacer? Espero oír de ti pronto.

Un abrazo de tu amigo fracasado,

José

Mensaje electrónico número 9

Tema curricular: Las comunidades educativas

Introducción: Ese mensaje electrónico es de tu profesor de español. Te iba a ayudar esta tarde en su oficina pero no podrá reunirse contigo hoy.

De: Profesor Morales, dpto. de lenguas

Asunto: Esta tarde

Querido estudiante mío/a,

Lamento mucho pero no podré verte esta tarde como habíamos citado. Algo inesperado ha ocurrido que no me permitirá venir.

Yo sé que te preocupas por el examen de la semana que viene. ¿Podrías decirme cuando tendrás tiempo libre otra vez y podemos fijar otra cita? Como entramos en exámenes, no doy clases y podré estar en mi oficina cuando quieras. También, podrías decirme que temas te gustarían revisar y por qué crees que tienes dificultades con el tema. Entonces, podría tener unas prácticas preparadas para ti.

En adición, en mi página Web puedes encontrar ejercicios de práctica y ejemplos de los tipos de preguntas que aparecerán en el examen.

Otra vez, siento mucho la inconveniente.

En espera de tu repuesta,

Señor Morales

Mensaje electrónico número 10

Tema curricular: Las familias y las comunidades

Introducción: Este mensaje electrónico te ha escrito tu abuela. Hoy celebras tu cumpleaños.

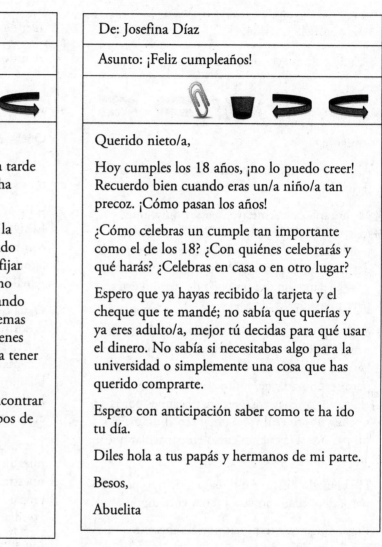

De: Josefina Díaz

Asunto: ¡Feliz cumpleaños!

Querido nieto/a,

Hoy cumples los 18 años, ¡no lo puedo creer! Recuerdo bien cuando eras un/a niño/a tan precoz. ¡Cómo pasan los años!

¿Cómo celebras un cumple tan importante como el de los 18? ¿Con quiénes celebrarás y qué harás? ¿Celebras en casa o en otro lugar?

Espero que ya hayas recibido la tarjeta y el cheque que te mandé; no sabía que querías y ya eres adulto/a, mejor tú decidas para qué usar el dinero. No sabía si necesitabas algo para la universidad o simplemente una cosa que has querido comprarte.

Espero con anticipación saber como te ha ido tu día.

Diles hola a tus papás y hermanos de mi parte.

Besos,

Abuelita

Mensaje electrónico número 11

Tema curricular: Las familias y las comunidades

Introducción: Este mensaje electrónico te ha escrito tu amiga Gabriela. Mañana comenzará el nuevo semestre en tu colegio.

De: Gabriela Garrido
Asunto: El nuevo semestre

Amigo/a,

¡Qué rápido nos han pasado las vacaciones! ¡Huy! Mañana, otra vez, al trabajo.

Mi horario este semestre va a ser muy, muy fuerte. ¿Cómo será el tuyo? Por lo menos no tengo una clase la primera hora, entonces puedo despertarme un poco antes de comenzar el día y en adelante tendré un poco de tiempo extra para preparar las tareas.

Y tú, ¿seguirás unos cursos diferentes de los del primer semestre? Tuve éxito en ser aceptada en la clase avanzada de teatro. Estoy emocionada pero reconozco que, junto con el trabajo de clase, voy a tener ensayos y actuaciones por la noche y los fines de semana. Pero el drama es mi pasión. ¿Hay algún curso en particular que esperas con anticipación? ¿Por qué?

He pensado buscar un trabajo a tiempo parcial pero, de verdad, no voy a tener el tiempo.

Pues, tengo que terminar por el momento, escríbeme más tarde.

Besos,

Gabriela

Mensaje electrónico número 12

Tema curricular: Las familias y las comunidades

Introducción: Este mensaje electrónico es de tu familia de intercambio en el Perú. Acabas de volver a casa después de pasar un mes con ellos en Lima.

De: La familia Vargas
Asunto: El intercambio

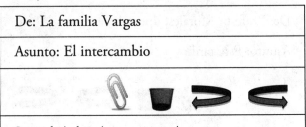

Querido/a hijo/a americano/a,

Es difícil creer que ya estás de vuelta en casa otra vez. El mes pasó tan rápido.

¿Qué tal fue el viaje de regreso a los EE.UU.? Esperamos que no tuvieras ningún contratiempo. También esperamos que a tu familia le gusten los regalitos que le compraste. ¿Cuál fue su reacción?

Ojalá que lo hayas pasado muy bien con nosotros. ¿Qué impresiones tienes de nuestro país? ¿Cuáles fueron las cosas que vas a recordar más? Tus profesores van a quedarse bien impresionados con los progresos que has hecho en el dominio del español. De verdad, aprendiste mucho.

Pues, hijo/a, fue un gran placer tenerte en nuestra casa y sé que siempre serás parte de nuestra familia. Mándanos algunas fotos cuando tengas tiempo. Sabe que siempre tendrás casa y familia para visitar en Lima.

Un abrazo muy fuerte,

Tu familia peruana

Mensaje electrónico número 13

Tema curricular: La vida contemporánea

Introducción: Este mensaje electrónico es de tu amiga Mercedes. Es una compañera de clase y los/las dos trabajan en la misma tienda en su tiempo libre.

De: Margarita Menéndez
Asunto: Un favor

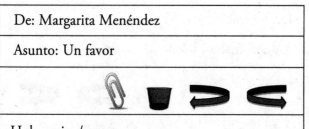

Hola amigo/a,

Tengo un problema muy gordo y espero que puedas echarme una mano. Como sabes, participo en el coro del colegio y pasa que este viernes por la noche damos un concierto gratis en el centro comercial. Como el coro es una clase, la participación en el evento cuenta como nota para la clase. La cosa es que tengo que trabajar la misma noche. Sé que no te doy mucho tiempo pero te ruego, ¿podrías trabajar por mí? Yo te prometo que te voy a recompensar.

Si quieres, puedo trabajar por ti otro día. También, si necesitas ayuda con la tarea, sobre todo en la clase de literatura, puedo servirte de tutor. ¿Qué piensas?

Sé que es muy pesado trabajar los viernes por la noche pero estoy desesperada. Tengo que trabajar desde las siete hasta las nueve. Si necesitas transportación, no hay problema alguno. Como el concierto es en el centro comercial, puedes ir y volver conmigo y mi familia. Por favor, ¡ayúdame!

Un abrazo fuertísimo,

Margarita

Mensaje electrónico número 14

Tema curricular: La vida contemporánea

Introducción: Acabas de volver de unas vacaciones y recibes este mensaje electrónico del hotel donde te quedaste.

De: Hotel Playa de Oro
Asunto: Un artículo encontrado

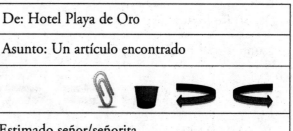

Estimado señor/señorita,

Soy gerente del Hotel Playa de Oro. La recepción me ha dado a saber que puede ser que usted dejó un artículo de valor en el hotel cuando lo abandonó.

Como no sabemos si el artículo es de usted, queremos que usted verifique sus pertenencias para ver si le falta algo. Entonces, si le falta algo, puede identificar la cosa, decir qué es y dar una descripción de ella para que podamos acertar si le pertenece a usted.

Si este artículo es de usted, necesitaremos saber cómo le gustaría pagar la factura y los seguros, si son necesarios, para regresarlo a usted.

No necesitamos su dirección ya que la tenemos en la recepción.

Esperamos su respuesta y quedamos a sus órdenes.

Atentamente,

Juan Gabriel Molina, gerente
Hotel Playa de Oro

Mensaje electrónico número 15

Tema curricular: Los desafíos mundiales

Introducción: Este mensaje electrónico es del asesor del club de español de tu colegio. Le pide unas ideas sobre un proyecto.

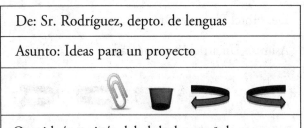

De: Sr. Rodríguez, depto. de lenguas

Asunto: Ideas para un proyecto

Querido/a socio/a del club de español,

Este año hemos tenido la gran fortuna de juntar más fondos de los necesarios para nuestras actividades. Los oficiales del club me han sugerido que, con el dinero que sobra, podamos hacer algo para nuestro colegio o comunidad.

He aquí las ideas que los líderes han generado. Nos gustaría tu opinión sobre cual de éstas debemos emprender y por qué podría ser de beneficio para la comunidad. Si tienes ideas diferentes puedes proponerlas con una justificación.

- Plantar un jardín para embellecer la escuela
- Comprar mochilas, cuadernos, etcétera para donar a chicos necesitados
- Limpiar el parque municipal y dedicar una butaca para el parque
- Comprar comestibles para el comedor de beneficencia
- Invitar a un grupo musical o de actores para hacer una presentación para la escuela y la comunidad

Gracias por compartir tus ideas y opiniones.

Atentamente,

Señor Rodríguez

Mensaje electrónico número 16

Tema curricular: La ciencia y la tecnología

Introducción: Este mensaje electrónico es de un amigo que acaba de ver un programa de televisión sobre el uso de animales en investigaciones médicas.

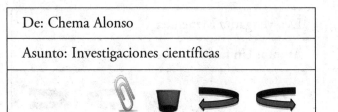

De: Chema Alonso

Asunto: Investigaciones científicas

Hola amigo/a,

Acabo de ver un programa de televisión que de verdad me dio asco. Fue sobre el uso de animales en experimentos.

Como sabes, soy muy pro-animal y no pienso que sea justo abusar de estos seres vivos. En el programa mencionaron como emplean a chimpancés en experimentos de drogas para el uso humano. ¿Qué opinas tú? Yo sé que muchos creen que es importante para la humanidad pero, ¿y qué para el chimpancé?

La otra cosa que me enfureció fue el hecho de que usan animales para probar cosméticos. ¿Puedes creerlo? Hacen sufrir a un pobre animal para probar pintalabios o rímel… no se puede justificar, ¿verdad?

Sabes que el año que viene en la clase de biología tendremos que disecar o una rana o el feto de un puerco. Te digo que no voy a hacerlo; debe haber otra manera de estudiar el cuerpo. ¿Qué piensas?

Lo siento mi diatriba. ¿Es que exagero? Nos vemos pronto.

Abrazos,

Chema

Mensaje electrónico número 17

Tema curricular: La belleza y la estética

Introducción: Una amiga tuya ha visitado el Museo de Arte Moderno de Nueva York y te escribe para compartir sus observaciones.

De: Maricarmen Cervantes
Asunto: El arte moderno

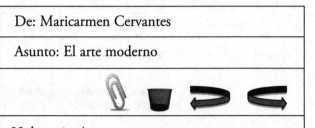

Hola amigo/a,

Como sabes estoy de visita en la Ciudad de Nueva York. Hoy visité el Museo de Arte Moderno. Tengo que decirte, de verdad, no comprendo esta expresión artística. Muchos de los cuadros y de las esculturas me parecían bien feos. ¿Qué opinas tú del arte moderno? Por ejemplo, vi un cuadro de Salvador Dalí, «La persistencia de la memoria» que tiene relojes blandos derritiéndose sobre rocas y árboles. ¡Qué barbaridad!

En cambio, el otro día fui al Museo Metropolitano de Arte y te digo que me encantaron los cuadros de El Greco. Los colores y las figuras de verdad captaron mi imaginación. Yo sé que no son para todos por sus temas religiosos, pero para mí, me encantaron.

Yo sé que el gusto es personal, pero, de verdad, no comprendo el arte moderno ni mucho de la arquitectura moderna. ¿Qué tipo o tipos de arte te llaman más la atención? ¿Por qué? Cuando nos veamos tendremos que hablar de este tema.

Un abrazo,

Maricarmen

Mensaje electrónico número 18

Tema curricular: Las familias y las comunidades

Introducción: Recibes un correo electrónico de un chico guatemalteco con quien te has hecho amigo de pluma. Él te habla de sus intereses.

De: Pablo Ruíz
Asunto: Me presento

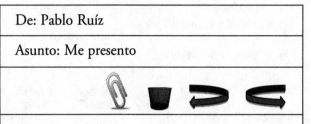

Hola,

Me llamo Pablo Ruíz y soy de Guatemala. Tengo 16 años y estudio en la secundaria. Vivo en Antigua, la vieja capital de Guatemala. Tengo mamá, papá y un hermanito.

Me interesa mucho el fútbol como a muchos de mis amigos. Siempre lo jugamos después de las clases y los fines de semana. ¿Tienes un afán para un deporte en particular? ¿Participas en él o eres sólo aficionado/a? Mis amigos y yo nos volvemos locos por la Copa Mundial.

En la escuela me interesa mucho la historia, sobre todo la historia de las Américas. Me gusta todo, del período precolombino hasta los tiempos modernos. ¿Hay una asignatura que te interesa mucho? ¿Por qué te gusta?

También, me gusta la música. Me gusta el rock, la clásica, la latina… toda. ¿Qué tipo(s) de música te gusta(n) más y por qué? ¿Hay un grupo o cantante en particular que te gusta más que otro?

Espero con anticipación oír de ti pronto.

Un abrazo,

Pablo

Mensaje electrónico número 19

Tema curricular: Los desafíos mundiales

Introducción: Este correo electrónico viene de un grupo ecológico al cual tú habías expresado un interés por medio de su página Web.

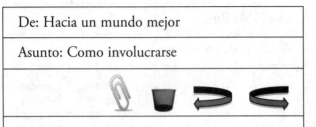

De: Hacia un mundo mejor

Asunto: Como involucrarse

Estimado señor/señorita,

Recibimos su pregunta por nuestra página Web y sería un placer tenerlo/la como socio/a de nuestra organización en su ciudad.

Como sabe, nuestro objetivo es de preservar y mejorar nuestro medio ambiente. En primer lugar, ¿por qué tiene interés en participar en nuestra organización? ¿Podría decirnos en que tipo(s) de actividad(es) ha participado usted con este fin? ¿Le importa trabajar al aire libre?

En su comunidad participamos cada fin de semana en una campaña para limpiar los parques y plantar árboles y flores. Es decir que recogemos basura, barremos, desyerbamos jardines, plantamos y regamos. No es necesario participar cada fin de semana pero nos gustaría que participara con regularidad. ¿Cómo le parece el trabajo? ¿Podría comprometerse a participar dos veces por mes, por ejemplo?

¿Tendría otras preguntas para nosotros?

¡Ojalá pueda Ud. juntarse con nosotros!

Atentamente,

Paco Chávez, Hacia un mundo mejor

Mensaje electrónico número 20

Tema curricular: La belleza y la estética

Introducción: Este correo electrónico viene de una escuela de diseño y moda a que tú piensas asistir.

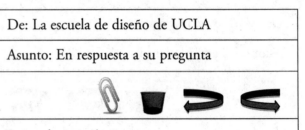

De: La escuela de diseño de UCLA

Asunto: En respuesta a su pregunta

Estimado señor/señorita,

Sí, todavía hay espacio en nuestra escuela de diseño para el otoño. Usted puede encontrar la solicitud en la misma página Web. Pero, antes de llenar la solicitud, quizá sea buena idea darnos de antemano alguna información para ver si nuestro programa le servirá.

En cuanto a la moda y el diseño, describa un poco su estilo personal y su filosofía en cuanto al diseño.

Si piensa en los estilos de ahora y los clásicos, ¿cómo describiría sus diseños?

¿Hay una moda que no le gusta tanto? ¿Por qué?

¿Qué experiencia(s) ha tenido con el diseño de ropa, muebles o interiores?

¿Qué campo le interesa más seguir, el diseño interior, el de muebles o el de la moda?

Según sus contestaciones podremos mejor ver si nuestro programa será adecuado para usted.

Atentamente,

Juan Rulfo, Admisiones Escuela de diseño

How Your Score Is Determined for Interpersonal Writing: E-mail Reply

The sample rubric below is based on the rubric for **Interpersonal Writing: E-mail Reply** from the AP Spanish Language and Culture Course and Exam Description. Key words and phrases appear in bold.

Score: 5—This is a strong performance.
What the reader will be looking for:

- The exchange is **fully and effectively maintained**. The response is **appropriate** with information required by the prompt given, including meaningful elaboration.
- Response is **fully comprehensible** and **shows ease of expression** with some errors not affecting comprehension.
- Vocabulary is **rich**, **appropriate**, and **idiomatic**.
- Grammar, usage, and syntax (word order) are **correct** and show **variety** with **few errors**.
- Register (formal/informal) is **always appropriate** for the situation.
- Response uses both **simple and compound sentences** along with **some** more **complex sentences**.

Score: 4—This is a good performance.

- The exchange is **maintained**. The response is mostly **appropriate** with information required by the prompt given, including **some elaboration**.
- Response is **fully comprehensible** with some errors that do not affect comprehension.
- Vocabulary is **appropriate** and **idiomatic**.
- Grammar, usage, and syntax (word order) are **generally correct**.
- Register (formal/informal) is **mostly appropriate** for the situation with some inaccuracies.
- Response uses both **simple and compound sentences** along with **a few** more **complex sentences**.

Score: 3—This is a fair performance.

- The exchange is **maintained**. The response is **appropriate** but **basic** and contains the **required information** with **little or no elaboration**.
- Response is **generally comprehensible**, with some errors affecting comprehension.
- Vocabulary is **sufficient** and **idiomatic**.
- Grammar, usage, and syntax (word order) show **some control**.
- Register (formal/informal) may be **inappropriate** for the situation with several inaccuracies.
- Response uses **simple sentences** and a **few compound sentences**.

Score: 2—This is a weak performance.

- The exchange is **partially maintained**. The response is **minimally appropriate** and contains **some required information without elaboration**.
- Response is **partially comprehensible** with errors affecting comprehension, thus causing **confusion**.
- Vocabulary is **limited**.
- Grammar, usage, and syntax (word order) show **limited control**.
- Register is **generally inappropriate** for the situation.
- Response uses **simple sentences** and **phrases**.

Score: 1—This is a poor performance.

- The exchange is **unsuccessfully maintained**. The response is **not appropriate** and provides **limited** required information.
- Response is **barely comprehensible** with **significant errors** affecting comprehension.
- Vocabulary is **very limited**.
- Grammar, usage, and syntax (word order) show **little or no control**.
- Register (formal/informal) is **inappropriate** for the situation.
- Response uses **very simple sentences and/or fragments**.

Score: 0—This response receives no credit.

- Response only **restates** the prompt.
- Response is totally **off topic**.
- Response is **not Spanish**.
- The page is **blank**.
- Response says, "I don't know/understand" in any language.

CHAPTER 8

Exam Section II
Presentational Writing: Argumentative Essay

IN THIS CHAPTER

Summary: In the Presentational Writing: Argumentative Essay portion of the AP Spanish Language and Culture exam you'll be required to write an argumentative essay on a topic given in the examination booklet. Two printed passages and one audio selection on the topic will provide ideas and information you will need to use in your essay. The argumentative essay accounts for one-eighth (12.5 percent) of your total AP Spanish exam score. This chapter provides suggestions on how to write the best argumentative essay possible in the time allotted and give you some ideas on how to go about preparing for this part of the examination. Then you'll be given 10 sample essay topics, each with two reading passages and one audio selection similar to what you will encounter on the actual test. Use these sample topics to familiarize yourself with the test and practice your argumentative essay writing skills. Finally this chapter also includes a detailed explanation of how your essay will be scored.

Strategy for Presentational Writing: Argumentative Essay

For this part of the AP Spanish exam, you will be required to write an argumentative essay based on two printed sources and one audio selection. This part of the exam integrates writing, reading, and listening skills. You will be given approximately 55 minutes in total to complete the **Presentational Writing: Argumentative Essay** part of the exam. This includes 1 minute to read the instructions and 6 minutes to read the essay topic and printed material. Then you will hear the audio source *twice*. You should take notes while you listen. After you've heard the audio selection twice, you will have 40 minutes to prepare and write your essay.

This essay is designed to test your ability to interpret written and oral texts and use these to support your ideas in the essay. You should **reference all three sources and cite them**. Caution: Do not just simply summarize the sources.

Tips for Writing the Argumentative Essay

The suggestions that follow will help you write a argumentative essay in the testing situation you will encounter on the AP Spanish exam.

- Read the question carefully.
- You may wish to sketch a simple graphic organizer like one of those on the following three pages to help you organize your ideas.
- Under each related idea, write down one or two examples to illustrate it, using the sources provided.
- Under the examples, make a short list of nouns, verbs, adjectives, and adverbs that you might want to use. Remember, however, that you are to write an essay, not just a list of answers or ideas.
- Practice with all three types of sources that will provide you with the information you'll need for your presentational essay. On the exam, the first two sources are printed: one will be a reading passage and the second source will contain either a graph or a table. The third source will be an audio selection.
- Now you are ready to write. The introduction[1] should briefly restate the main theme and introduce the three related ideas. The fifth and final paragraph should briefly recap the main idea or theme and draw a personal *conclusion*. Answer the question presented using the three sources and citing them appropriately. Remember that no new idea should appear in the last paragraph.
- Be sure to look at the rubric at the end of this chapter to see how you will be assessed.
- Be sure to study new vocabulary and expressions in the Appendixes to enrich your writing and make it flow more smoothly.
- **Remember**, you must **cite** and **integrate** all three sources.
- You must **fully** and **completely** address the task.

Organizing Your Thoughts

A simple graphic organizer can help you structure your thoughts and write a well-organized essay. This section includes three diagrams, each of which presents an alternative structure you can use for organizing and then presenting your ideas. You should become familiar with each of these methods and then select the graphic organizer that you are most comfortable using or that best fits the nature of the essay topic you are given.

---

[1]Some people prefer to write the body of the essay first as their ideas and/or examples might change. In that case, you should leave some space at the beginning of your essay to go back and write the introduction once you have finished the body of the essay. If you do this, try to do it only in the first few practices. With practice, and an organizer, you should be able to write the essay from introduction to conclusion without needing to go back.

Graphic Organizer I: Flowchart

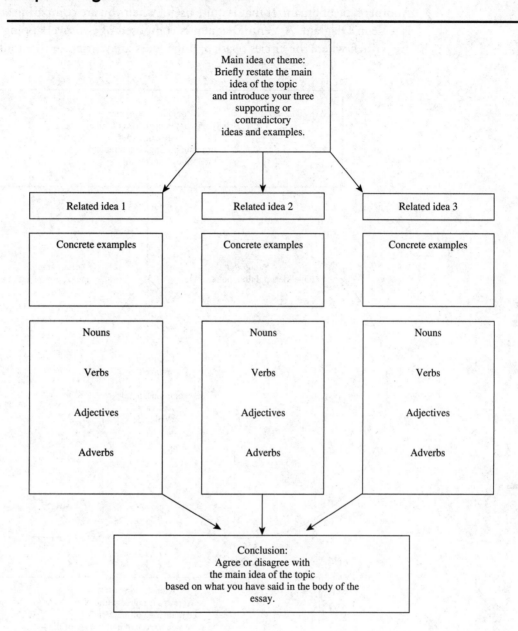

Graphic Organizer II: Venn Diagram

Another type of organizer that is quite useful when you are comparing and contrasting ideas is a Venn Diagram. A Venn Diagram is composed of two overlapping circles. Similarities are written where the circles overlap; differences are written in the nonoverlapping parts.

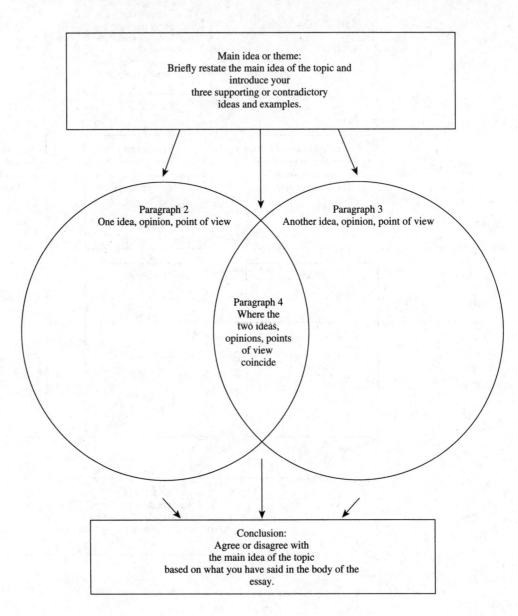

Main idea or theme:
Briefly restate the main idea of the topic and introduce your
three supporting or contradictory
ideas and examples.

Paragraph 2
One idea, opinion, point of view

Paragraph 3
Another idea, opinion, point of view

Paragraph 4
Where the
two ideas,
opinions, points
of view
coincide

Conclusion:
Agree or disagree with
the main idea of the topic
based on what you have said in the body of the
essay.

Graphic Organizer III: The "T" Chart

Another type of graphic organizer that might be useful is the basic "T" chart. On your exam booklet you can draw a "T" chart to compare two sides of a question, for example.

Una posición	Otra posición

Self-Assessment / Peer Checklist

The following is a checklist that you may use to check your work before turning it in to your teacher. You may also choose to copy this page and give it, along with your essay, to a classmate or two to help them critique your work.

The content:

☐ Addresses the essay topic
☐ Is understandable and clear
☐ Contains 200–250 words
☐ Is organized into paragraphs
☐ Has an introduction
☐ Has a conclusion
☐ Is written entirely in Spanish

The mechanics:

☐ Correct spelling
☐ Correct word choice (no false cognates or slang: e.g., **realizar** = *to fulfill, realize one's dreams;* **darse cuenta de** = *to realize, become aware*)
☐ Verb-subject agreement (***Tú y yo* nos habl*amos*.**)
☐ Adjective-noun agreement (**Ést*a* es un*a* casa bonit*a*.**)
☐ Correct syntax (word order) (*noun + descriptive adjective:* **una ciudad moderna;** *indicator of quantity + noun:* **algunos libros**)
☐ Correct tenses
☐ Correct genders (**Es *un* problema muy gord*o*.**)

The Writing Process

When you are practicing your writing, you can learn a great deal, and become a better writer, by following the writing process outlined below.

Step 1: Sketch out your ideas using one of the graphic organizers shown on the three preceding pages or another one.

Step 2: Write your first draft.

Step 3: Exchange your first draft with two other students. You might wish to give them a copy of the Self-Assessment / Peer Checklist. One student could review the message, and the other could review the mechanics.

Step 4: Revise your work in light of the suggestions received from your classmates. Look at the spelling and grammar but, most important, look at the message and its clarity. Were your classmates able to understand the message?

Step 5: Give your second draft to your teacher, tutor, or any person with whom you are working. Have that person critique your work.

Step 6: Take the comments/suggestions you received and write a final draft, clarifying your ideas, adding any additional details, and eliminating unnecessary or tangential information.

The actual day of the examination you will not have the luxury of following this process. You will have 40 minutes to prepare and write your essay, so the more you can practice beforehand, the better prepared you will be.

The day of the exam, pace yourself. Take 5 minutes to make an outline (try to use a graphic organizer), 30 minutes to write, and the final 5 minutes to reread and make any necessary corrections (agreement, spelling, word choice) or amendments (additional thoughts or ideas to bolster your argument). *You will not have time to write a first draft and then a second.*

Practice for Presentational Writing: Argumentative Essay

Below are some practice essay topics. On the Advanced Placement Spanish Language and Culture exam, you will be given only *one* topic on which you must prepare and write an essay in at least 200 words in 40 minutes. The instructions will be given in both English and Spanish; the question will be given only in Spanish.

> On the actual test, the timing will be done for you. However, for the practice exercises in this chapter you will need a stopwatch or a timer. Follow the timing instructions printed with each exercise in this chapter. You will need to give yourself 6 minutes to read the two printed sources (*fuentes números 1 y 2*). Then give yourself 30 seconds to read the introduction to the audio source (*fuente número 3*). Next, listen to the audio selection *twice*. Finally give yourself 40 minutes to prepare and write your essay. Remember not to use a dictionary or any other aids during your time trial.

You will find the listening tracks for the questions on the accompanying audio CD. The scripts are located on pages 186–192 for these activities.

1. Tema del ensayo: ¿Se debe ofrecer programas de educación bilingüe?

Tema curricular: Las familias y las comunidades

*Primero tienes **6 minutos** para leer el tema y las fuentes números 1 y 2.*

Fuente número 1

Introducción: Ésta es una carta del editor que apareció en febrero de 2007. La carta expresa la opinión del autor de la educación bilingüe.

La educación bilingüe les ofrece ventajas a todos[2]

Cuando estaba cursando la educación primaria, les pregunté a mis padres si podía seguir a mis amigos, los cuales se habían transferido a un programa de educación bilingüe. La respuesta fue un determinante «¡no!», el cual traducido al inglés significa no.

Es sorprendente para muchos que los mismos padres inmigrantes se opongan a la educación bilingüe de sus hijos. En muchos casos, la oposición está basada en la creencia errónea que dicha educación atrasa el aprendizaje, ya que las clases son repetidas en ambos idiomas. Este punto de vista anticuado es incluso promovido por la página de Internet del Departamento de Educación de los Estados Unidos, la cual dice que el programa de educación bilingüe «es un programa educacional para estudiantes con limitaciones en inglés.»

Esta definición ignora las necesidades de la economía global de nuestros días. Una educación bilingüe es la herramienta perfecta para preparar a nuestros hijos para ser competitivos en el mercado del siglo XXI. La educación bilingüe no es sólo para niños que no pueden hablar inglés; provee ventajas para todos los niños en general.

Rochester cuenta con un buen ejemplo, la escuela Eugenio María de Hostos, localizada en la avenida Clifford, en la cual el 55 por ciento de los miembros de dicha institución educativa no son latinos.

---

[2]Ésta es una carta del editor, Julio Sáenz, que apareció en febrero de 2007 en *ConXion*, el periódico bilingüe mensual del *Democrat and Chronicle* de Rochester, Nueva York. Used with permission.

Fuente número 2

Introducción: Este artículo y los gráficos tratan del uso del español en los EE.UU. y la educación del hispanohablantes en los EE.UU.[3]

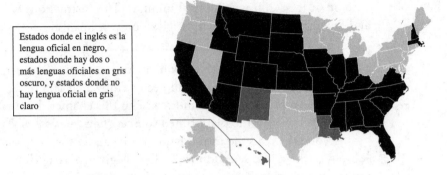

Estados donde el inglés es la lengua oficial en negro, estados donde hay dos o más lenguas oficiales en gris oscuro, y estados donde no hay lengua oficial en gris claro

Con la cuestión de la inmigración ilegal, principalmente de Latinoamérica, en cada temporada de elecciones, el tema de la educación bilingüe se pone candente otra vez. La situación ha llegado a tal punto que ha habido varias propuestas en el Congreso y en los cuerpos legislativos de algunos estados y hasta ciudades para hacer que el inglés sea la lengua «oficial» de la nación, el estado o la ciudad. Aunque el gobierno no reconoce ninguna lengua oficial, sus documentos se publican en inglés. En la actualidad, los estados donde el inglés es la lengua oficial incluyen Alabama (1990), Arizona (2006), Arkansas (1987), California (1986), Colorado (1988), Florida (1988), Georgia (1996), Hawaii (1978), Idaho (2007), Illinois (1960), Indiana (1984), Iowa (2002), Kansas (2007), Kentucky (1984), Massachusetts (2002), Mississippi (1987), Missouri (1998), Montana (1995), Nebraska (1920), New Hampshire (1995), North Carolina (1987), North Dakota (1995), Oklahoma (2010), South Carolina (1987), South Dakota (1995), Tennessee (1984), Utah (2000), Virginia (1996), West Virginia (2016), y Wyoming (1996).[4] Hasta ciertos políticos se han metido en el debate emocional sobre la educación bilingüe. Newt Gingrich, el ex-Presidente de la Cámara de los Representantes de los Estados Unidos, metió la pata cuando dijo en un discurso que el concepto de la educación bilingüe perpetuaría «la lengua de vivir en los barrios bajos.» Para él y muchos otros, para tener éxito en América es necesario hablar inglés y abandonar las lenguas y culturas de los antepasados. Muchos todavía ven el éxito de los Estados Unidos en lo que se llama «el crisol cultural» donde todos se mezclan y cambian para ser más o menos uniformes. Para los que favorecen la educación bilingüe, ellos la ven como puente entre su lengua materna y el inglés mientras ayuda a conservar su identidad, tradiciones y, hasta cierto punto, su cultura.

Quizá no haya nada más personal que la lengua materna de un individuo. Pero, ¿se debe tener miedo de los programas bilingües? ¿Es que funcionan, como dicen sus partidarios, o es que no según sus detractores? En un artículo publicado en la página Web Kappan (de Phi Delta Kappa), a Richard Rothstein, en lo que él ha estudiado, le parece que no existe la crisis en la educación bilingüe que algunos piensen. Aquí hay unas estadísticas del National Center for Educational Statistics que nos muestran los cambios desde 1975 hasta 2004. Teniendo en cuenta la explosión en la inmigración hispana desde 1975 hasta ahora, estas estadísticas tienden a indicar que sí ha habido progreso. Pero como el mismo Sr. Rothstein dice en su artículo,

---

[3]Las estadísticas vienen del National Center for Educational Statistics, http://nces.ed.gov/programs/youthindicators/indicators.asp?pubpagenumber=20&Showtablepage=TablesHTML/20.asp. El mapa y la lista de estados vienen de Wikipedia, the free encyclopedia, el 12 de mayo, el 2 de agosto, 2018. governing.com/gov-data/education-data/state-high-school-graduation-rates-by-race-ethnicity.html, pewresearch.org/fact-tank/2016/07/28/5-facts-about-latinos-and-education.

[4]Es interesante notar que hay dos estados oficialmente bilingües: Hawaii (inglés y hawaiano) 1978 y Louisiana (inglés y francés) El francés tiene un estatus especial desde 1968.

«Tal vez podamos hacer mejor. Tal vez pudiéramos hacer mejor con menos educación bilingüe. Pero, tal vez que no. Lo que podemos decir con seguridad es que los datos no revelan una crisis, y el sistema para la educación de inmigrantes con el que hemos salido de paseo, con todos sus problemas, no parece estar en un estado de fracaso total.»

El porcentaje de los que terminan sus estudios secundarios:

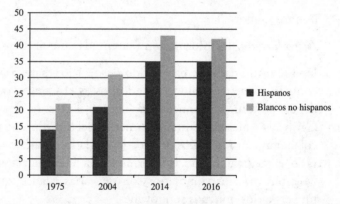

El porcentaje de los que se graduaron y se matricularon en una universidad:*

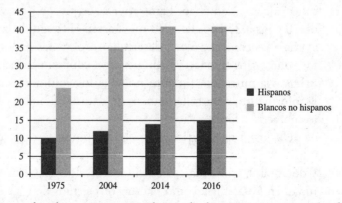

El porcentaje de los que se graduaron después de cuatro años de universidad:*

*Es de notar que muchos hispanos van a colegios de dos años o entran en las fuerzas armadas.

Fuente número 3

*Ahora tienes **30 segundos** para leer la introducción de la fuente número 3.*

Introducción: Ésta es una entrevista en que los varios participantes dieron sus opiniones sobre la cuestión de la educación bilingüe.[5]

---

[5]Ésta es adaptada de un artículo por Ana Femin que apareció en febrero de 2007 en *ConXion,* el periódico bilingüe mensual del *Democrat and Chronicle* de Rochester, Nueva York. Used with permission.

Las personas que participan en la entrevista:
Juan López
Miriam Vázquez, directora de la escuela Eugenio María de Hostos
María Messina, una de las fundadoras del programa bilingüe en la escuela Monroe
   Middle School
Domingo García, presidente de la junta educacional

TRACK 22

PLAY Track 22 on the accompanying audio CD. When it is finished play Track 22 again. Then you will have **40 minutes** to prepare and write your essay. (The script for Track 22 appears on page 182.)

2. Tema del ensayo: ¿Cómo pueden los jóvenes de hoy contribuir al bienestar de sus conciudadanos y promover la paz e igualdad en el mundo?

Tema curricular: Los desafíos mundiales

*Primero tienes **6 minutos** para leer el tema y las fuentes números 1 y 2.*

Fuente número 1

Introducción: La información presentada en esta fuente es sobre el Cuerpo de Paz.[6]

Una oportunidad que ha existido desde 1961 para contribuir al bienestar humano y para compartir nuestros valores americanos es el Cuerpo de Paz, establecido durante la presidencia de John F. Kennedy. El Cuerpo de Paz ha servido a 141 países en África, Asia, el Caribe, la América Central, la América del Sur, Europa y el Medio Oriente. Los voluntarios colaboran con miembros de las comunidades locales en la educación, el desarrollo comunitario, el medioambiente, la informática, la medicina, la salud (incluso el SIDA) y la juventud. Mientras muchos voluntarios son de varias edades, que incluyen jubilados y estudiantes universitarios, muchos son jóvenes.

En el campo de la educación, los voluntarios sirven de profesores de inglés, matemáticas, ciencias y comercio. Para servir a los jóvenes, los voluntarios trabajan con los jóvenes de 10 años a 25 años de edad que corren el riesgo de la delincuencia. El Cuerpo de Paz les ayuda a las comunidades a desarrollar programas para ayudarlos. En el campo de la salud, los voluntarios enseñan y promueven el conocimiento sobre temas como el agua potable, el SIDA y la nutrición. En la tecnología, los voluntarios ayudan a enseñarles cómo funciona la informática, desarrollar bancos de datos regionales y establecer redes para las empresas y los gobiernos locales.

Un joven que participó en el Cuerpo de Paz por dos años y medio en Guatemala es Chris. Después de graduarse de la universidad, y antes de seguir sus estudios posgraduados y doctorales, Chris ingresó en el Cuerpo de Paz. Chris les enseñó a miembros de su comunidad en Guatemala cómo plantar otros tipos de vegetales y legumbres para enriquecer su dieta y nutrición. Por ejemplo, Chris les enseñó a plantar zanahorias. Después de cosecharlas, un amigo suyo, otro voluntario, vino para enseñarles recetas tales como para la tarta de zanahorias para que supieran cómo usar estas nuevas plantas. Hasta durante visitas a casa, Chris visitaba el colegio local para compartir sus experiencias con los estudiantes allí.

---

[6]La información presentada en esta fuente es adaptada de la página Web del Cuerpo de Paz, http://www.peacecorps.gov/index.cfm?shell=learn. Y de www.transitionsabroad.com/publications/magazine/0409/the_real_peace_corps.shtml

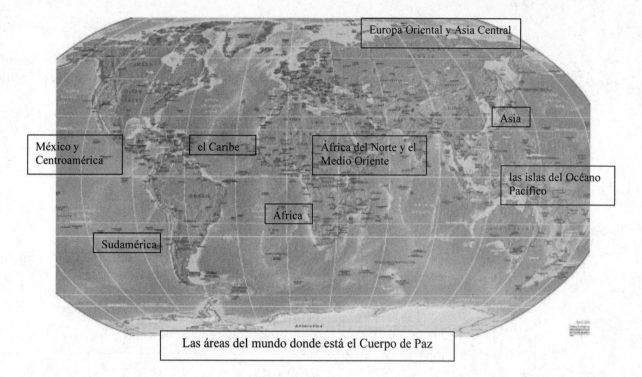

Europa Oriental y Asia Central

Asia

México y Centroamérica

el Caribe

África del Norte y el Medio Oriente

las islas del Océano Pacífico

África

Sudamérica

Las áreas del mundo donde está el Cuerpo de Paz

Cada mes los voluntarios reciben una cuota para pagar los gastos. También pueden recibir créditos hacia la educación, beneficios médicos, dinero para ayudar con la transición después de su servicio, y, claro, experiencias invaluables para servirles en cualquier campo que sigan.

¿Puede ser el trabajo de voluntario en el Cuerpo de Paz una opción para ti?

Fuente número 2

Introducción: El artículo trata de la organización estadounidense llamada AmeriCorps.[7]

En 1994 AmeriCorps se estableció y ahora sirve más de 21,600 organizaciones no lucrativas, agencias públicas y organizaciones religiosas. Esta organización les da a sus voluntarios la oportunidad de conectarse con la comunidad, conocer los problemas que afectan su comunidad, participar en actividades comunitarias (tales como la limpieza y seguridad de la comunidad) y la habilidad de crear nuevos programas según las necesidades específicas de la comunidad.

Los participantes pueden elegir entre una carrera en la educación, el trabajo social, el ejército y la seguridad pública. Pueden servir de tutores para los jóvenes necesitados, participar en programas de alfabetización, mejorar los servicios médicos, enseñar informática, limpiar parques, dirigir programas estudiantiles después de las clases y ayudar en casos de desastre. En cambio por su participación, los miembros de AmeriCorps ganan $6.095 para pagar la universidad o los estudios posgraduados, o pueden usar el dinero para pagar préstamos que ya tienen para la educación. Desde 1994 más de un millón de americanos han servido en AmeriCorps.

Los miembros de AmeriCorps ganan muchas veces más de lo que reciben. Ganan no sólo algún dinero sino también la experiencia, la educación y la oportunidad de hacer una

---

[7]La información en ésta se basa, en parte, en la página Web AmeriCorps, http://www.americorps.org/abut/ac/index. asp., https://www.nationalservice.gov/programs/americorps/americorps-faqs

diferencia en la vida de sus conciudadanos. Como dice su lema, «necesitas ser el cambio que quieres ver en el mundo.» Y esta experiencia puede cambiarlos.

Un ejemplo es Emily que después de graduarse de la universidad y antes de seguir sus estudios para la maestría, decidió alistarse y pasó dos años enseñando el español a niños menos afortunados en un colegio de St. Louis, Missouri. La experiencia le abrió los ojos a las necesidades que tienen los estudiantes menos privilegiados, algo que le impactó mucho. Al hablar con estudiantes de su alma máter compartiendo sus fotos y sus experiencias, ella les mostró cómo un individuo podía hacer una diferencia y cómo esta experiencia puede cambiar no sólo a los que reciben sino a los que dan.

Fuente número 3

*Ahora tienes **30 segundos** para leer la introducción de la fuente número 3.*

Introducción: Ésta es una monografía del autor de este libro, Dennis Lavoie, informada en parte por «Burlington High School Community Service Policy».[8]

> Las personas que participan:
> Dennis Lavoie, autor y profesor de lenguas española y francesa

PLAY Track 23 on the accompanying audio CD. When it is finished, play Track 23 again. Then you will have **40 minutes** to prepare and write your essay. (The script for Track 23 appears on page 183.)

3. Tema del ensayo: ¿Es buena idea que los adolescentes trabajen a tiempo parcial mientras asisten al colegio?
Tema curricular: La vida contemporánea

*Primero tienes **6 minutos** para leer el tema y las fuentes números 1 y 2.*

Fuente número 1

Introducción: El artículo trata de la cuestión de los jóvenes y el trabajo fuera de la escuela.

Los adolescentes, el trabajo y los estudios…
¿Una buena idea o no?[9]

Un dilema que existe tanto para los padres como sus hijos es el de si sus hijos deben mantener un trabajo mientras asisten al colegio. Las razones son varias por apoyar el trabajar durante la adolescencia. Algunos piensan que el trabajo les ayuda a los jóvenes a relacionar lo que aprenden en la escuela con una carrera en el futuro. En adición, la experiencia puede enseñarles cómo mejor manejar su tiempo y planear para respetar fechas límite para la entrega de proyectos y tareas. Mientras los jóvenes trabajan, aprenderán a seguir instrucciones, comunicarse con otros y cómo trabajar en equipo con otros. Hasta pueden ganar experiencia en el liderazgo. El trabajo puede servir para hacerles ver cómo es trabajar, descubrir lo que les gusta o no y conocerse a sí mismos en cuanto a sus habilidades.

---

[8]http://www.bsdvt.org/schools/bhs/services/linking/comm_serv_req%20new.html y "Community Service Requirements Can Discourage Those 'Not Ready' for Volunteering" http://www.locateadoc.com/articles.cfm/search/76.

[9]Esta información es adaptada de ACRN (American Career Resource Network), http://www.acrnetwork.org//parents/workopt.htm#1.

El trabajo puede ser a tiempo parcial independiente del curso académico del estudiante, o puede estar relacionado directamente con sus estudios en el colegio.

Algunos programas existen para combinar los estudios académicos tales como los siguientes:

- programas de aprendizaje que combinan el trabajo con la instrucción que se recibe en la escuela.
- programas que se llaman «de educación cooperativa» donde el empleador, los padres y la escuela colaboran para que el joven reciba instrucción en destrezas necesarias para realizar cierto tipo de trabajo.
- puestos de interno donde las actividades del trabajo se estructuran para complementar lo que se aprende en las clases. El alumno puede ganar créditos mientras trabaja. Puede ser un puesto pagado o no.
- empresas basadas en la escuela tales como «Junior Achievement» donde los estudiantes organizan y dirigen una empresa en la escuela, como una librería.
- el estudio por servicio donde se combinan lo académico con un proyecto de servicio a la comunidad.
- programas de emparejar al alumno con un mentor que sigue la carrera que le interesa al alumno y donde se desarrolla una relación de largo plazo. El mentor le da al alumno apoyo, motivación, dirección y ayuda.
- acompañar a un profesional donde el alumno puede observar a un trabajador trabajar en la profesión que le interesa; puede ser de un día a varios.

Como se puede ver, existen muchas oportunidades para combinar la experiencia del mundo del trabajo con los estudios. El éxito en combinar las dos cosas depende del estudiante, el empleador, los padres y la escuela y cómo lo hacen. En el mejor caso puede ser de provecho para el estudiante ayudándole a hacer la transición al mundo del trabajo, o por lo menos ayudándole a decidir qué carrera seguir.

Fuente número 2

Introducción: Este artículo trata de algunos problemas posibles para los jóvenes que trabajan mientras están en la escuela secundaria.

La polémica de los adolescentes y el trabajo[10]

Mientras muchos adultos piensan que el tener un trabajo a tiempo parcial sea una cosa positiva en cuanto a la maduración de sus hijos, puede también arriesgar su desarrollo académico. Muchos jóvenes que tienen trabajos a tiempo parcial los días de clase dicen que muchas veces se encuentran bastante cansados el día siguiente. Algunos reportan que a veces llegan tarde a clase, se duermen en clase o hasta faltan parte del día o el día completo por haber trabajado hasta tarde la noche anterior. Lo que pasa es que los beneficios de tener un trabajo, tales como aprender a ser responsables, ganar dinero y no meterse en líos, desaparecen cuando los chicos trabajan muchas horas. La Academia Nacional de Ciencias junto con el Consejo Nacional de Investigaciones y el Instituto de Medicina han descubierto que si un adolescente trabaja más de veinte horas por semana resulta en notas más bajas, un aumento en el abuso del alcohol y menos tiempo para pasar con los amigos y familiares. En un estudio realizado por el Consejo Nacional de Investigaciones con

---

[10]Ésta es adaptada de un artículo escrito por Steven Greenhouse, "Problems Seen for Teenagers Who Hold Jobs", *The New York Times* ON THE WEB, January 29, 2001. http://www.nytimes.com/2001/01/29/nyregion/29TEEN.html? pagewanted=all&ei=50070&data360.org/dsg.aspx?Data_Set_Group_Id=1653, bls.gov/news.release/youth.nr0.htm, nationmaster.com/country-info/profiles/Japan/Labor/Employment-rate. https://data.oecd.org/eduatt/graduation-rate.htm

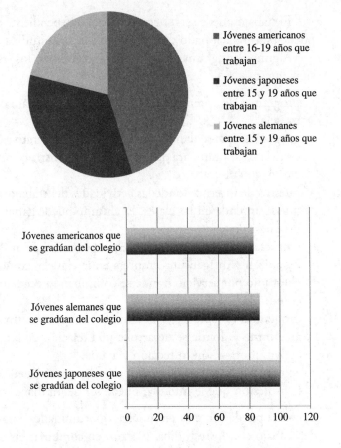

profesores de las universidades de Stanford, Temple y Minnesota encontraron efectos negativos cuando los jóvenes de dieciséis y diecisiete años trabajan más de veinte horas por semana. Notaron que estos jóvenes no tienen bastante tiempo ni energía para sus tareas, pierden actividades extracurriculares como clubes y deportes donde pueden desarrollarse social e intelectualmente. Otro dato que no se menciona a menudo es que cada año hay adolescentes que se matan en el trabajo por la falta de entrenamiento, supervisión y experiencia.

Este debate a veces llega a tal punto que hay un enfrentamiento entre los estudios y el trabajo y muchas veces los estudios sufren. Hay algunos grupos que han comenzado a pedir más restricciones en cuanto al trabajo de los jóvenes. Estos grupos incluyen asociaciones de pediatras, clubes de mujeres, sindicatos educativos, la Liga Nacional de Consumidores y la Asociación de Padres y Profesores (PTA). Claro está, hay grupos de empresarios, y hasta padres que trabajaron cuando eran jóvenes, que no quieren más regulaciones.

A pesar de todo, muchos expertos, profesionales y padres dicen que un trabajo, con horas responsables, sí puede ser de provecho para los adolescentes. Puede enseñarles a ser responsables, a trabajar con otros y hasta a contribuir dinero a la familia si le hace falta. En algunos estudios se ha visto que para los niños pobres el trabajo sí puede ser bueno. Los expertos dicen que el trabajar entre veinticinco y treinta horas o más por semana es excesivo si uno valora la educación, la participación en los deportes y actividades extracurriculares, el tiempo con la familia y los amigos.

Fuente número 3

*Ahora tienes **30 segundos** para leer la introducción de la fuente número 3.*

Introducción: Ésta es una entrevista con un consejero de estudiantes de secundaria en un colegio del estado de Nueva York.

> Participantes en la entrevista:
> Entrevistadora
> Craig Howe, consejero

TRACK 24

PLAY Track 24 on the accompanying audio CD. When it is finished, play Track 24 again. Then you will have **40 minutes** to prepare and write your essay. (The script for Track 24 appears on page 183.)

4. Tema del ensayo: ¿Puede la ayuda directa tener éxito en países del tercer mundo?

Tema curricular: La vida contemporánea

*Primero tienes **6 minutos** para leer el tema y las fuentes números 1 y 2.*

Fuente número 1

Introducción: Este artículo trata de programas de ayuda directa a países del tercer mundo, sus éxitos y sus fracasos.

Ayudando al individuo para llegar a ser autosuficiente[11]

Desde la emergencia de los estados modernos los gobiernos se han dado ayuda militar y financiera, los unos a los otros, a veces por motivos altruistas y muchas veces teniendo en cuenta sus propios fines. Muchas veces el dinero que se ofrecía para el desarrollo y bienestar de los ciudadanos de un país subdesarrollado ha beneficiado a los líderes y a sus amigos y no al desarrollo humanitario. Algunos de los casos más notables de la historia del siglo XX incluyen lo que ocurrió en las Filipinas bajo el presidente Marcos (su mujer Imelda y sus mil y un pares de zapatos) y el presidente de Haití de por vida, Baby Doc Duvalier (su mujer Michelle y sus abrigos de piel en refrigeradores en un clima tropical). En ambos casos el dinero bien intencionado se encontró en los bolsillos de los líderes y sus partidarios mientras las masas sufrían.

Entonces unas personas visionarias pensaron, ¿por qué no ayudar directamente a la gente para que pudiera conseguir el dinero para llevar a cabo sus ideas y así lograr la autosuficiencia? Joseph Blatchford es una de estas personas. En 1961 Joseph, entonces un jugador amateur de tenis de los Estados Unidos visitó a Caracas, Venezuela, y quedó horrorizado por la pobreza que vio. Entonces fundó Acción Internacional. Al principio ellos animaron a otros a donar dinero y hacer trabajo voluntario al estilo del Cuerpo de Paz. En los años setenta, la organización descubrió que no ayudaban a los más pobres a quienes les faltaban oportunidades económicas, trabajo y no tenían ningún sistema de apoyo nacional. Entonces Acción Internacional comenzó a darles préstamos a pequeños empresarios, el promedio de estos préstamos siendo de 500 dólares y algunos tan pequeños como de 75 dólares. Estos empresarios tenían dos problemas, los bancos no querían prestarles dinero porque no tenían nada de valor para garantizar el préstamo. En cambio, las personas que sí les prestarían dinero les cobrarían un interés usurero. Acción Internacional les da préstamos con tasas de interés muy bajas. Para asegurar que los prestatarios repaguen los préstamos, Acción Internacional une al prestatario con otros prestatarios, parientes suyos y familiares, para que todos se apoyen. Por eso ellos han realizado un por ciento

---

[11]Ésta se basa en el sitio Web del Peace Corps, http://peacecorpsonline.org/messages/2629/2014416.html y Wikipedia, http://en.wikipedia.org/wiki/ AccionInternacional.

admirable de devolución de los préstamos que es superior al 96 por ciento que la de los bancos comerciales.

Ahora en el mundo hay más de 7.000 «micro-prestamistas». Muchos de los préstamos se hacen a mujeres. De ellas, los beneficios corren a miembros de sus familias y comunidades. Donde se practican programas de «micro-préstamos» se ha notado mejoramientos en la salud y la educación. Más que nunca estos programas reciben mucha atención. En 2006 Muhammad Yunus con su Banco Grameen recibió el Premio Nóbel de la Paz por su banco que hace «micro-préstamos» a las mujeres de Bangladesh.

Fuente número 2

Introducción: El artículo trata de unas organizaciones que prestan ayuda a mujeres para establecer negocios.

Ayudando a las más necesitadas[12]

Como dice en su declaración sobre su misión, la razón de ser de Pro Mujer «es de proveer a las mujeres más necesitadas de Latinoamérica la manera de crear sustento para ellas mismas y el futuro de sus familias por medio de micro-préstamos, entrenamiento en la operación de un negocio y apoyo médico.» Pro Mujer fue fundada en 1990 por Lynne Patterson, de los Estados Unidos, y Carmen Velasco, de Bolivia. Ellas estudiaron el éxito del Banco Grameen en Bangladesh en el campo de micro-préstamos pero descubrieron que las mujeres a quienes querían ayudar necesitarían más ayuda que la del préstamo. Conjunto con el préstamo, sus clientas necesitarían ayuda para manejar sus empresas y ayuda médica para sostenerse a sí mismas y a sus familias. Así es como el modelo de Pro Mujer nació.

Ahora Por Mujer funciona en la Argentina, Bolivia, Nicaragua, el Perú y México. ¿Por qué este enfoque en la mujer? Como las mujeres por todo el tercer mundo, las que reciben ayuda de Pro Mujer son las más pobres, siendo mujeres sin acceso a la educación, fuentes financieras y servicios de salud. Las mismas que también están encargadas de criar a la próxima generación de sus países. Por su situación estas mujeres no sólo necesitan ayuda financiera para establecer un negocio, sino que también necesitan ayuda médica para sanarse o mantener su salud y la de su familia para en primer lugar poder trabajar, y después el entrenamiento para un oficio y cómo mantener su empresa. Según su página Web, esta combinación puede hacer una diferencia muy grande en la vida de estas mujeres, sus familias y sus comunidades.

Fuente número 3

*Ahora tienes **30 segundos** para leer la introducción de la fuente número 3.*

Introducción: Este artículo trata de un programa que provee micro, o sea préstamos pequeños, a grupos de individuos o comunidades en el tercer mundo para ayudarles desarrollar empresas que les harán autosuficientes.[13]

PLAY Track 25 on the accompanying audio CD. When it is finished, play Track 25 again. Then you will have **40 minutes** to prepare and write your essay. (The script for Track 25 appears on page 185.)

---

[12]Ésta se basa en la página Web de "Pro Mujer", http://www.promujer.org/mission.html.
[13]Adaptada de la página Web de Oxfam America: Micro Loans, Macro-Impact, http://www.oxfamamerican.org/whatwedo/where_we_work_camexca/news_publications/art6081.html.

5. Tema del ensayo: ¿Debe importarnos la extinción de ciertas lenguas en el mundo?

Tema curricular: Las identidades personales y públicas

*Primero tienes **6 minutos** para leer el tema y las fuentes números 1 y 2.*

Fuente número 1

Introducción: Este artículo trata del fenómeno de la extinción de ciertas lenguas.

Lenguas en vías de extinción[14]

A través de la historia humana, comunidades de personas han desarrollado sistemas de comunicación. En los tiempos prehistóricos sólo se puede adivinar en cuanto a lenguas habladas. Sin embargo, estos seres prehistóricos sí nos han dejado un lenguaje pictórico en lugares como la Cueva de Altamira en la región española de Cantabria y la Cueva de las Manos en la Patagonia argentina. En el Perú los incas desarrollaron un sistema de comunicación a base de cuerdas anudadas llamadas quipos que desgraciadamente no se pueden descifrar hoy en día.

Según la enciclopedia libre de Wikipedia, las razones son varias por la extinción de ciertas lenguas. Estas razones incluyen la violencia (provocada por guerras, invasiones y colonizaciones), desastres naturales y enfermedades (que hacen desaparecer comunidades de hablantes), la evolución lingüística (un ejemplo sería el latín que a través de los siglos y contactos con otras culturas se convirtió en otras lenguas como el español), presiones económicas (cuando un pueblo se ve obligado a hacer que sus hijos aprendan otra lengua para tener éxito en la sociedad predominante), el llamado prestigio cultural (cuando una lengua extranjera se pone de moda por su prestigio) y el cambio voluntario.

En la actualidad, en Latinoamérica, hay 123 lenguas que se encuentran amenazadas con la extinción; pero, ¿es qué debe preocuparnos? El hecho es que con cada lengua que se desaparece, corremos el riesgo de perder no sólo la lengua y la cultura que van juntas, sino también la sabiduría y los conocimientos de los cuales las generaciones futuras podrían aprovecharse. Sólo tenemos que considerar los descubrimientos que se realizan en las selvas amazónicas en que vemos descubrimientos importantes en el campo de la medicina gracias a culturas y lenguas que se ven en peligro.

Fuente número 2

Introducción: El artículo trata de la cuestión de si se puede evitar la extinción de ciertas lenguas.

¿Se puede proteger las lenguas en peligro de extinción?[15]

En la 176ª reunión del Consejo Ejecutivo de la Organización de las Naciones Unidas para la Educación, la Ciencia y la Cultura ellos trataron la polémica de las lenguas en peligro de extinción. Algunos de los datos que salieron de esta reunión incluyen que 50% de las 6.000 lenguas que existen en el mundo hoy corren el riesgo de extinción, 96% de las 6.000 lenguas habladas en el mundo son habladas por sólo 4% de la población mundial, 90% de las lenguas en el mundo no aparecen en Internet, una lengua desaparece casi cada dos semanas y a 80% de las lenguas les falta una transcripción escrita.

---

[14]Ésta es adaptada de «Lengua muerta» de Wikipedia, la enciclopedia libre, http://es.wikipedia.org.wiki/Lengua_muerta.

[15]Ésta es adaptada de un informe del Consejo Ejecutivo, 176ª reunión, París, el 12 de abril de 2007, Organización de las Naciones Unidas para la Educación, la Ciencia y la Cultura.

El comité reconoce que con la extinción de ciertas lenguas no sólo se pierden sistemas de comunicación sino sistemas culturales también. Cada lengua expresa prácticas sociales y humanas que su pérdida nos empobrece. La cuestión de la preservación de lenguas en peligro de extinción está en las manos del gobierno en el país en que se encuentran. Al tener en cuenta este hecho, este comité ha pedido al Director General que realice un estudio sobre la preservación y protección de las lenguas en peligro de extinción al nivel mundial por las Naciones Unidas.

Fuente número 3

Ahora tienes 30 segundos para leer la introducción de la fuente número 3.

Introducción: Este artículo trata de las llamadas «lenguas muertas» que, en realidad, no están tan muertas.[16]

PLAY Track 26 on the accompanying audio CD. When it is finished, play Track 26 again. Then you will have **40 minutes** to prepare and write your essay. (The script for Track 26 appears on page 185.)

6. Tema del ensayo: ¿Debe Puerto Rico hacerse el estado cincuenta y uno de los Estados Unidos?

Tema curricular: Las identidades personales y públicas

Primero tienes 6 minutos para leer el tema y las fuentes números 1 y 2.

Fuente número 1

Introducción: El artículo trata de la cuestión del estatus de la isla de Puerto Rico.

¿Debería Puerto Rico ser un estado?[17]

El 25 de julio de 1898, los Estados Unidos declararon guerra contra España, iniciando la Guerra de Cuba. Las colonias españolas de Cuba, Puerto Rico y las Filipinas fueron entregadas a los Estados Unidos como parte de un tratado que terminó la guerra. Mientras Cuba y las Filipinas comenzaron el siglo como países independientes, Puerto Rico seguía siendo territorio de los Estados Unidos bajo la administración de un gobernador nombrado por los Estados Unidos.

En 1917, el Congreso americano les otorgó la ciudadanía a los puertorriqueños pero no fue hasta 1948 que la isla tuvo el derecho de elegir su propio gobernador. Puerto Rico adoptó su propia constitución en 1952, en la cual el término «estado libre asociado» fue aplicado para definir el estatus político que ha tenido hasta hoy en día. Hubo tres votos en las décadas recientes para decidir si Puerto Rico debe pedir su independencia, continuar y mejorar su estatus de estado libre asociado o ser un estado de los Estados Unidos. En un referéndum en 2012, 61% de los votantes querían que Puerto Rico pidiera condición de estado de los EE.UU., 33% querían quedar Estado Libre Asociado pero con revisiones al pacto y sólo 5% querían que Puerto Rico fuera independiente. Las opiniones de las 3.8 millones de personas que habitan la isla están igualmente divididas en si Puerto Rico se queda como estado libre asociado o si se convierte en estado.

---

[16]Ésta es adaptada de «Lengua muerta», de Wikipedia, la enciclopedia libre, http://es.wikipedia.org/wiki/Lengua_muerta.

[17]Éste es un fragmento de un artículo por el editor Julio Sáenz, que apareció en april de 2006 en *ConXion*, el periódico bilingüe mensual del *Democrat and Chronicle* de Rochester, Nueva York. Used with permission.

Fuente número 2

Introducción: Éste es un mapa de Puerto Rico con datos sobre la isla.

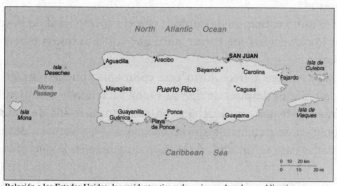

Relación a los Estados Unidos: los residentes tienen los mismos derechos y obligaciones que los de un ciudadano de los Estados Unidos, tales como el servicio militar y el pago de los impuestos para la seguridad social. Sin embargo, no pueden votar en las elecciones presidenciales y están obligados a pagar impuestos puertorriqueños sobre la renta (pero no los federales).

Puerto Rico

Nombre: el Estado Libre Asociado de Puerto Rico.

Capital: San Juan.

Gobierno: Democracia. Líderes: el presidente Donald Trump; el gobernador Ricky Rosselló.

Población: 3.4 millones.

Grupos étnicos: origen español 75,8%, origen africano 12,4%, origen mixto y otros 11,8%

Religiones: Católicos 85%, Protestantes y otros 15%.

Idiomas: español, inglés.

Capacidad de leer y escribir: 94%.

Producto interior bruto: $126 mil millones; per cápita: $38.000

Fuente número 3

*Ahora tienes **30 segundos** para leer la introducción de la fuente número 3.*

Introducción: Ésta es una conversación entre Iván Ramos, José Ramos y Domingo García sobre el futuro de la isla de Puerto Rico.

> Las personas que participan en la conversación:
> Iván Ramos, hijo, nacido en los Estados Unidos
> José Ramos, padre, nacido en Rincón, Puerto Rico
> Domingo García, nacido en Puerto Rico

TRACK 27

Play Track 27 on the accompanying audio CD. When it is finished, play Track 27 again. Then you will have **40 minutes** to prepare and write your essay. (The script for Track 27 appears on page 186.)

7. Tema del ensayo: ¿Se les debería conceder la amnistía a los inmigrantes?

Tema curricular: Los desafíos mundiales

*Primero tienes **6 minutos** para leer el tema y las fuentes números 1 y 2.*

Fuente número 1

Introducción: Esta carta del editor trata de la cuestión de la inmigración en los EE.UU.[18]

---

[18]Ésta es una carta del editor, Julio Sáenz que apareció en mayo de 2006 en *ConXion,* el periódico bilingüe mensual del *Democrat and Chronicle* de Rochester, Nueva York. Used with permission.

El tema de la inmigración estalló de nuevo causando controversia en la conciencia de la nación. Es un tema que atrae a una multitud interesante: defensores de los inmigrantes, xenófobos y patriotas que usan la bandera americana para defender sus puntos de vista de un lado o del otro.

Mi madre se tomó el tiempo de cumplir con el proceso legal de inmigración para venir a este país, por lo que apenas me parece justo que aquéllos que rompen las reglas deban de ser recompensados.

Por otro lado, apenas parece justo que compañías puedan atraer a los inmigrantes, explotarlos y desecharlos después de que su sudor ha ayudado a construir este país.

Lo más importante aún, si escuchan con cuidado, más allá de todo el estrépito de los políticos y la política, se escuchan historias humanas —las historias de las personas que han arriesgado sus vidas para venir aquí, de la misma manera en la que todos los americanos lo han hecho.

Fuente número 2

Introducción: Este artículo trata de cuestiones económicas relacionadas con la inmigración.

¿Se debe legalizar a los inmigrantes indocumentados ya en los EE.UU.?[19]

Parte importante del debate sobre la inmigración ilegal a los Estados Unidos tiene que ver con la economía. Mientras hay algunos que afirman que los inmigrantes rompen la ley y toman el trabajo de los ciudadanos, la realidad es que la economía se hundiría sin la mano de obra que los inmigrantes le brindan a la economía estadounidense. Estos inmigrantes ilegales hacen muchos trabajos en que los ciudadanos no tienen el menor interés. En adición, con una tasa relativamente baja de desempleo y de natalidad conjunto con un nivel más alto de educación entre los ciudadanos, no hay quienes que puedan llenar todos los trabajos disponibles en ciertos sectores.

En campos tales como la agricultura y la construcción muchos empresarios tienen miedo de que el Congreso estadounidense restringa aún más la entrada de los inmigrantes y les obligue a los que ya están que salgan. En una carta fechada el 20 de abril, 2007, «el sector constructivo estadounidense reiteró la importancia de la mano de obra de los inmigrantes y apoyó la legalización de estos trabajadores que ya se encuentran en el país.» La industria de la construcción emplea ahora unos 7 millones de personas y la necesidad de la mano de obra continuará a aumentar en el futuro.

En el estado de Nueva York, como en otros estados, los agricultores temen que el Servicio de Inmigración lleve a sus braceros, lo cual dejaría pudrir en los árboles y los campos las frutas y los vegetales que ellos recogen. Ya en el otoño de 2006 algunos agricultores no podían encontrar la mano de obra necesaria porque muchos inmigrantes ilegales tenían miedo de que el Servicio de Inmigración hiciera redadas en los campos para buscarlos y deportarlos.

Se calcula que ahora hay alrededor de 12 millones de inmigrantes ilegales en los Estados Unidos. En una encuesta realizada por *USA Today* y la Organización Gallup, 78 por ciento de los encuestados favorecen que los inmigrantes que ya están en los Estados Unidos reciban la oportunidad de cambiar su estatus a ser legal.

---

[19]Ésta es adoptada de un artículo que apareció en *Prensa Latina*, el 3 de mayo, 2007, http://www.prensa-latina.cu/article.asp?ID=%7BDD8B156D-FF96-49D2-8F10-B766282CAB2E%7D&language=ES#TopOfPage, "Reiteran importancia de mano de obra inmigrante en EE.UU."

Fuente número 3

*Ahora tienes **30 segundos** para leer la introducción de la fuente número 3.*

Introducción: En esta entrevista[20] los entrevistados respondieron a la pregunta «¿Se les debería conceder la amnistía a los inmigrantes?»

> Las personas que participan en la entrevista:
> Domingo Martínez, de Salinas, Puerto Rico
> Roberto Burgos, de Aibonito, Puerto Rico
> Lili Vega, de Rochester, Nueva York
> Héctor Vargas, de Rochester, Nueva York

TRACK 28

Play Track 28 on the accompanying audio CD. When it is finished, play Track 28 again. Then you will have **40 minutes** to prepare and write your essay. (The script for Track 28 appears on page 186.)

8. Tema del ensayo: ¿Puede el ecoturismo servir para proteger el medio ambiente?

Tema curricular: Los desafíos mundiales

*Primero tienes **6 minutos** para leer el tema y las fuentes números 1 y 2.*

Fuente número 1

Introducción: El artículo trata del ecoturismo como manera de preservar el medio ambiente.[21]

En cuanto al ecoturismo, The Nature Conservancy, una organización que tiene como su misión la de «preservar las plantas, los animales y las comunidades naturales que representan la diversidad de vida sobre la Tierra al proteger las tierras y aguas que necesitan para sobrevivir,» apoya la práctica denominada «ecoturismo.» Las estrategias que plantean incluyen generar ganancias económicas del turismo para usarlas en la conservación, la reducción de peligros que corren la vida silvestre y las comunidades naturales y el apoyo para el ecoturismo. Este apoyo incluye la participación de la comunidad donde tiene lugar.

El problema que quizá sea el más grande es la preservación de la biodiversidad y los recursos naturales de sitios en peligro de ser desarrollados. Lo que pretende hacer el ecoturismo bajo The Nature Conservancy es poder generar el dinero para mantener y proteger los parques nacionales y otros lugares de importancia natural mientras les da a sus habitantes la manera de mantener la salud, la educación, el bienestar y el desarrollo de sus comunidades. El dinero recibido de lo que se cobra por la admisión, las concesiones, las visitas guiadas y las actividades como el buceo provee el financiamiento para conservar estos recursos naturales.

Con su doble enfoque, la preservación de la naturaleza y el desarrollo económico, la educación y la participación local, organizaciones como The Nature Conservancy esperan que lo que se llama el «ecoturismo comunitario» pueda servir a todos por el bien de todos.

---

[20]Ésta es de la página de opinión que apareció en mayo de 2006 en *ConXion*, el periódico bilingüe mensual del *Democrat and Chronicle* de Rochester, Nueva York. Used with permission.

[21]Information from The Nature Conservancy website, www.nature.org/aboutus/travel/ecoturismo/about/art15170.html.

Fuente número 2

Introducción: El gráfico muestra como ven los americanos y los británicos el valor del ecoturismo.

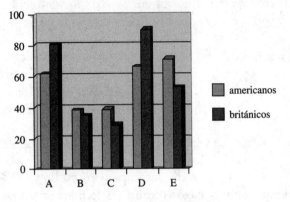

En un estudio[22] realizado por el Center on Ecotourism and Sustainable Development (CESD) y The Internacional Ecotourism Society (TIES) se ve cuales serían posibles índices para el éxito de ofrecer un turismo responsable. Aquí hay algunos de los datos que resultaron de sus investigaciones sobre las preferencias y opiniones de turistas americanos y británicos:

(A) Es importante aprender algo de la cultura, geografía y costumbres del país que se visita.

(B) Pagarían más para proteger el medio ambiente en el país que se visita.

(C) Escogerían compañías que protegen aspectos culturales e históricos en el país que se visita.

(D) Les importa la protección del medio ambiente en el país que se visita.

(E) El bienestar de la población local les importa en el país que se visita.

Estos datos podrían indicarnos la viabilidad de tales programas y el interés que tendrían turistas en participar en ellos.

Fuente número 3

Introducción: Esta entrevista[23] trata del ecoturismo a las Islas Galápagos y como ha sido dañoso para las islas.

Las personas que participan en la entrevista:
Locutor de radio, Juan Miguel Ruíz

Play Track 29 on the accompanying audio CD. When it is finished, play Track 29 again. Then you will have **40 minutes** to prepare and write your essay. (The script for Track 29 appears on page 187.)

---

[22]Adapted from information from the Center on Ecotourism and Sustainable Development (CESD) and The International Ecotourism Society (TIES), CESD/TIES Working Paper No. 104, revised April 2005, prepared by Zoë Chafe, edited by Martha Money.

[23]Ésta es adaptada de un artículo que apareció en lasprovincias.es, http://www.lasprovincias.es/valencia/20070411/internacional/ecuador-declara -emergencia-i.

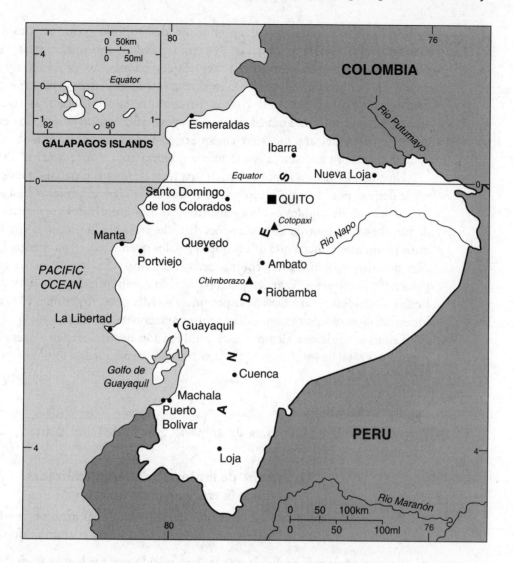

9. Tema del ensasyo: ¿Tiene la inclusión de las artes valor en el currículo escolar?

Tema curricular: La belleza y las estética

*Primero tienes **6 minutos** para leer el tema y las fuentes números 1 y 2.*

Fuente número 1

Introducción: El artículo se trata del valor del arte en la enseñanza.

El valor del arte en el currículo[24]

Algunas personas piensen que las artes (el arte, la música, el drama y el baile) no deben ser parte del currículo secundario. Con el advenimiento de «Que no se quede atrás ningún niño,» estas personas piensan que se debe enfocar en las materias esenciales tales como matemáticas, ciencias, literatura y composición. Se sorprenderá saber que hay mucha evidencia que indica lo contrario. Además de servir como actividades agradables,

---

[24]Ésta se informó en parte del libro *Teaching with the Brain in Mind*, por Eric Jensen, © 1998, the Association for Supervision and Curriculum Development.

también pueden contribuir al aprendizaje del alumno hasta en clases como lengua, matemáticas, historia y ciencias. No sólo pueden enriquecer estas clases, sino que pueden hacer que el alumno haga mejores conexiones con la materia y que la aprenda mejor. En su libro *Enseñar teniendo en cuenta la mente* (*Teaching with the Brain in Mind*), Eric Jensen expone que «una base artística nutre la creatividad, la concentración y la atención a valores y la autodisciplina» (página 36). Según Jensen, los estudios indican que el estudio del arte no sólo enriquece al individuo estéticamente sino que puede ayudar el cerebro humano a hacer más y mejores conexiones (página 38).

Un ejemplo de esto se puede ver en una clase de lengua española donde se lee el cuento «A la deriva» por Horacio Quiroga. Al entrar en la clase el profesor ha bajado las luces y toca una cinta de sonidos de una selva tropical. Los estudiantes encuentran papel y lápices de pastel en sus pupitres. El profesor les dice que escuchen los sonidos con los ojos cerrados unos momentos y luego que dibujen lo que ellos oyen y ven en su mente. Después de unos diez minutos los estudiantes comparten sus dibujos y hablan de las sensaciones que han producido los sonidos. Esta actividad ha servido como introducción a un cuento que tiene lugar en las selvas amazónicas de la provincia de Misiones, Argentina. Para cerrar la lección, los estudiantes dibujan escenas del cuento para 'contar' la historia.

Como se ve de este ejemplo, esta combinación de arte, lengua y literatura enriquece la experiencia total de los alumnos y les ayuda a comprender más a fondo un cuento naturalista algo difícil.

Fuente número 2

Introducción: El artículo trata del impacto que puede tener el arte en la educación del estudiante.

Lo saliente de las investigaciones realizadas sobre la enseñanza de las artes[25]

En el campo académico, se ha visto que la inclusión de las artes en la educación general del alumno le puede brindar los siguientes resultados. Para el alumno que estudia las artes:

- es cuatro veces más probable que sea reconocido por sus logros académicos
- es tres veces más probable que sea elegido a un puesto en el gobierno estudiantil de su clase
- es cuatro veces más probable que participe en un concurso de matemáticas o ciencias
- es tres veces más probable que sea premiado por su asistencia a la escuela
- es cuatro veces más probable que gane un premio por escribir un ensayo o poema.

En la misma página Web se nota que los que estudian las artes, comparados con sus compañeros de clase, tienden a participar más en clubes juveniles, leer como pasatiempo, participar en programas al servicio de la comunidad y asistir a clases de arte, música y baile. (*Living the Arts through Language + Learning: A Report on Community-based Youth Organizations*, Shirley Brice Heath, Stanford University and Carnegie Foundation for the Advancement of Teaching, *Americans for the Arts Monograph*, November 1998.)

En la página Web http://www.culture.gov.on.ca/english/about/b050506.htm, en un informe del College Board (http://www.nasaa-arts.org/publications/critical-evidence.pdf) se puede ver claramente el impacto que el arte puede tener en el campo académico.

---

[25]Esta información es de «AMERICANS for the ARTS», http://www.artsusa.org/public_awareness/facts.

El patrón de los que toman arte y calificaciones en el examen SAT, 2015[26]

	LECTURA	MATEMÁTICAS	ESCRITURA
4+ años de arte	535	551	527
4 años de arte	538	539	526
3 años de arte	508	513	497
2 años de arte	507	517	496
1 año de arte	507	521	494
½ año o menos	484	501	470
El promedio de todos que tomaron el examen SAT	495	511	484

Hasta los negocios entienden el valor del arte en el desarrollo completo del alumno. En la misma página Web, se nota que la inclusión del arte en el currículo fomenta la disciplina, la habilidad de solucionar problemas, la imparcialidad en el razonamiento valorativo, la apreciación de la calidad de su trabajo y la habilidad de establecer metas. En adición puede ayudar a los estudiantes que corren el riesgo de la delincuencia.

Más que una frivolidad, las artes sí tienen una importancia en la educación total del individuo, no sólo estéticamente, sino académica y socialmente también.

Fuente número 3

*Ahora tienes **30 segundos** para leer la introducción de la fuente número 3.*

Introducción: Ésta es una entrevista con unos profesores de Fairport High School en Fairport, New York, sobre el uso del arte.

> Participantes en la entrevista:
> Dennis Lavoie, entrevistador
> Sra. Gillette, profesora de inglés
> Sra. Griffith, profesora de teatro
> Sra. Karr, profesora de inglés
> Sra. Steffer, profesora de arte

Play Track 30 on the accompanying audio CD. When it is finished, play Track 30 again. Then you will have **40 minutes** to prepare and write your essay. (The script for Track 30 appears on page 187.)

10. Tema del ensayo: ¿Vale la pena participar en un programa de intercambio?

Tema curricular: Las familias y las comunidades

*Primero tienes **6 minutos** para leer el tema y las fuentes números 1 y 2.*

[26]2015 College-Bound Seniors: Total Group Profile Report, The College Board, 2015, Table 17, https://secure-media. collegeboard.org/digitalServices/pdf/sat/total-group-201.

Fuente número 1

Introducción: El artículo trata del valor de vivir en el extranjero.

¿Vale la pena participar en un programa de intercambio escolar?[27]

Cada año millones de estudiantes de todo el mundo participan en programas de intercambio estudiantil. Las razones quizá sean tan numerosas como estudiantes que participan. Algunos lo hacen para pasar unas semanas o meses agradables en un lugar exótico. Otros quieren conocer a nuevas personas y nuevas culturas o mejorar su habilidad de comunicarse en otra lengua. La realidad es que se puede realizar todas estas metas y más. Un programa, AFS, realizó un estudio independiente de sus programas y encontró que los que participan en estos programas se hacen más competentes en funcionar en otras culturas, traban más amistades con personas de otras culturas, hablan con más soltura lenguas extranjeras y conocen más sobre otras culturas.

Existen varios tipos de programas que les ofrecen a los estudiantes la oportunidad de experimentar un intercambio estudiantil. Hay programas en que los estudiantes pueden visitar por un par de semanas un país extranjero quedándose con una familia y asistiendo a clases como observadores en el colegio anfitrión. También existen programas en que los estudiantes pueden pasar un semestre, o hasta un año, viviendo con una familia anfitriona y asistiendo a clases por las cuales pueden recibir crédito en su escuela. Además se ofrecen programas en plan de excursión en que los estudiantes se quedan en hoteles y viajan de ciudad en ciudad dando un vistazo de pájaro al país anfitrión.

Cada opción tiene su propio valor según lo que el estudiante quiera llevar consigo de la experiencia. De todos modos, sí que es una experiencia que vale la pena. El estudiante y su familia son los que necesitan determinar lo que quieren conseguir, el tiempo que les es disponible y los recursos financieros.

Fuente número 2

Introducción: El artículo trata de los beneficios uno puede obtener por estudios en otro país.

Los beneficios de estudiar en el extranjero[28]

El estudiar en el extranjero puede enriquecer la vida de cualquier individuo que se arriesgue. Como los Estados Unidos es un país tan enorme muchos no tenemos la oportunidad de conocer a otros que son cultural y lingüísticamente diferentes de nosotros. La experiencia de pasar algún tiempo en otro país puede ser una experiencia que cambia nuestra vida por lo mejor. En la página Web de la Universidad de Maryland, International Programs, ellos enumeran los beneficios para los que participan en programas en el extranjero. Según ellos, el participar en programas así estimula la disciplina académica, ayuda al alumno a funcionar en sistemas diferentes, anima la independencia y puede hasta ayudarle en el momento de buscar trabajo. Al nivel práctico, si uno estudia en un país extranjero le facilita la adquisición de una lengua. Cuando todo lo que lo rodea está escrito en otra lengua, cuando todos alrededor de uno hablan otra lengua, es mucho más fácil adquirir la lengua que en una clase en el colegio o la universidad.

---

[27]Ésta se informó en parte de la página Web de AFS, una organización que ofrece programas de intercambio internacionales, http://www.afs.org/afs_or/view/3150.

[28]Ésta se informó en parte de la página Web de la Universidad de Maryland, Programas Internacionales, http://www.international.umd.edu/studyabroad/623.

Además, la experiencia da vida a lo que se ha aprendido en los salones de clase. Se puede conocer de primera mano el arte, la cultura y la historia del país. Hasta algunos estudios han mostrado que los que se han aprovechado de programas de estudios en el extranjero tienden a hacer mejor en sus estudios en la universidad.

Al nivel personal, yo vine de un pueblecito a la orilla del lago Ontario en el estado de Nueva York. La población del pueblo era de unos 1.500 habitantes y mi clase en el colegio, de 151 estudiantes. En el verano de 1971, entre mi primer año y segundo año en el colegio, yo fui a Saltillo, México, para pasar ocho semanas. Viví con una familia en que nadie hablaba inglés y seguí cursos de lengua, música y baile en un instituto. Fue una experiencia inolvidable que me llevó más tarde a pasar mi año junior estudiando en la universidad Complutense de Madrid en España.

Aquella primera experiencia en 1971 fue un momento clave en mi vida y me ha llevado a vivir en otros países y a aprender otros idiomas. Me dio de veras una vida muy distinta a la que habría tenido si no me hubiera arriesgado.

Fuente número 3

*Ahora tienes **30 segundos** para leer la introducción de la fuente número 3.*

Introducción: Ésta es una entrevista con unos estudiantes de secundaria que han participado en programas de intercambio.

> Participantes en la entrevista:
> Dennis Lavoie, entrevistador
> Shaughn, un estudiante de último año
> Courtney, una estudiante de último año
> Justin, un estudiante de último año

TRACK 31

Play Track 31 on the accompanying audio CD. When it is finished, play Track 31 again. Then you will have **40 minutes** to prepare and write your essay. (The script for Track 31 appears on page 188.)

Scripts for Presentational Writing: Argumentative Essay

TRACK 22 **Ensayo número 1, fuente número 3**

narrador: Para Luz madre de Carlos de Jesús, un chico de 17 años, fue importante inscribir a su hijo en un programa bilingüe porque quería que aprendiera acerca de sus raíces hispanas, a pesar de que nació aquí.

Luz López: Quería que mi hijo dominara ambos idiomas, el español y el inglés. Puede ahora leer y escribir en inglés y español.

narrador: Para María Messina, quien ayudó a fundar el programa bilingüe en la escuela Monroe Middle School hace 21 años, ella cree que una de las barreras que los estudiantes enfrentan es el nivel de comprensión en su idioma natal.

María Messina: Puede ser que estén aprendiendo el contexto. Pero, si no tienen habilidades en el idioma, no aprenderán lo que se supone que tienen que aprender.

narrador: El presidente de la junta directiva educacional, Domingo García, reconoce que la educación bilingüe es importante para estudiantes que no entienden instrucciones en inglés.

Domingo García: Tenemos muchos estudiantes de Cuba, la República Dominicana y Puerto Rico que no saben ni una palabra en inglés. Los que no se aprovechan del programa se arriesgan a retrasarse por el idioma.

narrador: También, Domingo García explica el programa dual se ofrece sólo hasta el sexto grado. Es un programa diseñado para estudiantes que quieren aprender un segundo idioma. Para entrar en el programa el estudiante necesita tener buenos conocimientos del inglés o del español.

Domingo García: Blancos, negros e hispanos están en la lista de espera para este programa. Cuando se completa, los estudiantes son completamente bilingües.

narrador: Para María Messina, el programa bilingüe ayuda a los estudiantes recién llegados a este país a poder adaptarse a la cultura y al nuevo idioma.

María Messina: Las escuelas deberían de continuar con el programa para estudiantes recién llegados para que aprendan cómo funcionan las cosas aquí y que se sientan que pertenecen. Cuando se sienten fuera de lugar, se sienten perdidos y se quieren ir.

narrador: Para Miriam Vázquez, directora de la escuela Eugenio María de Hostos, el ser bilingüe es casi una necesidad.

Miriam Vázquez: Adondequiera que vayas, ves información en inglés y español. Las personas bilingües tienen más oportunidades de trabajo en esta población creciente. Los estudiantes de programas bilingües están aprendiendo en español e inglés. Todas las personas tienen la habilidad de aprender más de un idioma.

TRACK 23   **Ensayo número 2, fuente número 3**

el autor: En años recientes ha habido un debate sobre la cuestión de obligar a los estudiantes de secundaria a hacer servicio comunitario como requisito para la graduación, un diploma especial o hasta un requisito para ciertos cursos u organizaciones. Los que requieren el servicio comunitario ven los beneficios de él como una conexión más estrecha con la comunidad, el conocer a nuevas personas, la oportunidad de compartir con otros sus conocimientos mientras se ganan nuevos y la experiencia que les puede servir en el futuro.

El programa del Bachillerato Internacional requiere que los alumnos hagan lo que se llama CAS (Creatividad, Acción y Servicio) como parte de los requisitos para sacar su diploma. El candidato necesita cumplir 150 horas en CAS durante los dos años del programa. Éstas no sólo tienen que ver con el servicio comunitario sino también con la participación en los deportes, las artes y otras actividades.

El Colegio de Burlington, Vermont, es un ejemplo entre varios que tiene una norma sobre el servicio comunitario. Su norma requiere que cada alumno haga 10 horas de servicio comunitario cada año que está en el colegio. No se puede esperar hasta el último año para cumplir con la norma de 40 horas en total, 10 por año. Si no se cumplen las 10 horas cada año, el alumno puede recibir más horas adicionales que hacer y corre el riesgo de no graduarse.

En el colegio donde enseño yo hay cursos que requieren servicio comunitario como parte de su currículo. Hay un curso electivo para los estudiantes de último año que ofrece el departamento de Estudios Sociales sobre el gobierno. Cada alumno en el curso necesita cumplir 10 horas y mantener un diario de la experiencia. También la Sociedad Honoraria Nacional y la Sociedad Honoraria Hispánica requieren que sus socios hagan actividades para el beneficio de la comunidad.

A pesar de estos programas bienintencionados, algunos piensan que si el alumno no está listo para hacer el servicio comunitario, puede tener un impacto negativo en cuanto a su participación futura en estas actividades. El doctor Arthur A. Stukas de la Universidad de Colorado del Norte indica que se puede mitigar los efectos negativos si la escuela les ofrece la posibilidad de seleccionar actividades que les interesan o en que tienen las destrezas necesarias para tener éxito.

TRACK 24   **Ensayo número 3, fuente número 3**

entrevistadora: ¿Es que muchos de sus estudiantes tienen puestos a tiempo parcial después de las clases y los fines de semana?

consejero: ¡Huy! Sí, un número significativo de mis estudiantes tienen trabajos. Si adivinara, diría que entre veinticinco por ciento y treinta y tres por ciento los tienen.

entrevistadora: ¿Encuentra que el trabajo puede chocar con el trabajo escolar de los estudiantes?

consejero: Muchas veces puede causar problemas, principalmente entre el horario de trabajo y los requisitos escolares. Por ejemplo, si un estudiante tiene un examen o un proyecto para el lunes y tiene que trabajar el domingo. Depende también del turno que trabaja el alumno. Trabajar un turno de las cuatro hasta las siete puede ser menos problemático que un turno de las seis hasta las diez. Normalmente los empleadores dirán que los estudios son más importantes que el trabajo… pero en la actualidad, si el alumno tiene que trabajar un turno el día antes de un examen, el empleador no puede fácilmente dejarlo no trabajar.

entrevistadora: ¿Cómo son los padres cuando ocurre un conflicto entre el trabajo y los estudios?

consejero: Los padres normalmente son fantásticos y dicen que los estudios siempre son más importantes que el trabajo… claro, puede ser que lo dicen porque creen que es lo que yo quiero oír. Por lo general van a decir que o el estudiante tiene que trabajar menos o dejar el trabajo. Pero a veces hay problemas financieros y el estudiante sí tiene que trabajar.

entrevistadora: En su experiencia, ¿ha visto Ud. a estudiantes que dejan un curso o cambian a un curso menos riguroso por un trabajo parcial?

consejero: Sí, se ve estudiantes, en particular de último año, que dejarán un curso o cambiarán su curso a uno menos difícil, sobre todo si es un curso que no necesitan para graduarse. Los de último año también tienen actividades como los deportes, la vida social y, claro, el trabajo.

entrevistadora: ¿Hay un tipo de trabajo que sea más problemático que otro?

consejero: Ninguno me llama la atención. Es siempre una cuestión de las horas que trabajan y cuándo las trabajan.

entrevistadora: ¿Qué dice la ley sobre el trabajo de los jóvenes?

consejero: Esto depende de la edad del estudiante. Entre los de catorce y quince años durante el año escolar pueden trabajar de lunes a jueves tres horas por día y los viernes, sábados y domingos ocho horas. Pero no pueden trabajar más de dieciocho horas por semana. De dieciséis a diecisiete años de lunes a jueves pueden trabajar cuatro horas por día y los viernes, sábados y domingos ocho horas por día hasta un máximo de vientiocho horas por semana.

entrevistadora: ¿Cuáles son algunos aspectos positivos para los jóvenes de tener un trabajo?

consejero: Pues, sin orden particular, el dinero, y las cosas intangibles como la responsabilidad, la independencia y la madurez. Hay que tener en cuenta la tienda, el empleador y los clientes.

entrevistadora: Si su hijo o hija le dijera que quisiera tener un trabajo, ¿cómo le respondería?

consejero: Esto dependería de su situación. Es decir si hace bien en sus clases, si participa en otras actividades como la música, los deportes o si hace trabajo de voluntario. Si tuviera el tiempo e hiciera bien en sus estudios, sí le permitiría. Cuando yo era consejero al nivel universitario, siempre notaba la diferencia entre los estudiantes que trabajaban para pagar su educación y los que los padres la pagaban. Los que ganaban su propio dinero y pagaban los estudios eran más maduros y los tomaban mucho más en serio.

entrevistadora: Muchas gracias por haberme permitido entrevistarlo hoy sobre este tema.

TRACK 25   **Ensayo número 4, fuente número 3**

¿Es que los programas de micro-préstamos pueden en práctica tener éxito en mejorar las vidas de las personas y comunidades en que se utilizan? En su página Web, la organización norteamericana, Oxfam, dice que sí. En un ejemplo de México se muestra cómo estos programas pueden impactar la vida de una comunidad. En cooperación con ASETECO (Asesoramiento Técnico a las Comunidades de Oaxaca) Oxfam muestra cómo los micro-préstamos pueden tener, como dice en su página Web, un macro-impacto.

En las áreas rurales de Oaxaca 70 por ciento de las mujeres son analfabetas; son las responsables de educar a sus hijos y les falta comida y acceso a ayuda financiera. En este área ASETECO tiene centros de ahorros y préstamos. Esta ayuda directa ayuda a romper el ciclo de la pobreza apoyando con dinero a estas mujeres pobres mejorando sus vidas y la de la comunidad. Algunos ejemplos incluyen una fábrica establecida por mujeres que hace muebles con las hojas de la palma. Han tenido tanto éxito que una compañía italiana de muebles compra su producto. Otro ejemplo es Chocolate Yuvila, una fábrica de chocolates organizada por un grupo de mujeres.

También, las mujeres en estas comunidades cultivan vegetales, construyen sanitarios y fabrican hornos que producen menos humo dañino.

Como es fácil de ver, Oxfam en colaboración con ASETECO sí hace una diferencia.

TRACK 26   **Ensayo número 5, fuente número 3**

Lenguas muertas que no lo son

Hay un fenómeno curioso que existe en cuanto a las lenguas muertas y es que aunque dicen "lenguas muertas" algunas todavía son empleadas por ciertos grupos de individuos. Algunos ejemplos incluyen el latín, el griego clásico y el sánscrito.

En el caso del latín, sigue siendo la lengua oficial de la Iglesia Católica. No sólo se usa en el Vaticano sino que continúa evolucionando. En un artículo por Pierre Georges en el periódico Le Monde, él nota que más de 60.000 palabras y expresiones nuevas han sido añadidas al léxico latino. Claro está que el latín sobrevivió en textos científicos y filosóficos hasta el siglo XIX.

La situación no es sin esperanzas. Ha habido casos en que han tratado de rescatar una lengua de la extinción y en que han tenido bastante éxito. El ejemplo que sobresale más es el caso del hebreo, lengua muerta que se ha resucitado. Se había conservado como lenguaje litúrgico pero al nacer el estado de Israel el deseo de tener una lengua "neutral" como su lengua oficial ocasionó el renacimiento del hebreo.

Unos ejemplos de lenguas que luchan por su supervivencia son el vasco de España y Francia y el bretón de Francia que ahora tienen más hablantes que en 1954. En la República de Irlanda el irlandés es la lengua oficial y se enseña en sus escuelas aunque el inglés predomina.

Mientras el panorama para la supervivencia de las lenguas minoritarias sea poco favorable, sí ha habido éxitos y bien puede ser que con un esfuerzo al nivel nacional y mundial más lenguas puedan sobrevivir.

TRACK 27   **Ensayo número 6, fuente número 3**

Iván Ramos: Puerto Rico lo tiene todo, y aún más que otros países independientes, así que, ¿por qué no puede ser independiente?

Yo estoy por la independencia pero manteniendo lazos fuertes con los Estados Unidos porque las personas tienen el derecho a elegir su propio destino.

José Ramos: Es una isla con pocos recursos naturales y no puede sobrevivir sola… Si tuviéramos petróleo, minas o hasta fincas de cañas, pues quizás. Las fincas que teníamos ya no están y ahora están cubiertas en cemento. Las construcciones nuevas han endeudado a Puerto Rico e hipotecado su futuro. ¿Cómo podrán pagar eso si llegan a ser independientes?

Iván Ramos: ¿Qué recursos naturales tiene el Japón? Ellos tienen gente, la riqueza de Puerto Rico está en su población educada.

Domingo García: La independencia es una noción romántica pero si uno le pregunta a la gente que está en la isla, aún aquéllos que prefieren el estatus de estado libre asociado, elegirían ser un estado independiente. Ya no es una opción, estamos muy integrados. Miles de los nuestros han muerto defendiendo este país en sus guerras, aún así, técnicamente, todavía somos ciudadanos de segunda clase.

TRACK 28   **Ensayo número 7, fuente número 3**

Domingo Martínez: Yo estoy de acuerdo con la amnistía, pero ahora mismo no hay una legislación clara de lo que se podría ofrecerles. Este movimiento (las manifestaciones pro inmigrantes) hace que los políticos piensen y creo que saldrá una fórmula muy favorable para todos los hispanos, no solamente para los inmigrantes… Los hispanos en América se están despertando.

Roberto Burgos: Yo creo que la gente está aquí ilegalmente por la promesa de un mejor futuro y están aquí para perseguir el sueño de esa promesa. Y creo que deberíamos de crear esa oportunidad para todas esas personas que están aquí con sus familias y niños, trabajando o buscando trabajo.

Lili Vega: Ellos (los inmigrantes) deberían de quedarse aquí, no deberíamos de ser tan duros con esa ley; ellos no son criminales, son seres humanos y necesitamos tratar a todos como seres humanos y todos deberíamos de ser libres.

Héctor Vargas: Yo estoy de acuerdo con la amnistía. Estas personas están aquí, y se están aprovechando de ellas, y no sólo eso, sino que están aquí por diferentes razones, no sólo por trabajo… los necesitamos a todos, hay mucha gente aquí y a veces nos olvidamos de quienes son.

TRACK 29 **Ensayo número 8, fuente número 3**

Juan Miguel Ruíz: Muy buenas tardes radioyentes, les habla Juan Miguel Ruíz desde Madrid con las noticias en breve.

Por Internet hoy el sitio Web http://www.lasprovincias.es presenta un informe sobre las Islas Galápagos de Ecuador. Estas islas fueron denominadas Patrimonio de la Humanidad en 1979 por las Naciones Unidas como representan un recurso único de nuestro planeta que contiene especies de animales y vegetales únicas en el planeta. Fue en estas islas donde el científico británico Charles Darwin realizó sus investigaciones sobre la evolución, el tema de su libro El origen de las especies. Una delegación de UNESCO declaró a las islas patrimonio natural en riesgo. En ese momento estas joyas naturales sufren una crisis institucional, ambiental y social según el antiguo presidente de Ecuador. Esta crisis se debe a varios factores como la pesca indiscriminada, la introducción de especies no nativas y el crecimiento en el número de residentes y turistas. Había llegado la situación a tal punto que el antiguo presidente de la República lanzó un decreto para suspender temporalmente el permiso para permitir nuevas licencias turísticas, operaciones aéreas y nuevas residencias. Por su parte la UNESCO discutió con las autoridades ecuatorianas los problemas que las islas enfrentan e ideas para asegurar su conservación y el 29 de julio, 2010 el Comité de Patrimonio de la Humidad eliminó las islas de la lista de patrimonios naturales en riesgo por el progreso que ha hecho Ecuador en responder a estos peligros.

Éste ha sido Juan Miguel Ruíz con las noticias en breve. Muy buenas tardes a todos.

TRACK 30 **Ensayo número 9, fuente número 3**

entrevistador: ¿Cómo incluye el arte en sus lecciones?

Sra. Gillette: Pues, lo incluyo en mis lecciones de mitología.

Sra. Griffith: Lo incluyo al emplear la música cuando enseño la poesía.

Sra. Karr: Bueno, en los cursos del penúltimo año vemos la música y el arte cuando estudiamos las décadas de los veinte, los cincuenta y los sesenta.

entrevistador: ¿Qué valor tiene la inclusión del arte en sus lecciones?

Sra. Karr: Añade un poquito de ambiente, o sea color, al plan académico. Los alumnos tienen que aprender muchos datos y el arte los ayuda a ser más equilibrados y también les facilita a veces el trabajo.

Sra. Griffith: Esto depende del alumno. Algunos pueden hacer mejor las conexiones con lo que estudian.

Sra. Gillette: La inclusión del arte en una lección puede atraer a los alumnos que no tienden a participar activamente en la clase.

Sra. Griffith: Puede ayudar mucho si el alumno aprende mejor visualmente.

Sra. Karr: Es un cambio de lo usual.

Sra. Steffer: Ayuda a los alumnos para que puedan solucionar problemas de una manera más creativa. Los alumnos que estudian las artes tienden a enfocar un problema de una manera diferente de lo que se hace en un curso más bien académico. Les da una manera diferente de ver el mundo.

entrevistador: Les doy las gracias a todas por haber compartido sus ideas conmigo hoy.

TRACK 31

Ensayo número 10, fuente número 3

entrevistador: ¿Por qué decidieron ustedes participar en un programa de intercambio en España?

Shaughn: En parte porque mi madre fue una vez y siempre me decía que fue fantástica la experiencia. Yo jamás había viajado al extranjero y pensaba que me hacía falta hacerlo. Quería ver otros países.

Courtney: Quería viajar al extranjero para tener la experiencia. Quería viajar, tener nuevas experiencias y conocer a nuevas personas. También, pensaba que sería divertida.

Justin: Muchos en mi familia hablan español y quería mejorar mi español para sentirme más cómodo con la lengua. También, me parecía ser un lugar divertido para visitar.

entrevistador: Pues, ¿qué aprendieron o cómo los cambió la experiencia?

Shaughn: Mejoré mucho mi español y, además, ahora tengo amigos en un país extranjero. Ahora deseo aun más estudiar en el extranjero, si me es posible, en la universidad. Me abrió los ojos a una nueva cultura y me mostró que aunque hablan una lengua diferente, todos somos iguales.

Courtney: No lo sé. Creo que me hizo más abierta a experiencias diferentes. También, como Shaughn, aprendí a ser más abierta y a experimentar cosas nuevas.

Justin: Yo también me creo ser más abierto a experimentar cosas nuevas. La comida era diferente. Hablo con mayor soltura ahora. La experiencia de adaptarme a una cultura completamente diferente fue muy buena.

entrevistador: ¿Lo harían otra vez en el futuro? ¿Y lo recomendarían a otros?

Shaughn: Absolutamente. Me encantaba todo. Era muy divertido.

Courtney: Sí, sin duda alguna.

Justin: Claro. Sin duda alguna yo quiero hacerlo mientras estudie en la universidad. Me gustaría tener un puesto de internado en España. Me fue provechoso y me gustaría hacerlo otra vez.

entrevistador: Les agradezco su participación en esta entrevista y espero que todos tengan la oportunidad de visitar a España otra vez, tan pronto como sea posible.

How Your Score Is Determined for Presentational Writing: Argumentative Essay

The sample rubric below is based on the rubric for Presentational Writing: Argumentative Essay from the AP Spanish Language and Culture exam. Key words and phrases appear in bold.

Score: 5—This is a strong performance.
What the reader will be looking for:

- The prompt (essay topic) is **fully and effectively addressed** using **relevant details** from **all three sources** to support the answer.
- Shows an **excellent understanding of the viewpoints** expressed in the sources with very few inaccuracies.
- Student presents and defends **own viewpoint with clarity**, developing a **detailed, argumentative argument**.
- The essay is **fully comprehensible and shows ease of expression**; errors do not affect comprehension.
- The vocabulary is **rich**, **appropriate**, and **idiomatic**.
- Grammar, usage, and syntax (word order) are **correct** and show **variety**; there are **few errors**.
- The essay is well organized and shows **good** usage of transitional words and cohesive devices.
- The essay contains both **simple and compound sentences** along with **some** more **complex sentences** contained in paragraph-length discourse.

Score: 4—This is a good performance.

- The prompt (essay topic) is **addressed effectively summarizing relevant details** from **all three sources** to support the answer.
- Shows **understanding of the viewpoints** expressed in the sources with a few inaccuracies.
- Student presents and defends **own viewpoint with clarity**, developing a **coherent, argumentative argument**.
- The essay is **fully comprehensible** even though there may be **some errors** that do not affect comprehension.
- The vocabulary is **varied** and **mostly appropriate** and **idiomatic**.
- Grammar, usage, and syntax (word order) are **generally correct**.
- The essay is **organized** with some use of transitional words and cohesive devices.
- The essay contains both **simple and compound sentences** along with **a few complex sentences** contained mostly in paragraph-length discourse.

Score: 3—This is a fair performance.

- The prompt (essay topic) is **addressed adequately** using a **few relevant details** from **all three sources** to support the answer.
- Shows **some understanding of the viewpoints** expressed in the sources, with **some inaccuracies**.
- Student presents and defends **own viewpoint**, developing a **somewhat coherent, argumentative argument**.
- The essay is **generally comprehensible** even though there may be **some errors** that **may affect comprehension**.

- The vocabulary is **adequate** and **idiomatic**.
- Grammar, usage, and syntax (word order) show **some control**.
- The essay is **somewhat organized** with **limited** use of **transitional words** and **cohesive devices**.
- The essay contains both **simple and a few compound** sentences contained mostly in paragraph-length discourse.

Score: 2—This is a weak performance.

- The prompt (essay topic) is **not addressed adequately**. There are a series of statements, some of which are **incorrect**, and the essay summarizes **information from only one or two of the sources** that may not support the answer.
- Shows **low degree of understanding of the viewpoints** expressed in the sources, with **some inaccuracies**.
- Student presents **own viewpoint** but in an **unargumentative and generally incoherent manner**.
- The essay is **comprehensible in part** with **errors** that **affect comprehension** and force interpretation.
- The vocabulary is **limited**.
- Grammar, usage, and syntax (word order) show **limited control**.
- The essay **is not well organized** with **unsuccessful** use of **transitional words** and **cohesive devices**.
- The essay contains only **simple sentences and/or phrases**.

Score: 1—This is a poor performance.

- The prompt (essay topic) is **almost not addressed** with **a repetition of some of the sources** or **no reference** to any of the sources to support the answer.
- Shows **poor understanding of the viewpoints** expressed in the sources, with **many inaccuracies**.
- Student **minimally presents own viewpoint**, but it is **undeveloped and incoherent**.
- The essay is **barely comprehensible** with major errors that affect comprehension.
- The vocabulary is **very limited**.
- Grammar, usage, and syntax (word order) show **little control**.
- The essay is **not organized** and **lacks** use of **transitional words** and **cohesive devices**.
- The essay contains only **very simple sentences and/or fragments**.

Score: 0—This response receives no credit.

- The essay only **restates** the prompt (essay topic).
- The response is totally **off topic**.
- The response is **not Spanish**.
- The page is **blank**.
- Response says, "I don't know/understand" in any language.

CHAPTER 9

Exam Section II
Interpersonal Speaking: Conversation

IN THIS CHAPTER

Summary: In the **Interpersonal Speaking: Conversation** portion of the AP Spanish Language and Culture exam, you will be asked to participate in a simulated conversation with another person. The other person will begin the conversation and will pause 5 or 6 times. At each pause you will have 20 seconds to reply with an appropriate response. Your spoken responses will be recorded. This part of the exam accounts for one-eighth (12.5 percent) of your total AP Spanish exam score. This chapter provides suggestions on how to participate appropriately in the conversation and give you some ideas on how to go about preparing for this part of the examination. Then you'll be given 15 sample conversations similar to what you will encounter on the actual AP Spanish exam. Use these sample conversations to familiarize yourself with the test and practice your conversational speaking skills. Finally this chapter contains a detailed explanation of how your spoken responses will be scored.

Strategy for Interpersonal Speaking: Conversation

In this part of the exam, you'll be given a short introduction and a general preview of the conversation in the test examination booklet. You'll have 1 minute to read these before the conversation begins. You will then hear the other person begin the conversation. At each pause, you will have 20 seconds to speak. Following are suggestions regarding your strategy in approaching this part of the test. Also included are tips on how best to prepare yourself for the conversation portion of the AP Spanish exam.

- When given the minute to look at the introduction and preview of the conversation, try to guess what the context will be. Look for any key words that might indicate what you will have to say.
- Once you have read the introduction and the preview of the conversation, try to jot down in the margins of the page some key words or expressions that you might like to use.
- Once the conversation begins, try to concentrate and listen carefully: listening is a skill that must be practiced. How well you understand the question will affect your score.
- Try to determine what tenses are being used (present, past, future, conditional, etc.). Make sure you answer in the appropriate tense.
- Try to use some high-order structures in your response—the subjunctive, for example—whenever possible or appropriate.
- Listen for a key word or words that you might want to use in your response.
- Try not to waste valuable time restating the whole question; get right to the answer! Look at the following example:
  Question: **Cuando no tienes clase, ¿qué haces?**
  ○ Weak answer: **Cuando no tengo clase, yo salgo con mis amigos…**
  ○ Better answer: **Salgo con mis amigos y a veces vamos al cine o al centro comercial para reunirnos con otros amigos allí.**
- Try to use the full 20 seconds for your response. You want to give the scorers as long a sample of your speaking as possible. But stop as soon as you hear the tone indicating the speaker is about to continue the conversation, even if your answer is incomplete.
- Answer every question, even if you are not completely sure of what is being asked. The theme for the conversation could help you make an educated guess about any questions that you might not completely understand.
- Speak clearly and do not be afraid of correcting yourself if you make an error. However, don't waste a lot of time trying to correct yourself; this can bog you down.
- Be sure to follow the proctor's instructions carefully.
- Once you have completed one of the practice conversations in this chapter, look at the script to clear up any doubts you may have.

Practice for Interpersonal Speaking: Conversation

Instructions: You will now participate in a simulated conversation. First, you will have 1 minute to read the introduction and the outline of the conversation. The conversation will then begin. Each time it is your turn, you will have 20 seconds to respond; a tone will indicate when you should begin and end speaking. You should participate in the conversation as fully and appropriately as possible.

Instrucciones: Ahora participarás en una conversación simulada. Primero, tendrás 1 minuto para leer la introducción y el esquema de la conversación. Siempre que te toque, tendrás 20 segundos para responder; una señal te indicará cuándo debes empezar y terminar de hablar. Debes participar en la conversación de la manera más completa y apropiada posible.

Conversación número 1

Tema curricular: La vida contemporánea

*Tienes **1 minuto** para leer las instrucciones y la esquema de la conversación.*

Introducción: Ésta es una conversación con María, una amiga tuya. Vas a participar en esta conversación porque ella tiene dudas sobre ir por un año en un programa de intercambio.

> [*The shaded lines reflect what you will hear on the recording.* Las líneas en gris reflejan lo que escucharás en la grabación.]

María	• *Te saluda.*
Tú	• *Salúdala y pregúntale que le pasa.*
María	• *Responde y te explica el problema.*
Tú	• *Trata de calmar y tranquilizar a María.*
María	• *Te pide tu opinión.*
Tú	• *Responde a la pregunta.*
María	• *Te hace otra pregunta.*
Tú	• *Responde a la pregunta.*
María	• *Te pide tu consejo.*
Tú	• *Responde a la pregunta.*

TRACK 32

PLAY Track 32 on the accompanying audio CD. (The script for Track 32 appears on page 210.)

Conversación número 2

Tema curricular: La vida contemporánea

*Tienes **1 minuto** para leer las instrucciones y la esquema de la conversación.*

Introducción: Esta conversación es con la señorita Pérez. Ella es la dueña de una tienda donde tu has solicitado un trabajo.

> [*The shaded lines reflect what you will hear on the recording.* Las líneas en gris reflejan lo que escucharás en la grabación.]

Señorita Pérez	• *Te saluda.*
Tú	• *Salúdala y preséntate.*

Señorita Pérez	• *Te explica por qué te concede la entrevista.* • *Te hace una pregunta.*

Tú	• *Responde a la pregunta.*

Señorita Pérez	• *Continúa la entrevista.* • *Te hace una pregunta.*

Tú	• *Responde a la pregunta.*

Señorita Pérez	• *Continúa la entrevista.* • *Te hace otra pregunta.*

Tú	• *Responde a la pregunta.*

Señorita Pérez	• *Continúa la entrevista.* • *Te hace una pregunta.*

Tú	• *Responde a la pregunta.*

Señorita Pérez	• *Continúa la entrevista.* • *Te hace una pregunta.*

Tú	• *Responde a la pregunta.*

Señorita Pérez	• *Termina la entrevista y se despide de ti.*

TRACK 33

PLAY Track 33 on the accompanying audio CD. (The script for Track 33 appears on page 207.)

Conversación número 3

Tema curricular: La vida contemporánea

*Tienes **1 minuto** para leer las instrucciones y la esquema de la conversación.*

Introducción: Esta conversación es con el señor Martínez de la compañía aérea Iberia sobre tu maleta perdida.

> [*The shaded lines reflect what you will hear on the recording.* Las líneas en gris reflejan lo que escucharás en la grabación.]

Señor Martínez	• *Te saluda.*

Tú	• *Salúdalo.* • *Responde a la pregunta.*

Señor Martínez	• *Te hace una pregunta.*

Tú	• *Responde a la pregunta.*

Señor Martínez	• *Te pide más información.*

Tú	• *Responde a la pregunta.*

Señor Martínez	• *Te hace otra pregunta.*

Tú	• *Dale las gracias.* • *Responde a la pregunta.*

Señor Martínez	• *Vuelve.* • *Te da lo que buscas.*

Tú	• *Dale las gracias y despídete.*

PLAY Track 34 on the accompanying audio CD. (The script for Track 34 appears on page 207.)

Conversación número 4

Tema curricular: La vida contemporánea

Tienes **1 minuto** *para leer las instrucciones y la esquema de la conversación.*

Introducción: Esta conversación es con el señor López, un agente de viajes sobre unas vacaciones que planeas.

[*The shaded lines reflect what you will hear on the recording.* Las líneas en gris reflejan lo que escucharás en la grabación.]

Señor López	• *Te saluda.*

Tú	• *Salúdalo.* • *Preséntate.*

Señor López	• *Te hace una pregunta.*

Tú	• *Responde a la pregunta.*

Señor López	• *Te pide más información.*

Tú	• *Responde a la pregunta.*

Señor López	• *Te hace otra pregunta.*

Tú	• *Responde a la pregunta.*

Señor López	• *Te hace una pregunta.*

Tú	• *Contéstale en el negativo.*

Señor López	• *Se despide de ti.*

Tú	• *Despídete de él.* • *Agradécele por su tiempo.*

TRACK 35

PLAY Track 35 on the accompanying audio CD. (The script for Track 35 appears on page 208.)

Conversación número 5

Tema curricular: Las familias y las comunidades

*Tienes **1 minuto** para leer las instrucciones y la esquema de la conversación.*

Introducción: Esta conversación es con tu amigo Paco que necesita tu ayuda en seleccionar un regalo.

> [*The shaded lines reflect what you will hear on the recording.* Las líneas en gris reflejan lo que escucharás en la grabación.]

Paco	• *Te saluda.*

Tú	• *Salúdalo.* • *Trata de calmarlo.*

Paco	• *Te da las gracias.* • *Te explica la situación.*

Tú	• *Hazle una pregunta.*

Paco	• *Te responde.* • *Te hace una pregunta.*

Tú	• *Responde a la pregunta.*

Paco	• *Continúa la conversación.* • *Te hace una pregunta.*

Tú	• *Responde a la pregunta.*

Paco	• *Te explica que hay un problema.*

Tú	• *Ofrécele una sugerencia.*

Paco	• *Reacciona a la sugerencia.*

Tú	• *Termina la conversación.*

TRACK 36

PLAY Track 36 on the accompanying audio CD. (The script for Track 36 appears on page 208.)

Conversación número 6

Tema curricular: Las familias y las comunidades

Tienes **1 minuto** *para leer las instrucciones y la esquema de la conversación.*

Introducción: Esta conversación es con una amiga. Ustedes van a hablar sobre planes para el fin de semana.

[*The shaded lines reflect what you will hear on the recording.* Las líneas en gris reflejan lo que escucharás en la grabación.]

Tu amiga	• *Te saluda.* • *Empieza la conversación.*

Tú	• *Salúdala.* • *Contesta su pregunta.*

Tu amiga	• *Te dice lo que pensaba hacer.* • *Te hace una pregunta.*

Tú	• *Responde a la pregunta en el afirmativo.* • *Sugiere una opción.*

Tu amiga	• *Responde.* • *Te hace otra pregunta.*

Tú	• *Responde a la pregunta.*

Tu amiga	• *Te hace una pregunta.*

Tú	• *Expresa tu opinión.*

Tu amiga	• *Te hace otra pregunta.*

Tú	• *Expresa tu opinión.*

Tu amiga	• *Se despide de ti.*

Tú	• *Despídete.* • *Repite los planes.*

PLAY Track 37 on the accompanying audio CD. (The script for Track 37 appears on page 209.)

Conversación número 7

Tema curricular: La vida contemporánea

Tienes **1 minuto** *para leer las instrucciones y la esquema de la conversación.*

Introducción: Esta conversación es con la taquillera de un estadio sobre entradas para un evento deportivo.

> [*The shaded lines reflect what you will hear on the recording.* Las líneas en gris reflejan lo que escucharás en la grabación.]

Taquillera	• *Te saluda.* • *Te hace una pregunta.*

Tú	• *Salúdala.* • *Responde a su pregunta.* • *Pide información sobre el partido.*

Taquillera	• *Te da la información.*

Tú	• *Pídele sobre el precio.*

Taquillera	• *Contesta tu pregunta.*

Tú	• *Dile el tipo de entrada que quieres.* • *Dile cuántas quieres.*

Taquillera	• *Te hace una pregunta.*

Tú	• *Responde a la pregunta.*

Taquillera	• *Ella repite la información.* • *Te hace otra pregunta.*

Tú	• *Contesta la pregunta en el negativo.* • *Dale las gracias.* • *Despídete de ella.*

TRACK 38

PLAY Track 38 on the accompanying audio CD. (The script for Track 38 appears on page 209.)

Conversación número 8

Tema curricular: Las familias y las comunidades

Tienes **1 minuto** *para leer las instrucciones y la esquema de la conversación.*

Introducción: Esta conversación es con tu mamá argentina al fin de tu visita a la Argentina.

[*The shaded lines reflect what you will hear on the recording.* Las líneas en gris reflejan lo que escucharás en la grabación.]

Tu mamá argentina	• *Te hace una observación.*
Tú	• *Reacciona a lo que te dice.*
Tu mamá argentina	• *Te hace unas preguntas.*
Tú	• *Responde a las preguntas.*
Tu mamá argentina	• *Te hace una pregunta.*
Tú	• *Responde a la pregunta.*
Tu mamá argentina	• *Te hace una pregunta.*
Tú	• *Responde a la pregunta.*
Tu mamá argentina	• *Te hace una pregunta.*
Tú	• *Responde a la pregunta.*
Tu mamá argentina	• *Te hace una pregunta.*
Tú	• *Responde a la pregunta.*

TRACK 39

PLAY Track 39 on the accompanying audio CD. (The script for Track 39 appears on page 210.)

Conversación número 9

Tema curricular: La belleza y la estética

Tienes **1 minuto** *para leer las instrucciones y la esquema de la conversación.*

Introducción: Esta conversación es con una dependiente en una tienda de ropa. Necesita ropa para un evento especial.

[*The shaded lines reflect what you will hear on the recording.* Las líneas en gris reflejan lo que escucharás en la grabación.]

Dependienta	• *Te saluda.* • *Te hace una pregunta.*
Tú	• *Salúdala.* • *Responde a su pregunta.*
Dependienta	• *Te hace una pregunta.*
Tú	• *Responde a la pregunta.*
Dependienta	• *Te hace otra pregunta.*
Tú	• *Responde a la pregunta.*
Dependienta	• *Te hace una pregunta.*
Tú	• *Responde a la pregunta.*
Dependienta	• *Te muestra algunas cosas.* • *Te hace una pregunta.*
Tú	• *Reacciona a lo que te muestra.* • *Responde a la pregunta.*
Dependienta	• *Te hace una pregunta.*
Tú	• *Responde a la pregunta.*

TRACK 40

PLAY Track 40 on the accompanying audio CD. (The script for Track 40 appears on page 210.)

Conversación número 10

Tema curricular: La vida contemporánea

Tienes **1 minuto** *para leer las instrucciones y la esquema de la conversación.*

Introducción: Esta conversación es con la recepcionista del hotel donde tú quedas. Hay algún problema con tu cuarto.

[*The shaded lines reflect what you will hear on the recording.* Las líneas en gris reflejan lo que escucharás en la grabación.]

Recepcionista	• *Contesta y te saluda.* • *Te hace una pregunta.*
Tú	• *Salúdala.* • *Explícale uno de los problemas.*
Recepcionista	• *Te responde.* • *Te hace una pregunta.*
Tú	• *Explícale otro problema.*
Recepcionista	• *Te hace otra pregunta.*
Tú	• *Responde a la pregunta.* • *Hazle una pregunta sobre dónde se puede comer.*
Recepcionista	• *Responde a la pregunta.* • *Te pide más información.*
Tú	• *Dale la información que te pide.*
Recepcionista	• *Te hace unas recomendaciones.*
Tú	• *Pídele recomendaciones para algo que hacer después.*
Recepcionista	• *Te hace unas recomendaciones.*
Tú	• *Dale las gracias.* • *Despídete de ella.*

TRACK 41

PLAY Track 41 on the accompanying audio CD. (The script for Track 41 appears on page 211.)

Conversación número 11

Tema curricular: Las familias y las comunidades

Tienes **1 minuto** *para leer las instrucciones y la esquema de la conversación.*

Introducción: Esta conversación es con un estudiante de intercambio de México. Hablan sobre sus escuelas.

[*The shaded lines reflect what you will hear on the recording.* Las líneas en gris reflejan lo que escucharás en la grabación.]

Estudiante	• *Te saluda.* • *Se te presenta a ti.*
Tú	• *Salúdalo.* • *Preséntate a él.*
Estudiante	• *Te hace una pregunta.*
Tú	• *Responde a la pregunta.*
Estudiante	• *Te explica su día.*
Tú	• *Reacciona.* • *Pídele sobre los deportes.*
Estudiante	• *Contesta la pregunta.*
Tú	• *Reacciona.* • *Pregúntale sobre otras actividades.*
Estudiante	• *Responde a la pregunta.* • *Te hace una pregunta.*
Tú	• *Responde a la pregunta.* • *Pídele algo sobre las clases.*
Estudiante	• *Te responde.*
Tú	• *Reacciona.* • *Despídete de él.*

TRACK 42

PLAY Track 42 on the accompanying audio CD. (The script for Track 42 appears on page 211.)

Conversación número 12

Tema curricular: Los desafíos mundiales

Tienes **1 minuto** *para leer las instrucciones y la esquema de la conversación.*

Introducción: Esta conversación es con un policía. Tú has visto un accidente y el policía te pide los detalles.

> [*The shaded lines reflect what you will hear on the recording.* Las líneas en gris reflejan lo que escucharás en la grabación.]

Policía	• *Te saluda.* • *Se te presenta a ti.* • *Te pide tu ayuda.*
Tú	• *Salúdalo.* • *Preséntate a él.* • *Reacciona.*
Policía	• *Te hace una pregunta.*
Tú	• *Responde a la pregunta.*
Policía	• *Te hace una pregunta.*
Tú	• *Responde a la pregunta.*
Policía	• *Te hace una pregunta.*
Tú	• *Responde a la pregunta.*
Policía	• *Te pide información.*
Tú	• *Dale la información que pide.*

TRACK 43

PLAY Track 43 on the accompanying audio CD. (The script for Track 43 appears on page 212.)

Conversación número 13

Tema curricular: Las familias y las comunidades

Tienes **1 minuto** *para leer las instrucciones y la esquema de la conversación.*

Introducción: Esta conversación es con una amiga. Ustedes hablan de planes para celebrar el Cinco de Mayo en su escuela.

> [*The shaded lines reflect what you will hear on the recording.* Las líneas en gris reflejan lo que escucharás en la grabación.]

Tu amiga	• *Te hace una pregunta.*
Tú	• *Responde a la pregunta.*

Tu amiga	• *Te hace una pregunta.*
Tú	• *Responde a la pregunta.*
Tu amiga	• *Te hace una pregunta.*
Tú	• *Responde a la pregunta.*
Tu amiga	• *Te hace una pregunta.* • *Te pide tu opinión.*
Tú	• *Responde a la pregunta.* • *Dale tu opinión.*
Tu amiga	• *Te hace una pregunta.* • *Te pide tu opinión.*
Tú	• *Responde a la pregunta.* • *Dale tu opinión.*
Tu amiga	• *Te hace una pregunta.*
Tú	• *Responde a la pregunta.* • *Despídete de tu amiga para ir a clase.*

TRACK 44

PLAY Track 44 on the accompanying audio CD. (The script for Track 44 appears on page 212.)

Conversación número 14

Tema curricular: La ciencia y la tecnología

*Tienes **1 minuto** para leer las instrucciones y la esquema de la conversación.*

Introducción: Esta conversación es con el dependiente de una tienda sobre una cámara que compraste y que no funciona.

> [*The shaded lines reflect what you will hear on the recording.* Las líneas en gris reflejan lo que escucharás en la grabación.]

Dependiente	• *Te saluda.* • *Te hace una pregunta.*
Tú	• *Salúdalo.* • *Dile porque has llamado.*

| Dependiente | • *Te hace una pregunta.* |

| Tú | • *Responde a la pregunta.* |

| Dependiente | • *Te hace una pregunta.* |

| Tú | • *Responde a la pregunta.* |

| Dependiente | • *Te hace una recomendación.*
• *Te hace una pregunta.* |

| Tú | • *Reacciona.*
• *Responde a la pregunta.* |

| Dependiente | • *Te da información.*
• *Se despide de ti.* |

| Tú | • *Dale las gracias.*
• *Despídete de él.* |

TRACK 45

PLAY Track 45 on the accompanying audio CD. (The script for Track 45 appears on page 213.)

Conversación número 15

Tema curricular: Los desafíos mundiales

*Tienes **1 minuto** para leer las instrucciones y la esquema de la conversación.*

Introducción: Esta conversación es con tu padre chileno. Ustedes hablan de problemas ambientales en Chile y en tu comunidad.

[*The shaded lines reflect what you will hear on the recording.* Las líneas en gris reflejan lo que escucharás en la grabación.]

| Tu padre chileno | • *Hace una observación.*
• *Te hace una pregunta.* |

| Tú | • *Reacciona.*
• *Responde a la pregunta.* |

| Tu padre chileno | • *Expresa una opinión.*
• *Te hace una pregunta.* |

| Tú | • *Expresa tu opinión sobre el tema.* |

Tu padre chileno	• *Te explica un programa.* • *Te hace una pregunta.*

Tú	• *Responde a la pregunta.*

Tu padre chileno	• *Expresa una opinión.* • *Te hace una pregunta.*

Tú	• *Reacciona.* • *Responde a la pregunta.*

Tu padre chileno	• *Te hace una pregunta.*

Tú	• *Responde a la pregunta.*

Tu padre chileno	• *Hace una observación.*

Tú	• *Reacciona.*

PLAY Track 46 on the accompanying audio CD. (The script for Track 46 appears on page 213.)

Scripts for Interpersonal Speaking: Conversation

Conversation 1: Script for the Recording

(María)   ¡Por fin has llegado! Gracias por haber venido.

TONE (20 seconds) TONE

(María)   Es que salgo la semana próxima para España y ahora no sé si es una buena idea.

TONE (20 seconds) TONE

(María)   Si tú tuvieras la oportunidad de ir, ¿irías?

TONE (20 seconds) TONE

(María)   ¿Piensas de verdad que podré pasar un año entero en el extranjero lejos de mi familia y amigos?

TONE (20 seconds) TONE

(María)   ¿Y qué pasa si yo no comprendo lo que me dicen las personas?

TONE (20 seconds) TONE

TRACK 33 **Conversation 2: Script for the Recording**

(Señorita Pérez)   Buenas tardes. Siéntese usted, por favor. Yo soy Juana Pérez y soy la encargada de esta tienda.

TONE (20 seconds) TONE

(Señorita Pérez)   Estoy encantada. Como usted sabe tenemos unos trabajos a media jornada aquí en la tienda. ¿Podría hablarme un poco acerca de usted?

TONE (20 seconds) TONE

(Señorita Pérez)   Muy bien. Ahora, ¿podría usted decirme qué cursos sigue que le ayudarían en un trabajo aquí?

TONE (20 seconds) TONE

(Señorita Pérez)   Bueno, ¿y por qué piensa usted que sería persona adecuada para ese tipo de trabajo?

TONE (20 seconds) TONE

(Señorita Pérez)   ¿Qué experiencia ha tenido usted en vender cosas al público?

TONE (20 seconds) TONE

(Señorita Pérez)   Entonces, para terminar, ¿cuándo podría usted comenzar?

TONE (20 seconds) TONE

(Señorita Pérez)   Muchas gracias por venir y hablarme. Le comunicaremos pronto nuestra decisión. Adiós.

TRACK 34 **Conversation 3: Script for the Recording**

(Sr. Martínez)   Buenas tardes, por favor, siéntese. Usted ha venido para recoger su maleta, ¿verdad?

TONE (20 seconds) TONE

(Sr. Martínez)   ¿Podría usted darme su nombre, dirección y número de teléfono, por favor?

TONE (20 seconds) TONE

(Sr. Martínez)   Muy bien, perfecto. Entonces, ¿podría usted describir su maleta y lo que hay adentro?

TONE (20 seconds) TONE

(Sr. Martínez)   Perfecto. Mientras usted espera, ¿le gustaría tomar algo?

TONE (20 seconds) TONE

(Sr. Martínez)   Bueno, aquí tengo su maleta y parece que todo está en orden. Perdone la inconveniencia y espero poder servirle en el futuro.

TONE (20 seconds) TONE

TRACK 35   **Conversation 4: Script for the Recording**

(Sr. López)   Buenos días. Soy Juan López. Siéntese, por favor.

TONE (20 seconds) TONE

(Sr. López)   Encantado. Bueno, para comenzar, ¿dónde piensa usted pasar sus vacaciones?

TONE (20 seconds) TONE

(Sr. López)   Muy bien, ¿y cómo le gustaría viajar y en qué tipo de hotel quisiera quedarse?

TONE (20 seconds) TONE

(Sr. López)   ¿Y cuánto dinero desearía pagar?

TONE (20 seconds) TONE

(Sr. López)   Bueno, me parece que tengo el viaje perfecto para usted. Aquí tengo un folleto para revisar. ¿Tiene usted preguntas?

TONE (20 seconds) TONE

(Sr. López)   Llámeme cuando haya decidido lo que quisiera hacer.

TONE (20 seconds) TONE

TRACK 36   **Conversation 5: Script for the Recording**

(Paco)   Pues hombre, gracias por haber venido. Necesito tu ayuda.

TONE (20 seconds) TONE

(Paco)   Mil gracias, pues necesito comprarle un regalo a mi padre, es su cumpleaños.

TONE (20 seconds) TONE

(Paco)   A mi padre le gustaría cualquier cosa que le compre. ¿Tienes unas ideas?

TONE (20 seconds) TONE

(Paco)   Buenas ideas. Pues, creo que le compraré una camisa, ¿qué te parece?

TONE (20 seconds) TONE

(Paco)   ¡Éste es el colmo! No tengo suficiente dinero conmigo.

TONE (20 seconds) TONE

(Paco)   Gracias, la idea es estupenda.

TONE (20 seconds) TONE

TRACK 37 **Conversation 6: Script for the Recording**

(Tu amiga)   Hola, ¿qué tal? ¿Tienes planes para este fin de semana?

TONE (20 seconds) TONE

(Tu amiga)   Pensaba ver una película este fin de semana. ¿Te gustaría acompañarme?

TONE (20 seconds) TONE

(Tu amiga)   Me parece una buena idea, ¿qué día querrías ir y a qué hora?

TONE (20 seconds) TONE

(Tu amiga)   Bien. Mira, ¿te importa que venga María con nosotros? Ella está sola este fin de semana y es una chica estupenda.

TONE (20 seconds) TONE

(Tu amiga)   ¿Dónde quieres que nos encontremos?

TONE (20 seconds) TONE

(Tu amiga)   Perfecto, nos vemos entonces, chao.

TONE (20 seconds) TONE

TRACK 38 **Conversation 7: Script for the Recording**

(Taquillera)   [Sound of the phone ringing and being picked up.] Buenas tardes, la taquilla del estadio municipal, ¿en qué puedo servirle?

TONE (20 seconds) TONE

(Taquillera)   Pues, el partido es este sábado a las cuatro de la tarde aquí en el estadio municipal.

TONE (20 seconds) TONE

(Taquillera)   Tenemos tres tipos de entradas, las de 160 pesos quedan cerca del campo, las de 80 están más arriba y las de 40 quedan en las andanadas o sea la parte más arriba del estadio.

TONE (20 seconds) TONE

(Taquillera)   Pues, muy bien. ¿Y cómo le gustaría pagarlas? Si quiere pagar en efectivo, tendrá que venir al estadio. De otra manera podemos enviarle las entradas o guardarlas aquí en la taquilla para recoger el día del partido.

TONE (20 seconds) TONE

(Taquillera)   Muy bien, tengo sus entradas para este sábado en el estadio municipal para el partido de las cuatro. ¿Hay algo más en que puedo servirle?

TONE (20 seconds) TONE

TRACK 39

Conversation 8: Script for the Recording

(Tu mamá argentina) [Sound of people talking in the background and a flight announcement.]
Pues, tu tiempo con nosotros se ha volado. No puedo creer que ya sales para los Estados Unidos.

TONE (20 seconds) TONE

(Tu mamá argentina) Y ¿cómo has pasado tu tiempo con nosotros? ¿Te ha gustado?

TONE (20 seconds) TONE

(Tu mamá argentina) ¿Cuál es tu recuerdo más impresionante de tu visita con nosotros?

TONE (20 seconds) TONE

(Tu mamá argentina) ¿Cómo crees que esta experiencia te ha ayudado?

TONE (20 seconds) TONE

(Tu mamá argentina) ¿Te gustaría volver a visitarnos algún día?

TONE (20 seconds) TONE

(Tu mamá argentina) Si un día pudiéramos visitarte, ¿qué cosas quisieras compartir con nosotros en tu país?

TONE (20 seconds) TONE

TRACK 40

Conversation 9: Script for the Recording

(Dependienta) Buenas tardes, ¿en qué puedo servirle?

TONE (20 seconds) TONE

(Dependienta) ¿Para qué tipo de evento necesitará usted la ropa?

TONE (20 seconds) TONE

(Dependienta) ¿Qué artículos de ropa le harán falta y de qué tamaños?

TONE (20 seconds) TONE

(Dependienta) ¿Hay unos colores que le favorezcan más que otros?

TONE (20 seconds) TONE

(Dependienta) Pues, aquí tengo lo que quiere en azul, negro y gris. ¿Qué le parece?

TONE (20 seconds) TONE

(Dependienta) Perfecto, ¿y cómo le gustaría pagar por lo que ha seleccionado?

TONE (20 seconds) TONE

TRACK 41

Conversation 10: Script for the Recording

(Recepcionista) [*Sound of dialing and phone being answered.*] Buenos días, Hotel El Libertador, ¿en qué puedo servirle?

TONE (20 seconds) TONE

(Recepcionista) Lo siento mucho. Llamaré inmediatamente a la consejería para arreglar el problema. ¿Hay algo más que necesite usted?

TONE (20 seconds) TONE

(Recepcionista) Bueno, lo arreglaremos también, claro. ¿Cuándo va usted a estar fuera del cuarto?

TONE (20 seconds) TONE

(Recepcionista) Mientras usted está fuera arreglaremos el cuarto. En cuanto a restaurantes, depende cuánto dinero le gustaría pagar y el tipo de comida porque hay varios por aquí.

TONE (20 seconds) TONE

(Recepcionista) Muy bien. Hay uno a dos cuadras del hotel. Salga del hotel y doble a la derecha. Después de pasar el segundo semáforo el restaurante estará a su derecha.

TONE (20 seconds) TONE

(Recepcionista) Después de comer hay unas discotecas en la misma calle. O si usted prefiere, hay también unos cines en la calle de la Merced.

TONE (20 seconds) TONE

TRACK 42

Conversation 11: Script for the Recording

(Estudiante) [*Sound of student voices in the background like in a school hallway.*] Hola, me llamo Paco García. Soy de Saltillo, México y paso el año aquí en tu colegio.

TONE (20 seconds) TONE

(Estudiante) Mucho gusto. ¿Puedes describirme cómo es el día típico aquí en tu escuela?

TONE (20 seconds) TONE

(Estudiante) Muy interesante. Nuestro día es más largo porque tenemos casi una hora y media para el almuerzo. Así que no terminamos hasta las cuatro y media o las cinco.

TONE (20 seconds) TONE

(Estudiante) Pues, jugamos al baloncesto y al fútbol en la clase de educación física pero no tenemos equipos para los deportes en la escuela. Podemos participar en equipos de la comunidad.

TONE (20 seconds) TONE

(Estudiante) Tenemos varios clubes como ustedes pero nuestros clubes tienen sus reuniones durante el recreo. ¿Cuándo tienen ustedes sus reuniones para los clubes? ¿Es fácil o difícil hacerse socio?

TONE (20 seconds) TONE

(Estudiante) Tenemos las mismas clases que ustedes. Lo diferente es que ustedes cambian de aulas y nosotros nos quedamos en el aula y los profesores cambian de aulas. Hasta tenemos los casilleros en la misma clase.

TONE (20 seconds) TONE

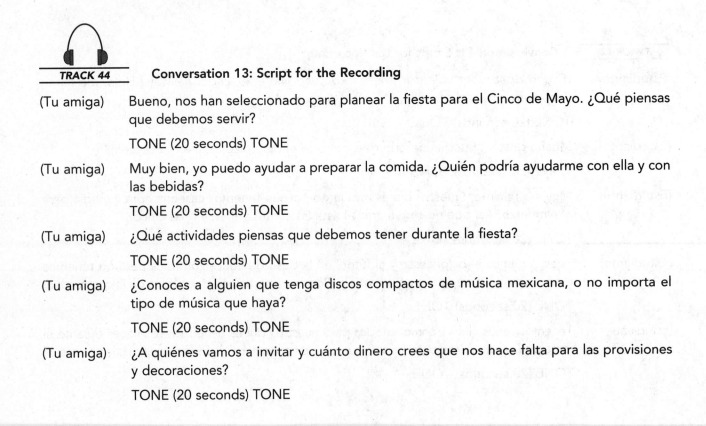

TRACK 43   **Conversation 12: Script for the Recording**

(Policía) Perdone usted. Yo soy el capitán Villareal. ¿Podría usted darme alguna información sobre lo ocurrido?

TONE (20 seconds) TONE

(Policía) ¿Aproximadamente a qué hora ocurrió el accidente y dónde estaba usted?

TONE (20 seconds) TONE

(Policía) Muy bien, ¿y podría usted describirme el coche que entró primero en la bocacalle?

TONE (20 seconds) TONE

(Policía) ¿Y cómo era el coche que pasó la señal sin parar?

TONE (20 seconds) TONE

(Policía) Muy bien. Gracias por habernos ayudado. Ahora necesitaré su nombre, dirección y número de teléfono en caso de que necesitemos ponernos en contacto con usted sobre el accidente.

TONE (20 seconds) TONE

TRACK 44   **Conversation 13: Script for the Recording**

(Tu amiga) Bueno, nos han seleccionado para planear la fiesta para el Cinco de Mayo. ¿Qué piensas que debemos servir?

TONE (20 seconds) TONE

(Tu amiga) Muy bien, yo puedo ayudar a preparar la comida. ¿Quién podría ayudarme con ella y con las bebidas?

TONE (20 seconds) TONE

(Tu amiga) ¿Qué actividades piensas que debemos tener durante la fiesta?

TONE (20 seconds) TONE

(Tu amiga) ¿Conoces a alguien que tenga discos compactos de música mexicana, o no importa el tipo de música que haya?

TONE (20 seconds) TONE

(Tu amiga) ¿A quiénes vamos a invitar y cuánto dinero crees que nos hace falta para las provisiones y decoraciones?

TONE (20 seconds) TONE

(Tu amiga)   Muy bien, parece que todos los planes están en orden. Ay, una cosa más, ¿dónde vamos a tener la fiesta y cuándo?

TONE (20 seconds) TONE

TRACK 45   **Conversation 14: Script for the Recording**

(Dependiente)   [*Sound of a phone ringing and being picked up.*] Buenas tardes, «Foto Mundo», ¿cómo puedo ayudarle?

TONE (20 seconds) TONE

(Dependiente)   Lo siento mucho que haya tenido problemas con la cámara. ¿Podría usted explicarme el problema con el aparato?

TONE (20 seconds) TONE

(Dependiente)   ¿Qué modelo compró usted y cuándo lo compró?

TONE (20 seconds) TONE

(Dependiente)   Bueno, recomiendo que usted traiga la camera a la tienda para que podamos revisarla. ¿Cuándo piensa usted que sea possible?

TONE (20 seconds) TONE

(Dependiente)   Cuando venga, es importante que traiga el recibo. Nos vemos pronto y otra vez siento mucho la molestia.

TONE (20 seconds) TONE

TRACK 46   **Conversation 15: Script for the Recording**

(Tu padre chileno)   ¡Ay, que día más feo! A veces la contaminación del aire es horrorosa aquí en Santiago. Creo que es el mayor problema ecológico que tenemos. ¿Cómo es la calidad del aire donde vives?

TONE (20 seconds) TONE

(Tu padre chileno)   Es fácil para mí creer en el concepto de calentamiento global con toda esta contaminación. ¿Cuál es tu opinión del calentamiento global?

TONE (20 seconds) TONE

(Tu padre chileno)   Pues, por lo menos tenemos un programa de reciclaje. Reciclamos botellas y envases de vidrio y plástico y el papel también. ¿Existe tal programa en tu comunidad?

TONE (20 seconds) TONE

(Tu padre chileno)   Me parece muy buena idea. Tenemos que proteger nuestro planeta, es el único que tenemos. Yo trato de ayudar al usar el transporte público, es bueno y barato. ¿Cómo es el transporte público donde vives?

TONE (20 seconds) TONE

(Tu padre chileno)	He oído que el agua embotellada es muy popular en los Estados Unidos. ¿Por qué es tan popular? ¿Hay problemas con el agua en los Estados Unidos?
	TONE (20 seconds) TONE
(Tu padre chileno)	Pues, ojalá que podamos salvar el medio ambiente para las generaciones futuras.
	TONE (20 seconds) TONE

How Your Score Is Determined for Interpersonal Speaking: Conversation

The sample rubric below is based on the rubric for **Interpersonal Speaking: Conversation** from the AP Spanish Language and Culture exam. Key words and phrases appear in bold.

Score: 5—This is a strong performance.
What the scorer will be looking for:

- The student is able to maintain the conversation with **correct/appropriate responses, providing necessary information requested** and **added information**.
- The responses are **fully comprehensible** even though there may be some errors.
- The vocabulary is **rich**, **appropriate**, and **idiomatic**.
- Grammar, usage, and syntax (word order) are **correct** and show **variety**; there are **few errors**.
- The register (informal/formal) is **correct** for the situation and **consistent**.
- Pronunciation, intonation, and flow contribute to the message being **comprehensible**, even with some errors.
- Self-correction or clarification **aids comprehensibility**.

Score: 4—This is a good performance.

- The student is able to maintain the conversation with **appropriate responses, required information,** and **some added information**.
- The responses are **comprehensible** even though there may be some errors.
- The vocabulary is **varied and mostly appropriate** and **idiomatic**.
- Grammar, usage, and syntax (word order) are **generally correct**.
- The register (informal/formal) is **correct**, with **few exceptions**, for the situation.
- Pronunciation, intonation, and flow contribute to the message being **mostly comprehensible**, even with some errors.
- Self-correction or clarification **aids comprehensibility**.

Score: 3—This is a fair performance.

- The student is able to maintain the conversation with **basic responses** that provide **required information** and **limited additional information**.
- The responses are **mostly comprehensible** even though there may be some errors that affect comprehensibility.
- The vocabulary is **adequate** and **idiomatic though basic**.
- Grammar, usage, and syntax (word order) are **somewhat correct**.
- The register (informal/formal) **may be incorrect** for the situation.

- Pronunciation, intonation, and flow generally contribute to the message being **mostly comprehensible**, but with **some errors that affect comprehensibility**.
- Self-correction or clarification **sometimes aids comprehensibility**.

Score: 2—This is a weak performance.

- The student is only able to **partially** maintain the conversation with **responses that may not always be correct**; the student provides **only some required information**.
- The responses are **only partially comprehensible** with errors that affect comprehensibility and force the listener to interpret what is being said.
- The vocabulary is **limited** and **not very idiomatic**.
- Grammar, usage, and syntax (word order) show somewhat **limited command** of Spanish.
- The register (informal/formal) may be **inappropriate** for the situation.
- Pronunciation, intonation, and flow generally make the message **difficult to comprehend**.
- Self-correction or clarification **does not aid comprehensibility**.

Score: 1—This is a poor performance.

- The conversation is **unsuccessful** with **incorrect responses**, and the student provides **very limited required information**.
- The listener is **barely able to understand the conversation** with many major errors that affect the message.
- The vocabulary is **limited**.
- Grammar, usage, and syntax (word order) show **little or no command** of Spanish.
- The register (informal/formal) shows **little or no command** of Spanish.
- Pronunciation, intonation, and flow generally make the message **incomprehensible**.
- Self-correction or clarification with further information **does not aid comprehensibility**.

Score: 0—This response receives no credit.

- The response only **restates** the prompt (the question or statement the student needs to respond to).
- The response is totally **off topic**.
- The response is **not Spanish**.
- The **recording is silent** but the machine was recording.
- The response says, "I don't know/understand" in any language.

Exam Section II
Presentational Speaking: Cultural Comparison

IN THIS CHAPTER

Summary: In this section of the exam, you will be asked to prepare an oral presentation to your class on a cultural topic. This topic may be small "c" culture, like pastimes and activities, or large "C" culture like heroes or leaders. In your presentation you need to compare your own community to an area of the Spanish-speaking world. Your oral presentation will be recorded and then evaluated to become part of your test score. Your performance on **Presentational Speaking: Cultural Comparison** constitutes one-eighth (12.5 percent) of your total AP Spanish exam score. In this chapter, you'll find guidance on how to approach this part of the test, sample topics to provide practice creating a presentation, and an explanation of how your presentation will be scored.

Strategy for Presentational Speaking: Cultural Comparison

You will be given 4 minutes to read the presentation topic and prepare your presentation. Then, you will have 2 minutes to record your presentation. In your presentation you need to compare your own community to an area of the Spanish-speaking world that you know or have studied. You must demonstrate your understanding of the cultural features of the Spanish-speaking area that you have chosen.

Below are suggestions on how to approach this part of the test:

- As you are being asked to compare and contrast your own community to a Spanish-speaking community, the use of a Venn diagram could help you organize your thoughts in the short time you are allotted.

Sample Venn diagram:

- Be sure to give a short introduction ("Querida clase, hoy voy a hablarles sobre…") and a short conclusion to your presentation ("Muchas gracias por su atención a mi presentación sobre…").
- During the course of the year, be sure to use some of the suggested resources for cultural review found in the appendix to briefly review each Spanish-speaking country.
- Small "c" culture (family, school, meals, etc.) is just as important as the large "C" culture (national heroes, art, music, etc.).
- You may not have to be too literal with regard to your own culture. For example, if you have to compare a hero to a hero from a Spanish-speaking country, your hero could be a parent, a teacher, etc.
- Your presentation should be well organized and clear.

Practice for Presentational Speaking: Cultural Comparison

In this chapter, there are 15 sample presentation topics similar to what you will find on the actual test. Use these sample topics to practice your oral presentation skills.

Instructions: You are asked to make an oral presentation to your Spanish class. For this presentation you will have 4 minutes to read the prompt and prepare your presentation. Once 4 minutes have passed you will have 2 minutes in which to record your presentation.

In the presentation, compare and contrast the community where you live to a Spanish-speaking area of the world that you have studied, heard about, or where you may have lived. You will show your understanding of cultural aspects of an area of the Spanish-speaking world. Your presentation should be well organized and clearly presented.

Instrucciones: Te han pedido que hagas una presentación oral a tu clase de español. Para esta presentación vas a tener 4 minutos para leer el tema y preparar tu presentación. Cuando los 4 minutos ya se han pasado vas a tener 2 minutos para grabar tu presentación.

En la presentación, compara y contrasta la comunidad donde tú vives con un área del mundo hispanohablante que has estudiado, de que has oído hablar o donde tú hubieras vivido. Necesitas mostrar tu comprensión de los aspectos culturales de un área del mundo hispanohablante. Tu presentación tiene que ser bien organizada y presentada en una manera bien clara.

1. ***Tema de la presentación***

   ¿Cuál preocupación medioambiental preocupa más a la comunidad donde vives y cómo ha enfrentado el problema esta comunidad? Compara tus experiencias de la comunidad en la cual has vivido con tus observaciones de una región del mundo hispano que te sea familiar. En la presentación oral, puedes mencionar lo que has estudiado, vivido y/u observado.

   Tema curricular: Los desafíos mundiales

2. ***Tema de la presentación***

   ¿En qué manera pueden los desarrollos científicos y tecnológicos tener un impacto en la vida de una sociedad? Compara el acceso a la tecnología de la comunidad en la cual has vivido con tus observaciones de una región del mundo hispano que te sea familiar. En la presentación oral, puedes mencionar lo que has estudiado, vivido y/u observado.

   Tema curricular: La ciencia y la tecnología

3. ***Tema de la presentación***

   ¿Qué usas para transportación cuando quieres reunirte con tus amigos y qué problemas puede haber? Compara el acceso a la transportación de la comunidad en la cual has vivido con tus observaciones de una región del mundo hispano que te sea familiar. En la presentación oral, puedes mencionar lo que has estudiado, vivido y/u observado.

   Tema curricular: La vida contemporánea

4. ***Tema de la presentación***

   ¿Cómo es que los intereses personales de miembros de una sociedad pueden reflejar la cultura? Compara las actividades extracurriculares de la comunidad en la cual has vivido con tus observaciones de una región del mundo hispano que te sea familiar. En la presentación oral, puedes mencionar lo que has estudiado, vivido y/u observado.

   Tema curricular: Las identidades personales y públicas

5. ***Tema de la presentación***

   ¿Cómo impactan los desafíos que tienen los estudiantes en su educación y futuro? Compara el sistema de educación de la comunidad en la cual has vivido con tus observaciones de una región del mundo hispano que te sea familiar. En la presentación oral, puedes mencionar lo que has estudiado, vivido y/u observado.

   Tema curricular: Las familias y las comunidades

6. ***Tema de la presentación***

   ¿Cómo es que la obra de arte de un/a artista refleja las perspectivas de su cultura? Compara la obra de un/a artista de la comunidad en la cual has vivido con tus observaciones de la obra de un/a artista de una región del mundo hispano que te sea familiar. En la presentación oral, puedes mencionar lo que has estudiado, vivido y/u observado.

   Tema curricular: La belleza y la estética

7. ***Tema de la presentación***

   ¿Cuál desafío social preocupa más a la comunidad donde vives y cómo ha enfrentado el problema la comunidad? Compara los orígenes de este desafío y sus posibles soluciones, a él de la comunidad en la cual has vivido con tus observaciones del mismo desafío de una región del mundo hispano que te sea familiar. En la presentación oral, puedes mencionar lo que has estudiado, vivido y/u observado.

Tema curricular: Los desafíos mundiales

8. *Tema de la presentación*

¿Cómo recibe uno el cuidado médico donde vives? Compara el cuidado médico de la comunidad en la cual has vivido con tus observaciones de cómo funciona el cuidado médico de una región del mundo hispano que te sea familiar. En la presentación oral, puedes mencionar lo que has estudiado, vivido y/u observado.

Tema curricular: Los desafíos mundiales

9. *Tema de la presentación*

¿Cuáles son las diversiones y entretenimientos que tú y tus amigos tienen a su disposición donde vives? Compara las diversiones y entretenimientos de que tú y tus amigos gozan con tus observaciones de las diversiones y entretenimientos de que gozan los jóvenes de una región del mundo hispano que te sea familiar. En la presentación oral, puedes mencionar lo que has estudiado, vivido y/u observado.

Tema curricular: La vida contemporánea

10. *Tema de la presentación*

¿Quién es un personaje histórico de la comunidad donde vives y por qué es que este personaje es tan reverenciado por tu comunidad? Compara un personaje histórico de la comunidad en la cual has vivido con tus observaciones de un personaje histórico de una región del mundo hispano que te sea familiar. En la presentación oral, puedes mencionar lo que has estudiado, vivido y/u observado.

Tema curricular: Las identidades personales y públicas

11. *Tema de la presentación*

¿Cómo se define «una familia» en la comunidad donde vives? Compara el concepto de la familia de la comunidad en la cual has vivido con tus observaciones de cómo es el concepto de la familia en una región del mundo hispano que te sea familiar. En la presentación oral, puedes mencionar lo que has estudiado, vivido y/u observado.

Tema curricular: Las familias y las comunidades

12. *Tema de la presentación*

¿Cómo es un monumento de la comunidad donde vives y qué importancia tiene para la comunidad? Compara un monumento o edificio, su apariencia y función, de la comunidad en la cual has vivido con un monumento o edificio de una región del mundo hispano que te sea familiar.

Tema curricular: La belleza y la estética

13. *Tema de la presentación*

¿Cuál es un desafío social que enfrenta la comunidad en que vives? Compara un desafío social de la comunidad en la cual has vivido, sus orígenes y cómo se enfrenta el desafío, con un desafío social que enfrenta una comunidad del mundo hispano que te sea familiar.

Tema curricular: Los desafíos mundiales

14. *Tema de la presentación*

¿En qué maneras ha afectado la ciudadanía global o ha cambiado la comunidad en que vives? Compara los cambios que ha traído la ciudadanía global a la comunidad en la cual has vivido con los cambios que la ciudadanía global ha traído a una comunidad del mundo hispano que te sea familiar.

Tema curricular: Las familias y las comunidades

15. *Tema de la presentación*

¿Cuáles son los orígenes étnicos de la comunidad en que vives y por qué son así históricamente? Compara los orígenes étnicos de la comunidad en la cual has vivido con los orígenes étnicos de una comunidad del mundo hispano que te sea familiar.

Tema curricular: Las identidades personales y públicas

How Your Score Is Determined for Presentational Speaking: Cultural Comparison

The sample rubric below is based on the rubric for Presentational Speaking: Cultural Comparison from the AP Spanish Language and Culture exam. Key words and phrases appear in bold.

Score: 5—This is a strong performance.
What the scorer will be looking for:

- The presentation **completely addresses** the theme.
- The student **compares his or her own community with that of the target culture, with relevant examples and supporting details.**
- The student **shows knowledge of the target culture.**
- The presentation is **easy to understand**, **spoken with clarity**, errors do **not affect comprehension** of the message.
- The vocabulary is **rich**, **appropriate**, and **idiomatic**.
- Grammar, usage, syntax (word order) are **correct and show variety**; errors do **not affect comprehension** of the message.
- The register (informal/formal) is **correct** for the presentation.
- Pronunciation, intonation, and flow **contribute to the message** being comprehensible.
- The use of transitional words/expressions **shows a high level of organization.**
- **Self-correction** or clarification, if any, **aids comprehensibility.**

Score: 4—This is a good performance.

- The presentation **addresses** the theme.
- Included are **some supporting details** and examples that, for the most part, have to do with the theme.
- The student **compares his or her own community with that of the target culture, with some relevant details and examples.**
- The student shows **some knowledge of the target culture.**
- The presentation is **easy to understand**; errors do not affect comprehension of the message.
- The **vocabulary is varied** and **mostly appropriate and idiomatic.**
- Grammar, usage, and syntax (word order) are **generally correct.**

- Register (informal/formal) is **correct** for the presentation with occasional mixing of informal and formal modes of address.
- Pronunciation, intonation, and flow **mostly contribute** to the message being comprehensible; **errors do not affect comprehensibility**.
- There is **some use** of transitional words/expressions that contribute to an organized presentation.
- **Self-correction** or clarification, if any, mostly **aids comprehensibility**.

Score: 3—This is a fair performance.

- The presentation **adequately** addresses the theme.
- The student **compares his or her own community with that of the target culture**, including few relevant details and examples.
- The student **shows a basic knowledge of the target culture**.
- For the most part, the presentation can **be understood**, but **errors may affect comprehension of the message**.
- The vocabulary is **adequate** and **mostly idiomatic**.
- Grammar, usage, and syntax (word order) **show some control** of Spanish.
- The register (informal/formal) can **at times be incorrect** for the type of presentation, with mixing of the informal and formal address.
- Pronunciation, intonation, and flow **generally contribute** to the message being comprehensible; **errors at times affect comprehensibility**.
- There is **limited use** of transitional words/expressions but the presentation **does show some organization**.
- Self-correction or clarification, if any, **sometimes aids comprehensibility**.

Score: 2—This is a weak performance.

- The presentation **inadequately** addresses the theme. There may be loose sentences that don't develop the theme and some information used may be incorrect.
- The student discusses his or her own community and the target culture **without comparing them**.
- The student **shows limited knowledge of the target culture**, including several minor inaccuracies.
- The presentation can be **partially understood**, but **errors affect comprehension** of the message.
- The vocabulary is **limited** and **not idiomatic**.
- Grammar, usage, and syntax (word order) are **poorly used**.
- The register (informal/formal) is **mostly inappropriate** for the type of presentation with mixing of the informal and formal address.
- Pronunciation, intonation, and flow generally make the message **difficult to understand with errors that affect comprehensibility**.
- There is **improper usage** of transitional words/expressions, which leads to a **lack of organization**.
- **Self-correction** or clarification, if any, **does not aid** comprehensibility.

Score: 1—This is a poor performance.

- The presentation **barely addresses** the theme. There are few, if any, examples.
- The student **discusses only his or her own community or the target culture**, with or without examples.

- The student **shows minimal knowledge of the target culture**; the presentation is largely inaccurate.
- The presentation can **barely be understood**, with many major errors affecting comprehension of the message.
- The vocabulary is **limited**.
- Grammar, usage, and syntax (word order) show **little or no command** of Spanish.
- The register (informal/formal) shows **little or no command** of Spanish.
- Pronunciation, intonation, and flow generally make the message **incomprehensible with errors that affect comprehensibility**.
- There is a **lack** of transitional words/expressions, which leads to **little or no organization**.
- **Self-correction** or clarification, if any, **does not aid comprehensibility**.

Score: 0—This response receives no credit.

- The presentation only **restates** the prompt (theme).
- The presentation is totally **off topic**.
- The presentation is **not Spanish**.
- **There is silence** but the machine is recording.
- The response is "I don't know/understand" in any language.

STEP 5

Build Your Test-Taking
Confidence

AP Spanish Language and Culture Practice Exam 1
AP Spanish Language and Culture Practice Exam 2

AP Spanish Language and Culture Practice Exam 1

- Take this examination, following all instructions carefully.
- For the listening comprehension and the directed-response questions, you will find the listening prompts on the accompanying recording.
- Write your answers on scrap paper to do this examination so that later, if you wish, you can retest yourself to check your progress.
- Remember to use the strategies presented in Step 3 when taking the examination.
- Correct your work using the keys provided at the end of the test along with the listening and speaking scripts.
- When you have corrected the exam, you might want to look up any words you did not know to add to your personal vocabulary list.
- Keep track of the type of question(s) that you are missing and focus your review on practicing more of these types.

¡Buena suerte!

Section I: Multiple Choice

For Section I of the examination, you will be given 95 minutes—40 minutes for Part A (reading) and approximately 55 minutes for Part B (listening). Section I accounts for 50 percent of your grade.

Section I, Part A
Interpretive Communication: Print Texts

In this section of the test you will need to read some passages and answer some multiple-choice questions about their content. Give yourself 40 minutes.

- Set a timer for 40 minutes.
- Look at the questions first.
- Read through once and underline or star with your pen or pencil where you think the answers are found.
- Reread the questions.
- Reread the passage and answer the questions.

Selección número 1
Tema Curricular: La vida contemporánea

Introducción: Este texto trata de un concurso para los estudiantes de la Universidad de Puerto Rico. El anuncio original fue publicado en noviembre del 2015 por la Universidad de Puerto Rico en su sitio web.

Citation: Concurso de diseño de tarjeta de Navidad (11/18/2015, Universidad de Puerto Rico)

Concurso de diseño Tarjeta de Navidad 2015	
Descripción del concurso	Reglas de participación
La Oficina de Comunicaciones, Desarrollo y Exalumnos y el Decanato de Estudiantes, convocan a todos los estudiantes a participar del concurso para la creación de la Tarjeta Navideña 2015. La ganadora se convertirá en la tarjeta oficial del Recinto y será enviada por las redes sociales y el portal institucional. **1er lugar** Certificado de regalo de $75 en Mi IUPI Shop **2do lugar** Certificado de regalo de $50 en Mi IUPI Shop **3er lugar** Certificado de regalo de $25 en Mi IUPI Shop	• Completar formulario de participación disponible en la dirección www.uprrp.edu/navidad2015. • Ser estudiante activo del Recinto de Río Piedras • Entregar el diseño en o antes del 30 de noviembre de 2015 en la Oficina de Comunicaciones, Desarrollo y Exalumnos, ubicada en Plaza Universitaria, Torre Norte, 3er Piso. • Todo arte deberá ser entregado impreso, en un sobre manila sellado, con el nombre del participante. En su interior, deberá contener el formulario de participación y el arte propuesto. • Se permitirá un (1) solo diseño por estudiante. • La premiación se llevará a cabo el 4 de diciembre de 2015 en el Centro de Universitario.
Especificaciones del arte	
• Diseño deberá tener un tamaño de 12″X8″. • El arte podrá ser elaborado con cualquier técnica de ilustración, pintura o arte digital.	

1. ¿Cuál es el propósito del anuncio?
   (A) Promocionar una oportunidad de trabajo universitario
   (B) Presentar y dar información sobre una actividad competitiva
   (C) Anunciar el debut de un nuevo programa académico
   (D) Reclutar estudiantes para organizar un evento navideño

2. ¿A quién se dirige el anuncio?
   (A) Al público puertorriqueño en general
   (B) A personas que buscan demostrar su talento artístico
   (C) A los universitarios interesados en el arte
   (D) A los estudiantes de la Universidad de Puerto Rico

3. Según la información del anuncio, ¿qué se puede inferir sobre los participantes de este concurso?
   (A) Que les incentiva tener un premio monetario
   (B) Que tienen talento artístico
   (C) Que disfrutan de los festejos navideños
   (D) Que ya se han graduado de la Universidad de Puerto Rico

4. Según la descripción del concurso, ¿qué se puede deducir sobre los destinatarios de tarjeta de Navidad?
   (A) Son alumnos y exalumnos que les interesa la expresión artística.
   (B) Son compañías de tarjetas de Navidad que buscan nuevo talento.
   (C) Son personas que visitan el sitio web y las páginas de redes sociales de la Universidad.
   (D) Son los padres y familiares de los universitarios.

5. Necesitas más información sobre la premiación de este concurso y te gustaría enviarles un mensaje. ¿Cuál de las siguientes preguntas sería las más apropiada según la información del anuncio?
   (A) Me encantan las actividades navideñas en la Universidad. ¿Qué puedo hacer para ayudarles a organizar el evento?
   (B) Estoy muy contento de poder participar en este concurso. ¿Se podría también usar la tarjeta de regalo en la cafetería de la Universidad?
   (C) ¿Qué tal? Soy artista y me especializo en el arte digital. ¿Les interesaría ver mi portafolio de diseños?
   (D) Hola. Soy estudiante de periodismo en la universidad. ¿Qué tipo de video podría enviar para participar en el concurso?

Selección número 2

Tema Curricular: La belleza y la estética

Introducción: Este texto abreviado trata sobre el arte de contar historias. El texto original es la introducción al libro *La puerta de la luna*, publicado en Barcelona en 2011 por la escritora Ana María Matute.

Los cuentos vagabundos

Línea 5	Pocas cosas existen tan cargadas de magia como las palabras de un cuento. Ese cuento breve, lleno de sugerencias, dueño de un extraño poder que arrebata y pone alas hacia mundos donde no existen ni el suelo ni el cielo. Los cuentos representan uno de los aspectos más inolvidables e intensos de la primera infancia. Todos los niños del mundo han escuchado cuentos. Ese cuento que no debe escribirse y lleva de voz en voz paisajes y figuras, movidos más por la imaginación del oyente que por la palabra del narrador.
10	He llegado a creer que solamente existen media docena de cuentos. Pero los cuentos son viajeros impenitentes. Las alas de los cuentos van más allá y más rápido de lo que lógicamente pueda creerse. Son los pueblos, las aldeas, los que reciben a los cuentos. Por la noche, suavemente, y en invierno. Son como el viento que se filtra, gimiendo, por las rendijas de las puertas. Que se cuela, hasta los huesos, con un estremecimiento sutil y hondo. Hay, incluso, ciertos cuentos que casi obligan a abrigarse más, a arrebujarse junto al fuego, con las manos escondidas y los ojos cerrados.
15	Los pueblos, digo, los reciben de noche. Desde hace miles de años que llegan a través de las montañas, y duermen en las casas, en los rincones del granero, en el fuego. De paso, como peregrinos. Por eso son los viejos, desvelados y nostálgicos, quienes los cuentan.
	Los cuentos son renegados, vagabundos, con algo de la inconsciencia y crueldad infantil, con algo de su misterio. Hacen llorar o reír, se olvidan de donde nacieron, se adaptan a los trajes y a las costumbres de allí donde los reciben. Sí, realmente, no hay más de media docena de cuentos. Pero ¡cuántos hijos van dejándose por el camino!
20	[...]
25	El cuento es astuto. Se filtra en el vino, en las lenguas de las viejas, en las historias de los santos. Se vuelve melodía torpe en la garganta de un caminante que bebe en la taberna y toca la bandurria. Se esconde en los cruces de los caminos, en los cementerios, en la oscuridad de los pajares. El cuento se va, pero deja sus huellas. Y aun las arrastra por el camino, como van ladrando los perros tras los carros, carretera adelante.
	El cuento llega y se marcha por la noche, llevándose debajo de las alas la rara zozobra de los niños. A escondidas, pegándose al frío y a las cunetas, va huyendo. A veces pícaro, o inocente, o cruel. O alegre, o triste. Siempre, robando una nostalgia, con su viejo corazón de vagabundo.

6. Según el ensayo, ¿que efecto tienen los cuentos en las personas?
   (A) Provocan una variedad de emociones.
   (B) Les confunden.
   (C) Se sienten obligados a compartirlos.
   (D) Los disfrutan.

7. En el ensayo, ¿a qué se refiere la autora cuando dice que el cuento "pone alas hacia mundos donde no existen ni el suelo ni el cielo" (líneas 2-3)?
   (A) A que los cuentos de fantasía son muy populares
   (B) A que los cuentos dan ganas de viajar
   (C) A que los cuentos viajan de un lugar a otro
   (D) A que invitan al lector a dejar volar la imaginación

Citation: *"Los cuentos vagabundos", Introducción a* La puerta de la luna *de Ana María Matute, publicado en Barcelona, 2011*

8. Según el contexto del ensayo, ¿cuál es el significado de la frase "viajeros impenitentes" (línea 8)?

(A) A que la expansión de los cuentos no tiene límites

(B) A que los cuentos inspiran a los lectores

(C) A que existen más cuentos de los que creemos

(D) A que muchos cuentos se leen por casualidad

9. Según el ensayo, ¿cuál de las siguientes afirmaciones refleja mejor la propagación de los cuentos?

(A) Los niños los leen en las escuelas.

(B) Los abuelos se los cuentan a los nietos.

(C) Crecen y se transforman mientras se pasan de boca en boca.

(D) Se distribuyen por todas los pueblos y naciones.

10. ¿A qué se refiere la autora cuando exclama "¡cuántos hijos van dejándose por el camino!" (línea 20)?

(A) A que en cada lugar dejan un huella o memoria

(B) A la cantidad de personajes que forman parte de los cuentos

(C) A que los cuentos pierden su originalidad mientras se propagan

(D) A que mientras se propagan van dejando una versión nueva

11. Según en las descripciones del ensayo, ¿por qué se titula este relato "Los cuentos vagabundos"?

(A) Porque los lectores dejan de leerlos.

(B) Porque los cuentos se van moviendo de un lugar a otro.

(C) Porque los cuentos tienen un narrador específico.

(D) Porque los escritores siguen añadiendo detalles.

12. ¿Cuál de las siguientes afirmaciones resume mejor lo que representan los cuentos para la autora?

(A) Son patrimonios culturales que deben conservarse.

(B) Son una forma de comunicar diferentes perspectivas con el mundo.

(C) Son evocadores de emociones en constante cambio y movimiento.

(D) Son la mejor forma de comunicarse con poblaciones remotas.

Selección número 3

Tema Curricular: Los desafíos mundiales

Fuente número 1

Introducción: Este texto abreviado trata del uso y la gestión de plásticos en el mundo. El artículo original fue publicado el 5 de junio del 2018 en el sitio web Noticias ONU.

	O nos divorciamos del plástico, o nos olvidamos del planeta
	Alrededor de 13 millones de toneladas de plástico son vertidas en los océanos cada año, afectando la biodiversidad, la economía y potencialmente nuestra salud.
Línea 5	Las cualidades de este material, barato, ligero y fácil de producir han llevado a que su producción alcance cantidades a las cuales somos incapaces de hacer frente. Solamente una pequeña fracción de los plásticos que son descartados se recicla.
	Lo más preocupante, es que un nuevo informe de ONU Medio Ambiente revela que, de seguir las cosas como están, la producción de plástico no solo crecerá, sino que se duplicará en las próximas décadas.
10	El mundo necesita urgentemente repensar la manera en que se manufactura, se usa y se maneja el plástico, ese es el mensaje principal para este Día Mundial del Medio Ambiente en 2018, como nos explica el Secretario General.

Citation: "O nos divorciamos del plástico, o nos olvidamos del planeta" (06/05/2018, Noticias ONU)

El desafío es grande

Desde los años 50, la producción de plástico ha superado la de cualquier otro material y la mayoría de los productos que se hacen están diseñados para ser descartados después de un solo uso. Esto ha hecho que los empaques de plástico ahora representen la mitad de los desechos de este material alrededor del mundo.

América, Japón y la Unión Europea son los mayores productores de desechos plásticos per cápita y sólo un 9% de los nueve mil millones de toneladas de plástico que se han producido en el mundo ha sido reciclado.

Si esta tendencia continúa, para 2050 tendremos cerca de 12.000 millones de toneladas de desechos plásticos en los basureros y en la naturaleza.

[…]

Los estudios sugieren que las bolsas de plástico y los contenedores hechos de espuma de poliestireno pueden tomar hasta miles de años en descomponerse y contaminan suelo y agua. Además, con el paso del tiempo los plásticos se dividen en fragmentos más pequeños llamados micro plásticos que al ser consumidos por animales marinos pueden entrar en la cadena alimenticia humana.

[…]

La solución está en los gobiernos, las empresas y la gente

La producción de plástico a nivel mundial está aumentando rápidamente, para 2030, podríamos estar produciendo 619 millones de toneladas de plástico al año.

Las prohibiciones de las bolsas de plástico, si son bien planificadas, pueden contrarrestar una de las causas del uso excesivo de plástico. Pero incluso cuando son implementadas efectivamente, no son suficientes afirman los expertos de ONU Medio Ambiente en el informe Estado del Plástico 2018.

Para reducir la cantidad de desperdicios se necesita que los gobiernos promulguen políticas fuertes que empujen hacia un modelo más circular de diseño y producción de plásticos.

Fuente número 2

Introducción: Este texto trata de la biodegradación. La gráfica original fue publicada el 11 de diciembre del 2017 por BBC News Mundo.

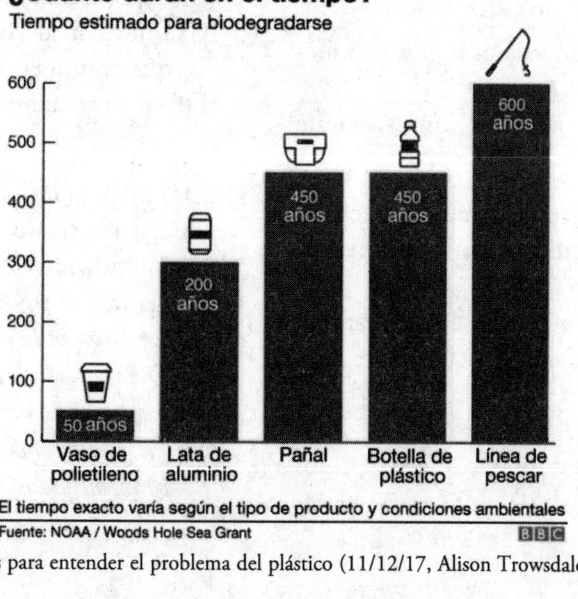
¿Cuánto duran en el tiempo?
Tiempo estimado para biodegradarse
600
500
400
300
200
100
0
50 años
200 años
450 años
450 años
600 años
Vaso de polietileno
Lata de aluminio
Pañal
Botella de plástico
Línea de pescar
El tiempo exacto varía según el tipo de producto y condiciones ambientales
Fuente: NOAA / Woods Hole Sea Grant
BBC

Citation: Cinco gráficos para entender el problema del plástico (11/12/17, Alison Trowsdale, BBC News Mundo)

13. ¿Cuál es el objetivo del artículo?
    (A) Informar sobre las consecuencias de la manufactura, el uso y el manejo de los plásticos
    (B) Explicar las razones por las cuales se duplicará la manufactura del plástico
    (C) Analizar el daño que han causado los plásticos a la vida marítima
    (D) Denunciar a los gobiernos nacionales por no prohibir el plástico de un solo uso

14. ¿Qué método de comunicación se utiliza en este artículo?
    (A) Se incluyen puntos de vistas, apoyados por evidencia.
    (B) Se presentan causas y consecuencias con cifras específicas.
    (C) Se enfoca en la raíz del problema.
    (D) Se exponen anécdotas y situaciones específicas.

15. ¿Cuál de las siguientes afirmaciones resume mejor el artículo?
    (A) Hay que dejar de descartar plásticos en los océanos.
    (B) Si queremos salvar el planeta, debemos parar la manufactura de plásticos de un solo uso.
    (C) Los gobiernos mundiales tienen la culpa de la contaminación de plásticos.
    (D) Las bolsas plásticas deben ser prohibidas en todo el mundo.

16. ¿A qué se refiere al autor del artículo cuando dice "incapaces de hacer frente" (línea 5)?
    (A) A que no podemos darle la espalda a la manufactura de plásticos
    (B) A que aún no tenemos la habilidad para solucionar el problema
    (C) A que estamos acostumbrados a usar productos plásticos
    (D) A que hemos demostrado gran iniciativa ante la situación

17. Según el artículo, ¿a cuál de los siguientes factores se puede atribuir el crecimiento en la producción de los plásticos?
    (A) Al bajo costo y la sencillez de su manufactura
    (B) A la mínima cantidad de plásticos que se reciclan
    (C) A la demanda pública
    (D) A los micro plásticos que contaminan los océanos

18. Según el artículo, ¿qué les ocurre a los plásticos que terminan en ríos y océanos?
    (A) Los reciclan.
    (B) Son recogidos por trabajadores del gobierno.
    (C) Se disuelven en el mar.
    (D) Se reducen a pequeñas partículas.

19. Según el artículo, ¿cómo puede la contaminación marítima de plásticos afectar a los seres humanos?
    (A) No pueden navegar en los océanos.
    (B) Consumen los animales marinos que consumen los micro plásticos.
    (C) Reduce la cantidad de agua disponible.
    (D) Afecta a la economía turística.

20. ¿Cuál es el significado de la frase "contrarrestar una de las causas del uso excesivo" (línea 31) en el artículo?
    (A) Combatir una de las causas del uso del plástico
    (B) Resaltar una de las causas del uso del plástico
    (C) Revelar una de las causas del uso del plástico
    (D) Apoyar una de las causas del uso del plástico

21. Según el artículo, ¿por qué es necesario que los gobiernos se involucren?
    (A) Se necesita el apoyo económico de los gobiernos.
    (B) Hay que castigar a los que ignoran las leyes sobre la manufactura de los plásticos.
    (C) Hay que implementar leyes para controlar la manufactura de los plásticos.
    (D) Porque ellos son los responsables de la contaminación de plásticos.

22. ¿Cuál es el propósito de la gráfica?
    (A) Exponer el impacto de ciertos productos en el medio ambiente
    (B) Comparar la durabilidad de ciertos productos
    (C) Informar al consumidor sobre el valor de lo que compra
    (D) Mostrar cuanto tarda la manufactura de ciertos productos

23. Estás preparando una presentación sobre el mismo tema del artículo y la gráfica y necesitas información adicional. ¿Cuál de las siguientes fuentes sería la más apropiada?
    (A) *La larga vida de los productos desechables*
    (B) *Océanos de plástico*
    (C) *La orquesta de los instrumentos reciclados*
    (D) *La indiferencia de los gobiernos ante los ríos contaminados*

Selección número 4

Tema Curricular: La vida contemporánea

Introducción: En esta carta, dirigida a la selección colombiana de fútbol femenino, Angie Navarro Barrona escribe sobre la reciente pérdida del equipo ante Brasil. La carta fue publicada el 24 de abril del 2018 en el sitio web de Fémina Fútbol en Colombia.

Carta abierta a la selección Colombia	
Nuevamente les tocó enfrentar a Brasil. Es por eso que hoy me atrevo a escribirles a ustedes, mis superpoderosas. No sé si lo leerán o será de esas publicaciones que queda ahí en el olvido, sin embargo, les quiero transmitir mediante palabras lo que sentimos los verdaderos hinchas de esta selección que tanto queremos.	Línea 5
A lo largo de los años nadie creía en ustedes, salvo ustedes y todos los hinchas que vamos al estadio cada fin de semana. Salvo millones de seguidores que las ven a través de sus redes sociales y aquellos periodistas que se la han jugado por esta selección.	
No les miento, esta derrota me dejó un sin sabor, empezamos goleando y terminamos últimas. Creo que esta vez tuvimos que perder para ver la realidad que se vive en un deporte mundial pero lleno de estereotipos para ustedes, las futbolistas.	10
Todo eso era nuestro. Hasta el domingo. Esa clasificación a Olímpicos y Mundial ya no son nuestras, ya no se jugarán y debemos alzar la cabeza porque nadie te prepara para la derrota. Nadie te enseña a despedirse de un certamen con las manos vacías, y menos a caer como a ustedes les tocó. No es necesario entrar a explicar en detalle qué fue lo que pasó, pero ha sido un golpe duro para ustedes y para nosotros los hinchas.	15
Acá no todo es malo, ustedes nos regalaron la posibilidad de creer en un sueño, de creer en nuestra Liga profesional. Nos regalaron darnos cuenta de que sus partidos eran también nuestros partidos, que sus triunfos eran nuestros triunfos y que sus ídolos podían ser también los nuestros. Nos regalaron darnos cuenta de que a la cancha entraban 11, pero que nosotros éramos el jugador número 12.	20
Ante todo, muchas gracias. Hoy les quiero agradecer por vestir esos colores, por ir a demostrar que aún seguimos soñando con que algún día este deporte sea más equitativo, gracias por el sacrificio y las ganas de luchar hasta la final. Gracias por hacernos sentir parte del equipo, por demostrar que sí se puede soñar en grande. Gracias por unirnos a todos, pero sobre todo gracias por ser nuestro orgullo.	25
	30

24. ¿Cuál de las siguientes afirmaciones resume mejor la intención de esta carta?
    (A) Reclamarle a la selección colombiana por la pérdida ante el equipo de Brasil
    (B) Explicarle a la selección colombiana lo que significa ser un fanático de fútbol
    (C) Agradecerle a la selección colombiana por su labor
    (D) Reconocer el apoyo del público por la selección colombiana

25. Según el contexto de la carta, ¿a qué se refiere la frase "un sin sabor" (línea 10)?
    (A) Al aburrimiento que le causó el partido a la autora
    (B) A que el partido entre Colombia y Brasil fue emocionante
    (C) Al orgullo que siente la autora por la selección colombiana
    (D) A la decepción que sintió la autora cuando la selección colombiana perdió

Citation: <u>Carta abierta a la selección colombiana</u> (Angie Navarro Bayona, 04/24/2018, Fémina Fútbol, Colombia)

26. Según la carta, ¿qué quiere decir la autora cuando afirma que "nadie te enseña a despedirte de un certamen con las manos vacías" (líneas 16-17)?
    (A) Que la selección colombiana tomó a bien su derrota.
    (B) Que las jugadoras no estaban preparadas para perder.
    (C) Que la selección colombiana no pudo despedirse de los espectadores.
    (D) Que la selección colombiana necesita evitar las pérdidas.

27. ¿Por qué dice la autora que había 12 miembros en el equipo (línea 24)?
    (A) Porque los fanáticos sienten que vivieron cada partido en carne propia.
    (B) Porque el fútbol femenino colombiano se juega con 12 jugadoras.
    (C) Porque el técnico también forma parte del equipo.
    (D) Porque la autora se unió a la selección colombiana.

28. ¿Cuál es el propósito de mencionar los colores del uniforme de la selección en la carta (Línea 25)?
    (A) Informar a los lectores sobre el tipo de uniforme que lleva la selección.
    (B) Distinguir entre la selección colombiana y la brasileña.
    (C) Agradecerle a selección por haberla representado a ella y sus fanáticos
    (D) Describir la vestimenta de las jugadoras

29. ¿De qué manera anima la autora a la selección después de su pérdida?
    (A) Expresa empatía y orgullo.
    (B) Expone los errores que se cometieron en la cancha.
    (C) Da ejemplos de las tantas derrotas que sufrió el equipo.
    (D) Describe lo mal que se sintió después de la pérdida ante Brasil.

30. Vas a escribir un comentario en el sitio web sobre la carta que acabas de leer. ¿Cuál de los siguientes comentarios sería el más apropiado?
    (A) "Lamentablemente, el fútbol femenino no ha adquirido mucha fama mundial."
    (B) "¿Cuándo y dónde jugarán el próximo partido para la clasificación?"
    (C) "¡Ánimo, chicas y buena suerte! ¡Vamos a ganarle a Brasil!"
    (D) "Al igual que Angie, me siento muy orgulloso por la labor realizada por las jugadoras. La culpa de todo la tuvo el técnico."

Section I, Part B

Selección número 1
Tema curricular: La belleza y la estética

Fuente número 1
Primero tienes 4 minutos para leer la fuente número 1.
Introducción
Este texto abreviado trata del uso del lenguaje inclusivo entre los jóvenes argentinos. El artículo original fue publicado el 6 de diciembre del 2018 en *Clarín*, periódico de Buenos Aires, Argentina.

"Todes les diputades": el lenguaje inclusivo avanza entre los jóvenes y genera polémica
Lo usan cada vez más para no "invisibilizar" a las mujeres. Pero para la Real Academia es innecesario y suena mal. "Todes", "nosotres", "les" y "diputades". Cada vez más adolescentes usan el llamado "lenguaje inclusivo". ¿Le declararon una guerra a la letra "O"?

Línea	
	"Es el resultado de un proceso social de lucha por la igualdad de los derechos entre el hombre
5	y la mujer. Los adolescentes son una comunidad muy activa en el compromiso que asumen en distintas causas. Por eso, son uno de los grupos que más lo incorporan", dice a *Clarín* Santiago Kalinowski, director del Departamento de Investigaciones Lingüísticas y Filológicas de la Academia Argentina de Letras. Los chicos usan palabras como "algunes", por algunos o algunas; "diputades", por diputadas o diputados; "les padres y madres", por los padres y las madres; y "les
10	estudiantes", por las estudiantes y los estudiantes.
	Hay casos que son, por defecto, más inclusivos. Como "periodista", válida para hombres y mujeres. Entonces quedaría la letra "a", no se reemplazaría por una "e", pero al hablar en plural podríamos decir "les periodistas". […]
15	¿Por qué llegamos a esto? "Se prestó especial atención al hecho de que el español tiene un masculino genérico. Quiere decir que el género masculino cumple dos funciones y el femenino sólo una. Entonces, se llegó rápidamente a la conclusión de que eso era un rasgo machista que invisibilizaba a la mujer", explica el lingüista. […]
20	Con el tiempo, las maneras fueron variando. Primero se usó "nosotros y nosotras" o "los niños y las niñas". Al respecto, la <u>Real Academia Española</u> (RAE) indica en su sitio Web que esos desdoblamientos "son artificiosos e innecesarios desde el punto de vista lingüístico".
25	Luego se usó la arroba para reemplazar las vocales: por ejemplo, "nosotr@s". Como este símbolo resultó confuso, se reemplazó por una "x", para dar lugar al "nosotrxs". Pero estas últimas opciones (@ y X) son impronunciables al momento de hablar. Como solución, se impuso la letra "e". Ninguna de estas formulas convence a la RAE. "Al decir 'todos' no quedan excluidas de la referencia las mujeres. Si se tiene en cuenta esto, se ve que son innecesarias, y artificiosas, las propuestas de uso de signos como la '@', la 'x' o la 'e' como fórmulas para un uso inclusivo del lenguaje", escribió la Academia en su cuenta oficial de Twitter.
30	Lejos de darse por vencidos, los promotores de este lenguaje se expanden y no sólo en la Argentina. Se escuchan en España, Chile, Colombia y Uruguay, entre otros países donde se incorporó y el tema se debate. "Lo celebramos, y además sería algo interesante para analizar. Es una forma de neutralizar el lenguaje para hablar de todos", opina Nadia Ferrari, del Equipo Latinoamericano de Justicia y Género (ELA). Festeja en especial que lo usen los adolescentes, porque "estos chicos son el futuro".

Audio for this section can be found here: (0:00–1:17)
Fuente número 2
Tienes 2 minutos para leer la introducción y prever las preguntas.

Introducción
Esta grabación trata del lenguaje inclusivo con respecto a la Constitución española. El reportaje original fue publicado el 7 de octubre del 2018 en el sitio web de Noticias Antena 3 de Madrid, España. La grabación dura aproximadamente un minuto y medio.

TRACK 49

PLAY Track 47 on the accompanying audio CD. (The script for Track 47 appears on page 256.)

*Ahora tienes **1 minuto** para empezar a contestar las preguntas para esta selección. Después de 1 minuto vas a escuchar la selección de nuevo.*

Citation: "La letra 'o,' tildada de sexista" from Clarín Sociedad, Buenos Aires, Argentina, 12/6/2018

PLAY Track 49 again.

*Ahora tienes **3 minutos y 15 segundos** para terminar de responder a las preguntas de esta selección.*

31. ¿Cuál es el propósito del artículo?
    (A) Hacer una reseña sobre el masculino genérico en español
    (B) Hacer exigencias a la Real Academia Española
    (C) Presentar a los protagonistas del movimiento del lenguaje inclusivo
    (D) Explicar cómo funciona el lenguaje inclusivo

32. En el artículo, ¿cuál de las siguientes afirmaciones describe mejor la frase "le declararon una guerra a la letra 'O'" (línea 3)?
    (A) No entienden el uso del masculino genérico
    (B) Quieren eliminar la vocal 'o' del alfabeto
    (C) Están en contra del uso del masculino genérico
    (D) Se sienten atacados por la letra 'o'

33. ¿Cuál es el propósito de mencionar la palabra "periodista" (línea 11) en el artículo?
    (A) Presentar un ejemplo contradictorio
    (B) Dar un ejemplo de cómo funciona el lenguaje inclusivo
    (C) Dar un ejemplo de una palabra problemática
    (D) Proveer un ejemplo de una palabra neutral

34. Según el artículo, ¿cuándo ocurre el desdoblamiento en la lengua?
    (A) Cuando se usan el sustantivo masculino y el femenino
    (B) Cuando se ignora el género femenino
    (C) Cuando se usa la letra "e" al final de un sustantivo
    (D) Cuando se cometen errores gramáticos

35. En la fuente auditiva, ¿cuál es el propósito de leer varios artículos de la Constitución española?
    (A) Resaltar la eficacia del masculino genérico
    (B) Presentar las leyes que protegen a las mujeres
    (C) Repasar los derechos de los ciudadanos españoles
    (D) Ilustrar el uso del masculino genérico

36. Según la fuente auditiva, ¿qué caracteriza a la Constitución española?
    (A) Se basa en las reglas de la Real Academia Española.
    (B) Tiene errores ortográficos y gramáticos.
    (C) Contiene sustantivos mayormente masculinos.
    (D) Se escribió en una era en que las mujeres no participaban en la política.

37. En la fuente auditiva, ¿qué piensa la Real Academia Española sobre el desdoblamiento?
    (A) Que es una moda de los jóvenes
    (B) Que es redundante
    (C) Que contribuye a la inclusión
    (D) Que destruye el lenguaje

38. Según la fuente auditiva, ¿qué alternativa ha propuesto la Real Academia Española en vez del desdoblamiento?
    (A) Utilizar sustantivos más genéricos
    (B) Aceptar el masculino genérico como inclusivo
    (C) Crear nuevas palabras inclusivas
    (D) Adaptarse a los nuevos cambios del idioma

39. ¿Qué tienen en común las dos fuentes?
    (A) Ambas están en contra de la Real Academia Española
    (B) Ninguna explica cómo funciona el desdoblamiento
    (C) Ambas explican el uso del lenguaje inclusivo
    (D) Ninguna presenta la postura de los gobiernos

40. ¿Qué se puede afirmar sobre la fuente escrita y la fuente auditiva?
    (A) La fuente auditiva refuta el punto de vista sobre el lenguaje inclusivo expuesto en la fuente escrita.
    (B) En la fuente escrita se sugieren nuevas palabras mientras que la fuente auditiva sugiere otro uso del lenguaje que ya existe.
    (C) La fuente escrita presenta una posible solución a los desafíos del lenguaje inclusivo expuestos en la fuente auditiva.
    (D) Ambas fuentes confirman la postura de la Real Academia Española sobre el lenguaje inclusivo.

El Gobierno encarga a la RAE un estudio para adecuar la Constitución a un lenguaje no sexista (10/7/2018, Noticias Antena - Madrid, Spain)

Selección número 2
Tema curricular: La vida contemporánea

Fuente número 1
Primero tienes un minuto para leer la fuente número 1.

Introducción

Este texto adaptado trata de los hábitos de lectura de los españoles. La gráfica original se basa en las opiniones de más de cinco mil personas de toda España y fue publicada por el periódico *El País* el 18 de enero del 2018 en Madrid.

El perfil del lector

En % sobre el total de respuestas		
Por qué razón no lee libros o no los lee con más frecuencia	**Media**	**Grupos**
Falta de tiempo (trabajo, estudios, cuidado de la familia, etc.	**47,7%**	De 35 a 44 años **75,7%**
No le gusta o le interesa leer	**35,1%**	De 25 a 34 años **49,4%** De 55 a 64 años **38,3%**
Prefiere emplear el tiempo libre en otras actividades	**18,7%**	De 14 a 24 años **30,3%** Más de 65 años **25,0%**
Salud, problemas de visión	**11,5%**	Más de 65 años **30,9%**
Los libros le parecen caros	**0.7%**	Más de 65 años **2,2%**

Frecuencia de lectura de libros en tiempo libre *Lector frecuente: 47% de la población mayor de 14 años*				
Lee casi todos los días	**2010**	**2011**	**2012**	**2017**
	27,3%	28,6%	31,2%	29,9%
Lee una o dos veces por semana	**2010**	**2011**	**2012**	**2017**
	16,5%	16,5%	16,0%	17,8%

Citation: El perfil del lector (Cinco Días, El País, 01/28/2018, Madrid)

Fuente número 2
Primero tienes *1 minuto* para leer la introducción y prever las preguntas.

Introducción

Esta grabación trata de la frecuencia con la que se lee. Es una conversación entre dos compañeros de trabajo, Arturo y Sofía. La grabación dura aproximadamente 2 minutos.

Ahora escucha la selección.

TRACK 50

PLAY Track 50 on the accompanying audio CD. (The script for Track 48 appears on page 257.)

*Ahora tienes **1 minuto** para empezar a contestar las preguntas para esta selección. Después de 1 minuto vas a escuchar la selección de nuevo.*

PLAY Track 50 again.

*Ahora tienes **2 minutos y 45 segundos** para terminar de responder a las preguntas de esta selección.*

41. Según la gráfica, ¿por qué las generaciones más jóvenes leen menos?
    (A) Los libros cuestan mucho.
    (B) Tienen que cuidar a su familia.
    (C) Les atraen otros pasatiempos.
    (D) No les interesan los temas de los libros.

42. Si no estuvieran ocupados, ¿cuál de los siguientes grupos en la gráfica dedicaría más tiempo a la lectura?
    (A) De 55 a 64 años
    (B) De 25 a 34 años
    (C) De más de 65 años
    (D) De 35 a 44 años

43. Según la gráfica, ¿qué se puede afirmar sobre los hábitos del lector frecuente hasta el 2017?
    (A) La lectura de una a dos veces por semana ha aumentado.
    (B) Más personas leen a diario.
    (C) La lectura frecuente ha dado un gran salto desde el 2010.
    (D) Más de la mitad de los españoles lee con frecuencia.

44. ¿Cuál de las siguientes razones mejor describe por qué no leen con frecuencia los amigos en la conversación?
    (A) El precio de los libros ha aumentado.
    (B) No se publican libros que les interesen.
    (C) Están muy ocupados con los estudios y el trabajo.
    (D) No les interesa la lectura.

45. Según la conversación, ¿cuál de las siguientes afirmaciones describe la perspectiva de Sofía sobre la lectura?
    (A) La lectura es relajante.
    (B) Leer resulta caro.
    (C) La lectura es agobiante.
    (D) Solo lee lo necesario para sus estudios.

46. En la conversación, ¿a que se refiere Arturo cuando dice "cuido mi bolsillo"?
    (A) A que no necesita llevar sus libros en su bolsillo
    (B) A que ahorra dinero comprando audiolibros
    (C) A que los audiolibros lo mantienen entretenido en el camino
    (D) A que los audiolibros son gratis

47. Si Sofía continuara la conversación, ¿cuál de las siguientes preguntas sería la más apropiada?
    (A) ¿Cuándo terminarás tus estudios de ingeniería?
    (B) ¿Qué audiolibro me recomiendas para escuchar en la playa?
    (C) ¿Qué libro recomiendas que busque en la librería?
    (D) ¿Quieres tomarte un cafecito conmigo?

Selección número 3
Tema curricular: La belleza y la estética
Primero tienes *1 minuto* para leer la introducción y prever las preguntas.

Introducción
Esta grabación abreviada trata del lenguaje inclusivo. La entrevista original titulada "Lenguaje inclusivo: ¿cambio cultural o moda?" fue publicada el 25 de abril del 2019 por el Canal de la Ciudad en Argentina. Marcela Coronel habla con Santiago Kalinowski, lingüista argentino. La grabación dura aproximadamente 3 minutos.

Ahora escucha la selección.

PLAY Track 51 on the accompanying audio CD. (The script for Track 49 appears on page 258.)

*Ahora tienes **1 minuto** para empezar a contestar las preguntas para esta selección. Después de 1 minuto vas a escuchar la selección de nuevo.*

PLAY Track 49 again.

*Ahora tienes **1 minuto y 45 segundos** para terminar de responder a las preguntas de esta selección.*

48. ¿Cuál es el propósito de la entrevista?
    (A) Debatir el mal uso del idioma a causa del lenguaje inclusivo
    (B) Explicar el uso del lenguaje inclusivo
    (C) Presentar el nuevo libro del lingüista
    (D) Apoyar al movimiento político del lenguaje inclusivo

49. Según la entrevista, ¿quienes utilizan el lenguaje inclusivo?
    (A) El gobierno argentino
    (B) La Real Academia Española
    (C) Los jóvenes
    (D) Los participantes de movimientos políticos

50. Según la entrevista, ¿cuál las siguientes afirmaciones describe mejor el lenguaje inclusivo?
    (A) Es un movimiento elitista.
    (B) Es un movimiento que trata de solucionar un problema social.
    (C) Es una moda pasajera entre los jóvenes argentinos.
    (D) Es un cambio lingüístico en el idioma.

51. Según la entrevista, ¿a que se debió el uso de la arroba y las letras x y e en el lenguaje inclusivo?
    (A) A que el desdoblamiento complicaba la comunicación.
    (B) A que la Real Academia Española prohibió el uso del desdoblamiento.
    (C) A que la arroba, la x y la e son más fáciles de pronunciar.
    (D) A que el desdoblamiento no incluía a toda la sociedad.

52. Al final de la entrevista, ¿cuál de las siguientes preguntas sería la más apropiada para el lingüista?
    (A) ¿Piensa usted que el lenguaje inclusivo es un movimiento elitista?
    (B) ¿Cuándo publicará su libro?
    (C) ¿Es una moda el uso del lenguaje inclusivo?
    (D) ¿Ha incluido usted algunas palabras del lenguaje inclusivo en su libro?

Selección número 4
Tema curricular: Las familias y las comunidades

Primero tienes *1 minuto* para leer la introducción y prever las preguntas.

Introducción
Esta grabación trata de las presentaciones. El informe original fue publicado el 17 de mayo del 2017 por Humberto Gutiérrez para consejosimagen.mx. La grabación dura aproximadamente tres minutos.

Ahora escucha la selección.

TRACK 52

PLAY Track 52 on the accompanying audio CD. (The script for Track 52 appears on page 259.)

*Ahora tienes **1 minuto** para empezar a contestar las preguntas para esta selección. Después de 1 minuto vas a escuchar la selección de nuevo.*

PLAY Track 52 again.

*Ahora tienes **1 minuto y 45 segundos** para terminar de responder a las preguntas de esta selección.*

Citation: Contra los estereotipos de género, el lenguaje inclusivo (Luis Fernández García, Noticias ONU, Radio Naciones Unidas, 03/05/19)

53. ¿Cuál es el propósito de este informe?
    (A) Recomendar formas de cerrar una present-
    ación
    (B) Describir lo fácil que es cerrar una present-
    ación
    (C) Presentar formas de comunicarte en público
    (D) Explicar lo que es una presentación

54. Según el presentador, ¿cuál es el mayor objetivo
    del cierre en una presentación?
    (A) No usar tus propias palabras
    (B) Dejar preguntas sin contestar
    (C) Terminar el discurso
    (D) Impactar a la audiencia

55. Según el presentador, ¿por qué es una buena
    estrategia cerrar de la misma forma que inicias?
    (A) Porque te ayuda a enfatizar los detalles más
    importantes.
    (B) Porque esto le indica a la audiencia que la
    presentación está concluyendo.
    (C) Porque así demuestras que te has preparado
    muy bien para la presentación.
    (D) Porque esto ayuda a los que no escucharon el
    inicio de la presentación.

56. ¿Qué hay que tener en cuenta al usar una cita
    para cerrar una presentación?
    (A) Hacer el gesto de las comillas con las manos
    (B) Que no sea una pregunta
    (C) Comunicar el tono del autor
    (D) No equivocarte al decirla y dar crédito al
    autor

57. Por lo general, ¿qué tipo de información com-
    partió el presentador?
    (A) Recomendaciones sobre cómo entretener a
    una audiencia
    (B) La forma correcta de hacer preguntas retóri-
    cas
    (C) Instrucciones para escribir un informe
    (D) Consejos para hablar en público

Selección número 5
Tema curricular: Las identidades personales y públicas

Primero tienes *1 minuto* para leer la introducción y prever las preguntas.

Introducción
Esta grabación trata del candombe, un ritmo musical uruguayo. El informe original fue publicado el 26 de diciembre del 2018 por el canal de televisión TeleSUR en Bolivia. En la presentación participan una narradora y dos candomberos. La grabación dura aproximadamente
tres minutos.

Ahora escucha la selección.

PLAY Track 53 on the accompanying audio CD. (The script for Track 53 appears on page
260.)

*Ahora tienes 1 minuto para empezar a contestar las preguntas para esta selección. Después de
1 minuto vas a escuchar la selección de nuevo..*

PLAY Track 53 again.

*Ahora tienes 2 minutos y 45 segundos para terminar de responder a las preguntas de esta
selección.*

Citation "Consejos para cerrar una presentación" (5/17/2017, Humberto Gutiérrez, consejosimagen.mx)

58. ¿Cuál es el propósito general del reportaje?
    (A) Enseñar sobre los distintos tipos de tambores del candombe
    (B) Dar un resumen de la práctica y la trayectoria del candombe
    (C) Describir los desafíos que enfrentaron los esclavos en Latinoamérica
    (D) Comparar los distintos ritmos musicales de Latinoamérica

59. ¿Cuál de las siguientes afirmaciones describe mejor el candombe?
    (A) Es una mezcla de ritmos locales uruguayos.
    (B) Es un ritmo creado por los españoles que llegaron a Montevideo durante la colonia.
    (C) Es una mezcla de ritmos de España y ritmos locales uruguayos.
    (D) Es un ritmo creado por los esclavos africanos traídos a Suramérica.

60. ¿A qué se refiere la narradora cuando dice "le dieron nacimiento al tambor"?
    (A) A que el tambor pasó de ser un medio de comunicación a un instrumento musical.
    (B) A que los esclavos inventaron el tambor.
    (C) A que los españoles permitieron el uso del tambor entre los esclavos.
    (D) A que las comparsas fueron creadas para tocar los tambores.

61. Según el informe, ¿cuál de las siguientes afirmaciones describe mejor a las comparsas del candombe?
    (A) Las comparsas son las bailarinas que animan al público durante los desfiles.
    (B) Las comparsas se componen de los grupos de tamboreros.
    (C) Las comparsas mezclan diferentes expresiones artísticas.
    (D) Las comparsas son grupos de personas disfrazadas.

62. ¿A qué se refiere el músico en el informe cuando dice que "las músicas tienen su geografía"?
    (A) A que cada punto geográfico tiene su propia música.
    (B) A que el diseño de un instrumento depende del clima en que se usa.
    (C) A que las personas de diferentes regiones tienen gustos musicales distintos.
    (D) A que la geografía determina el éxito de distintos tipos de música.

63. Según el informe, ¿qué representa el candombe?
    (A) Conformismo
    (B) Resignación
    (C) Resistencia
    (D) Alegría

64. Si quisieras encontrar más información sobre el tema de este informe, ¿cuál de las siguientes fuentes sería más útil?
    (A) *Manual de instrumentos de percusión*
    (B) *El transporte de esclavos africanos a Suramérica del Siglo XVII*
    (C) *Las contribuciones culturales africanas en Latinoamérica*
    (D) *La ropa tradicional de los carnavales latinoamericanos*

65. ¿Cuál de los siguientes títulos sería el mejor para este informe?
    (A) "El candombe: patrimonio cultural latinoamericano"
    (B) "Los tambores: el latido latinoamericano"
    (C) "Los uruguayos luchan por salvar el candombe"
    (D) "El proceso de declaración de patrimonios culturales"

Section II: Free Response

You are given a total of approximately 1 hour and 35 minutes to do Section II of the examination (15 minutes for interpersonal writing, approximately 55 minutes for presentational writing, approximately 10 minutes for interpersonal speaking, and finally approximately 6 minutes for presentational speaking). Section II accounts for 50 percent of the examination grade.

Interpersonal Writing: E-mail Reply

In this part of the examination, you will need to write an e-mail message. You are given 15 minutes to read the e-mail and write your response.

- Read the prompt carefully to see what type of message you need to write.
- Decide in what tense to write the passage (present, past, future, and so on).
- Keep in mind that this is a formal e-mail; make sure to use usted or ustedes when addressing the recipient.
- Do not forget a formal salutation: *Muy señor[a] mío[a], Estimado[a] señor[a].*
- Do not forget an appropriate closing such as "Atentamente," "Cordialmente."
- Be sure to check the rubric at the end of Chapter 7 to see how you will be rated.

Instructions: You are to write a reply to the following e-mail that you have received. You will have a total of 15 minutes to read the e-mail and to write your reply. Your reply should include an appropriate greeting and closing. Be sure to answer all questions posed in the e-mail. You also should ask for more information/details about what is mentioned in the e-mail. Do not forget to use the appropriate form of address, formal or informal, depending on to whom you are writing.

Instrucciones: Tienes que escribir una respuesta al mensaje electrónico que has recibido. Tendrás 15 minutos en total para leer el mensaje electrónico y responder a este mensaje. La respuesta debe incluir un saludo y una despedida apropiados. Está seguro/a que contestas todas las preguntas en el mensaje electrónico. Debes también de pedir más información / más detalles sobre lo que se menciona en el mensaje electrónico. No olvides de usar el registro adecuado, formal o informal, según la persona a quien escribes.

Tema curricular: Las familias y las comunidades
Introducción: Este mensaje electrónico es del profesor que asesora el club de español de tu escuela. El profesor ha mandado este mensaje a todos los miembros del club para pedir ideas sobre el tema.

De: Profesor Marcos, asesor de club de español
Asunto: Dinero restante
Estimado/a miembro/a:
Al llegar al fin de este año escolar hemos descubierto que nos sobra dinero en nuestra cuenta. Les escribo para pedirles unas ideas sobre cómo podemos usar este dinero antes de que terminen las clases.
Durante nuestra última reunión, algunos de ustedes sugirieron varios proyectos para el año próximo para atraer más miembros. También hablamos de recaudar fondos para una institución benéfica. Les pido que respondan a este mensaje con sugerencias específicas para usar este dinero lo más pronto posible; presentaré las mejores sugerencias durante nuestra próxima reunión la semana que viene.
¿Qué actividad o proyecto te gustaría que el club realice y por qué?
¿Para cuál institución benéfica te gustaría recaudar fondos y por qué? Por favor incluyan preguntas y sugerencias para el tema de conversación de la próxima reunión.
Quedo en espera de sus respuestas.
Cordialmente,
El Profesor Marcos

Presentational Writing: Argumentative Essay

In this part of the examination, you will need to write a persuasive essay based on three prompts, two printed and one audio. You will have 6 minutes to read the printed material. Then you will listen to the audio material, on which you should take notes. After you have heard the audio source twice, you will have approximately 40 minutes to write your essay.

- Read the introduction carefully to see what your essay topic will be about.
- Decide in what tense to write the passage (present, past, future, and so on).
- While reading the two printed sources you may wish to underline key ideas.
- Be sure to take notes while you listen to the audio prompt.
- You must **cite all three sources** appropriately in your essay.
- Be sure to discuss the different points of view in the three sources.
- Clearly indicate *your own* viewpoint and defend it.
- Be sure to organize your essay.
- The timing will be done for you on the actual exam. However, for this diagnostic test you will need a stopwatch or timer. Allow yourself the specific time intervals stated in the instructions to read the printed texts, read the introduction to the audio passage, and write your essay.
- Be sure to look over the rubric at the end of Chapter 8 to see how you will be rated.
- Avoid summary of the 3 sources
- Develop a clear thesis that takes a stand on the issue, pro or con.
- Explicitly cite the 3 sources. This can be (F1, F2, F3) as used in parenthetical citations.
- Avoid long quotations from the sources.
- Use effective transitions
- Consider the opposing side of the argument to include a concessions statement.
- Avoid rhetorical questions
- Defend your argument pro OR con. Do not try to present all points of view. You are likely to run out of time and it weakens your argument.

Tema Curricular: La vida contemporánea
Primero tienes 6 minutos para leer el tema del ensayo, la fuente número 1 y la fuente número 2.

Tema del ensayo: ¿Se deben incluir los *e-sports* en los Juegos Olímpicos?

Fuente número 1

Introducción: Este texto trata de la popularidad de los videojuegos. El artículo original fue publicado el 20 de agosto del 2017 en España por Félix Palazuelas en el periódico El País.

Los 'esports' podrían convertirse en deporte olímpico en los Juegos de París

Las competiciones de videojuegos, más conocidas como *esports* o deportes electrónicos, podrían ser incluidas en el programa olímpico de París 2024.

Tony Estanguet, copresidente del comité de candidaturas de París, se reunirá con el Comité Olímpico Internacional (COI) y los principales representantes de la industria de los deportes electrónicos para estudiar la inclusión de estas competiciones en las olimpiadas que se celebrarán en Francia.

"Tenemos que estudiar la posibilidad porque no podemos decir que no nos atañe. O que no tenga que ver con las olimpiadas", dijo Estanguet en una entrevista con la agencia AP. "Los jóvenes están interesados en los *esports* y este tipo de cosas. Veámoslo. Reunámonos con ellos. Veamos si podemos encontrar algunos puentes".

Los Ángeles, una de las dos ciudades candidatas restantes, llegó a un acuerdo con el COI para celebrar los Juegos de 2028, dejando que París aloje las olimpiadas de 2024. Este acuerdo a tres bandas será ratificado el 13 de septiembre en la Sesión del COI en Lima, Perú.

En abril, El Consejo Olímpico de Asia incluirá varias competiciones de videojuegos en el programa oficial de los Juegos Asiáticos de 2022 que se celebrarán en Hangzhou, China. […]

"No tenemos todavía claro si los *esports* son realmente un deporte, en lo que respecta a la actividad física y lo que se necesita para ser considerado como tal", dijo el presidente del COI, Thomas Bach, al medio digital *insidethegames* tras conocer la inclusión de las competiciones de videojuegos en los Juegos Asiáticos. "No existe organización o una estructura que nos dé confianza o garantía de que en esta disciplina se respeten y cumplan las reglas y valores olímpicos del deporte y que se vigile y asegure la implementación de estas reglas".

Bach se refiere a la ausencia de una federación internacional que disponga de la autoridad necesaria para que estas actividades estén siempre sujetas a los valores de las olimpiadas. Pero es consciente del gran seguimiento del que gozan los 'esports' entre los más jóvenes, lo que se ha convertido en una de las prioridades del COI en la elaboración de sus últimos programas con la inclusión de actividades urbanas en Tokio 2020.

La audiencia de los Juegos Olímpicos está cayendo en mercados clave como Estados Unidos, sobre todo entre el público más joven. Los 'esports' podrían ser un buen aliciente para conectar con los jóvenes desconectados de la televisión tradicional. […]

Interpretar una competición sin una carga física evidente como un deporte olímpico es otro de los grandes escollos a superar para su posible futura inclusión como evento olímpico.

"Es una noticia que no va a gustar, va a escocer", dice Pablo Fernández, fisioterapeuta especializado en readaptación y prevención de lesiones en deportistas. "Pero no es descabellado, hay que abrir la mente a esta nueva realidad. Los *esports* comparten numerosos valores del deporte tradicional: compañerismo, creatividad, disciplina, trabajo, superación…"

Fuente número 2

Introducción: Este texto trata de los diferentes dispositivos usados para jugar videojuegos. La encuesta se basa en respuestas múltiples de más de dos mil usuarios de internet entre los 18 y 64 años. La gráfica original fue publicada el 27 de marzo del 2019 en el sitio web Atlantico.net en España.

Citation: Los `esports' podrían convertirse en deporte olímpico en los Juegos de París (8/20/2017, Félix Palazuelos, El País)

El móvil, la plataforma más usada para videojuegos			
¿Cuáles de estos dispositivos utilizas normalmente para jugar a videojuegos (España, 2018)			
Smartphone	49%	Tablet	26%
Ordenador	38%	Consola portátil	17%
Videoconsola	30%	Otros	2%

The audio for this section can be found here (0:28-1:51, 2:09-3:10)
Fuente número 3
Tienes 30 segundos para leer la introducción.

Introducción

Esta grabación trata de las ligas de *e-sports* en España. El informe original "Los galácticos de los videojuegos" fue publicado el 14 de febrero del 2018 por el sitio web del periódico El País en Madrid. En la entrevista participan dos jugadores profesionales y dos organizadores de competencias de videojuegos. La grabación dura aproximadamente dos minutos y medio.

Ahora escucha la fuente número 3.

TRACK 54

Play Track 54 *on the accompanying audio CD. (The script for Track 54 appears on page 261.)*

Ahora escucha de nuevo.

Play Track 54 again.

Now you have 40 minutes to complete your essay.

Interpersonal Speaking: Conversation

In this part of the examination, you will need to participate in a conversation. The situation will be a role-playing simulated telephone conversation. You will have 1 minute to read a preview of the conversation. Then the telephone call will begin. Each time it is your turn to speak, you will have 20 seconds in which to respond. You should participate as fully and appropriately as possible. You will find the listening prompt on the accompanying recording. The script appears on page 260.

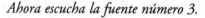

- Read the introduction and conversation outline carefully to see what the conversation will be about.
- This is a one-time attempt. You will only hear the conversation 1 time and have 1 time to answer the 5 turns in the conversation.
- Jot down some sentence stems as possible responses (Debes…Recomiendo que…No me digas…lo siento, pero no puedo…etc.).
- While you listen to each line of the dialogue, try to pick out words, expressions or phrases that might be able to be used. (BE CAREFUL, though, to not just restate what you have heard!)

Citation: Los smartphones, el soporte preferido para videojuegos en España (03/27/19, Agencias, Atlántico)

Citation: `E-Sports', los galácticos de los videojuegos (02/14/2018, Virginia Collera, El País Semanal, El País)

- Higher scores are awarded for conversations where complex structures and rich vocabulary are used.
- Be sure to look over the rubric at the end of Chapter 9 to see how you will be rated.
- Be prepared to answer a variety of questions or situations: ("Contesta negativamente/afirmativamente," "Propón," "Sugiere una alternativa," "Finaliza y despídete").
- If you hear yourself make a mistake, correct it immediately.
- The conversation is always in the informal register. Be consistent on how you address the speaker.

*Tienes **1 minuto** para leer la introducción y el esquema de la conversación.*

Interpersonal Speaking: Conversation
Tema curricular: Las identidades personales y públicas
Introducción
Esta es una conversación con Juan Carlos, un compañero de la escuela. Vas a participar en esta conversación porque él está organizando un evento para honrar los profesores de su escuela.

Juan Carlos:	Te saluda y te hace una pregunta
Tú:	Salúdala y dale una respuesta con detalles
Juan Carlos:	Hace un comentario y te pide tu opinión
Tú:	Contesta afirmativamente y da más detalles
Juan Carlos:	Continua la conversación y te propone algo más
Tú	Responde negativamente y explica por qué
Juan Carlos:	Reacciona y te hace otra pregunta
Tú:	Respóndele con detalles
Juan Carlos:	Opina y se despide
Tú:	Demuestra que estás de acuerdo y despídete

En este momento va a empezar la conversación. Ahora presiona el botón record.

TRACK 55

PLAY Track 55 on the accompanying audio CD. (The script for Track 55 appears on page 262.)

Presentational Speaking: Cultural Comparison

In this part of the examination you will make a 2-minute oral presentation to your class on the following topic. You will have 4 minutes to read the topic and prepare your presentation. Once the 4 minutes have passed you will record your 2-minute presentation.

- Be sure to have a timer.
- Read the topic carefully.
- Be sure to demonstrate your understanding of certain cultural features of the area you have chosen.
- Be sure to have a clear organization for your presentation with a variety of transitional phrases (sin embargo, al contrario, etc.).
- You must compare! Explicitly state what 2 "communities" or examples you're going to compare.

- Per the scoring guidelines, the term "community" can refer to something as large as a continent or as small as a family unit. The phrase "target culture" can refer to any community, large or small, associated with the target language.
- Start with the target community and with your best example.
- Use a ping-pong approach to your delivery giving examples connecting the 2 communities.

Tema de la presentación: ¿Cuál es la relación entre la comida y las prácticas culturales de una comunidad?

Tema curricular: La vida contemporanea

Compara tus observaciones de las comunidades en que has vivido con tus observaciones de una región del mundo hispanohablante que te sea familiar. En la presentación, puedes mencionar lo que has estudiado, vivido y/u observado.

Answers, Explanations, and Listening Scripts

Section I, Part A
Interpretive Communication: Print Texts

Where applicable in the print passages, the answers are underlined, followed by the question number in parentheses.

Selección número 1
Tema Curricular: La vida contemporánea

Questions and Answers

1. ¿Cuál es el propósito del anuncio?
   B. Presentar y dar información sobre una actividad competitiva
   Explanation: *La ganadora se convertirá en la tarjeta oficial del Recinto y será enviada por las redes sociales y el portal institucional.*

2. ¿A quién se dirige el anuncio?
   D. A los estudiantes de la Universidad de Puerto Rico
   Explanation: *Ser estudiante activo del Recinto de Río Piedras*

3. Según la información del anuncio, ¿qué se puede inferir sobre los participantes de este concurso?
   A. Que les incentiva tener un premio monetario
   Explanation: *Certificado de regalo de $75 en Mi IUPI Shop*

4. Según la descripción del concurso, ¿qué se puede deducir sobre los destinatarios de tarjeta de Navidad?
   B. Son personas que visitan el sitio web y las páginas de redes sociales de la Universidad.
   Explanation: La ganadora se convertirá en la tarjeta oficial del Recinto y será enviada por las redes sociales y el portal institucional.

5. Necesitas más información sobre la premiación de este concurso y te gustaría enviarles un mensaje. ¿Cuál de las siguientes preguntas sería las más apropiada según la información del anuncio?
   C. Estoy muy contento de poder participar en este concurso. ¿Se podría también usar la tarjeta de regalo en la cafetería de la Universidad?
   Explanation: *Certificado de regalo de $75 en Mi IUPI Shop*

Selección número 2

Tema Curricular: Las identidades personales y públicas

	Los cuentos vagabundos
Línea 5	Pocas cosas existen tan cargadas de magia como las palabras de un cuento. Ese cuento breve, lleno de sugerencias, dueño de un extraño poder que arrebata y pone alas hacia mundos donde no existen ni el suelo ni el cielo. Los cuentos representan uno de los aspectos más inolvidables e intensos de la primera infancia. Todos los niños del mundo han escuchado cuentos. <u>Ese cuento que no debe escribirse y lleva de voz en voz paisajes y figuras, movidos más por la imaginación del oyente que por la palabra del narrador</u>. (#7)
10	He llegado a creer que solamente existen media docena de cuentos. Pero los cuentos son viajeros impenitentes. <u>Las alas de los cuentos van más allá y más rápido de lo que lógicamente pueda creerse</u>. (#8) Son los pueblos, las aldeas, los que reciben a los cuentos. Por la noche, suavemente, y en invierno. Son como el viento que se filtra, gimiendo, por las rendijas de las puertas. <u>Que se cuela, hasta los huesos, con un estremecimiento sutil y hondo</u>. (#6) Hay, incluso, ciertos cuentos que casi obligan a abrigarse más, a arrebujarse junto al fuego, con las manos escondidas y los ojos cerrados.
15	Los pueblos, digo, los reciben de noche. Desde hace miles de años que llegan a través de las montañas, y duermen en las casas, en los rincones del granero, en el fuego. De paso, como peregrinos. Por eso son los viejos, desvelados y nostálgicos, quienes los cuentan.
20	Los cuentos son renegados, vagabundos, con algo de la inconsciencia y crueldad infantil, con algo de su misterio. <u>Hacen llorar o reír</u> (#6), <u>se olvidan de donde nacieron, se adaptan a los trajes y a las costumbres de allí donde los reciben</u>. (#9) (#10) Sí, realmente, no hay más de media docena de cuentos. Pero ¡cuántos hijos van dejándose por el camino! [...]
25	El cuento es astuto. Se filtra en el vino, en las lenguas de las viejas, en las historias de los santos. Se vuelve melodía torpe en la garganta de un caminante que bebe en la taberna y toca la bandurria. Se esconde en los cruces de los caminos, en los cementerios, en la oscuridad de los pajares. <u>El cuento se va, pero deja sus huellas. Y aun las arrastra por el camino, como van ladrando los perros tras los carros, carretera adelante</u>. (#10)
	<u>El cuento llega y se marcha por la noche, llevándose debajo de las alas la rara zozobra de los niños. A escondidas, pegándose al frío y a las cunetas, va huyendo</u>. (#11) A veces pícaro, o inocente, o cruel. <u>O alegre, o triste</u>. (#6) Siempre, robando una nostalgia, con su viejo corazón de vagabundo.

Questions and Answers

6. Según el ensayo, ¿que efecto tienen los cuentos en las personas?
   A. Provocan una variedad de emociones.

7. En el ensayo, ¿a qué se refiere la autora cuando dice que el cuento "pone alas hacia mundos donde no existen ni el suelo ni el cielo" (líneas 2-3)?
   D. A que invitan al lector a dejar volar la imaginación

8. Según el contexto del ensayo, ¿cuál es el significado de la frase "viajeros impenitentes" (línea 8)?
   A. A que la expansión de los cuentos no tiene límites

9. Según el ensayo, ¿cuál de las siguientes afirmaciones refleja mejor la propagación de los cuentos?
   C. Crecen y se transforman mientras se pasan de boca en boca.

10. ¿A qué se refiere la autora cuando exclama "¡cuántos hijos van dejándose por el camino!" (línea 20)?
  D. A que mientras se propagan van dejando una versión nueva

11. Según en las descripciones del ensayo, ¿por qué se titula este relato "Los cuentos vagabundos"?
  B. Porque los cuentos se van moviendo de un lugar a otro.

12. ¿Cuál de las siguientes afirmaciones resume mejor lo que representan los cuentos para la autora?
  C. Son evocadores de emociones en constante cambio y movimiento.

Selección número 3
Tema Curricular: Los desafíos mundiales
Fuente número 1

	O nos divorciamos del plástico, o nos olvidamos del planeta
	Alrededor de 13 millones de toneladas de plástico son vertidas en los océanos cada año, afectando la biodiversidad, la economía y potencialmente nuestra salud. (#13)
Línea 5	Las cualidades de este material, barato, ligero y fácil de producir han llevado a que su producción alcance cantidades a las cuales somos incapaces de hacer frente. Solamente una pequeña fracción de los plásticos que son descartados se recicla. (#13) (#16) (#17)
	Lo más preocupante, es que un nuevo informe de ONU Medio Ambiente revela que, de seguir las cosas como están, la producción de plástico no solo crecerá, sino que se duplicará en las próximas décadas.
10	El mundo necesita urgentemente repensar la manera en que se manufactura, se usa y se maneja el plástico, ese es el mensaje principal para este Día Mundial del Medio Ambiente en 2018, como nos explica el Secretario General.
	El desafío es grande Desde los años 50, la producción de plástico ha superado la de cualquier otro material y la mayoría de los productos que se hacen están diseñados para ser descartados después de un solo uso. (#15)
15	Esto ha hecho que los empaques de plástico ahora representen la mitad de los desechos de este material alrededor del mundo.
	América, Japón y la Unión Europea son los mayores productores de desechos plásticos per cápita y sólo un 9% de los nueve mil millones de toneladas de plástico que se han producido en el mundo ha sido reciclado. (#14)
20	Si esta tendencia continúa, para 2050 tendremos cerca de 12.000 millones de toneladas de desechos plásticos en los basureros y en la naturaleza. (#14) […]
25	Los estudios sugieren que las bolsas de plástico y los contenedores hechos de espuma de poliestireno pueden tomar hasta miles de años en descomponerse y contaminan suelo y agua. Además, con el paso del tiempo los plásticos se dividen en fragmentos más pequeños (#18) llamados micro plásticos que al ser consumidos por animales marinos pueden entrar en la cadena alimenticia humana (#19). […]

| 30 | **La solución está en los gobiernos, las empresas y la gente**
La producción de plástico a nivel mundial está aumentando rápidamente, para 2030, podríamos estar produciendo 619 millones de toneladas de plástico al año.

Las prohibiciones de las bolsas de plástico, si son bien planificadas, pueden contrarrestar una de las causas del uso excesivo de plástico (#20). Pero incluso cuando son implementadas efectivamente, no son suficientes afirman los expertos de ONU Medio Ambiente en el informe Estado del Plástico 2018. |
| 35 | Para reducir la cantidad de desperdicios **se necesita que los gobiernos promulguen políticas fuertes** que empujen hacia un modelo más circular de diseño y producción de plásticos. (#15) (#21) |

Fuente número 2

¿Cuánto duran en el tiempo? (See Selection 3 in Practice Exam 1)

Questions and Answers

13. ¿Cuál es el objetivo del artículo?
    A. Informar sobre las consecuencias de la manufactura, el uso y el manejo de los plásticos

14. ¿Qué método de comunicación se utiliza en este artículo?
    B. Se presentan causas y consecuencias con cifras específicas.

15. ¿Cuál de las siguientes afirmaciones resume mejor el artículo?
    B. Si queremos salvar el planeta, debemos parar la manufactura de plásticos de un solo uso.

16. ¿A qué se refiere al autor del artículo cuando dice "incapaces de hacer frente" (línea 5)?
    B. A que aún no tenemos la habilidad para solucionar el problema

17. Según el artículo, ¿a cuál de los siguientes factores se puede atribuir el crecimiento en la producción de los plásticos?
    A. Al bajo costo y la sencillez de su manufactura

18. Según el artículo, ¿qué les ocurre a los plásticos que terminan en ríos y océanos?
    D. Se reducen a pequeñas partículas.

19. Según el artículo, ¿cómo puede la contaminación marítima de plásticos afectar a los seres humanos?
    B. Consumen los animales marinos que consumen los micro plásticos.

20. ¿Cuál es el significado de la frase "contrarrestar una de las causas del uso excesivo" (línea 31) en el artículo?
    A. Combatir una de las causas del uso del plástico

21. Según el artículo, ¿por qué es necesario que los gobiernos se involucren?
    C. Hay que implementar leyes para controlar la manufactura de los plásticos.

22. ¿Cuál es el propósito de la gráfica?
    A. Exponer el impacto de ciertos productos en el medio ambiente
    Explanation: Tiempo estimado para biodegradarse

23. Estás preparando una presentación sobre el mismo tema del artículo y la gráfica y necesitas información adicional. ¿Cuál de las siguientes fuentes sería la más apropiada?
    A. *La larga vida de los productos desechables*

Selección número 4
Tema Curricular: La vida contemporánea

Carta abierta a la selección Colombia	
Nuevamente les tocó enfrentar a Brasil. Es por eso que hoy me atrevo a escribirles a ustedes, mis superpoderosas. No sé si lo leerán o será de esas publicaciones que queda ahí en el olvido, sin embargo, les quiero transmitir mediante palabras lo que sentimos los verdaderos hinchas de esta selección que tanto queremos.	Línea 5
A lo largo de los años nadie creía en ustedes, salvo ustedes y todos los hinchas que vamos al estadio cada fin de semana. Salvo millones de seguidores que las ven a través de sus redes sociales y aquellos periodistas que se la han jugado por esta selección.	
No les miento, esta derrota me dejó un sin sabor, empezamos goleando y terminamos últimas. <u>Creo que esta vez tuvimos que perder para ver la realidad que se vive en un deporte mundial pero lleno de estereotipos para ustedes, las futbolistas.</u> **(#25)**	10
Todo eso era nuestro. Hasta el domingo. Esa clasificación a Olímpicos y Mundial ya no son nuestras, ya no se jugarán y debemos alzar la cabeza <u>porque nadie te prepara para la derrota.</u> **(#26)** Nadie te enseña a despedirte de un certamen con las manos vacías, y menos a caer como a ustedes les tocó. No es necesario entrar a explicar en detalle qué fue lo que pasó, <u>pero ha sido un golpe duro para ustedes y para nosotros los hinchas.</u> **(#25)**	15
<u>Acá no todo es malo, ustedes nos regalaron la posibilidad de creer en un sueño, de creer en nuestra Liga profesional.</u> **(#29)** Nos regalaron darnos cuenta de que <u>sus partidos eran también nuestros partidos, que sus triunfos eran nuestros triunfos</u> **(#27)** y que sus ídolos podían ser también los nuestros. Nos regalaron darnos cuenta de que a la cancha entraban 11, pero que nosotros éramos el jugador número 12.	20
Ante todo, muchas gracias. Hoy les quiero agradecer por vestir esos colores, por ir a demostrar que aún seguimos soñando con que algún día este deporte sea más equitativo, gracias por el sacrificio y las ganas de luchar hasta la final. <u>Gracias por hacernos sentir parte del equipo</u> **(#28)**, <u>por demostrar que sí se puede soñar en grande. Gracias por unirnos a todos, pero sobre todo gracias por ser nuestro orgullo.</u> **(#24)**	25

Questions and Answers

24. ¿Cuál de las siguientes afirmaciones resume mejor la intención de esta carta?
    C. Agradecerle a la selección colombiana por su labor

25. Según el contexto de la carta, ¿a qué se refiere la frase "un sin sabor" (línea 10)?
    D. A la decepción que sintió la autora cuando la selección colombiana perdió

26. Según la carta, ¿qué quiere decir la autora cuando afirma que "nadie te enseña a despedirte de un certamen con las manos vacías" (líneas 16-17)?
    B. Que las jugadoras no estaban preparadas para perder.

27. ¿Por qué dice la autora que había 12 miembros en el equipo (línea 24)?
    A. Porque los fanáticos sienten que vivieron cada partido en carne propia.

28. ¿Cuál es el propósito de mencionar los colores del uniforme de la selección en la carta (Línea 25)?
   C. Agradecerle a selección por haberla representado a ella y sus fanáticos

29. ¿De qué manera anima la autora a la selección después de su pérdida?
   A. Expresa empatía y orgullo.

30. Vas a escribir un comentario en el sitio web sobre la carta que acabas de leer. ¿Cuál de los siguientes comentarios sería el más apropiado?
   D. "Al igual que Angie, me siento muy orgulloso por la labor realizada por las jugadoras. La culpa de todo la tuvo el técnico."

Section I, Part B:

Interpretive Communication: Audio Texts and Print and Audio Texts Combined

Where applicable in the print passages and the listening scripts, the answers are underlined, followed by the question number in parentheses.

Selección número 1
Tema curricular: La belleza y la estética
Fuente número 1

	"Todes les diputades": el lenguaje inclusivo avanza entre los jóvenes y genera polémica
	Lo usan cada vez más para no "invisibilizar" a las mujeres. Pero para la Real Academia es innecesario y suena mal. "Todes", "nosotres", "les" y "diputades". <u>Cada vez más adolescentes usan el llamado "lenguaje inclusivo"</u> **(#32)**. ¿Le declararon una guerra a la letra "O"?
Línea 5	"Es el resultado de un proceso social de lucha por la igualdad de los derechos entre el hombre y la mujer. Los adolescentes son una comunidad muy activa en el compromiso que asumen en distintas causas. Por eso, son uno de los grupos que más lo incorporan", dice a *Clarín* Santiago Kalinowski, director del Departamento de Investigaciones Lingüísticas y Filológicas de la Academia Argentina de Letras. <u>Los chicos usan palabras como "algunes", por algunos o algunas; "diputades", por diputadas o diputados; "les padres y madres", por los padres y las madres; y "les estudiantes", por las estudiantes y los estudiantes.</u> **(#31)**
10	
	Hay casos que son, por defecto, más inclusivos. Como "periodista", válida para hombres y mujeres. <u>Entonces quedaría la letra "a", no se reemplazaría por una "e", pero al hablar en plural podríamos decir "les periodistas".</u> **(#33)**
	[…]
15	¿Por qué llegamos a esto? "Se prestó especial atención al hecho de que el español tiene un masculino genérico. Quiere decir que el género masculino cumple dos funciones y el femenino sólo una. Entonces, se llegó rápidamente a la conclusión de que eso era un rasgo machista que invisibilizaba a la mujer", explica el lingüista.
	[…]
20	Con el tiempo, las maneras fueron variando. <u>Primero se usó "nosotros y nosotras" o "los niños y las niñas"</u> **(#34)**. Al respecto, la <u>Real Academia Española</u> (RAE) indica en su sitio Web que esos desdoblamientos "son artificiosos e innecesarios desde el punto de vista lingüístico".

25	Luego se usó la arroba para reemplazar las vocales: por ejemplo, "nosotr@s". Como este símbolo resultó confuso, se reemplazó por una "x", para dar lugar al "nosotrxs". Pero estas últimas opciones (@ y X) son impronunciables al momento de hablar. Como solución, se impuso la letra "e". Ninguna de estas formulas convence a la RAE. "Al decir 'todos' no quedan excluidas de la referencia las mujeres. Si se tiene en cuenta esto, se ve que son innecesarias, y artificiosas, las propuestas de uso de signos como la '@', la 'x' o la 'e' como fórmulas para un uso inclusivo del lenguaje", escribió la Academia en su cuenta oficial de Twitter.
30	Lejos de darse por vencidos, los promotores de este lenguaje se expanden y no sólo en la Argentina. Se escuchan en España, Chile, Colombia y Uruguay, entre otros países donde se incorporó y el tema se debate. "Lo celebramos, y además sería algo interesante para analizar. Es una forma de neutralizar el lenguaje para hablar de todos", opina Nadia Ferrari, del Equipo Latinoamericano de Justicia y Género (ELA). Festeja en especial que lo usen los adolescentes, porque "estos chicos son el futuro".

Fuente número 2: El gobierno encarga a la RAE un estudio para adecuar la Constitución

TRACK 49

Fuente número 2

Script for Audio Text

Mujer 1: *Los españoles son iguales ante la ley.* **(#35)**

Hombre 1: *Los ciudadanos tienen el derecho a participar en asuntos públicos.* **(#35)**

Mujer 2: *Se reconoce el derecho a la huelga de los trabajadores.* **(#35)**

Reportera: *Son extractos de la Constitución española y los que según el gobierno se obvia a la mujer.*

CC: *Tenemos una Constitución en masculino* **(#36)** *que se corresponde a hace cuarenta años.*

Reportera: *El propio gobierno y sus ministros hicieron hincapié en su batalla por la inclusión de ambos géneros en día de su juramento.*

Ministra: *...mantener el secreto de las deliberaciones del consejo de ministras y de ministros.*

Ministro: *...ministros y ministras.*

Reportera: *¿Y qué dice la Real Academia de la lengua de todo esto?*

DV: *...una condición gramatical genuina del español y es que el género masculino es inclusivo.*

Reportera: *Según la RAE, poner diputados y diputadas, magistrados o magistradas, o jueces y juezas podría llegar a duplicar el texto* **(#37)**.

DV: *...decir esto en un doblete sistemático va en contra del principio de la economía del lenguaje y puede llegar a convertir la comunicación en algo absolutamente inviable.*

Reportera: *La solución más simple para la RAE es la de sustituir palabras como ciudadano por otras más genéricas como ciudadanía* **(#38)**. *En cualquier caso, la adaptación no sería inmediata. Cambiar estos artículos de la Constitución implicaría disolver las cortes, celebrar nuevas elecciones y convocar un referéndum popular.*

Questions and Answers

31. ¿Cuál es el propósito del artículo?
    D. Explicar cómo funciona el lenguaje inclusivo

32. En el artículo, ¿cuál de las siguientes afirmaciones describe mejor la frase "le declararon una guerra a la letra 'O'" (línea 3)?
    C. Están en contra del uso del masculino genérico

33. ¿Cuál es el propósito de mencionar la palabra "periodista" (línea 11) en el artículo?
    D. Proveer un ejemplo de una palabra neutral

34. Según el artículo, ¿cuándo ocurre el desdoblamiento en la lengua?
    A. Cuando se usan el sustantivo masculino y el femenino

35. En la fuente auditiva, ¿cuál es el propósito de leer varios artículos de la Constitución española?
    D. Ilustrar el uso del masculino genérico

36. Según la fuente auditiva, ¿qué caracteriza a la Constitución española?
    C. Contiene sustantivos mayormente masculinos.

37. En la fuente auditiva, ¿qué piensa la Real Academia Española sobre el desdoblamiento?
    B. Que es redundante

38. Según la fuente auditiva, ¿qué alternativa ha propuesto la Real Academia Española en vez del desdoblamiento?
    A. Utilizar sustantivos más genéricos

39. ¿Qué tienen en común las dos fuentes?
    C. Ambas explican el uso del lenguaje inclusivo

40. ¿Qué se puede afirmar sobre la fuente escrita y la fuente auditiva?
    D. Ambas fuentes confirman la postura de la Real Academia Española sobre el lenguaje inclusivo.

Selección número 2
Tema curricular: La vida contemporánea

Fuente número 1: El perfil del lector (See Selection #2 in Practice Exam 1)

El perfil del lector

En % sobre el total de respuestas		
Por qué razón no lee libros o no los lee con más frecuencia	**Media**	**Grupos**
Falta de tiempo (trabajo, estudios, cuidado de la familia, etc.	**47,7%**	De 35 a 44 años **75,7%**
No le gusta o le interesa leer	**35,1%**	De 25 a 34 años **49,4%** De 55 a 64 años **38,3%**
Prefiere emplear el tiempo libre en otras actividades	**18,7%**	De 14 a 24 años **30,3%** Más de 65 años **25,0%**
Salud, problemas de visión	**11,5%**	Más de 65 años **30,9%**
Los libros le parecen caros	**0.7%**	Más de 65 años **2,2%**

Frecuencia de lectura de libros en tiempo libre			
Lector frecuente: 47% de la población mayor de 14 años			
Lee casi todos los días	**2010**	**2011**	**2012**	**2017**
	27,3%	28,6%	31,2%	29,9%
Lee una o dos veces por semana	**2010**	**2011**	**2012**	**2017**
	16,5%	16,5%	16,0%	17,8%

Fuente número 2

Script for Audio Text

Chica:	¡Hola, Arturo! ¿Cómo estás?
Chico:	Hola, Sofía. Estoy muy bien, gracias. ¡Qué gusto de verte! ¿Qué tal?
Chica:	Pues, muy bien. <u>Voy camino a la librería a comprar un buen libro para leer en la playa…me voy de vacaciones mañana.</u> **(#45)**
Chico:	¡Qué bien! No me sorprende…tú siempre has sido amante de la lectura.
Chica:	La verdad que sí…pero este últimamente se me ha hecho <u>bastante difícil encontrar tiempo para leer</u>. **(#44)** Este último año en la facultad de medicina he estado visitando muchos hospitales…y ya sabes…con los estudios y las visitas, no tengo tiempo ni para respirar.
Chico:	Te entiendo completamente. <u>Cuando estaba en la facultad de ingeniería… tenía tantos proyectos y exámenes…casi nunca tenía tiempo para leer mis novelas de ciencia ficción que tanto me encantan.</u> **(#44)** Ahora que estoy trabajando lejos de mi casa, he estado escuchando audiolibros en el camino…que por cierto <u>son más económicos</u>. **(#46)** Aparte de que me entretengo, también cuido mi bolsillo.
Chica:	¿Sabes qué? Me has dado una buena idea. <u>Creo que mejor voy a bajar un audiolibro en mi iPad en vez de añadir peso a mi maleta.</u> **(#47)** Además, podría descansar la vista mientras me relajo en la playa.
Chico:	¡Qué envidia! Me alegro de que tengas la oportunidad de descansar y leer por unos días.
Chica:	Te lo agradezco, Arturo. Bueno, fue un placer verte…como siempre. Cuando regrese de la playa te llamo para que nos tomemos un cafecito.
Chico:	Me parece muy bien. ¡Que descanses! Hasta pronto.
Chica:	Hasta luego.

Questions and Answers

41. Según la gráfica, ¿por qué las generaciones más jóvenes leen menos?

C. Les atraen otros pasatiempos.

Explanation: *Prefiere emplear el tiempo libre en otras actividades*

42. Si no estuvieran ocupados, ¿cuál de los siguientes grupos en la gráfica dedicaría más tiempo a la lectura?

D. De 35 a 44 años

Explanation: *Falta de tiempo (trabajo, estudios, cuidado de la familia, etc.*

43. Según la gráfica, ¿qué se puede afirmar sobre los hábitos del lector frecuente hasta el 2017?

A. La lectura de una a dos veces por semana ha aumentado.

Explanation: *17,8%*

44. ¿Cuál de las siguientes razones mejor describe por qué no leen con frecuencia los amigos en la conversación?

C. Están muy ocupados con los estudios y el trabajo.

45. Según la conversación, ¿cuál de las siguientes afirmaciones describe la perspectiva de Sofía sobre la lectura?
   A. La lectura es relajante.

46. En la conversación, ¿a que se refiere Arturo cuando dice "cuido mi bolsillo"?
   B. A que ahorra dinero comprando audiolibros

47. Si Sofía continuara la conversación, ¿cuál de las siguientes preguntas sería la más apropiada?
   B. ¿Qué audiolibro me recomiendas para escuchar en la playa?

Selección número 3
Tema curricular: La belleza y la estética

TRACK 51

Script for Audio Text

MC: Bueno, ya estamos con Santiago Kalinowsko, quien <u>va a presentar el la Feria del Libro el Diccionario de la Lengua de la Argentina</u> **(#52)** el sábado 27. ¿Cómo estás? Sos lingüista. ¿Cómo andás?

SK: Sí. ¿Qué tal? Muy bien.

MC: Bueno…presentado el libro. <u>Nosotros estábamos debatiendo antes sobre todo el tema del lenguaje inclusivo. Si es moda, si no es moda. Si es necesario incluirlo. Si no lo es. Si es elitista.</u> **(#48)**

SK: Es una intervención. Es una intervención que rodea una lucha política. Entonces, en ese sentido, es muchas cosas. <u>Circula especialmente en grupos que son activos políticamente, digamos.</u> **(#49)** Y circula especialmente cuando la lengua es pública en algún sentido. Entonces, no es un cambio lingüístico en el sentido en el que nosotros hemos documentado los cambios lingüísticos en español y en cualquier lengua a lo largo del tiempo. Es una intervención, algo que se hace diseñada…que se diseña y se hace conscientemente. Uno tiene que tomar la decisión de hacerlo y hacer un esfuerzo mayor, para intervenir eso en el discurso público. <u>Eso acarrea un mensaje: el mensaje que hay una situación de injusticia en la sociedad que es necesario corregir…</u> **(#50)**

MC: Perdona. ¿Hasta ahora no había pasado esto?

SK: Esto es un debate que viene de hace mucho tiempo, de como se dice que es elitista. Yo diría, no es elitista. Es un fenómeno de la vanguardia política que viene gestándose en las universidades en crítica lingüista, en crítica de lo que está políticamente codificado en las gramáticas, en las lenguas…y que tuvo una primera versión en los desdoblamientos. Sobre el final del Siglo XX ya estaban instalados los desdoblamientos en muchos lugares. Así se decía todos y todas. Después empezó a tomar otras formas, <u>porque los desdoblamientos son pesados de leer y cuando está todo un texto en todos y todas</u> **(#51)**…este… se hace muy engorroso de leer y entonces se intentaron fórmulas que son más sintéticas como la arroba primero, la equis, y después se dieron cuenta que eso no se puede pronunciar…y apareció la e que es una vocal que ocupa ese lugar de no digamos cristal sobre todo lado y no en ese lugar de la desinencia. La e también tiene ese rol y por lo tanto fue más natural poner la e en esos lugares para intervenir. Pero como les digo, no es un cambio lingüístico, tampoco diría yo que es una moda porque es la configuración discursiva de una lucha política que además es una lucha política global porque el masculino este, genérico, no marcado es casi un universal lingüístico porque es un universal humano la desigualdad entre el hombre y la mujer.

Questions and Answers

48. ¿Cuál es el propósito de la entrevista?
    B. Explicar el uso del lenguaje inclusivo

49. Según la entrevista, ¿quienes utilizan el lenguaje inclusivo?
    D. Los participantes de movimientos políticos

50. Según la entrevista, ¿cuál las siguientes afirmaciones describe mejor el lenguaje inclusivo?
    B. Es un movimiento que trata de solucionar un problema social

51. Según la entrevista, ¿a que se debió el uso de la arroba y las letras x y e en el lenguaje inclusivo?
    A. A que el desdoblamiento complicaba la comunicación

52. Al final de la entrevista, ¿cuál de las siguientes preguntas sería la más apropiada para el lingüista?
    D. ¿Ha incluido usted algunas palabras del lenguaje inclusivo en su libro?

TRACK 52

Selección número 4
Tema curricular: La vida contemporánea

Script for Audio Text

Humberto Gutiérrez:

Lo primero es decir que...pues, como te lo he dicho anteriormente en otros videos, el hecho de cómo inicias y cómo cierras una presentación es el cincuenta por ciento del impacto que esta presentación tiene.

La gente se acuerda perfecto de cómo iniciaste tu presentación y se acuerdan también muy bien de cómo cerraste esta presentación... ¿qué les dejaste en la mente?... ¿los incitaste a algo?... ¿los moviste?... ¿hubo un call to action? *...en fin...eso...puede ser determinante en cuanto a la impresión de tu presentación.*

Por lo tanto, <u>te voy a dar unas recomendaciones para cerrar y que cierres con mucho impacto</u> (#53) ...que la gente te considere como una persona que habla bien, como un buen orador y que además tienes la habilidad para cerrar tu presentación, que además fue muy buena...espero... <u>con mucho impacto</u>. (#54)

Primera recomendación...tú puedes cerrar tu presentación exactamente igual que cómo iniciaste. Si no has visto el video de cómo iniciar presentaciones con impacto, te lo comparto por acá en la descripción...te voy a dejar el link del video...pues este video dónde hablo de como iniciar presentaciones con impacto. Entonces, una muy buena forma es...cierro con la misma frase, con la misma cita...con lo mismo que con lo que abrí. <u>De esa manera le dices a la gente...inicié el</u>

proceso y estoy concluyendo el proceso de la misma manera **(#55)**. *Funciona porque la gente sabe que estás terminando tu presentación…y entonces incitas a los aplausos y a que la gente sepa que ya terminaste…el mismo inicio.*

Segunda recomendación…tú puedes usar, por ejemplo, una cita… ¿no? …cuando tú hablas de una cita de un autor que te gusta mucho, del cual disfrutas, que coincides mucho con su opinión o con su perspectiva… puedes cerrar con esta cita. Nada más que tienes que ser muy cuidadoso de que digas muy bien la cita y de que menciones al autor… si tu no mencionas al autor, es como que te auto adjudicas …esa… pues esa cita no es en realidad no es tuya **(#56)**. *Tú no lo dijiste. Tu lo estás replicando…por lo tanto hay que mencionar quién lo dijo.*

Otra que funciona muy bien en este término para cerrar presentaciones es hacer alguna pregunta. Estás elaborando todo tu discurso y ya estás preparándote para cerrar y entonces mencionas: "y bueno esta fue la estrategia que yo utilicé para impactar a los demás… ¿qué estrategia vas a usar tú el día de mañana? …y cierras…de esa manera también incitas a que la gente entienda que es un cierre. Ya platicaremos de cómo hacer para que le gente entienda perfectamente que es un cierre… pero el hecho de que tú hagas una pregunta ayuda muchísimo a pasarle la bolita a la audiencia…de manera tal que la audiencia sabe que es tu turno… ¿de qué? … pues, de aplaudir, de festejar, de saber que cerraste…en fin… de ponerse de pie… si tu presentación fue muy buena, puede funcionar.

Entonces, haces una pregunta y con algún ademán, con algún cambio en la postura que tengas puedes hacer evidente que estás cerrando la presentación

Questions and Answers

53. ¿Cuál es el propósito de este informe?
   A. Recomendar formas de cerrar una presentación

54. Según el presentador, ¿cuál es el mayor objetivo del cierre en una presentación?
   D. Impactar a la audiencia

55. Según el presentador, ¿por qué es una buena estrategia cerrar de la misma forma que inicias?
   B. Porque esto le indica a la audiencia que la presentación está concluyendo.

56. ¿Qué hay que tener en cuenta al usar una cita para cerrar una presentación?
   D. No equivocarte al decirla y dar crédito al autor

57. Por lo general, ¿qué tipo de información compartió el presentador?
   D. Consejos para hablar en público

Selección número 5
Tema curricular: Las identidades personales y públicas

TRACK 53

Script for Audio Text

Narradora: Y ahora disfrutaremos de un ritmo que fue reconocido como patrimonio cultural e inmaterial de la humanidad por la UNESCO **(#65)**, una mezcla de culturas musicales que a pesar de que se escucha, se toca y se baila en distintos países de Latinoamérica y el Caribe, come en Brasil y como Argentina, tiene una importante influencia en Uruguay posicionando su origen en los pueblos, sus calles y sus ritmos. Y este es su nombre: el candombe. **(#58)** Vamos a verlo.

Una manifestación que surge como principal medio de comunicación entre los esclavos africanos erradicados en el pueblo de Montevideo **(#59)**, quienes a pesar de la represión que vivieron durante décadas, lograron transmitir herencias culturales, y en este proceso le dieron nacimiento a tambor que constituye la esencia de la comparsa. **(#60)** **(#64)**.

Músico #1:   La gente del conventillo sacaba su fuego sagrado a la calle para templar los tambores. El fuego es algo increíble. Es algo increíble. Es increíble lo que recibía la gente...ese calor. Son cosas que hoy ya casi no se perciben. Es lo que estamos perdiendo los seres humanos... nuestro acercamiento, nuestro calor.

Narradora: El ritmo del candombe surge de la denominada cuerda, grupo formado por tres tipos de tambores, el piano, el repique y el chico. Delante de la cuerda de los tambores, se despliega el resto de la comparsa con los personajes ancestrales: el Gramillero, que representa el brujo de la tribu; se viste de levita y sombrero de copa. Y Mamá Vieja, de atuendos coloridos, con abanico y sombrilla, que baila coqueteando con el Gramillero. El escobero, que baila con una pequeña escoba, siguiendo el ritmo de los tambores. Y, por último, las llamativas vedettes, quienes suman sensualidad a estas danzas. **(#61)**

Músico #2:   Yo digo que las músicas tienen su geografía. Por ejemplo, siempre digo que el candombe suena como suena en Montevideo. En Córdova no va a sonar igual porqué acá hay un nivel de sequía que no tiene nada que ver con Montevideo. Entonces, por ejemplo, ahí nosotros tenemos que sacar una ecuación que es las lonjas hay que ponerlas más, mucho más blanda porque acá es mucho más seco **(#62)**, entonces todo suena más "pin." Y por ejemplo, este tambor no puede sonar "pin." Este sí, pero este no.

Narradora: Un ritmo que seduce al espectador con un sonido similar a la samba, pero mezclado con la clave del son cubano; la música de las barriadas montevideanas durante todo el año, y especialmente en carnaval; la base de muchos géneros. En fin, el candombe uruguayo representa la resistencia **(#63)** al sufrimiento y la represión de los negros. Como dicen muchos, no hay candombe sin fuego.

Questions and Answers

58. ¿Cuál es el propósito general del reportaje?
    B. Dar un resumen de la práctica y la trayectoria del candombe

59. ¿Cuál de las siguientes afirmaciones describe mejor el candombe?
    D. Es un ritmo creado por los esclavos africanos traídos a Suramérica.

60. ¿A qué se refiere la narradora cuando dice "le dieron nacimiento al tambor"?
    A. A que el tambor pasó de ser un medio de comunicación a un instrumento musical.

61. Según el informe, ¿cuál de las siguientes afirmaciones describe mejor a las comparsas del candombe?
    C. Las comparsas mezclan diferentes expresiones artísticas.

62. ¿A qué se refiere el músico en el informe cuando dice que "las músicas tienen su geografía"?
    B. A que el diseño de un instrumento depende del clima en que se usa.

63. Según el informe, ¿qué representa el candombe?
    C. Resistencia

64. Si quisieras encontrar más información sobre el tema de este informe, ¿cuál de las siguientes fuentes sería más útil?
    C. *Las contribuciones culturales africanas en Latinoamérica*

65. ¿Cuál de los siguientes títulos sería el mejor para este informe?
    A. "El candombe: patrimonio cultural latinoamericano"

Section II: Free Response

Presentational Writing: Argumentative Essay
Tema curricular: La vida contemporánea

TRACK 54

Fuente número 3

Script for Audio Text

Jugador 1: Mi generación todavía… si estás dentro del mundillo de los *e-sports* sí que lo conocen… y lo comprenden, pero en cuanto están fuera… es un sector que todavía no se conoce mucho.

Jugador 2: La ideas que tiene la gente que más me molestan que tiene la gente sobre nosotros… por ejemplo, diría una que es: "este chico se gana la vida jugando maquinitas y no haciendo nada." Y yo realmente tengo un horario, entreno X horas que no son pocas… y aparte en mi tiempo libre sigo entrenando… es como… estoy todo el día entrenando, por así decirlo.

Jugador 1: Si tu dices que juegas al fútbol, todo el mundo espera que tengas tu entrenador… que vayas lunes, martes y viernes… y el domingo tengas el partido… pero con esto… de momento… no lo asocian directamente.

Jugador 2: Entonces la gente que se cree que no tiene ningún mérito lo que hacemos… la verdad es que me mosquea bastante.

Jugador 1: Pero cuando se lo cuentas… si que… si que terminan entendiéndolo… yo creo.

Jugador 2: Lo que la gente cree es que es un mundo… bastante fácil, por así decirlo… pero realmente requiere de muchísimo sacrificio, muchísimo trabajo duro… dedicarle muchísimas horas… y realmente eso acaba siendo tu trabajo… incluso puede ser muchísimo más fatigante que uno.

Jugador 1: Necesitas…para empezar unas habilidades mecánicas…es decir, de manos… de ratón y teclado… súper importantes… que en cuanto no las entrenes, las vas a perder.

    Yo jugué al fútbol muchos años de mi vida… a lo mejor he estado once años jugando al fútbol… y no se puede comparar la comunicación que se necesita aquí y la velocidad de reacción… es totalmente diferente.

    No tienes ese factor físico de 'estoy cansado,' pero sí que mentalmente es un ejercicio mucho más complejo.

Gustavo: Los e-sports en España están en plena eclosión… es decir, están rompiendo la burbuja de que son solamente chicos o gente interesada en los videojuegos.

    Hace cinco años era impensable que cinco mil personas estuvieran viendo League of Legends o que una feria como esta en Gamergy… tuvieran cuarenta mil espectadores en un fin de semana… en Madrid… en España… en el corazón de Europa.

Fernando: Los jugadores se sienten muy atraídos por que está pasando en España, además las ligas que hay son bastante atractivas para los jugadores … y creo que es un sitio muy interesante para jugadores internacionales.

Interpersonal Speaking: Conversation

Tema curricular: Las familias y las comunidades

TRACK 55

Script for Audio Text

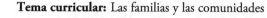

Juan Carlos:	¡Hola! Gracias por venir a la reunión. Aún necesitamos varios voluntarios para planificar la cena para los profesores de la escuela. ¿Te interesa hacer algo en particular?
Tú:	Salúdala y dale una respuesta con detalles
Juan Carlos:	Pues, me parece muy bien. Eso nos ayudaría bastante. ¿Piensas que es importante honrar a nuestros profesores?
Tú:	Contesta afirmativamente y da más detalles
	Sí, estoy completamente de acuerdo contigo. Mis profesores han sido mis héroes y me han ayudado a lograr muchas metas. ¿Te gustaría dar un discurso sobre uno de tus profesores durante la cena?
Tú	Responde negativamente y explica por qué
Juan Carlos:	Bueno, te entiendo. También puedes escribir una carta y se la podemos entregar a tu profesor la noche del evento. ¿Qué te parece?
Tú:	Respóndele con detalles
Juan Carlos:	Perfecto. Es importante que celebremos a nuestros profesores, ya que casi nunca se les agradece por tu trabajo en nuestra escuela. Bueno…ya tengo que irme a comprar las decoraciones. Fue un placer hablar contigo.
Tú:	Demuestra que estás de acuerdo y despídete

AP Spanish Language and Culture Practice Exam 2

- Take this examination, following all the instructions carefully.
- For the listening comprehension and the directed-response questions, you will find the listening prompts on the accompanying recording.
- Use scrap paper to do this examination so that later, if you wish, you can retest yourself to check your progress.
- Remember to use the strategies presented in Step 3 when taking the examination.
- Correct your work using the keys provided at the end of the test along with the listening and speaking scripts.
- When you have corrected the exam, you might want to look up any words you did not know to add to your personal vocabulary list.
- Keep track of the type of question(s) that you are missing and focus your review on practicing more of these types.

¡Buena suerte!

Section I: Multiple Choice

Section I, Part A

Interpretive Communication: Print Texts

In this section of the test you will need to read some passages and answer some multiple-choice questions about their content. Give yourself 45 minutes.

- Set a timer for 45 minutes.
- Look at the questions first.
- Read through once and underline or star with your pen or pencil where you think the answers are found.
- Reread the questions.
- Reread the passage and answer the questions.

Section I, Part A

Interpretive Communication: Print Text

Selección número 1

Tema Curricular: Las familias y las comunidades

Introducción: Este texto trata de una beca para los estudiantes de las universidades públicas nacionales en Argentina. El anuncio original fue publicado en abril del 2013 por la Facultad de Bellas Artes de la Universidad Nacional de La Plata en su sitio web.

BECAS UNIVERSITARIAS PARA AFECTADOS POR EL TEMPORAL

La Subsecretaría de Políticas Universitarias lanzó una línea de becas por única vez para estudiantes universitarios afectados por las lluvias en C.A.B.A., La Plata y alrededores. Entérate de los requisitos para la inscripción leyendo el anuncio.

Con motivo de las inundaciones que en las últimas semanas afectaron a C.A.B.A, la ciudad de La Plata y el Conurbano Bonaerense, la Subsecretaría de Políticas Universitarias del Ministerio de Educación de la Nación, otorgará por única vez una beca de $3.000 a alumnos de universidades públicas nacionales que residan en alas zonas afectadas, con el fin de atender las consecuencias sufridas.

DOCUMENTACIÓN A PRESENTAR	REQUISITOS
• Certificado de damnificado • Certificado de alumno regular • Fotocopia de DNI	• Residir en las zonas afectadas por el temporal • Ser alumno regular de una universidad pública nacional

La inscripción es del lunes 15/4 al martes 30/4 a través de la página de la Subsecretaría de Gestión y Coordinación de Políticas Universitarias.

http://portales.educacion.gov.ar/spu

1. ¿Cuál es el propósito del anuncio?
   (A) Reclutar a personas interesadas en ayudar a los damnificados del temporal
   (B) Proporcionar información sobre la beca para los universitarios damnificados
   (C) Describir el daño causado por el temporal
   (D) Promocionar una nueva beca académica para los estudiantes de universidades públicas

2. ¿A quién se dirige el anuncio?
   (A) A los estudiantes que sufrieron a causa del temporal
   (B) A personas que buscan regresar a la universidad
   (C) A estudiantes universitarios de toda la Argentina
   (D) Al público en general afectado por el temporal

3. Según la información del anuncio, ¿qué se puede inferir sobre el temporal?
   (A) Que causó mucho daño a la infraestructura de las universidades
   (B) Que afectó áreas específicas de la Argentina
   (C) Que les causó perdidas monetarias a las universidades
   (D) Que no afectó a los universitarios directamente

4. Según la información del anuncio, ¿qué propósito tiene el "Certificado de damnificado" al solicitar la beca?
   (A) Proveer otra forma de identificación personal
   (B) Probar que el solicitante es estudiante universitario
   (C) Demostrar que el temporal afectó al estudiante
   (D) Pedir ayuda monetaria

5. Necesitas más información sobre los requisitos de la beca y te gustaría enviarle un mensaje a la Subsecretaría de Políticas Universitarias del Ministerio de Educación. ¿Cuál de las siguientes preguntas sería la más apropiada?
   (A) Dejé la universidad hace dos años por falta de recursos económicos. ¿Qué tengo que hacer para registrarme de nuevo?
   (B) Tengo excelentes calificaciones y varias recomendaciones de mis profesores. ¿Podrían usted decirme si califico para una beca académica?
   (C) Me gustaría ayudar a los damnificados del temporal. ¿Adónde puedo acudir para apuntarme de voluntario?
   (D) Soy estudiante de la U.N.L.P. y he perdido mi DNI. ¿Podría darles una copia de mi identificación estudiantil?

Citation: Becas universitarias para afectados por el temporal (4/16/2013, Facultad de Bellas Artes, Universidad Nacional de La Plata, Argentina)

Selección número 2
Tema Curricular: Las identidades personales y públicas
Introducción: Este texto trata de las ironías de la vida. El relato original fue publicado en Guatemala en 1958 por el escritor Augusto Monterroso. Los protagonistas son el fray Bartolomé Arrazola y un grupo de indígenas.

El eclipse

	Cuando fray Bartolomé Arrazola se sintió perdido aceptó que ya nada podría salvarlo. La selva poderosa de Guatemala lo había apresado, implacable y definitiva. Ante su ignorancia topográfica se sentó con tranquilidad a esperar la muerte. Quiso morir allí, sin ninguna esperanza, aislado, con el pensamiento fijo en la España distante, particularmente en el convento de los Abrojos, donde Carlos Quinto condescendiera una vez a bajar de su eminencia para decirle que confiaba en el celo religioso de su labor redentora.
Línea 5	
	Al despertar se encontró rodeado por un grupo de indígenas de rostro impasible que se disponían a sacrificarlo ante un altar, un altar que a Bartolomé le pareció como el lecho en que descansaría, al fin, de sus temores, de su destino, de sí mismo.
10	
	Tres años en el país le habían conferido un mediano dominio de las lenguas nativas. Intentó algo. Dijo algunas palabras que fueron comprendidas.
	Entonces floreció en él una idea que tuvo por digna de su talento y de su cultura universal y de su arduo conocimiento de Aristóteles. Recordó que para ese día se esperaba un eclipse total de sol. Y dispuso, en lo más íntimo, valerse de aquel conocimiento para engañar a sus opresores y salvar la vida.
15	
	-Si me matáis -les dijo- puedo hacer que el sol se oscurezca en su altura.
20	Los indígenas lo miraron fijamente y Bartolomé sorprendió la incredulidad en sus ojos. Vio que se produjo un pequeño consejo, y esperó confiado, no sin cierto desdén. Dos horas después el corazón de fray Bartolomé Arrazola chorreaba su sangre vehemente sobre la piedra de los sacrificios (brillante bajo la opaca luz de un sol eclipsado), mientras uno de los indígenas recitaba sin ninguna inflexión de voz, sin prisa, una por una, las infinitas fechas en que se producirían eclipses solares y lunares, que los astrónomos de la comunidad maya habían previsto y anotado en sus códices sin la valiosa ayuda de Aristóteles.
25	

6. ¿Cuál de las siguientes palabras describe mejor lo que siente Bartolomé al principio del relato?
   (A) Ilusión
   (B) Esperanza
   (C) Resignación
   (D) Temor

7. ¿A qué se refiere la frase "el lecho en que descansaría" (línea 10) en el relato?
   (A) Al lugar en donde Bartolomé podrá esconderse
   (B) Al lugar en donde permanecerá atrapado
   (C) Al lugar en donde los indígenas duermen y descansan
   (D) Al lugar en donde Bartolomé fallecerá

8. Según el contexto relato, ¿qué significado tiene la frase "floreció en él una idea" (línea 14)?
   (A) Se dio cuenta de lo que estaba a punto de ocurrir.
   (B) Se sintió superior a los indígenas.
   (C) Se le ocurrió algo de repente.
   (D) Recordó más palabras del idioma de los indígenas.

Citation: "El eclipse" by Augusto Monterroso, *published in Guatemala, 1958*

9. Según el texto, ¿cuál de las siguientes afirmaciones describe mejor la estadía de Bartolomé en Guatemala?
   (A) No logró conocer bien ni a los mayas ni a su cultura.
   (B) Aprendió a hablar el idioma de los indígenas.
   (C) Logró que los indígenas lo aceptaran como uno de ellos.
   (D) Pudo enseñarles a los indígenas sobre la filosofía de Aristóteles.

10. ¿Qué supuso Bartolomé sobre los indígenas que lo sacrificaron?
    (A) Que eran hombres de mucho conocimiento científico
    (B) Que no entendían castellano
    (C) Que lo dejarían vivir por ser un hombre de Dios
    (D) Que eran ingenuos

11. Según el relato, ¿por qué se sorprendió Bartolomé ante la "incredulidad" (línea 19) de los indígenas?
    (A) Porque los indígenas se asustaron.
    (B) Porque su engaño había funcionado.
    (C) Porque desconocía los avances científicos de los mayas.
    (D) Porque Bartolomé no sabía que no entendían castellano.

12. ¿Cuál de las siguientes afirmaciones es la idea principal de este relato?
    (A) Los sacrificios humanos eran un aspecto importante de la cultura maya.
    (B) Los españoles subestimaron la astucia de los mayas.
    (C) Los españoles enviaron a líderes religiosos a las junglas de Guatemala.
    (D) Los españoles no lograron aprender las diferentes lenguas mayas.

Selección número 3
Tema Curricular: La belleza y la estética
Fuente número 1
Introducción: Este texto abreviado trata de los idiomas que se hablan en Paraguay. El artículo original fue publicado el 21 de febrero del 2019 en el Noticias ONU por Rocío Franco.

	La lengua guaraní, orgullo de un país
	Pero no siempre fue así. El guaraní fue una lengua discriminada y sus hablantes sufrieron acoso y agresiones durante siglos. La última etapa de persecución e intento de sofocar su uso fueron los 35 años de dictadura de Alfredo Stroessner, que terminó en 1989.
Línea 5	Fue entonces cuando el guaraní empezó una carrera de reivindicación que culminó con su proclamación como una de las dos lenguas oficiales de Paraguay en la Constitución de 1992. Además, esta dedica su artículo 77 a "la enseñanza en la lengua materna". Precisamente, las Naciones Unidas están celebrando este 2 de febrero el Día Internacional de la Lengua Materna, que este año se enmarca dentro de la conmemoración del Año Internacional de las Lenguas Indígenas.
10	Teresa Medina es una diseñadora gráfica paraguaya que trabajó en la ONU. Originaria de Concepción, una ciudad localizada poco más de 200 kilómetros al norte de Asunción, Teresa creció escuchando el guaraní. "Mis padres tenían un negocio y mi padre trabajaba con los campesinos. Ellos venían a comprar a casa. Ahí yo escuchaba a la gente hablar y ahí fue donde aprendí guaraní. No sé escribirlo, solamente hablarlo. La mayoría de la gente en Concepción habla guaraní. Cosa que no ocurre en la capital. Pero en la época en que yo lo aprendí, el guaraní estaba prácticamente prohibido", rememora.
15	**Menospreciado y prohibido**
	Teresa recuerda el menosprecio que había por el guaraní antes de que se convirtiera en idioma oficial. Además de que no se enseñaba en la escuela, muchas familias no querían que sus hijos lo aprendieran pese a que a menudo era la lengua materna de los padres. "A una persona que hablaba guaraní, se le decía que era una guaranga y algunos padres no querían que a sus hijos se les consid-
20	erara guarangos", dice.

En algunas casas estaba terminantemente prohibido su uso y en otras, como ocurría en la de Teresa, se hablaba poco y la comunicación familiar diaria era en español. Pero los niños que lo tenían prohibido se las arreglaban para hablar entre ellos esa lengua indígena que les gustaba sin saber que así la protegían y evitaban que dejara de usarse.

25 **Supervivencia del idioma**
La ministra de la Secretaría de Políticas Lingüísticas de Paraguay, Ladislaa Alcaraz, atribuye la supervivencia del guaraní a **la transmisión de madres a hijos** y a la perseverancia de los hablantes, que se negaron a abandonar esa lengua heredada del pueblo indígena del mismo nombre.

30 En Paraguay, un 90% de la población no indígena habla guaraní, lo que lo distingue del resto de los países latinoamericanos, donde las lenguas originarias sólo son habladas en las comunidades indígenas.

Fuente número 2
Introducción: Este texto trata de una iniciativa por el presidente mexicano Andrés Manuel López Obrador (AMLO). La gráfica original fue publicada el 14 de septiembre del 2018 por el sitio web Foco Económico.

Citation: La lengua Guaraní, orgullo de un país (Rocio Franco, 2/21/19, Noticias ONU)
Citation: Día internacional de la lengua materna (2/21/18, Xinhua News Agency, Canal 44 Noticias, México)

13. ¿Cuál es el objetivo del artículo?
    (A) Analizar la indiferencia hacia el guaraní
    (B) Explicar la trayectoria del bilingüismo paraguayo
    (C) Comparar el guaraní a otras lenguas indígenas de Latinoamérica
    (D) Criticar la discriminación del guaraní a través de los años

14. ¿Qué método utiliza el autor del artículo para presentar la información?
    (A) Incluye opiniones opuestas de varios especialistas.
    (B) Analiza la raíz de la situación mediante eventos históricos.
    (C) Apoya la presentación del tema con opiniones y anécdotas relevantes.
    (D) Compara y contrasta Paraguay a otros países.

15. ¿Cuál de las siguientes afirmaciones resume mejor el artículo?
    (A) La mayoría de los paraguayos habla español y guaraní.
    (B) El guaraní fue rechazado por muchos años por instituciones del gobierno.
    (C) El guaraní es mucho más fácil de aprender que otras lenguas indígenas.
    (D) Paraguay logró hacerse bilingüe mediante el esfuerzo de sus ciudadanos.

16. En el artículo, ¿qué significa la frase "intento de sofocar su uso" (línea 2)?
    (A) La prohibición del idioma en las escuelas
    (B) El esfuerzo para eliminar el uso del idioma
    (C) La discriminación en contra de quienes lo usaban
    (D) La ley de la dictadura contra su uso

17. En el artículo, ¿por qué se menciona el Día Internacional de la Lengua Materna?
    (A) Porque la conservación del guaraní es un ejemplo de lo que este día conmemora.
    (B) Porque el éxito del bilingüismo paraguayo fue la causa de la declaración de este día.
    (C) Porque forma parte de la Constitución paraguaya del 1992.
    (D) Porque el guaraní es la lengua materna de Latinoamérica.

18. En el artículo, ¿a qué se refiere la frase "el menosprecio que había por el guaraní" (línea 18)?
    (A) A que no se enseñaba en las escuelas
    (B) A que se evitaba el uso del idioma
    (C) A que no había recursos para conservar el idioma
    (D) A que se discriminaba a las personas que lo hablaban

19. Según el artículo, ¿de qué forma contribuyeron los niños a la conservación del guaraní?
    (A) Las escuelas paraguayas se lo ensañaban a los niños.
    (B) La perseverancia de los niños impulsó al gobierno a protegerlo.
    (C) Continuaron usándolo con sus amigos pesar de su prohibición.
    (D) Muy pocos niños hablaban guaraní.

20. En el artículo, ¿qué significa la frase "se las arreglaban" (línea 25)?
    (A) Se entristecían por no poder hacerlo.
    (B) Obedecían las reglas.
    (C) Protestaban la prohibición.
    (D) Encontraban la manera hacerlo.

21. Según el artículo, ¿cuál de las siguientes afirmaciones refleja mejor la situación lingüística paraguaya?
    (A) El guaraní solo se habla en comunidades indígenas.
    (B) La mayoría de la población es bilingüe.
    (C) La mayoría de la población es indígena y por eso habla guaraní.
    (D) Aunque el guaraní no es una lengua oficial, es muy popular.

22. ¿Cuál es el propósito de la gráfica?
    (A) Resaltar el porcentaje de la población que habla lenguas maternas
    (B) Especificar las lenguas indígenas que se hablan
    (C) Informar al público sobre el Día Internacional de la Lengua Materna
    (D) Comparar cifras entre los estados mexicanos

23. Debes escribir un informe sobre el mismo tema del artículo y la gráfica y necesitas información adicional. ¿Cuál de las siguientes fuentes sería la más apropiada?
    (A) Las lenguas indígenas de Paraguay
    (B) La lucha por la conservación de las lenguas maternas
    (C) El papel del gobierno mexicano en la conservación de las lenguas maternas
    (D) La relación entre las lenguas maternas y la identidad cultural

Selección número 4
Tema Curricular: La belleza y la estética
Introducción: En esta carta abierta, dirigida a la Real Academia Española, Dixon Moya propone incluir nuevas palabras en el Diccionario de la Lengua Española. La carta fue publicada el 15 de marzo del 2016 en el periódico El Espectador del Ecuador.

Respetados Señores de la Real Academia Española:	
Reciban un atento saludo de este lector, quien les escribe en el octogésimo noveno aniversario del nacimiento del escritor colombiano Gabriel García Márquez (6 de marzo de 1927), el más reciente clásico de la lengua castellana. García Márquez -familiarmente *Gabo*-, igual que sus gigantes antecesores, no solo es importante por dar a luz obras literarias de valor inconmensurable, sino por transformar al propio lenguaje, tanto el de ilustrados académicos como ustedes, así como el de legos ciudadanos, algunos que sin haberlo leído, no han sido ajenos a su influencia.	Línea 5
Quizás el mayor triunfo de un escritor es hacer la transición a palabra, convertirse finalmente en un término usado en un texto o en el habla cotidiana. Transmutarse de sujeto a verbo, terminar no en el cielo ni en infierno, sino en el diccionario. Es la mejor compensación, igual o mayor que ganarse el premio Nobel. Así la definición quede incompleta y en ocasiones sea injusta con el autor que la inspiró como puede ser el caso de los términos *dantesco, kafkiano o maquiavélico*, o algunas de sus interpretaciones. De todas formas, ser habitante del habla de las personas es el mejor homenaje para alguien que ha vivido de la palabra.	10
Así como se rinde el homenaje eterno a Cervantes, cuando se dice de alguien o algo que es *quijotesco*, como sinónimo de idealista, no exento de cierto grado de locura. De la misma forma, deseo proponerles que consideren autorizar en próxima edición del Diccionario de la Lengua Española, los términos *macondiano* y *garciamarquiano*, sobre los cuales dejo unas sugerencias para posibles definiciones. Son apenas posibilidades, para motivar la discusión entre ustedes los expertos.	15
Macondiano: Relativo al pueblo ficticio denominado Macondo. Universo literario de tramas y personajes que aparecen en algunas obras del autor colombiano Gabriel García Márquez. Dícese de situaciones o casos de apariencia fantástica o increíble, pero de naturaleza auténtica.	20
Garciamarquiano: Dícese del estilo literario utilizado en narrativa y basado en un derroche verbal, construcción poética e imágenes fantásticas vigorosas, característico del escritor Gabriel García Márquez. Se deriva del realismo mágico, pero difiere de este en que se trata de la presentación de hechos históricos o ciertos, pero de manera que parecieran fantasiosos.	25
Agradeciendo su amable atención, me despido cordialmente,	
Dixon Acosta Medellín (identidad literaria de Dixon Moya)	

24. ¿Cuál es el propósito de esta carta?
    (A) Resaltar la influencia de Gabriel García Márquez en las obras literarias latinoamericanas.
    (B) Quejarse de la falta de palabras de origen latinoamericano en el Diccionario de la Lengua Española
    (C) Definir el significado de dos adjetivos comúnmente usados en Latinoamérica
    (D) Pedir que se incluyan dos adjetivos relacionados a las obras de Gabriel García Márquez

25. Según el contexto de la carta, ¿que significa la frase "dar a luz" (línea 5)?
    (A) Convertirse en un escritor famoso
    (B) Crear literatura
    (C) Competir con otros escritores
    (D) Haber nacido

Citation: Carta abierta a la Real Academia Española sobre los términos "garciamarquiano" y "macondiano" (Dixon Acosta Medellín, 03/15/2016, El Espectador, Ecuador)

26. ¿Qué propósito tiene el autor al pedir que la Real Academia Española considere las dos palabras que propone?
    (A) Honrar a García Márquez y su aporte a la literatura
    (B) Reemplazar otros términos literarios existentes
    (C) Criticar a la Real Academia Española por no reconocer a García Márquez
    (D) Desafiar las reglas de gramática vigentes en el Diccionario de la Lengua Española

27. Según la carta, ¿para qué menciona el autor a Cervantes?
    (A) Para dar un ejemplo de la importancia de su petición
    (B) Para comparar la obra literaria de Cervantes y García Márquez
    (C) Para categorizar la obra literaria de García Márquez
    (D) Para motivar a los miembros de la Real Academia Española

28. Según la carta, ¿qué concepto tiene el autor de la Real Academia Española?
    (A) Piensa que son académicos sin motivación alguna.
    (B) Considera que a la RAE no le importa el acontecer latinoamericano.

(C) No tiene respeto por la labor que realizan.
(D) Piensa que son expertos en la lengua.

29. ¿De qué manera expone el autor su petición en la carta?
    (A) Comparte una anécdota personal.
    (B) Provee una lista de quejas e inquietudes sobre el tema.
    (C) Presenta una idea y la respalda con ejemplos relevantes.
    (D) Explica los beneficios de dicha petición.

30. Eres miembro de Real Academia Española y quieres enviarle un correo electrónico al autor de la carta que acabas de leer. ¿Cuál de las siguientes preguntas sería la más apropiada?
    (A) ¿Podría usted proveer el significado del adjetivo "garcíamarquiano"?
    (B) ¿Cree usted que el adjetivo "macondiano" podría utilizarse en un contexto real?
    (C) ¿De dónde proviene el adjetivo "macondiano"?
    (D) ¿A qué se debe su interés en añadir estos nuevos adjetivos al Diccionario de la Lengua Española?

Section I, Part B
Interpretive Communication: Audio Texts and Print and Audio Texts Combined

In this part of the examination, you will hear several audio selections. One or more selections will also be accompanied by a written text. You will be asked questions about each selection. The questions and the answer choices will be printed in your test booklet. The total time allowed for this part of the examination is approximately 55 minutes. For this part of the practice examination, you will find the listening track on the accompanying recording. (Scripts for the passages can be found on pages 293–297.) Mark your answers by circling the letter of your choice.

The timing will be done for you on the actual exam. However, for this part of the practice test, you will need a stopwatch or timer. Allow yourself the specific time intervals stated in the instructions to read the introductions, read the printed texts, and answer the questions. You will also need to time the 1-minute interval between hearing the audio selection the first time and replaying it. You do not need to run the timer while you are listening to the audio passages.

- Use the time before the audio selection begins to read the introduction and the questions to get an idea of what you should listen for.
- While the test narrator is speaking, give your full attention to what is being said.
- After the first listening, you will have 1 minute to start to answer the questions. Then you will hear the audio selection again.

- As with any multiple-choice test, if the answer does not come to you, try to eliminate some of the answer choices. This increases your chances of choosing the right answer.
- Once you have completed the practice exam, you may wish to read over the scripts and make a list of words that you did not know. Look these up, make flash cards for them, and review them during the months leading up to the examination.
- You may wish to use scrap paper; that way, you can later come back to this test and redo it to check your progress.
- If you have a particularly difficult time with this part of the exam, you should be sure to practice Chapter 6 very carefully, taking notes from the scripts after each practice.

Print and Audio Texts Combined: You will read one source and listen to another. Then you will answer questions on both. You will have approximately 4 minutes to read the introduction and printed text. Then you will be instructed to go on to the audio selection and you will be given 2 minutes to read the printed introduction and preview the questions. After listening once to the audio selection, you will have 1 minute to start to answer the questions. Then you will hear the audio selection again. After the second listening you will have 15 seconds per question to finish answering.

Audio Texts Only: You will hear an audio selection that will be about 5 minutes in length. You will have 1 minute to read the introduction and preview the questions prior to listening the first time. At the end of the passage you will have 1 minute to begin to answer the multiple-choice questions based on what you heard. Then you will hear the selection again, after which you will have 15 seconds per question to finish answering the questions.

Selección número 1

Tema curricular: La ciencia y la tecnología

Fuente número 1

Primero tienes 4 minutos para leer la fuente número 1.

Introducción: Este texto abreviado trata del impacto de las redes sociales en el lenguaje. El artículo original fue publicado el 27 de junio del 2016 en el sitio web de Noticias Univisión por Carmen Graciela Díaz.

	Entre el trino y el tuit: cómo las redes sociales han influido el idioma español
Línea 5	Miramos cómo conversamos en las redes sociales entre palabras nuevas y caritas que han surgido de los nuevos medios y que se han adaptado al castellano. Muchos, por ejemplo, prefieren reírse en español con un 'jajaja'. Otros, sin embargo, se ríen en inglés a través de los 'hahaha'. Unos tuiteamos, otros nos 'guasapeamos' y algunos 'googleamos' como puerta de entrada al conocimiento o disfrute de un tema.
10	Desde palabras nuevas como esas con las que nos entendemos hasta los emoticones que reflejan lo que sentimos, el lenguaje ha reaccionado al inevitable efecto de las redes sociales. Las caritas felices o de coraje no fallan ni tampoco las abreviaciones para ganar espacio o tiempo. Así sale la ' q' en lugar de un 'que' o 'qué ' y hasta ese 'Dtb' que escribe tu madre en vez de 'Dios te bendiga'. Sabes de inmediato que el lenguaje se va amoldando al entorno de redes y mensajerías de computadores y teléfonos móviles.

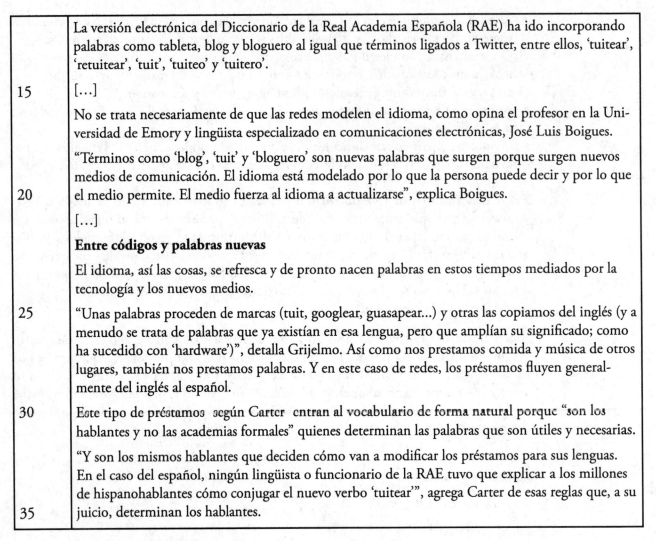

15	La versión electrónica del Diccionario de la Real Academia Española (RAE) ha ido incorporando palabras como tableta, blog y bloguero al igual que términos ligados a Twitter, entre ellos, 'tuitear', 'retuitear', 'tuit', 'tuiteo' y 'tuitero'. […] No se trata necesariamente de que las redes modelen el idioma, como opina el profesor en la Universidad de Emory y lingüista especializado en comunicaciones electrónicas, José Luis Boigues.
20	"Términos como 'blog', 'tuit' y 'bloguero' son nuevas palabras que surgen porque surgen nuevos medios de comunicación. El idioma está modelado por lo que la persona puede decir y por lo que el medio permite. El medio fuerza al idioma a actualizarse", explica Boigues. […] **Entre códigos y palabras nuevas** El idioma, así las cosas, se refresca y de pronto nacen palabras en estos tiempos mediados por la tecnología y los nuevos medios.
25	"Unas palabras proceden de marcas (tuit, googlear, guasapear...) y otras las copiamos del inglés (y a menudo se trata de palabras que ya existían en esa lengua, pero que amplían su significado; como ha sucedido con 'hardware')", detalla Grijelmo. Así como nos prestamos comida y música de otros lugares, también nos prestamos palabras. Y en este caso de redes, los préstamos fluyen generalmente del inglés al español.
30	Este tipo de préstamos, según Carter, entran al vocabulario de forma natural porque "son los hablantes y no las academias formales" quienes determinan las palabras que son útiles y necesarias. "Y son los mismos hablantes que deciden cómo van a modificar los préstamos para sus lenguas. En el caso del español, ningún lingüista o funcionario de la RAE tuvo que explicar a los millones de hispanohablantes cómo conjugar el nuevo verbo 'tuitear'", agrega Carter de esas reglas que, a su
35	juicio, determinan los hablantes.

Audio for this section can be found here

Fuente número 2

Tienes 2 minutos para leer la introducción y prever las preguntas.

Introducción: Esta grabación abreviada trata del impacto de las redes sociales en la comunicación. El reportaje original fue publicado en México el 25 de enero del 2016 por TV Azteca Noticias. La grabación dura aproximadamente un minuto y medio.
Ahora escucha la selección.

PLAY Track 56 on the accompanying audio CD. (The script for Track 56 appears on page 294.)

*Ahora tienes **1 minuto** para empezar a contestar las preguntas para esta selección. Después de 1 minuto vas a escuchar la selección de nuevo.*

PLAY Track 56 again.

*Ahora tienes **3 minutos y 15 segundos** para terminar de responder a las preguntas de esta selección.*

Citation: Entre el trino y el tuit: como las redes sociales han influido el idioma español (Carmen Graciela Díaz, Noticias Univisión, 06/27/2016)

31. ¿Cuál es el objetivo del artículo?
    (A) Corregir las faltas ortográficas y errores que se cometen en las redes sociales
    (B) Explicar cómo funcionan los códigos y el lenguaje abreviado de las redes sociales
    (C) Revelar el daño que ha causado la tecnología al idioma
    (D) Explicar la forma en que las redes sociales han impactado al idioma

32. En el artículo, ¿a qué se refiere la autora cuando afirma "se va amoldando al entorno" (línea 11)?
    (A) A que la tecnología perjudica al idioma
    (B) A que el idioma se adapta a la situación según la necesidad
    (C) A que se usan muchas abreviaciones en las redes sociales
    (D) A que las redes sociales enriquecen la comunicación en español

33. En el artículo, ¿cuál ha sido la reacción de la Real Academia Española ante el lenguaje de las redes sociales?
    (A) Se rehúsa a transformar el idioma de acuerdo a las novedades tecnológicas.
    (B) Ha añadido términos populares relacionados con las redes sociales al diccionario.
    (C) Ha creado un método para conjugar los verbos relacionados con las redes sociales.
    (D) Reemplaza palabras populares con términos que digna correctos.

34. Según el artículo, ¿cuál de las siguientes afirmaciones describe mejor el proceso de ampliación del idioma a partir de las redes sociales?
    (A) La RAE añade vocabulario al diccionario según la creación y el uso de los hablantes.
    (B) Los hablantes buscan palabras ya existentes y les asignan un nuevo significado.
    (C) La RAE recomienda adaptar las palabras ya existentes a las nuevas necesidades del hablante.
    (D) La RAE crea palabras útiles según la necesidad de los hablantes.

35. Según la fuente auditiva, ¿qué se ha convertido en "una práctica común" entre los usuarios de las redes sociales?
    (A) Corregir los errores gramaticales de otros usuarios
    (B) Usar caritas en vez de palabras

(C) Usar anglicismos
(D) Usar un lenguaje incorrecto

36. Según el experto de la fuente auditiva, ¿qué caracteriza al español de las redes sociales?
    (A) Es una mezcla de varios idiomas.
    (B) No obedece las reglas gramaticales.
    (C) Se expresa con brevedad.
    (D) Solo lo entienden los adolescentes.

37. Según el experto en la fuente auditiva, ¿cuál de las siguientes afirmaciones capta mejor el impacto de la tecnología en el español?
    (A) La tecnología ha ayudado a esparcir el español.
    (B) La tecnología le ha hecho daño al español.
    (C) La tecnología ha impedido la evolución del español.
    (D) La tecnología le ha quitado sofisticación al español.

38. En la fuente auditiva, ¿cuál de las siguientes afirmaciones describe mejor el lenguaje de las redes sociales?
    (A) Es un lenguaje creado por las mismas redes sociales como una estrategia publicitaria.
    (B) Es un lenguaje que no se puede pronunciar.
    (C) Es un lenguaje lleno de códigos y palabras difíciles de recordar.
    (D) Es un lenguaje práctico a pesar de sus errores gramaticales.

39. ¿Qué tienen en común las dos fuentes?
    (A) Ambas fuentes proveen ejemplos específicos de palabras usadas en las redes sociales.
    (B) Ambas fuentes explican el daño que las redes sociales han causado al español.
    (C) Ambas fuentes exponen la evolución del lenguaje a causa de las redes sociales.
    (D) Ambas fuentes le declaran la guerra lingüística a la Real Academia Española.

40. ¿Qué se puede afirmar sobre la fuente escrita y la fuente auditiva?
    (A) La fuente auditiva explica el origen del asunto presentado en la fuente escrita.
    (B) La fuente auditiva contradice las ideas de la fuente escrita.
    (C) La fuente auditiva presenta otro aspecto del tema expuesto en la fuente escrita.
    (D) La fuente escrita presenta un punto de vista y la fuente auditiva lo respalda.

Citation: El impacto de las redes sociales en el lenguaje (Azteca Noticias, 1/25/16)

Selección número 2

Tema curricular: La vida contemporánea

Fuente número 1

Primero tienes un minuto para leer la fuente número 1.

Introducción: Este texto trata de un análisis sobre las tendencias de viaje de las familias españolas realizado por Barceló Hotel Group. La gráfica original fue publicada el 15 de mayo del 2018 en el sitio web de Barceló.

Tendencias de viaje en 2018	
El mejor momento para viajar	
Verano	53,17%
Cualquiera, siempre que sea barato	15,96%
Primavera	18,94%
Otoño	8,96%
Invierno	3%
El acompañante de viaje ideal	
La familia	45,73%
La pareja	42,62%
Con amigos o solo	11,65%
Los servicios más valorados del alojamiento	
Todo incluido	28,74%
Spas y piscinas	24,50%
Ambiente y relax	14,53%
Servicio de guardería	8,84%
Adults Only	8,71%
Cocinas y restaurantes	5,71%
Actividades y ofertas de ocio	4,42%
Instalaciones deportivas	2,72%
Pet Friendly	1,83%

Fuente número 2

Primero tienes *1 minuto* para leer la introducción y prever las preguntas.

Introducción: Esta grabación trata de las preferencias al viajar. Es una conversación entre dos amigos, Juan y Soledad. La grabación dura aproximadamente 2 minutos.

Ahora escucha la selección.

TRACK 57

PLAY Track 57 on the accompanying audio CD. (The script for Track 57 appears on page 295.)

*Ahora tienes **1 minuto** para empezar a contestar las preguntas para esta selección. Después de 1 minuto vas a escuchar la selección de nuevo.*

PLAY Track 2 again.

*Ahora tienes **2 minutos y 45 segundos** para terminar de responder a las preguntas de esta selección.*

Citation: Tendencias de viaje en el 2018 (Barceló.com, 05/15/2018)

41. En la gráfica, ¿qué otro factor se toma en cuenta al decidir cuándo viajar, además de la temporada?
    (A) Las vacaciones de la escuela
    (B) El alojamiento
    (C) El precio
    (D) Los servicios

42. Según la gráfica, ¿cuál de las siguientes afirmaciones describe mejor a la mayoría de los viajeros españoles?
    (A) Disfrutan de sus vacaciones en pareja en centros turísticos con todo incluido.
    (B) Aprovechan las rebajas durante todo el año con sus amigos en centros turísticos con todo incluido.
    (C) Vacacionan con la familia durante el verano en centros turísticos con todo incluido.
    (D) Disfrutan de la variedad de servicios durante la primavera de los centros turísticos con todo incluido.

43. ¿Con cuál de las siguientes tareas podría ser más útil la información de la gráfica para los gerentes de hoteles?
    (A) Al proyectar el presupuesto para renovaciones
    (B) Al crear servicios de interés para los huéspedes
    (C) Al planificar el menú de los restaurantes
    (D) Al establecer reglas de conducta para los huéspedes

44. Según la conversación, ¿de qué forma logra Juan ayudar a Soledad?
    (A) Le informa sobre una opción económica para sus vacaciones.
    (B) Le enseña dónde se ubica la República Dominicana.

(C) Le presenta un amigo de la universidad.
(D) Le platica sobre sus últimas vacaciones en el Caribe.

45. Según la conversación, ¿cuál de los siguientes alojamientos sería otra opción para Soledad y su familia?
    (A) Un hotel de cinco estrellas en el centro de la ciudad
    (B) Un hotel boutique con habitaciones de dos camas cerca del pueblo, las tiendas y las discotecas
    (C) Un hotel de lujo con habitaciones con vista al mar en una playa exclusiva
    (D) Un hotel con habitaciones familiares en una playa apartada de la ciudad

46. En la conversación, ¿a qué se refiere Juan cuando usa la expresión "en un dos por tres"?
    (A) A que puede hacer la reservación rápidamente
    (B) A que tiene que calcular el costo de la casa por noche
    (C) A que el dueño no le cobrará por la abuelita
    (D) A que tiene que pagar el alojamiento al momento de hacer la reservación

47. Si Soledad continuara la conversación, ¿cuál de las siguientes preguntas sería la más apropiada?
    (A) ¿Has viajado recientemente?
    (B) ¿Qué discoteca me recomiendas?
    (C) ¿Cuánto cuestan las villas por noche normalmente?
    (D) ¿En qué país está Bayahíbe?

Audio for this section can be found here (0:27 - 3:14)

Selección número **3**

Tema curricular: Los desafíos mundiales

Primero tienes *1 minuto* para leer la introducción y prever las preguntas.

Introducción: Esta grabación abreviada trata de los desafíos del medio ambiente. La entrevista original fue publicada el 9 de mayo del 2018 en España por PTV Córdoba. Amparo Muñoz habla con Rubén Márquez, experto del medio ambiente, sobre el cambio climático. La grabación dura aproximadamente 3 minutos.

Ahora escucha la selección.

PLAY Track 58 on the accompanying audio CD. (The script for Track 58 appears on page 296.)

*Ahora tienes **1 minuto** para empezar a contestar las preguntas para esta selección. Después de 1 minuto vas a escuchar la selección de nuevo.*

PLAY Track 58 again.

*Ahora tienes **1 minuto y 45 segundos** para terminar de responder a las preguntas de esta selección.*

48. ¿Cuál es el propósito general de la entrevista?
    (A) Refutar las estadísticas científicas sobre el cambio climático.
    (B) Describir las manifestaciones del cambio climático mundialmente.
    (C) Enfatizar el calor que hace en Córdoba durante el verano.
    (D) Explicar el significado del cambio climático

49. ¿Por qué insiste Rubén en basarse en las estadísticas científicas?
    (A) Por que la ciencia es la única evidencia que tenemos sobre el cambio climático.
    (B) Porque la mayoría de los televidentes tienen conocimiento científico.
    (C) Porque hay personas que no creen en el cambio climático.
    (D) Porque el segmento ha sido patrocinado por una compañía científica.

50. ¿Cuál es el propósito de mencionar la Feria de Córdoba en la entrevista?
    (A) Dar un ejemplo palpable del cambio climático
    (B) Promocionar las atracciones del evento

    (C) Presentar un ejemplo del uso de combustibles fósiles
    (D) Comparar las temperaturas a través de diferentes regiones españolas

51. Según la entrevista, ¿cuál es la forma más simple para notar el cambio climático?
    (A) Contar los días de sequía
    (B) Ir a la Feria de Córdoba
    (C) Mirar el termómetro
    (D) Revisar la temperatura media mundial

52. Al final de la entrevista, ¿cuál sería la pregunta más apropiada para hacerle a Rubén Márquez?
    (A) ¿Cuándo piensa usted que terminará la sequía?
    (B) ¿A qué se deben las altas temperaturas durante la Feria de Córdoba?
    (C) ¿Qué es exactamente el cambio climático?
    (D) ¿Cuál es la temperatura media de Córdoba?

Selección número 4

Tema curricular: Las familias y las comunidades

Primero tienes **1 minuto** para leer la introducción y prever las preguntas.

Introducción: Primero tienes un minuto para leer la introducción y prever las preguntas.

Esta grabación trata de los halagos. El informe original, titulado "Cómo contestar cuando te hacen un halago," fue publicado el 7 de febrero del 2017 por Humberto Gutiérrez para consejosimagen.mx. La grabación dura aproximadamente tres minutos.

Ahora escucha la selección.

Citation: Entrevista con Ruben Márquez sobre el cambio climático (PTV Córdoba, 05/09/2019)

PLAY Track 59 on the accompanying audio CD. (The script for Track 59 appears on page 298.)

*Ahora tienes **1 minuto** para empezar a contestar las preguntas para esta selección. Después de 1 minuto vas a escuchar la selección de nuevo.*

PLAY Track 59 again.

*Ahora tienes **1 minuto y 45 segundos** para terminar de responder a las preguntas de esta selección.*

53. ¿Cuál es el propósito de este informe?
    (A) Reportar todos los halagos que el presentador ha recibido
    (B) Explicar la diferencia entre los halagos hacia una cosa y la actitud de una persona
    (C) Dar recomendaciones de cómo halagar a una persona
    (D) Dar instrucciones de cómo responder a un halago

54. Según el presentador, ¿qué se debe evitar cuando te halagan?
    (A) Quedarse callado
    (B) Usar frases hechas
    (C) Responder con otro halago
    (D) Hacer halagos sobre prendas

55. Según el presentador, ¿a cuál situación se asemeja ser halagado?
    (A) A cuando te cantan las mañanitas
    (B) A sentirse acorralado

(C) A tener miedo de hablar en público
(D) A cuando te regalan algo

56. Según los consejos del presentador, ¿cómo se deben contestar los halagos sobre tu actitud?
    (A) Con otro halago similar
    (B) Con un abrazo de agradecimiento
    (C) Reconociendo y agradeciendo lo que te han dicho
    (D) Haciendo preguntas sobre lo que han notado

57. ¿Qué técnica utiliza el presentador para comunicar su mensaje?
    (A) Utiliza ejemplos específicos para respaldar sus ideas.
    (B) Enumera una serie de errores.
    (C) Comparte anécdotas personales como ejemplos.
    (D) Presenta opiniones populares y las desarrolla.

Audio (Video) can be found here (4:55-1:28)

Selección número 5

Tema curricular: La belleza y la estética

Primero tienes **1 minuto** para leer la introducción y prever las preguntas.

Introducción: Esta narración trata de la vida del caricaturista José Guadalupe Posada. El informe original fue publicado el 29 de octubre del 2018 por Notimex TV. La grabación dura aproximadamente un minuto y medio.

Ahora escucha la selección.

PLAY Track 60 on the accompanying audio CD. (The script for Track 60 appears on page 299.)

*Ahora tienes **1 minuto** para empezar a contestar las preguntas para esta selección. Después de 1 minuto vas a escuchar la selección de nuevo.*

PLAY Track 60 again.

*Ahora tienes **2 minutos y 45 segundos** para terminar de responder a las preguntas de esta selección.*

Citation: (YouTube): "Cómo contestar cuando te hacen un halago" (2/7/2017, Humberto Gutiérrez, consejosimagen.mx)

58. ¿Cuál es el propósito del informe?
    (A) Explicar el significado de las calaveras que caracterizan el Día de Muertos
    B) Hacer una reseña sobre el personaje de La Catrina
    (C) Describir la importancia del arte de José Guadalupe Posada en la cultura mexicana
    D) Identificar las influencias de José Guadalupe Posada

59. Según el informe, ¿qué caracteriza el arte de José Guadalupe Posada?
    (A) La crítica de la muerte
    (B) El folklore de Aguascalientes
    (C) La carencia de colores
    (D) Su cercanía con la muerte

60. Según la narración, ¿cuál es el propósito de La Catrina?
    (A) Proveer humor en los murales de Diego Rivera
    (B) Satirizar a la aristocracia mexicana de los Siglos IXX y XX
    (C) Burlarse de la vestimenta de las mujeres de los Siglos IXX y XX
    (D) Espantar a los espíritus que visitan durante el Día de Muertos.

61. Según el informe, ¿cuál de las siguientes afirmaciones describe mejor el arte de José Guadalupe Posada?
    (A) Estaba obsesionado con la muerte.
    (B) Criticaba a la sociedad mediante sus caricaturas.
    (C) Celebraba la muerte como patrimonio cultural mexicano.
    (D) Dibujaba calaveras con el propósito de asustar

62. Según la narración, ¿cuál de las siguientes afirmaciones describe mejor la utilidad contemporánea de La Catrina?
    (A) Forma parte de varios aspectos de la celebración del Día de Muertos.
    (B) Es el símbolo del arte de Diego Rivera.
    (C) Es un personaje que asusta a los niños cuando no se comportan.
    (D) Representa a la aristocracia mexicana

63. ¿Por qué decía José Guadalupe Posada que la muerte es "democrática"?
    (A) Porque la democracia en México ha muerto.
    (B) Porque los políticos siempre terminan mal.
    (C) Porque cada persona elige el momento de su muerte.
    (D) Porque la muerte no discrimina.

64. Si quisieras encontrar más información sobre La Catrina, ¿cuál de las siguientes fuentes sería más útil?
    (A) *La sociedad mexicana del Siglo IXX*
    (B) *Los personajes populares del Día de Muertos*
    (C) *Los murales de Diego Rivera*
    (D) *El arte mexicano contemporáneo*

65. ¿Cuál de los siguientes títulos sería el mejor para este informe?
    (A) "El padre de las calaveras mexicanas"
    (B) "Cómico hasta los huesos"
    (C) "No hay mal que por bien no venga"
    (D) "La Catrina en el arte de Diego Rivera"

STOP. END OF SECTION I.

Section II: Free Response

You are given a total of approximately 1 hour and 35 minutes to do Section II of the examination (15 minutes for interpersonal writing, approximately 55 minutes for presentational writing, approximately 10 minutes for interpersonal speaking, and finally approximately 6 minutes for presentational speaking). Section II is worth 50 percent of the examination.

Interpersonal Writing: E-mail Reply

In this part of the examination, you will need to write an e-mail message. You are given 15 minutes to read the e-mail and write your response.

- Read the prompt carefully to see what type of message you need to write.
- Decide in what tense to write the passage (present, past, future, and so on).
- Determine whether or not the communication is familiar (tú, ustedes, vosotros) or formal (usted, ustedes).
- Keep in mind that this is a formal e-mail.
- Do not forget a formal salutation: Muy señor[a] mío[a], Estimado[a] señor[a].

- Do not forget an appropriate closing such as "Atentamente," "Cordialmente."
- Be sure to check the rubric at the end of Chapter 7 to see how you will be rated.

Instructions: You are to write a reply to the following e-mail that you have received. You will have a total of 15 minutes to read the e-mail and to write your reply. Your reply should include an appropriate greeting and closing. Be sure to answer all questions posed in the e-mail. You also should ask for more information/details about what is mentioned in the e-mail. Do not forget to use the appropriate form of address, formal or informal, depending on to whom you are writing.

Instrucciones: Tienes que escribir una respuesta al mensaje electrónico que has recibido. Tendrás 15 minutos en total para leer el mensaje electrónico y responder a este mensaje. La respuesta debe incluir un saludo y una despedida apropiados. Está seguro/a que contestas todas las preguntas en el mensaje electrónico. Debes también de pedir más información / más detalles sobre lo que se menciona en el mensaje electrónico. No olvides de usar el registro adecuado, formal o informal, según la persona a quien escribes.

Tema curricular: Los desafíos mundiales
Introducción
Este mensaje electrónico es de Magdalena Muñoz, directora de la organización ***Amigos del Medio Ambiente***, que promueve la protección y conservación de recursos naturales. Has recibido el siguiente mensaje porque solicitaste para un puesto de voluntario en su programa de verano. La organización te pide más información.

De: Magdalena Muñoz
Asunto: Trabajo voluntario
Estimado amante del medio ambiente,
Me dirijo a usted porque recibimos su mensaje en el cual expresó su deseo de hacerse voluntario/a en nuestra organización.
Como Ud. sabe, nos enfrentamos con varios problemas en nuestra comunidad y siempre agradecemos cualquier tipo de asistencia. Acabamos de iniciar un programa comunitario cuya meta es educar al público de nuestra comunidad sobre el manejo de los plásticos.
Haga el favor de contestar las siguientes preguntas para ayudarnos a evaluar sus habilidades y asignarle el puesto más apropiado:
• ¿Para qué tipo de organizaciones ha trabajado de voluntario/a anteriormente?
• ¿Qué tipos de actividades o entrenamiento ha tenido Ud. en el campo de la conservación y/o restauración del medio ambiente?
Si tiene alguna pregunta sobre el programa, no dude en comunicarse conmigo cuando le sea conveniente.
Atentamente,
Magdalena Muñoz Directora de AMA

Presentational Writing: Argumentative Essay

In this part of the examination, you will need to write a persuasive essay based on three sources, two printed and one audio. You will have 6 minutes to read the printed material. Then you will hear the audio material, on which you should take notes. After you have heard the audio source twice, you will have 40 minutes to write your essay.

- Read the introduction carefully to see what your essay topic will be about.
- Decide in what tense to write the passage (present, past, future, and so on).
- While reading the two printed prompts you may wish to underline key ideas.
- Defend your argument pro OR con. Do not try to present all points of view. You are likely to run out of time and it weakens your argument.
- You must **cite all three sources** appropriately in your essay.
- Be sure to discuss the different points of view in the three sources.
- Clearly indicate *your own* viewpoint and defend it.
- Be sure to organize your essay.
- The timing will be done for you on the actual exam. However, for this diagnostic test you will need a stopwatch or timer. Allow yourself the specific time intervals stated in the instructions to read the printed texts, read the introduction to the audio passage, and write your essay.
- Look over the rubric at the end of Chapter 8 to see how you will be rated.

Tema Curricular: La ciencia y la tecnología
Primero tienes 6 minutos para leer el tema del ensayo, la fuente número 1 y la fuente número 2.

Tema del ensayo: ¿Han afectado las redes sociales a las relaciones personales?

Fuente número 1
Introducción: Este texto trata de las redes sociales y las relaciones personales. El artículo original fue publicado el 25 de enero del 2017 en el sitio web de la revista Dinero de Colombia.

¿Somos más felices? La comunicación cara a cara está muriendo con las redes sociales

---

Las redes sociales nos dan la libertad de comunicarnos con nuestros seres queridos, cuándo y dónde queramos. Sin embargo, por culpa de ellas un tercio de las personas a nivel mundial se comunica cada vez menos cara a cara con sus seres queridos.

Así lo revela una nueva investigación de la firma Kaspersky Lab, en la cual se explica que los encuentros para tomarse un café y dialogar serán cada vez más escasos en el futuro.

"Deslumbrados por nuestras vidas digitales aparentemente felices, a menudo no nos damos cuenta de cómo las redes amenazan y dañan nuestras relaciones en la vida real", indica.

Muestra de ello es que el 21% de los padres de familia admite que las relaciones con sus hijos se han dañado como resultado de haber sido vistos en una situación comprometedora en redes sociales.

El documento apunta que las relaciones con la familia, amigos y colegas están cambiando a medida que la gente se comunica menos cara a cara, como resultado de las redes sociales.

Un tercio significativo de las personas admitió que ahora se comunica menos de manera presencial con sus padres (31%), hijos (33%), parejas (23%) y amigos (35%) porque pueden verlos y comunicarse con ellos a través de las redes sociales.

La psicóloga de Medios en la Universidad de Würzburg, Astrid Carolus, explica que esta situación no necesariamente debe ser vista como un problema dado que "la comunicación digital actual complementa la comunicación en la vida real".

"Vivimos en un mundo globalizado y altamente móvil que da por resultado el distanciamiento entre socios y familiares. La comunicación digital ofrece la oportunidad de llenar los huecos en nuestras vidas modernas causadas por vivir en diferentes ciudades o países", explica la experta.

Sin embargo, Astrid Carolus es enfática al señalar que "la comunicación digital no puede reemplazar a la comunicación cara a cara, al menos no siempre y no completamente".

"La comunicación digital es menos rica en lo que se refiere a canales sensoriales involucrados, lo que resulta en una disminución de la experiencia sensorial", advierte la doctora Astrid Carolus.

Como parte de esta investigación se identificó que, aunque los medios sociales pueden ayudar a facilitar los canales de comunicación y acercar las zonas horarias y las barreras que supone la distancia, no siempre hacen felices a las personas.

Básicamente se identificó que estas también pueden estropear las relaciones y también hacer que las personas se sientan tristes y molestas; ya que constantemente comparan sus vidas con las de los demás.

"La búsqueda de los 'me gusta' y la validación social lleva a la gente a compartir cantidades cada vez mayores de información privada en las plataformas de medios sociales, poniendo así en riesgo no solo a sí mismos, sino también a sus amigos, familiares y colegas", advierte el documento.

Fuente número 2

Introducción: Este texto trata de un estudio mundial sobre el uso de las redes sociales. La gráfica original fue publicada el 30 de junio del 2017 en el sitio web del periódico El Comercio de Perú.

¿Todos estamos conectados?

Las redes sociales más usadas por los millennials en el mundo	
Utiliza *Whatsapp* especialmente para interactuar con los amigos.	95%
Tiene una cuenta *Facebook*. Para ellos representa la vida misma.	85%
Utiliza *YouTube* a diario y un 66% está suscrito a varios canales.	59%
Tiene un perfil en *Instagram* y la utiliza un 18% más que el resto de la población.	39%
Utiliza *Twitter*; el interés por esta red social ha decaído en este grupo.	48%
Más de 220 mil personas de 60 a más años usan Facebook en el Perú	

Citation: ¿Somos más felices? La comunicación cara a cara está muriendo en las redes sociales (1/25/2017, Tecnología, Dinero)

Citation: ¿Cuántas personas están en las redes sociales? (06/30/2017, El Comercio, Perú)

Fuente número 3
Tienes 30 segundos para leer la introducción.

Introducción
Esta grabación trata de la tecnología y las relaciones personales. El informe original "El uso de las redes sociales afecta la convivencia familiar" fue publicado el 3 de marzo del 2014 por TV Azteca Noticias. La grabación dura aproximadamente dos minutos y medio.

Ahora escucha la fuente número 3.

Play Track 61 *on the accompanying audio CD. (The script for Track 61 appears on page 268.)*

Ahora escucha de nuevo.

Play Track 61 again.

Now you have 40 minutes to complete your essay.

Interpersonal Speaking: Conversation

In this part of the examination, you will need to participate in a conversation. The situation will be a role-playing simulated telephone conversation. You will have 1 minute to read a preview of the conversation. Then the telephone call will begin. Each time it is your turn to speak, you will have 20 seconds in which to respond. You should participate as fully and appropriately as possible. You will find the listening prompt on the accompanying recording. The script appears on page 297.

- Read the introduction and conversation outline carefully to see what the conversation will be about.
- This is a one-time attempt. You will only hear the conversation 1 time and have 1 time to answer the 5 turns in the conversation.
- Jot down some sentence stems as possible responses (Debes…Recomiendo que…No me digas…lo siento, pero no puedo…etc.).
- While you listen to each line of the dialogue, try to pick out words, expressions, or phrases that might be able to be used. (BE CAREFUL, though, to not just restate what you have heard!)
- Higher scores are awarded for conversations where complex structures and rich vocabulary are used.
- Be sure to look over the rubric at the end of Chapter 9 to see how you will be rated.
- Be prepared to answer a variety of questions or situations: ("Contesta negativamente/afirmativamente," "Propón," "Sugiere una alternativa," "Finaliza y despídete").
- If you hear yourself make a mistake, correct it immediately.
- The conversation is always in the informal register. Be consistent on how you address the speaker.

*Tienes **1 minuto** para leer la introducción y el esquema de la conversación.*

Introducción: Tu amigo Juan te llama para hablarte sobre una invitación que ha recibido.

> [*The shaded lines below reflect what you will hear on the recording.* Las líneas en gris reflejan lo que escucharás en la grabación.]

Interpersonal Speaking: Conversation

Tema curricular: La identidades personales y públicas

Introducción

Esta es una conversación por teléfono con Paula, una compañera de clase. Vas a participar en esta conversación porque ella necesita tu ayuda con un ensayo que tiene que escribir para la clase de ciencias sociales.

Elena:	Te saluda y te pide un favor
Tú:	Salúdala y respóndele afirmativamente
Elena:	Te da más información y te hace una pregunta
Tú:	Contesta negativamente y provee otra alternativa
Elena:	Continua la conversación y te hace una pregunta
Tú	Responde afirmativamente y dale más detalles
Elena:	Reacciona y continúa la conversación
Tú:	Comparte tu opinión y hazle una pregunta
Elena:	Contesta tu pregunta y se despide
Tú:	Haz un comentario y despídete

En este momento va a empezar la conversación. Ahora presiona el botón record.

PLAY Track 56 on the accompanying audio CD. (The script for Track 56 appears on page 297.)

Presentational Speaking: Cultural Comparison

In this part of the examination, you will make a 2-minute oral presentation to your class on the following topic. You will have 4 minutes to read the topic and prepare your presentation. Once the 4 minutes have passed, you will record your 2-minute presentation.

- Be sure to have a timer.
- Read the topic carefully.
- Be sure to demonstrate your understanding of certain cultural features of the area you have chosen.
- Be sure to have a clear organization for your presentation with a variety of transitional phrases (sin embargo, al contrario, etc.).
- You must compare! Explicitly state what 2 "communities" or examples you're going to compare.
- Per the scoring guidelines, the term "community" can refer to something as large as a continent or as small as a family unit. The phrase "target culture" can refer to any community, large or small, associated with the target language.
- Start with the target community and with your best example.
- Use a ping-pong approach to your delivery giving examples connecting the 2 communities.

---

[9]Este anuncio sobre las doce uvas de la Nochevieja se informó en http://www.enforex.com/culture/nochevieja.html.

Tema curricular: Las indentidades personales y públicas

Tema de la presentación: ¿Qué aspectos de tu comunidad representan una mezcla de culturas?

Compara tus observaciones del cuidado médico de la comunidad en que has vivido con tus observaciones del cuidado médico de una región del mundo hispanohablante con que te sea familiar. En la presentación, puedes mencionar lo que has estudiado, vivido y/u observado.

Listening Scripts, Answers, and Explanations for Practice Exam 2

Section 1, Part A
Interpretive Communication: Printed Texts

Within the printed texts, the answers are underlined and follow the question number in parentheses.

Selección número 1

Tema Curricular: Los desafíos mundiales

BECAS UNIVERSITARIAS PARA AFECTADOS POR EL TEMPORAL

La Subsecretaría de Políticas Universitarias lanzó una línea de becas por única vez para estudiantes universitarios afectados por las lluvias en C.A.B.A., La Plata y alrededores. Entérate de los requisitos para la inscripción leyendo el anuncio.

Con motivo de las inundaciones que en las últimas semanas afectaron a C.A.B.A, la ciudad de La Plata y el Conurbano Bonaerense, la Subsecretaría de Políticas Universitarias del Ministerio de Educación de la Nación, otorgará por única vez una beca de $3.000 a alumnos de universidades públicas nacionales que residan en alas zonas afectadas, con el fin de atender las consecuencias sufridas.

DOCUMENTACIÓN A PRESENTAR	REQUISITOS
• Certificado de damnificado • Certificado de alumno regular • Fotocopia de DNI	• Residir en las zonas afectadas por el temporal • Ser alumno regular de una universidad pública nacional

La inscripción es del lunes 15/4 al martes 30/4 a través de la página de la Subsecretaría de Gestión y Coordinación de Políticas Universitarias.
http://portales.educacion.gov.ar/spu

Questions and Answers

1. ¿Cuál es el propósito del anuncio?
B. Proporcionar información sobre la beca para los universitarios damnificados
Explanation: *Entérate de los requisitos para la inscripción leyendo el anuncio.*

2. ¿A quién se dirige el anuncio?
A. A los estudiantes que sufrieron a causa del temporal
Explanation: *…una línea de becas por única vez para estudiantes universitarios afectados por las lluvias…*

3. Según la información del anuncio, ¿qué se puede inferir sobre el temporal?
B. Que afectó áreas específicas de la Argentina
Explanation: *…afectados por las lluvias en C.A.B.A., La Plata y alrededores…*

4. Según la información del anuncio, ¿qué propósito tiene el "Certificado de damnificado" al solicitar la beca?
C. Demostrar que el temporal afectó al estudiante
Explanation: *Residir en las zonas afectadas por el temporal*

5. Necesitas más información sobre los requisitos de la beca y te gustaría enviarle un mensaje a la Subsecretaría de Políticas Universitarias del Ministerio de Educación. ¿Cuál de las siguientes preguntas sería las más apropiada?
D. Soy estudiante de la U.N.L.P. y he perdido mi DNI. ¿Podría darles una copia de mi identificación estudiantil?
Explanation: *Certificado de damnificado, Certificado de alumno regular, Fotocopia de DNI*

Selección número 2
Tema Curricular: Las identidades personales y públicas

	El eclipse
Línea 5	Cuando fray Bartolomé Arrazola se sintió perdido <u>aceptó que ya nada podría salvarlo.</u> (#6) La selva poderosa de Guatemala lo había apresado, implacable y definitiva. Ante su ignorancia topográfica se sentó con tranquilidad a esperar la muerte. Quiso morir allí, sin ninguna esperanza, aislado, con el pensamiento fijo en la España distante, particularmente en el convento de los Abrojos, donde Carlos Quinto condescendiera una vez a bajar de su eminencia para decirle que confiaba en el celo religioso de su labor redentora.
	Al despertar se encontró <u>rodeado por un grupo de indígenas de rostro impasible que se disponían a sacrificarlo ante un altar</u> (#7), un altar que a Bartolomé le pareció como el lecho en que descansaría, al fin, de sus temores, de su destino, de sí mismo.
10	Tres años en el país le habían conferido <u>un mediano dominio de las lenguas nativas.</u> (#9) Intentó algo. Dijo algunas palabras que fueron comprendidas.
15	Entonces floreció en él una idea que tuvo por digna de su talento y de su cultura universal y de su arduo conocimiento de Aristóteles. <u>Recordó que para ese día se esperaba un eclipse total de sol.</u> (#8) <u>Y dispuso, en lo más íntimo, valerse de aquel conocimiento para engañar a sus opresores y salvar la vida.</u> (#9) (#12)
	<u>-Si me matáis -les dijo- puedo hacer que el sol se oscurezca en su altura.</u> (#10)
20	Los indígenas lo miraron fijamente y Bartolomé sorprendió la incredulidad en sus ojos. Vio que se produjo un pequeño consejo, y esperó confiado, no sin cierto desdén. Dos horas después el corazón de fray Bartolomé Arrazola chorreaba su sangre vehemente sobre la piedra de los sacrificios (brillante bajo la opaca luz de un sol eclipsado), <u>mientras uno de los indígenas recitaba sin ninguna inflexión de voz, sin prisa, una por una, las infinitas fechas en que se producirían eclipses solares y lunares, que los astrónomos de la comunidad maya habían previsto y anotado en sus códices sin la valiosa ayuda de Aristóteles.</u> (#10) (#11) (#12)
25	

Questions and Answers

6. ¿Cuál de las siguientes palabras describe mejor lo que siente Bartolomé al principio del relato?
   C. Resignación

7. ¿A qué se refiere la frase "el lecho en que descansaría" (línea 10) en el relato?
   D. Al lugar en donde Bartolomé fallecerá

8. Según el contexto relato, ¿qué significado tiene la frase "floreció en él una idea" (línea 14)?
   C. Se le ocurrió algo de repente.

9. Según el texto, ¿cuál de las siguientes afirmaciones describe mejor la estadía de Bartolomé en Guatemala?
   A. No logró conocer bien ni a los mayas ni a su cultura.

10. ¿Qué supuso Bartolomé sobre los indígenas que lo sacrificaron?
    D. Que eran ingenuos

11. Según el relato, ¿por qué se sorprendió Bartolomé ante la "incredulidad" (línea 19) de los indígenas?
    C. Porque desconocía los avances científicos de los mayas.

12. ¿Cuál de las siguientes afirmaciones es la idea principal de este relato?
    B. Los españoles subestimaron la astucia de los mayas

Selección número 3

Tema Curricular: La belleza y la estética

Fuente número 1

	La lengua guaraní, orgullo de un país
	Pero no siempre fue así. <u>El guaraní fue una lengua discriminada y sus hablantes sufrieron acoso y agresiones durante siglos.</u> **(#13) (#16)** La última etapa de persecución e intento de sofocar su uso fueron los 35 años de dictadura de Alfredo Stroessner, que terminó en 1989.
Línea 5	<u>Fue entonces cuando el guaraní empezó una carrera de reivindicación que culminó con su proclamación como una de las dos lenguas oficiales de Paraguay en la Constitución de 1992.</u> **(#13)** Además, esta dedica su artículo 77 a <u>"la enseñanza en la lengua materna"</u>. Precisamente, las Naciones Unidas están celebrando este 2 de febrero el Día Internacional de la Lengua Materna **(#17)**, que este año se enmarca dentro de la conmemoración del Año Internacional de las Lenguas Indígenas.
10	Teresa Medina es una diseñadora gráfica paraguaya que trabajó en la ONU. Originaria de Concepción, una ciudad localizada poco más de 200 kilómetros al norte de Asunción, Teresa creció escuchando el guaraní. <u>"Mis padres tenían un negocio y mi padre trabajaba con los campesinos. Ellos venían a comprar a casa. Ahí yo escuchaba a la gente hablar y ahí fue donde aprendí guaraní. No sé escribirlo, solamente hablarlo. La mayoría de la gente en Concepción habla guaraní. Cosa que no ocurre en la capital. Pero en la época en que yo lo aprendí, el guaraní estaba prácticamente prohibido"</u>, rememora. **(#14)**
15	
	Menospreciado y prohibido
	Teresa recuerda el menosprecio que había por el guaraní antes de que se convirtiera en idioma oficial. <u>Además de que no se enseñaba en la escuela, muchas familias no querían que sus hijos lo aprendieran pese a que a menudo era la lengua materna de los padres.</u> "**(#18)** A una persona que hablaba guaraní, se le decía que era una guaranga y algunos padres no querían que a sus hijos se les considerara guarangos", dice.
20	

25	En algunas casas estaba terminantemente prohibido su uso y en otras, como ocurría en la de Teresa, se hablaba poco y la comunicación familiar diaria era en español. <u>Pero los niños que lo tenían prohibido se las arreglaban para hablar entre ellos esa lengua indígena que les gustaba sin saber que así la protegían y evitaban que dejara de usarse.</u> **(#15) (#19) (#20)**
	Supervivencia del idioma
	<u>La ministra de la Secretaría de Políticas Lingüísticas de Paraguay, Ladislaa Alcaraz, atribuye la supervivencia del guaraní a la transmisión de madres a hijos y a la perseverancia de los hablantes, que se negaron a abandonar esa lengua heredada del pueblo indígena del mismo nombre.</u> **(#14) (#15)**
30	<u>En Paraguay, un 90% de la población no indígena habla guaraní</u> **(#21)**, lo que lo distingue del resto de los países latinoamericanos, donde las lenguas originarias sólo son habladas en las comunidades indígenas.

Fuente número 2

Día Internacional de la Lengua Materna (See Selection 3 in Practice Exam 2)

Questions and Answers

13. ¿Cuál es el objetivo del artículo?
    B. Explicar la trayectoria del bilingüismo paraguayo

14. ¿Qué método utiliza el autor del artículo para presentar la información?
    C. Apoya la presentación del tema con opiniones y anécdotas relevantes.

15. ¿Cuál de las siguientes afirmaciones resume mejor el artículo?
    D. Paraguay logró hacerse bilingüe mediante el esfuerzo de sus ciudadanos.

16. En el artículo, ¿qué significa la frase "intento de sofocar su uso" (línea 2)?
    B. El esfuerzo para eliminar el uso del idioma

17. En el artículo, ¿por qué se menciona el Día Internacional de la Lengua Materna?
    A. Porque la conservación del guaraní es un ejemplo de lo que este día conmemora.

18. En el artículo, ¿a qué se refiere la frase "el menosprecio que había por el guaraní" (línea 18)?
    B. A que se evitaba el uso del idioma

19. Según el artículo, ¿de que forma contribuyeron los niños a la conservación del guaraní?
    C. Continuaron usándolo con sus amigos pesar de su prohibición.

20. En el artículo, ¿qué significa la frase "se las arreglaban" (línea 25)?
    D. Encontraban la manera hacerlo.

21. Según el artículo, ¿cuál de las siguientes afirmaciones refleja mejor la situación lingüística paraguaya?
    B. La mayoría de la población es bilingüe.

22. ¿Cuál es el propósito de la gráfica?
    A. Resaltar el porcentaje de la población que habla lenguas maternas
    Explanation: …conmemora la preservación de la riqueza cultural…

23. Debes escribir un informe sobre el mismo tema del artículo y la gráfica y necesitas información adicional. ¿Cuál de las siguientes fuentes sería la más apropiada?
    B. *La lucha por la conservación de las lenguas maternas*

Selección número 4

Tema Curricular: La belleza y la estética

Respetados Señores de la Real Academia Española:	
Reciban un atento saludo de este lector, quien les escribe en el octogésimo noveno aniversario del nacimiento del escritor colombiano Gabriel García Márquez (6 de marzo de 1927), el más reciente clásico de la lengua castellana. García Márquez -familiarmente Gabo-, igual que sus gigantes ante-cesores, <u>no solo es importante por dar a luz obras literarias de valor</u> (#25) inconmensurable, sino por transformar al propio lenguaje, tanto el **de ilustrados académicos como ustedes (#28)**, así como el de legos ciudadanos, algunos que sin haberlo leído, no han sido ajenos a su influencia.	Línea 5
Quizás el mayor triunfo de un escritor es hacer la transición a palabra, convertirse finalmente en un término usado en un texto o en el habla cotidiana. <u>Transmutarse de sujeto a verbo, terminar no en el cielo ni en infierno, sino en el diccionario. Es la mejor compensación, igual o mayor que ganarse el premio Nobel. (#26)</u> Así la definición quede incompleta y en ocasiones sea injusta con el autor que la inspiró como puede ser el caso de los términos *dantesco, kafkiano o maquiavélico*, o algunas de sus interpretaciones. De todas formas, ser habitante del habla de las personas es el mejor homenaje para alguien que ha vivido de la palabra.	10
<u>Así como se rinde el homenaje eterno a Cervantes, cuando se dice de alguien o algo que es quijotesco, como sinónimo de idealista, no exento de cierto grado de locura. De la misma forma</u> (#27), <u>deseo proponerles que consideren autorizar en próxima edición del Diccionario de la Lengua Española, los términos *macondiano y garciamarquiano* (#24)</u>, sobre los cuales dejo unas sugerencias para posibles definiciones. Son apenas posibilidades, para motivar la discusión entre ustedes los expertos.	15
Macondiano: Relativo al pueblo ficticio denominado *Macondo*. Universo literario de tramas y personajes que aparecen en algunas obras del autor colombiano Gabriel García Márquez. Dícese de situaciones o casos de apariencia fantástica o increíble, pero de naturaleza auténtica.	20
Garciamarquiano: Dícese del estilo literario utilizado en narrativa y basado en un derroche verbal, construcción poética e imágenes fantásticas vigorosas, característico del escritor Gabriel García Márquez. Se deriva del realismo mágico, pero difiere de este en que se trata de la presentación de hechos históricos o ciertos, pero de manera que parecieran fantasiosos.	25
Agradeciendo su amable atención, me despido cordialmente,	
Dixon Acosta Medellín (identidad literaria de Dixon Moya)	30

Questions and Answers

24. ¿Cuál es el propósito de esta carta?
    D. Pedir que se incluyan dos adjetivos relaciona-dos a las obras de Gabriel García Márquez

25. Según el contexto de la carta, ¿que significa la frase "dar a luz" (línea 5)?
    B. Crear literatura

26. ¿Qué propósito tiene el autor al pedir que la Real Academia Española considere las dos palabras que propone?
    A. Honrar a García Márquez y su aporte a la literatura

27. Según la carta, ¿para qué menciona el autor a Cervantes?
    A. Para dar un ejemplo de la importancia de su petición

28. Según la carta, ¿qué concepto tiene el autor de la Real Academia Española?
    D. Piensa que son expertos en la lengua.

29. ¿De qué manera expone el autor su petición en la carta?
    C. Presenta una idea y la respalda con ejemplos relevantes.

30. Eres miembro de Real Academia Española y quieres enviarle un correo electrónico al autor de la carta que acabas de leer. ¿Cuál de las siguientes preguntas sería la más apropiada?
    B. ¿Cree usted que el adjetivo "macondiano" podría utilizarse en un contexto real?

Section I, Part B:
Interpretive Communication: Print and Audio Texts Combined

Where applicable in the print passages and the listening scripts, the answers are underlined, followed by the question number in parentheses.

Selección número 1
Tema curricular: La ciencia y la tecnología

Fuente número 1

	Entre el trino y el tuit: cómo las redes sociales han influido el idioma español
Línea 5	Miramos cómo conversamos en las redes sociales entre palabras nuevas y caritas que han surgido de los nuevos medios y que se han adaptado al castellano. (#31) Muchos, por ejemplo, prefieren reírse en español con un 'jajaja'. Otros, sin embargo, se ríen en inglés a través de los 'hahaha'. Unos tuiteamos, otros nos 'guasapeamos' y algunos 'googleamos' como puerta de entrada al conocimiento o disfrute de un tema.
10	Desde palabras nuevas como esas con las que nos entendemos hasta los emoticones que reflejan lo que sentimos, el lenguaje ha reaccionado al inevitable efecto de las redes sociales. Las caritas felices o de coraje no fallan ni tampoco las abreviaciones para ganar espacio o tiempo. Así sale la 'q' en lugar de un 'que' o 'qué' y hasta ese 'Dtb' que escribe tu madre en vez de 'Dios te bendiga'. Sabes de inmediato que el lenguaje se va amoldando al entorno de redes y mensajerías de computadores y teléfonos móviles. (#32)
15	La versión electrónica del Diccionario de la Real Academia Española (RAE) ha ido incorporando palabras como tableta, blog y bloguero al igual que términos ligados a Twitter, entre ellos, 'tuitear', 'retuitear', 'tuit', 'tuiteo' y 'tuitero'. (#33) [...] No se trata necesariamente de que las redes modelen el idioma, como opina el profesor en la Universidad de Emory y lingüista especializado en comunicaciones electrónicas, José Luis Boigues.
20	"Términos como 'blog', 'tuit' y 'bloguero' son nuevas palabras que surgen porque surgen nuevos medios de comunicación. El idioma está modelado por lo que la persona puede decir y por lo que el medio permite. El medio fuerza al idioma a actualizarse", explica Boigues. (#34) [...]
25	**Entre códigos y palabras nuevas** El idioma, así las cosas, se refresca y de pronto nacen palabras en estos tiempos mediados por la tecnología y los nuevos medios.
30	"Unas palabras proceden de marcas (tuit, googlear, guasapear...) y otras las copiamos del inglés (y a menudo se trata de palabras que ya existían en esa lengua, pero que amplían su significado; como ha sucedido con 'hardware')", detalla Grijelmo. Así como nos prestamos comida y música de otros lugares, también nos prestamos palabras. Y en este caso de redes, los préstamos fluyen generalmente del inglés al español.

| 35 | Este tipo de préstamos -según Carter- entran al vocabulario de forma natural porque "son los hablantes y no las academias formales" quienes determinan las palabras que son útiles y necesarias.

"Y son los mismos hablantes que deciden cómo van a modificar los préstamos para sus lenguas. En el caso del español, ningún lingüista o funcionario de la RAE tuvo que explicar a los millones de hispanohablantes cómo conjugar el nuevo verbo 'tuitear'", agrega Carter de esas reglas que, a su juicio, determinan los hablantes. |

Fuente número 2

Track 56

Script for Audio Text

Reportero: *El escribir palabras con faltas de ortografía, diminutivos, o utilizar otros tipos de símbolos a través de redes sociales <u>es una práctica común entre las personas…la cual evidentemente no es la forma más correcta</u>. (#35)*

ABN: *<u>El internet de alguna manera empoderó un número muy grande de personas que no…eh…tienen entrenamiento lingüístico o que no manejan el idioma desde ciertas perspectivas.</u> (#38) Entonces lo que vemos ahora a través del internet es la visibilización de <u>un idioma que no se somete a las reglas del estándar</u>. (#36)*

Reportero: *Si bien, lejos que este tipo de escritura llegue a afectar el idioma, se reconoce como una manera rápida de comunicarse…un código especial conforme a la nueva tecnología sin llegar a afectar el desarrollo lingüístico.*

ABN: *Y el internet, por supuesto, <u>no lo amenaza…también lo difunde incluso más</u>. (#37) Entonces no hay porque sentir que estas nuevas tecnologías de la palabra lo dañen.*

Reportero: *El español es reconocido como uno de los tres idiomas más hablados en el mundo…y si bien las nuevas tecnologías facilitan la difusión y globalización, es importante considerar y buscar resaltar la correcta esencia de la lengua.*
     Diego Loya, Azteca Noticias

Questions and Answers

31. ¿Cuál es el objetivo del artículo?
    D. Explicar la forma en que las redes sociales han impactado al idioma

32. En el artículo, ¿a que se refiere la autora cuando afirma "se va amoldando al entorno" (línea 11)?
    B. A que el idioma se adapta a la situación según la necesidad

33. En el artículo, ¿cuál ha sido la reacción de la Real Academia Española ante el lenguaje de las redes sociales?

B. Ha añadido términos populares relacionados con las redes sociales al diccionario.

34. Según el artículo, ¿cuál de las siguientes afirmaciones describe mejor el proceso de ampliación del idioma a partir de las redes sociales?
    A. La RAE añade vocabulario al diccionario según la creación y el uso de los hablantes.

35. Según la fuente auditiva, ¿qué se ha convertido en "una práctica común" entre los usuarios de las redes sociales?
    D. Usar un lenguaje incorrecto

36. Según el experto de la fuente auditiva, ¿qué caracteriza al español de las redes sociales?

B. No obedece las reglas gramaticales.

37. Según el experto en la fuente auditiva, ¿cuál de las siguientes afirmaciones capta mejor el impacto de la tecnología en el español?

A. La tecnología ha ayudado a esparcir el español.

38. En la fuente auditiva, ¿cuál de las siguientes afirmaciones describe mejor el lenguaje de las redes sociales?

D. Es un lenguaje práctico a pesar de sus errores gramaticales.

39. ¿Qué tienen en común las dos fuentes?

C. Ambas fuentes exponen la evolución del lenguaje a causa de las redes sociales.

40. ¿Qué se puede afirmar sobre la fuente escrita y la fuente auditiva?

C. La fuente auditiva presenta otro aspecto del tema expuesto en la fuente escrita.

Selección número 2

Tema curricular: La vida contemporánea

Fuente número 1: Tendencias de viaje en 2018 (See Selection 2 in Practice Exam 2)

Track 57

Fuente número 2

Script for Audio Text

Chica:	¡Hola, Juan! ¿Qué tal?
Chico:	Pues, todo bien… ¿y tú?
Chica:	Pues…estoy muy contenta de toparme contigo.
Chico:	¿De veras? ¿Y por qué será?
Chica:	Es que estoy planeando un viaje al Caribe para toda mi familia…y sabes que tengo una familia enorme…sé que has viajado mucho… y que me podrías ayudar a encontrar buenas opciones económicas y apropiadas para todos.
Chico:	¡Claro que sí! Por cierto, acabo de regresar de la República Dominicana. Mis amigos y yo nos hospedamos en un resort fenomenal con todo incluido. Nos dieron unas habitaciones súper confortables y con una vista al mar espectacular. El ambiente nocturno también es muy divertido, ya que tienen espectáculos y discotecas en donde te enseñan a bailar merengue.
Chica:	Ja, ja, ja. Pues, suena muy divertido. <u>Pero ando buscando un lugar pacífico, cerca de la playa en donde podamos compartir tiempo en familia y con la abuela que ya está muy viejita</u>. (#45)
Chico:	Entonces te recomiendo que alquilen una villa en la playa de Bayahíbe. Estarían justamente en la playa, cerca del pueblo…para cuando quieran salir a comer o explorar la cultura local.
Chica:	Pues, no cuento con un presupuesto muy alto. ¿Una villa no nos costaría un ojo de la cara?
Chico:	<u>Para nada. Solo pagarán por el hospedaje sin el costo de los servicios que tendrían en un hotel con todo incluido…además, yo conozco a uno de los dueños de las villas que te digo…fuimos compañeros en la universidad</u>. (#44)

Chica: ¡Sabía que podía contar contigo! Pues, ¿tienes su teléfono? Tengo que hacer la reservación lo más pronto posible ya que la vacaciones se aproximan.

Chico: Lo tengo, pero siempre está muy ocupado. Mejor te envío la dirección del sitio web de las villas y así haces las reservaciones <u>en un dos por tres</u>. (#46) Lo llamaré luego para que te de un descuento.

Chica: ¡Eres lo máximo! Te lo agradezco en el alma.

Chico: No hay de qué. Bueno, me tengo que ir...pero revisa to correo electrónico en unos minutos.

Chica: ¡Claro que sí! Nos vemos pronto.

Questions and Answers

41. En la gráfica, ¿qué otro factor se toma en cuenta al decidir cuándo viajar, además de la temporada?
C. El precio

42. Según la gráfica, ¿cuál de las siguientes afirmaciones describe mejor a la mayoría de los viajeros españoles?
C. Vacacionan con la familia durante el verano en centros turísticos con todo incluido.

43. ¿Con cuál de las siguientes tareas podría ser más útil la información de la gráfica para los gerentes de hoteles?
B. Al crear servicios de interés para los huéspedes

44. Según la conversación, ¿de qué forma logra Juan ayudar a Soledad?

A. Le informa sobre una opción económica para sus vacaciones.

45. Según la conversación, ¿cuál de los siguientes alojamientos sería otra opción para Soledad y su familia?
D. Un hotel con habitaciones familiares en una playa apartada de la ciudad

46. En la conversación, ¿a qué se refiere Juan cuando usa la expresión "en un dos por tres"?
A. A que puede hacer la reservación rápidamente

47. Si Soledad continuara la conversación, ¿cuál de las siguientes preguntas sería la más apropiada?
C. ¿Cuánto cuestan las villas por noche normalmente?

Selección número 3
Tema curricular: Los desafíos mundiales

Track 58

Script for Audio Text

AM: Aquí tenemos a Rubén Márquez, él va a ser una de las caras que vamos a tener en esta sección patrocinada cada semana. Rubén, ¡bienvenido a PTV!

RM: Buenos días, Amparo. Muchas gracias.

AM: Un placer de que te sumes a nuestra familia televisiva.

RM: Encantado de que contéis conmigo y a vuestra disposición.

AM: Y además contigo vamos a hablar de temas muy interesantes, concretamente hoy vamos a comenzar hablando del medio ambiente, más concretamente del cambio climático y vamos a intentar entender un poquito mejor en que consiste y sobre todo como nosotros, en nuestro día a día, con acciones sencillas también vamos a poder favorecer a que ese cambio climático no nos arrolle como nos está arrollando hasta ahora. <u>¿Qué es el cambio climático? Eso es lo primero que tenemos que entender y saber</u>. **(#48)**

RM: Pues, mira. Por dar una definición sencilla, cambio climático simplemente es que están ocurriendo unos patrones de comportamiento distintos en nuestra climatología. Hay períodos del año donde llueve cuando no debería llover. Hay altas temperaturas cuando no debería haberlas...y hay una subida global de la temperatura media que está registrada estadísticamente. La Tierra, históricamente, ha cambiado su clima. Ha habido glaciación. Ha habido época de más o menos calor. <u>Pero con la acción humana, se está constatando científicamente, e insisto mucho en que se está constatando científicamente, porque hay nagacionistas del cambio climático</u> **(#49)**, entre ellos el primo de Mariano Rajoy, que dice que eso es un invento. Pues miren ustedes, no es un invento, es un hecho que está demostrado científicamente y que nos está afectando. <u>Y hay un ejemplo que pongo siempre, muy sencillo: hace quince años en la feria de Córdoba no hacía el calor que tenemos ahora, por ejemplo. Yo llevo quince años yendo a la feria y más, y te digo que se está notando sensiblemente que hay un cambio en la variación de la temperatura.</u> **(#50)** Eso es a grandes rasgos el cambio climático y no se nos puede olvidar que está provocado por el ser humano en su mayoría. El uso de una tecnología basada en la combustión de los combustibles fósiles, la creación de unas ciudades que no han sido especialmente cuidadosas con lo que es la sostenibilidad ni el medio ambiente. La existencia de industrias, basadas en generación de energía ineficiente y en combustibles fósiles, como he dicho, son factores que provocan ese cambio climático y esa subida de temperatura global.

AM: ¿Cómo afecta esto en el día a día? Porque es cierto que todos hemos escuchado hablar de cambio climático, de hecho, desde hace años lo estamos diciendo, pero tu has hecho una puntualización que me parece muy curiosa que es, por ejemplo, el tema de la feria ¿no?, que es donde notamos...donde empezamos a notar que al calor típico de Córdoba, cuando llega agosto, ya ni hablamos...pero sí que es cierto que todos los años decimos, "este verano es el más caluroso." Y hay quien dice, "no, es que no te acuerdas el desde hace diez años." Sí que es cierto que la temperatura va subiendo, ¿y cómo vamos notando este cambio climático en nuestro día a día? ¿Dónde lo podemos ver?

RM: Hay un primer...<u>hay un primer factor que es el termómetro simple y llanamente.</u> **(#51)** Estadísticamente, en el último siglo, <u>cada década prácticamente la temperatura está subiendo de media a unos dos grados.</u> **(#52)** Es una auténtica barbaridad. ¿En qué lo vamos a notar? Lo vamos a notar en que hay problemas de producción agrícola. Lo vamos a notar en las precipitaciones, el ritmo de las precipitaciones. Hace poco acabamos de salir de una sequía, pues que estábamos realmente preocupados y asustados, pero como ha llovido tres días, pues así se nos ha olvidado y se nos quitado la preocupación.

Questions and Answers

48. ¿Cuál es el propósito general de la entrevista?
   D. Explicar el significado del cambio climático

49. ¿Por qué insiste Rubén en basarse en las estadísticas científicas?
   C. Porque hay personas que no creen en el cambio climático

50. ¿Cuál es el propósito de mencionar la Feria de Córdoba en la entrevista?
   A. Dar un ejemplo palpable del cambio climático

51. Según la entrevista, ¿cuál es la forma más simple para notar el cambio climático?
   C. Mirar el termómetro

52. Al final de la entrevista, ¿cuál sería la pregunta más apropiada para hacerle a Rubén Márquez?
   D. ¿Cuál es la temperatura media de Córdoba?

Selección número 4

Tema curricular: La vida contemporánea

Track 59

Script for Audio Text

Humberto Gutiérrez:

<u>La primera recomendación</u> **(#53)** *tiene que ver con lo que vas a evitar hacer lo que seguramente siempre haces. Tienes que evitar responder con un 'tú también'… 'gracias, tú también'*

No te preocupes que es lo más común… nos ha pasado a todos que cuando alguien nos hace un halago, que ya hablaremos en otro video de cómo hacer un halago de manera adecuada… pero cuando alguien nos hace un halago, la primera idea que nos viene a la cabeza…es decir…'oye, muchas gracias, tú también'… 'oye, ¡que delgado estás!… 'ay, oye, pues muchas gracias, tú también'… '¿has bajado de peso?'… 'no, resulta que de hecho acabo de subir de peso en año nuevo y demás…Imagínate…es una de las cosas que te pueden suceder. <u>Entonces tienes que evitar contestar con un halago…pues, el halago que te acaban de hacer.</u> **(#54)**

Por lo tanto… ¿cómo vas a contestar?… <u>¿cuál es la recomendación para contestar estos halagos?</u> **(#53)** *Para todos es muy padre que nos halaguen, pero en ese momento en que nos halagan…en ese momento en donde nos hacen ese comentario, yo siempre le llamo el equivalente a ese momento en cuando… <u>cuando te están cantando las mañanitas</u>* **(#55)** *… que no sabes que hacer… cuando es tu cumpleaños no sabes ni que decir… bueno, es lo mismo cuando te hacen un halago.*

¿Qué es lo que sí puedes hacer o lo que debes hacer? Lo primero que tienes que hacer es escuchar muy bien qué es lo que te están diciendo… escuchar muy bien el halago.

No es lo mismo que halaguen, por ejemplo, una prenda a… que halaguen una actitud tuya. Si halagan una actitud… <u>'Oye, me doy cuenta de que estás siendo una persona más paciente…más tranquila en el trabajo y me da mucho gusto ver que estás de esa manera… a que te digan 'Oye, ¡qué bonitos zapatos!'</u> **(#57)**

Hay un gran…pues, hay una gran diferencia en ese sentido…por lo tanto, lo que debes hacer es escuchar muy bien el halago… ¿qué tipo de halago es?… ¿es hacia ti?… ¿es hacia tu persona?… ¿es hacia algo tuyo?… ¿es hacia la circunstancia?… ¿es qué?… porque si te dicen 'Oye, ¡qué bien te va ese color! … ¡qué bien te va la prenda!… y demás… pues, tu nivel de respuesta será un poquito menor a que si halagan una actitud personal… algo que tiene que ver contigo.

Ahora, ¿qué es lo que debes hacer y cómo debes responder a estos halagos? Cuando alguien te diga algo positivo, lo primero que tienes que hacer es escucharlo muy bien y, en segundo lugar, reconocer y agradecer. Nada funciona mejor que un agradecimiento cuando es honesto. Si alguien te dice 'oye, me doy cuenta de has cambiado tu actitud…que a veces eres más paciente… que cada vez eres tal'… 'Oye, ¡qué buena onda! ¡Muchísimas gracias! No sabes cómo te agradezco que lo notes. La verdad es que he estado haciendo un esfuerzo por cambiar un poco mi actitud. Y no cualquier persona te dice las cosas positivas…claramente de dicen lo negativo.'

<u>Y entonces ya cierras con ese agradecimiento. Se ve como un agradecimiento muy honesto. Lo escuchaste, lo comprendiste. Y entonces sí tienes esa parte de reconocer que lo reconocieron y agradeces en detalle</u>. (#56) Eso lo puedes hacer en cualquier contexto, en cualquier situación.

Questions and Answers

53. ¿Cuál es el propósito de este informe?
    D. Dar instrucciones de cómo responder a un halago

54. Según el presentador, ¿qué se debe evitar cuando te halagan?
    C. Responder con otro halago

55. Según el presentador, ¿a cuál situación se asemeja ser halagado?
    A. A cuando te cantan las mañanitas

56. Según los consejos del presentador, ¿cómo se deben contestar los halagos sobre tu actitud?
    C. Reconociendo y agradeciendo lo que te han dicho

57. ¿Qué técnica utiliza el presentador para comunicar su mensaje?
    A. Utiliza ejemplos específicos para respaldar sus ideas.

Selección número 5:

Tema curricular: La belleza y la estética

Track 60

Script for Audio Text
Narradora:
José Guadalupe Posada nació en el 1852 en el estado de Aguascalientes. <u>Fue un ilustrador, caricaturista y popularmente conocido por sus litografías, íntimamente relacionadas con la muerte.</u> (#58) (#59)

Su trabajo más famoso, la Calavera Garbancera, <u>es un grabado ampliamente utilizado el Día de Muertos para decorar las ofrendas</u> (#62) a las personas que ya no están con nosotros. Es un diseño que años después se dio a conocer por Diego Rivera como La Catrina. Si bien, La Catrina o la Calavera Garbancera, <u>es una representación satírica de la sociedad de finales del Siglo IXX y principios del XX</u>. (#60) (#61) <u>Actualmente es un disfraz recurrente, casi obligado para las señoritas que pretenden salir a conquistar un catrín o para las niñas que, con chilacayote en mano, piden su calaverita los días 1 y 2 de noviembre.</u> (#62)

La calavera del Quijote, la calavera del Catrín y la calavera de la Adelita son otras obras de Guadalupe Posada creó durante su carrera como ilustrador, y que actualmente se encuentran el museo construido en su honor, ubicado en Aguascalientes. José Guadalupe Posada murió en la Ciudad de México el 20 de enero del 1913, <u>porque como decía él mismo, la muerte es democrática ya que, a fin de cuentas, güera, morena, rica o pobre, toda la gente acaba siendo calavera</u>. (#63).

Questions and Answers

58. ¿Cuál es el propósito del informe?
    C. Describir la importancia del arte de José Guadalupe Posada en la cultura mexicana

59. Según el informe, ¿qué caracteriza el arte de José Guadalupe Posada?
    D. Su cercanía con la muerte

60. Según la narración, ¿cuál es el propósito de La Catrina?
    B. Satirizar a la aristocracia mexicana de los Siglos IXX y XX.

61. Según el informe, ¿cuál de las siguientes afirmaciones describe mejor el arte de José Guadalupe Posada?
    C. Criticaba a la sociedad mediante sus caricaturas.

62. Según la narración, ¿cuál de las siguientes afirmaciones describe mejor la utilidad contemporánea de La Catrina?

    A. Forma parte de varios aspectos de la celebración del Día de Muertos.

63. ¿Por qué decía José Guadalupe Posada que la muerte es "democrática"?
    D. Porque la muerte no discrimina.

64. . Si quisieras encontrar más información sobre La Catrina, ¿cuál de las siguientes fuentes sería más útil?
    D. *Los personajes populares del Día de Muertos*

65. ¿Cuál de los siguientes títulos sería el mejor para este informe?
    A. "El padre de las calaveras mexicanas"

Section II: Free Response
Presentational Writing: Argumentative Essay
Tema curricular: La vida contemporánea

Fuente número 3

Track 61

Script for Audio Text

Reportera: En la casa de la familia Ruiz, hay una regla inquebrantable: no sacar el celular a la hora de la comida. Para doña Rosa, madre de dos niñas, fue necesario implementar esta medida, pue la comunicación familiar se estaba quebrando.

Doña Rosa: Y aparte creo que es un castigo para ellas…el lavar trastes… el planchar… entonces a mi se me hace… se me hizo algo… pues, cómo te dijera… se me hizo algo un poco interesante y creo que si me ha funcionado bastante bien. Ya no lo sacan. Procuran dejarlo en el baño y en su recámara para no escucharlo… y así hemos comido mucho más tranquilos en familia y por lo menos ya platican… hacen algunos comentarios.

Reportera: Y así como doña Rosa, muchos padres de familia han adoptado medidas para evitar que sus hijos chequen sus redes sociales mientras se convive en el hogar.

Chica 1:	Y mis papás son los que nos ponen reglas… nos ponen normas para que no usemos los celulares mientras estemos en una reunión familiar, en una convivencia o en las comidas incluso… porque a ellos, como no muy de esta época digamos…este…pues, sí les molesta mucho.
Reportera:	De acuerdo con los especialistas, este distanciamiento de debe a que los jóvenes tienden a alejarse de su realidad.
Chico 1:	Probablemente puedo ser un poco más abierto en las redes sociales y expresar mis sentimientos de una mejor manera… más abierta… mientras que… eh… en persona soy más retraído… eh… distante del otro yo.
Reportera:	Los estudiantes respaldan esta idea.
Chica 2:	De cierta forma afectan en la familia porque ya no hay ese… ese… ese trato cara a cara y ya solamente es de forma virtual

Track 62
Interpersonal Speaking: Conversation
Tema curricular: La identidades personales y públicas

Script for Audio Text

Elena:	¡Hola! Perdona que te moleste tan tarde… ¿podrías ayudarme con el ensayo de la clase de ciencias sociales que tenemos que entregar el jueves? Por favor.
Tú:	Salúdala y respóndele afirmativamente
Elena	Pues, tenemos que escribir un ensayo sobre un o una artista del mundo hispanohablante que impactó a la sociedad con su arte. Se me ocurrió escribirlo sobre de Goya. ¿Sabes algo de él?
Tú:	Contesta negativamente y provee otra alternativa
Elena:	Pues, me parece muy bien. ¿Tienes algún material o libro con la información que necesito?
Tú	Responde afirmativamente y dale más detalles
Elena:	Ojalá pueda encontrar bastante información. ¿Te imaginas? Tenemos que escribir diez páginas con detalles, ejemplos y citas.
Tú:	Comparte tu opinión y hazle una pregunta
Elena:	Pues, la verdad es que no sé. Te agradezco en el alma que me hayas ayudado. Bueno, ahora me despido para comenzar a escribir el ensayo. Nos vemos mañana en la escuela.
Tú:	Haz un comentario y despídete

Appendixes

ORDERING AND CONNECTING WORDS FOR SMOOTH WRITING

In order to make your ideas flow more fluently, you should also make a point of using connecting or ordering words. You may choose to make your own personal list of these from below and commit to using them in all essays you prepare for class or practice on your own. If you make the commitment to use these regularly, by the day of the examination you should be able to incorporate them into your writing to make the transitions between ideas and paragraphs smooth.

- You may also wish to make flash cards in order to practice them.
- The best way to learn the expressions is to use them in the following ways:
  ○ Try to actively use the expressions in all six appendix sections in your written work.
  ○ Try to actively use the expressions orally.
  ○ Try to actively recognize them in written passages.
  ○ Try to actively listen for them in spoken language.

Creo que

I believe

primero:	*first*
luego:	*then*
después:	*afterward* (después de + *noun* / *infinitive*)
antes:	*before* (antes de + *noun* / *infinitive*)
finalmente:	*finally*
por fin:	*finally*
entonces:	*then; therefore*
sin embargo:	*nevertheless*
no obstante:	*nevertheless*
por consiguiente:	*therefore*
pues:	*then, well, therefore*
a causa de:	*because of*
por + *noun*:	*because of* (No vengo a la fiesta **por** el trabajo que tengo.)

porque + *verb*:	*because* (No vengo a la fiesta **porque** no puedo.)
pero:	*but*
sino:	*but* (**No** es blanco **sino** negro. [**sino** = the negative *but*] = *rather*
aunque:	*even though*
mientras tanto:	*meanwhile*
mientras:	*while*
por eso:	*for that reason, because of that*
por lo tanto:	*therefore*
y:	*and* (**Y** becomes **e** before words beginning in **hi-** or **i-**: **español e inglés.**)
o:	*or* (**O** becomes **u** before words beginning in **ho-** or **o-**: **siete u ocho. O** may also be

written with an accent mark, **ó,** to distinguish it from the number 0 [zero] when it appears with numbers: **9, 7, 6 ó 5.**)

que:	*that, which, who*
si:	*if*
al principio:	*at first*
al fin:	*at the end*
érase una vez / había una vez:	*once upon a time*
comieron perdices y vivieron felices:	*they lived happily ever after*
colorín, colorado, este cuento se ha acabado:	*they lived happily ever after*
también:	*also, too*
tampoco:	*neither, not either*
o ... o:	*either ... or*
ni ... ni:	*neither ... nor*
en aquel entonces:	*back then*
por un lado:	*on the one hand*
por otro lado:	*on the other hand*
nunca jamás:	*never, ever*
cuando:	*when*
hasta que:	*until*
tan pronto como:	*as soon as*
así que:	*so, as soon as*
luego que:	*as soon as*
en cuanto:	*as soon as*
después de que:	*after*
mientras que:	*while*
de modo que:	*in a way that*
de manera que:	*in a manner that*

para que:	*so that, in order that*
a fin de que:	*so that, in order that*
a menos que:	*unless*
a no ser que:	*unless*
a condición de que:	*on the condition that*
con tal (de) que:	*provided that*
antes (de) que:	*before*
en caso (de) que:	*in case*
sin que:	*without*
de hecho:	*as a matter of fact*
hoy día:	*nowadays, today*
por lo general:	*generally*
además:	*furthermore*
por ejemplo:	*for example*
a pesar de:	*in spite of*
en vez de:	*instead of*
es decir:	*in other words, that is to say*
sobre todo:	*above all*
o sea:	*in other words, that is to say, that is*
o sea que:	*in other words, so, that is to say (in conclusion)*

Always use the subjunctive: Yo no voy a menos que tú **vayas.**

Use the subjunctive *only if the action has not yet taken place:* Te hablaré cuando tú **vengas.** *Use the indicative if the action has taken place or usually takes place:*

Siempre te hablo cuando tú **vienes.**

COMMON MISTAKES

This appendix provides a list of common errors made by English-speaking students learning Spanish.

1. *Because of* is translated in Spanish as **a causa de** or **por**: No vienen a la fiesta **a causa de / por** la nieve. Only use **porque** if followed by a conjugated verb = *because:* No vino **porque** está enfermo.

2. Many words ending in **-ma** in Spanish are masculine: **el problema, el drama, el poema,** and so on. Notable exceptions include **la trama** (*the plot*) and **la forma** (*the form*).

3. **Probar** (o → ue) means *to try on* clothing or *to taste* food. **Tratar de** means *to try to do* something: Yo quiero **probar** la sopa. Yo **traté de** hacer la tarea.

4. **Tratar de** also means *to be about, to deal with:* El programa **trata de** la Guerra Civil Española.

5. **Hablar de** means *to talk about* something or someone: Ellos **hablan de** la fiesta de anoche. María **hablaba de** su nuevo amigo Juan.

6. The verb **decir** means *to say* or *to tell;* **hablar** means *to speak:* Yo siempre **digo** la verdad. ¿Me **hablas** a mí?

7. The accent mark falls on the **o** in words that end in **-ión**: la naci**ó**n.

8. The noun **cuento** means *story* or *short story:* Me gustan los **cuentos** de García Márquez.

9. The noun **cuenta** means *bill* or *check,* usually used in a restaurant: Camarero, me gustaría pagar la **cuenta,** por favor.

10. The Spanish word for *major* or *main* is **principal**: Ésta es la idea **principal**.

11. To express the idea *most of* in Spanish, use **la mayoría de** or **la parte principal de**: **La mayoría de** mis amigos asisten a la escuela conmigo.

12. To express the idea of *major,* as in a college major, use **concentración**: Como Juan quiere hacerse médico, tiene su **concentración** en las ciencias.

13. **Todo** and **todos** mean *all of,* and therefore are not followed by **de**: **Todas** mis clases este año son difíciles.

14. To express the idea of *some of,* use **algunos/algunas de**: **Algunos de** sus amigos lo visitaron en el hospital.

15. To express the idea of *character,* as in a story or play, use **personaje**: Don Juan es el **personaje** principal de *El Burlador de Sevilla.*

16. The word **carácter** is used to express personality traits: Ella tiene un **carácter** muy fuerte.

17. *Himself, herself, oneself* may be expressed in Spanish with **sí mismo** or **sí misma**: Él sólo piensa en **sí mismo**.

18. *Himself, herself, oneself* may also be expressed with the reflexive pronoun **se**: Él siempre **se habla**.

19. To express the idea of *each other* in Spanish, you may use the reflexive **se** as well: Los dos amigos **se** abrazaron fuertemente.

20. The idea of *each other* may also be expressed **el uno al otro, la una a la otra, el uno a la otra, los unos a los otros, las unas a las otras**.

21. To express *another* in Spanish, use **otro** or **otra**: Yo quiero **otra** limonada, por favor. Never use "un / una with otro / a".

22. *To pretend* to do something is expressed in Spanish with the verb **fingir**: El chico **fingió** estar enfermo porque tenía un examen hoy.

23. In Spanish, **pretender** means *to seek, try for, be after, apply for, aspire to, to claim, to woo,* or *to want.* Él **pretende** llegar a la cima de la montaña. **Pretender** may also mean *to pretend.* Juan **pretende** no saber la respuesta.

24. *To realize* something mentally, the verbal expression **darse cuenta de** is used: Al pagar la cuenta, Miguel **se dio cuenta** de que no tenía su cartera.

25. *To realize* a dream, or *to carry out* something is expressed in Spanish with the verb **realizar**: Él **realizó** todo lo que quería hacer.

26. To express parts of the day, you should use **por la mañana, por la tarde,** and **por la noche: Por la mañana** corro con mi perro.

27. When the hour is mentioned with the parts of the day, we use **de la mañana, de la tarde,** and **de la noche:** Siempre me levanto a las cinco y media **de la mañana.**

28. To express existence, use the verb **haber.** Remember that the forms of the verb **haber** used in this way are *both* singular and plural: **hay** = *there is / there are,* **había** = *there was / there were,* **hubo** = *there was / there were,* **habrá** = *there will be,* **habría** = *there would be:* **Había** cien personas en la cola para comprar entradas para el concierto.

29. To remember when to use **ser** and **estar** you may think of these two mnemonic devices: For **ser** think **C-NOTE** (Characteristic, Nationality, Origin, Time, Events location); for **estar,** think **TLC** (Temporary; Location of people, places, and things; Condition): El partido de béisbol **es** en el colegio y el colegio **está** en la calle Seis.

30. Remember that with **gustar** and verbs like **gustar** the person is expressed using the indirect object pronoun: **me, te, le, nos, os, les: Me** gusta el fútbol.

31. Remember also that **gustar** and similar verbs agree with the thing liked, not with the person: Me **gustan** las hamburguesas. (The hamburgers [*they*] are pleasing to me.)

32. The adverb **encima de** means *above* (as in *hovering*) and **sobre** means *on top of:* El libro está **sobre** la mesa, y la lámpara **encima de** la mesa no funciona.

33. For a corner of the room, use **rincón;** for a street corner, use **esquina:** La chica mala tenía que sentarse en **el rincón** por media hora. La parada del autobús está en **la esquina** de la calle.

34. The word for *fact,* as in *the fact is,* is **hecho: El hecho** de que él no está aquí quiere decir que tenía que trabajar hoy.

35. A specific *fact,* as in something you looked up or discovered, is **un dato:** Ahora yo tengo todos los **datos** que necesito para escribir mi ensayo para la clase de sociología.

36. To express the idea of *to,* or *in order to,* use **para** before an infinitive: **Para** recibir buenas notas, hay que estudiar.

37. When using an adjective as a noun, use the neuter **lo** for *the* before the adjective: **Lo bueno** es que no tenemos clase hoy por el mal tiempo; **lo malo** es que perderemos un día de vacaciones.

38. **Vacaciones** is always plural in Spanish even if it is only one day: El lunes tenemos **vacaciones** por una conferencia de profesores.

39. **Pensar en** is to think *about* something or someone: **¿En qué piensas,** Miguel? No me escuchas.

40. **Pensar de** is to have an *opinion about:* ¿Qué **piensas de** María?

41. To express the idea of *to leave behind / abandon,* use **dejar.** Yo **dejé** mi tarea en casa. El inmigrante **dejó** su país natal para ir a un nuevo país.

42. To express the idea of *to let / allow,* use **dejar.** Su madre le **deja** a María usar su coche.

43. To express the idea of *to drop off,* use **dejar.** El autobús la **dejó** a la chica en la esquina.

44. To express the idea of *to stop doing something,* use **dejar de** + an infinitive. Ya **ha dejado** de llover.

45. To express the idea of *to leave / go out* use **salir.** Yo **salgo** de casa a las seis. María **sale** con Juan este fin de semana.

46. To express the idea of *to do well / do poorly* on a test, use **salir bien / mal.** El examen fue tan difícil que hasta Juan **salió mal** en él.

47. To express the idea *to know / be familiar with* a person, body of knowledge, or place, use **conocer.** Mi padre **conoce** muy bien esa ciudad. Yo **conozco** bien el arte español.

48. To express *to meet a person* (for the first time), use **conocer.** Mi amigo **conoció** a Maricarmen en la fiesta anoche.

49. To express the idea of *to know* (a fact), use **saber.** Yo **sabía** todas las respuestas en el examen.

50. To express the idea of *to know how to,* use **saber** + an infinitive. ¿**Sabes** hacer la tarea?

51. When referring to the *outer ear,* use **la oreja.** María hizo agujeros en sus **orejas** ayer. Ahora le puedo comprar aretes.

52. When referring to the *inner ear,* use **el oído.** Ay, tengo un mal dolor de **oído** hoy.

53. When referring to something as being *broken* or *ripped,* use **roto.** La ventana está **rota.**

54. When referring to something mechanical or electrical as being *broken,* use **descompuesto.** Mi computadora está **descompuesta.**

55. **quedarle** (*to have left*): **Me quedan** dos dólares.

56. **quedar** (*to remain, to stay*): La chica decidió **quedar** en casa.

57. **quedarse** (*to stay, to remain*): Ella se **queda** en el hotel central.

58. **quedarse** (*to go, to become, to be left*): Depués del accidente mi amigo **se quedó** cojo. Él **se quedó** sin hablar.

59. **quedarse con** (*to keep*): El camarero **se quedó con** las monedas.

60. **quedar con** (*to arrange to*): Ellos **quedan con** volver mañana.

61. **quedar bien / mal** (*to look good / bad on, to turn out good / bad*): La blusa te **queda** bien. Su actuación **quedó** muy mal.

62. **perder** (*to lose, to miss a plane, train, class, etc.*): **Perdí** mi libro. Llegué tarde y **perdí** el tren.

63. **perderse** (*to get lost*): Él no conocía la ciudad y **se perdió**.

64. **echar de menos** (*to miss a person or place*): Cuando ella estaba en México **echaba de menos** a sus padres.

65. **equivocarse** (*to be mistaken, to make a mistake*): **Me equivoqué** en la respuesta.

COMMON VERBAL EXPRESSIONS

In this appendix, you will find common verbal expressions.

Expressions with *dar*

dar a:	*to look out on*
dar a luz:	*to give birth, to have a baby*
dar asco:	*to disgust*
dar carta blanca a:	*to give free rein to*
dar con:	*to run into, to find, to come upon*
dar de beber:	*to give water to*
dar de comer:	*to feed*
dar en:	*to strike against, to hit*
dar gritos:	*to shout*
dar la hora:	*to chime the hour*
dar las gracias a:	*to thank*
dar lata a:	*to give grief to, to cause problems for*
dar por + *adjective*:	*to consider something (done)*
dar recuerdos a:	*to give regards to*
dar un abrazo:	*to hug*
dar un paseo:	*to take a walk*
dar un paseo en coche:	*to take a ride in the car*
dar una vuelta:	*to take a walk / to take a spin / to ride in a car*
darse cuenta de:	*to realize*
darse la mano:	*to shake hands*
darse por:	*to consider oneself (+ adjective)*
darse por vencido:	*to give up*
darse prisa:	*to hurry*

Expressions with *echar*

echar al correo:	*to mail*
echar a perder:	*to spoil (like milk)*
echar de menos:	*to miss (someone/some place)*
echar la culpa:	*to blame*
echarse a:	*to begin to*

Expressions with *estar*

estar al tanto:	*to be up-to-date/informed*
estar de moda:	*to be in style*
estar despejado:	*to be totally clear (the sky)*
estar agotado:	*to be worn out, exhausted*
estar en la luna:	*to be daydreaming*
estar en las nubes:	*to have one's head in the clouds / to be daydreaming*
estar fuera de sí:	*to be beside oneself*
estar hecho polvo:	*to be exhausted/worn out*
estar listo:	*to be ready*
estar nublado:	*to be cloudy*

Expressions with *haber*

haber de + *infinitive*:	*to have to (do something)*
hay + *noun* + que + *infinitive*:	*there is (something) to (do)*
hay que + *infinitive*:	*it is necessary, one must (do something)*

Forms of *haber* to express existence

hay:	*there is / there are*
había:	*there was / there were*
hubo:	*there was / there were*
habrá:	*there will be*
habría:	*there would be*
ha habido:	*there has been*
había habido:	*there had been*
habrá habido:	*there will have been*
habría habido:	*there would have been*
haya:	*there is / there are*
hubiera*:	*there was / there were*
haya habido:	*there has been*
hubiera" habido:	*there had been*

Expressions with *hacer*

hace + *time* + que + *preterit*:	*ago*
hace + *time* + que + *present*:	*How long something has been going on*
hacía + *time* + que + *imperfect*:	*How long something had been going on*
hace poco:	*a short time ago*
hacer caso a:	*to pay attention (to a person)*
hacer caso de:	*to pay attention to (something)*
hacer daño a:	*to hurt, injure, damage*
hacer de:	*to work as*
hacer el papel de:	*to play the role of*
hacer juego con:	*to match (go with)*
hacer la vista gorda:	*to turn a blind eye, to pretend not to notice*
hacer las paces:	*to make peace*
hacer pedazos de:	*to tear to pieces/shreds*
hacer una pregunta:	*to ask a question*
hacer una visita:	*to visit, make a visit*
hacer un viaje:	*to take a trip*
hacerse:	*to become (profession, religion, etc.)*
hacerse tarde:	*to grow / get late*
hacerse daño:	*to hurt/injure oneself*
hacérsele agua a la boca:	*to make one's mouth water*

Expressions with *ir*

ir al grano:	*to go straight to the point*
ir de juerga:	*to go out on the town, to paint the town*
ir sobre ruedas:	*to run smoothly*
irse tirando:	*to be getting along*

Expressions with *llevar*

llevar + *period of time*:	*to have been doing something for a certain amount of time / to have been somewhere for a certain period of time*
llevar a cabo:	*to carry out (to the end)*
llevar la contraria:	*to disagree with*
llevarse como perro y gato:	*to get along like cats and dogs*

Expressions with *meter*

meter la pata:	*to stick one's foot in one's mouth*
meter las narices:	*to stick one's nose into someone else's business*
meterse en:	*to get involved in*
meterse en un callejón sin salida:	*to have no way out*

Expressions with *poner*

poner en ridículo:	*to embarrass*
poner pleito:	*to sue*
ponerse:	*to become (+ adjective: sick, angry, etc.)*
ponerse a:	*to begin to (do something)*
ponérsele a uno la carne de gallina:	*to get goose bumps*
ponérsele los pelos de punta:	*to make one's hair stand up on end*

Expressions with *quedar*

quedar boquiabierto:	*to be shocked, to be left with your mouth open*
quedar en:	*to agree on/to*
quedarle bien/mal:	*to look good/bad on*
quedarse con:	*to keep, to hold on to*

Expressions with *ser*

ser de buena pasta:	*to be good-natured*
ser el colmo:	*to be the limit*
ser listo:	*to be smart*
ser para chuparse los dedos:	*to be finger-licking good*
ser todo oídos:	*to be all ears*
ser una lata:	*to be a drag/nuisance/bore*
ser una perla:	*to be a gem / a good person*
ser uña y carne:	*to be very close (like twins)*

Expresions with *tener*

tener corazón de piedra:	*to have a cold heart*
tener cuidado de:	*to be careful of*
tener dolor de:	*to have a _____ache*
tener en la punta de la lengua:	*to have (something) on the tip of one's tongue*
tener éxito:	*to be successful*
tener ganas de:	*to feel like (doing something)*
tener inconveniente:	*to mind, to object*
tener la culpa de:	*to be to blame*
tener líos:	*to have problems (with someone/something)*
tener lugar:	*to take place*
tener miedo de:	*to be afraid of*
tener por + *adjective*:	*to consider to be (+ adjective)*
tener prisa:	*to be in a hurry*

tener que ver con:	*to have to do with*
tener razón:	*to be right*
tener sueño:	*to be tired/sleepy*
tener suerte:	*to be lucky*
tener vergüenza:	*to be ashamed*
no tener arreglo:	*to have no solution*
no tener pies ni cabeza:	*to not make any sense (a composition, puzzle, etc.)*

Expressions with *tomar*

tomar a broma:	*to take as a joke*
tomar algo a bien/mal:	*to take something well/badly*
tomar a pecho:	*to take to heart*
tomar en serio:	*to take seriously*
tomar la palabra:	*to have the floor, to speak*
tomar partido por:	*to take sides with someone*
tomarle el pelo:	*to pull someone's leg*

CONVINCING/PERSUADING; GIVING/RECEIVING INFORMATION; EXPRESSING FEELINGS

Convincing and Persuading

Creo que
+ indicative mood = *I believe that . . .*

Pienso que
+ indicative mood = *I think that . . .*

No creo que
+ subjunctive mood = *I do not believe that . . .*

No pienso que
+ subjunctive mood = *I do not think that . . .*

Es verdad que
+ indicative mood = *It is true that . . .*

Es evidente que
+ indicative mood = *It is evident that . . .*

Es obvio que
+ indicative mood = *It is obvious that . . .*

Es cierto que
+ indicative mood = *It is certain that . . .*

Es seguro que
+ indicative mood = *It is sure that . . .*

No hay duda que
+ indicative mood = *There is no doubt that . . .*

No cabe duda que
+ indicative mood = *There is no doubt that . . .*

A mi parecer
+ indicative mood = *In my opinion . . .*

Es importante que
+ subjunctive mood = *It is important that . . .*

Es menester que
+ subjunctive mood = *It is important that . . .*

Es preciso que
+ subjunctive mood = *It is important that . . .*

Es imprescindible que
+ subjunctive mood = *It is imperative that . . .*

Es posible que
+ subjunctive mood = *It is possible that . . .*

Es imposible que
+ subjunctive mood = *It is impossible that . . .*

Es probable que
+ subjunctive mood = *It is probable that . . .*

Es improbable que
+ subjunctive mood = *It is improbable that . . .*

Más vale que
+ subjunctive mood = *It is better that . . .*

Es mejor que
+ subjunctive mood = *It is better that . . .*

Basta que
+ subjunctive mood = *It is enough that . . .*

Insistir en que
+ subjunctive mood = *To insist on . . .*

Suplicar que
+ subjunctive mood = *To beg that . . .*

Rogar que
+ subjunctive mood = *To beg that . . .*

Permitir que
+ subjunctive mood = *To allow that . . .*

Dejar que
+ subjunctive mood = *To allow . . .*

No permitir que
+ subjunctive mood = *To not allow . . .*

No dejar que
+ subjunctive mood = *To not allow . . .*

Negar que
+ subjunctive mood = *To deny that . . .*

Recomendar que
+ subjunctive mood = *To recommend that . . .*

Aconsejar que
+ *subjunctive mood* = *To advise that . . .*
Advertir que
+ *subjunctive mood* = *To warn that . . .*
Querer/Desear que
+ *subjunctive mood* = *To want/desire that . . .*
Ojalá (que)
+ *subjunctive mood* = *To hope that (God willing) . . .*

Me gustaría + *infinitive*
Querría + *infinitive*
Desearía + *infinitive*
Quisiera + *infinitive*
I would like to . . .

Me gustaría que
+ *imperfect subjunctive*
Querría que
+ *imperfect subjunctive*
Desearía que
+ *imperfect subjunctive*
Quisicra que
+ *imperfect subjunctive*
I would like (someone) to . . .

Si + *present indicative* + *future* = *If you study, you will do well.*
Si + *imperfect subjunctive* + *conditional* = *If you could come, you would come.*

tener que
+ *infinitive* = *to have to do something*
deber (de) + *infinitive* = *must / should do something*
Esperar que
+ *subjunctive mood* = *to hope that . . .*
Me parece que
+ *indicative mood* = *It seems to me that . . .*
Me interesa que
+ *subjunctive mood* = *It interests me that . . .*
Me hace falta que
+ *subjunctive mood* = *I need someone to . . . it's necessary that . . .*

Giving and Receiving Information

¿Cómo?
(**¿Cómo** eras tú de niño?) = *How? / What?*

¿Adónde? = *To where?*
¿Dónde?
(**¿Dónde** es la conferencia?) = *Where?*
¿De dónde?
(**¿De dónde** vino Ud.?) = *From where?*
¿Cuándo?
(**¿Cuándo** piensas venir?) = *When?*
¿Cuánto?
(**¿Cuánto** cuestan los discos?) = *How much?*
¿Cuántos/as?
(**¿Cuántas** personas vienen?) = *How many?*
¿Quién?
(**¿Quién** fue el primer presidente?) = *Who?*
¿De quién?
(**¿De quién** es el directivo?)
(**¿De quién** es el suéter?) = *From whom? / Whose?*

¿A quién?
(**¿A quién** quieres mandarlo?) = *To whom?*
¿Con quién? (**¿Con quién** hablo?) = *With whom?*
¿En quién? (**¿En quién** pensabas?) = *About whom?*
¿Por qué? (**¿Por qué** lo quieres?) = *Why? (reason)*
¿Para qué?
(**¿Para qué** vienes temprano?) = *For what purpose?*

¿Cuál? (**¿Cuál** es la dirección?) = *What? / Which?*

¿Qué? (**¿Qué** es la vida?) = *What? (definition)*

¿Qué? (**¿Qué** camisa quieres?) = *Which?*
Necesito información. = *I need some information.*

Me gustaría saber (dónde vive Juan). = *I would like to know (where John lives).*

¿Puede Ud. / Puedes tú decirme (qué hora es)? = *Can you tell me (what time it is)?*

¿Podría Ud. / Podrías tú ayudarme (con la tarea)? = *Could you help me (with the homework)?*

Yo no sé (la respuesta).	= *I don't know (the answer).*
Le/Te agradezco su/tu ayuda.	= *I thank you for your help.*
Le/Te doy las gracias por su/tu ayuda.	= *I thank you for your help.*
Mándame/Mándeme tu/su respuesta.	= *Send me your answer.*
Contéstame/Contésteme cuanto antes.	= *Answer me as soon as possible.*
Espero que Ud. pueda/tú puedas ayudarme.	= *I hope you can help me.*

Expressing Feelings

Alegrarse (de) que + *subjunctive mood*	= *To be happy that . . .*
Sentir que + *subjunctive mood*	= *To regret that . . .*
Molestarle que + *subjunctive mood*	= *To be bothered that . . .*
Fastidiarle que + *subjunctive mood*	= *To be frustrated that . . .*
Encantarle que + *subjunctive mood*	= *To love that . . .*
Gustarle que + *subjunctive mood*	= *To like that . . .*
Importarle que + *subjunctive mood*	= *To matter that . . .*
Disgustarle que + *subjunctive mood*	= *To displease someone that . . .*
Asustarle que + *subjunctive mood*	= *To frighten someone that . . .*

Sorprenderle que + *subjunctive mood*	= *To surprise someone that . . .*
Dolerle que + *subjunctive mood*	= *To hurt someone that . . .*
Temer que + *subjunctive mood*	= *To fear that . . .*
Esperar que + *subjunctive mood*	= *To hope that . . .*
Tener miedo (de) que + *subjunctive mood*	= *To be afraid that . . .*
Estar contento (de) que + *subjunctive mood*	= *To be content that . . .*
Estar alegre (de) que + *subjunctive mood*	= *To be happy that . . .*

Gustar *and Similar Verbs*

Me importa(n) + *noun*	= *It/They matter(s) to me*
Me gusta(n) + *noun*	= *I like it/them*
Me disgusta(n) + *noun*	= *It/They displease(s) me*
Me encanta(n) + *noun*	= *I love it/them*
Me asusta(n) + *noun*	= *It/They frighten(s) me*
Me sorprende(n) + *noun*	= *It/They surprise(s) me*
Me duele(n) + *noun*	= *It/They hurt(s) me*
Me molesta(n) + *noun*	= *It/They bother(s) me*
Me fastidia(n) + *noun*	= *It/They frustrate(s) me*

> Remember that **me, te, le, nos, os,** and **les** are used to indicate the person with **gustar** and similar verbs.

VERBS AND VERBAL EXPRESSIONS REQUIRING PREPOSITIONS

In this appendix, you will find verbs that require a preposition in Spanish, verbs that require a preposition in English but not in Spanish, and some common prepositional phrases.

Verbs requiring prepositions that are *different* from English

acabar de	*to have just*
acordarse de	*to remember*
amenazar con	*to threaten to*
arrepentirse de	*to regret*
cansarse de	*to get tired, fed up with*
casarse con	*to get married to*
cesar de	*to stop doing something*
conformarse con	*to conform to / to agree to*
consentir en	*to agree to*
consistir en	*to consist of*
contar con	*to count on, to rely on*
convenir en	*to agree to*
cuidar a/de	*to take care of*
dar con	*to come across, find*
dejar de	*to stop*
depender de	*to depend on*
disfrutar de	*to enjoy*
dudar en	*to hesitate over*
enamorarse de	*to fall in love with*
encargarse de	*to take charge of*
estar por	*to be in favor of*
fijarse en	*to settle / to take notice*
gozar de	*to enjoy*
informarse de	*to find out about*
interesarse por/en	*to be interested in*
llegar a	*to succeed in*
olvidarse de	*to forget to*
pensar de	*to think about (opinion)*
pensar en	*to think about*
preocuparse por	*to worry about*
presumirse de	*to boast about*

quedar en	*to agree to*
quejarse de	*to complain about*
reírse de	*to laugh (about)*
renunciar a	*to resign, renounce*
soñar con	*to dream about*
tardar en	*to delay in, to be long in*
tener el derecho de	*to have the right to*
tener la impresión de	*to have the impression*
terminar de	*to stop*
tratar de	*to try to*
tropezar con	*to bump into*
vacilar en	*to hesitate over*
volver a	*to return to / to begin again*

Verbs that *do not* use a preposition in Spanish as they do in English

buscar	*to look for*
deber	*ought to, must*
dejar	*to let/allow to*
desear	*to wish/desire to*
escuchar	*to listen to*
esperar	*to hope/expect / to wait for*
lograr	*to succeed in*
mirar	*to look at, to watch*
necesitar	*to need to*
pensar	*to intend to*
poder	*to be able to*
preferir	*to prefer to*
pretender	*to attempt to*
prometer	*to promise to*
querer	*to want/wish to*
saber	*to know how to*
soler	*to be accustomed to*

Common prepositional expressions

a causa de	*because of*
a eso de	*about a certain time*
a fines de	*at the end of*
a fuerza de	*through the effort of*
a la	*in the style or manner*
a pie al pie de	*on foot*
a principios de	*at the beginning of*
a tiempo	*on time*
a través de	*through, across*
al + *infinitive*	*upon …*
al aire libre	*outdoors, in the open air*
antes de	*before*
con	*with*
de cuando en cuando	*from time to time*
de hoy en adelante	*from now on*
de otro modo	*otherwise*
de pie	*standing*
de vez en cuando	*from time to time*
desde luego	*of course*
desde luego que no	*of course not*
después de	*after*
en cambio	*on the other hand*
en efecto	*in fact, yes, really, indeed*
en lugar de	*instead / in place of*
en ocho días	*in a week*
en quince días	*in two weeks*
en vez de	*instead / in place of*
hasta	*until*
sin	*without*

Expressions that use *para*

para entonces	*by that time*
para otra vez	*for another time / later*
para siempre	*forever / always*
para variar	*for a change*

Expressions that use *por*

por ahora	*for now*
por aquel entonces	*at that time (past)*
por casualidad	*by chance*
por cierto	*certainly*
por completo	*completely*
por consecuencia	*consequently*
por consiguiente	*consequently*
por culpa de	*the fault of*
por dentro y por fuera	*inside and outside*
por desgracia	*unfortunately*
por ejemplo	*for example*
por esa época	*around that time (past)*
por escrito	*in writing*
por eso	*therefore, that's why*
por excelencia	*par excellence*
por favor	*please*
por fin	*finally*
por lo común	*generally*
por lo demás	*furthermore*
por lo general	*generally*
por lo menos	*at least*
por lo visto	*apparently*
por primera vez	*for the first time*
por supuesto	*of course*

Verbs that use the same or similar prepositions in English

acercarse a	*to approach, to go close to , to draw near to*
acertarse a	*to succeed in, to manage to*
acostumbrarse a	*to become accustomed to*
acudir a	*to come to*
alegrarse de	*to be glad about*
animar a	*to encourage to*
aprender a	*to learn to*
apresurarse a	*to hurry to*
arrepentirse de	*to repent, to be sorry about, regret*
aspirarse a	*to aspire to*
atreverse a	*to dare to*
avergonzarse de	*to be ashamed of*
ayudar a	*to help to*
caber en	*to fit into*
comenzar a	*to begin to*
convertirse en	*to change into*
convidar a	*to invite to*
correr a	*to run to*
decidirse a	*to decide to*
dedicarse a	*to dedicate oneself to*
disponerse a	*to get ready to*
dudar de, sobre, acerca de	*to doubt something about*
echarse a	*to begin to*
empeñarse en	*to insist on*
empezar a	*to begin to*
encargarse de	*to take charge of*
enseñar a	*to teach to*
enseñarse a	*to learn to*
enterarse de	*to find out about*
estar para	*to be ready to*
insistir en	*to insist on*
interesarse en/por	*to be interested in*

invitar a	*to invite to*	ponerse a	*to begin to*
ir a	*to go to*	precipitarse a	*to rush to*
jactarse de	*to boast about*	prepararse a	*to get ready to*
llegar a	*to get to, succeed in*	regresar a	*to return to / to start again*
llevar a	*to lead to*	resignarse a	*to be resigned to*
meterse a	*to start to*	salir a	*to go out to / into*
meterse en	*to meddle in, to get involved in*	sufrir de	*to suffer from*
negarse a	*to refuse to*	tener ganas de	*to want to*
obligar a	*to force, to compel to*	tener miedo de	*to be afraid of*
oponerse a	*to be opposed to*	venir a	*to come to*
persuadir a	*to persuade to*	volver a	*to return to / to start again*

MORE USEFUL EXPRESSIONS

In this appendix, expressions and phrases are provided to help you better express yourself in your writing.

a beneficio de / en beneficio de	*on behalf of / for the benefit of*	costarle + *infinitive*	*to take a lot / to pay dearly for*
a causa de	*because of*	dar/hacer un paseo	*to take a walk / to ride in a car*
a corto plazo	*in the short term*		
a fondo	*thoroughly*	dar con	*to come across or to find something*
a la hora en punto	*punctually, on time*		
a largo plazo	*in the long run*	dar la bienvenida	*to welcome*
a lo largo de	*throughout / along / all through*	dar los buenos días	*to say good day*
		dar pie a	*to give cause for*
a partir de	*from this point forward, starting from*	darse a conocer	*to make known*
		darse cita	*to arrange to meet / to make a date*
a paso de tortuga	*at a snail's pace*		
a pesar de	*in spite of*	darse cuenta de	*to realize*
a primera vista	*at first sight*	darse por vencido	*to give up / to admit defeat*
a principios de	*at the beginning of*	de acuerdo con/a	*in accordance with*
a través de	*across/through*	de buena / mala gana	*willingly/unwillingly*
abrir de par en par	*to open wide*	de habla española	*Spanish-speaking*
al + *infinitive*	*upon … (entering, etc.)*	de hecho	*in fact / as a matter of fact / actually*
al borde de	*on the edge of*		
al cabo de	*at the end of / after*	de más	*extra/spare*
al fin y al cabo	*after all / when all is said and done*	de nuevo	*again*
		de segunda mano	*second hand*
algo de	*some (in a question = any?)*	del mismo modo	*in the same way*
alrededor de	*around*	dentro de pocas horas	*within a few hours*
asunto de / cuestión de	*a question of*	dentro de poco	*in a little while*
aumentar de peso	*to gain weight*	echar de menos	*to miss (a person or place)*
como si / cual si	*as if (+ imperfect, pluperfect subj.)*	echar en falta	*to miss (a person or place)*
		el final	*the end*
con brazos abiertos	*with open arms*	el mundo de	*the world of*
con disimulo / sin disimulo	*furtively/plainly*	el primer piso	*the first floor (above ground)*
con escala / sin escala	*with/without a stop over (flying)*	la planta baja	*the ground floor*
		el resto de	*the rest of*
con fines / para fines	*with the purpose*	en busca de	*in search of*
con una misión	*on a mission*	en contra de	*against*
cosa de	*(it's) a matter of*	en cuanto	*as soon as*

en efecto	*in fact / as a matter of fact / really*	**no obstante**	*nevertheless*
en forma de	*shaped / in the shape of*	**oler a**	*to smell like*
en medio de	*in the middle of*	**otra vez**	*again*
entrar en calor	*to get warm*	**perder la pista**	*to lose the trail*
entre otros	*among others*	**poco a poco**	*little by little*
estar a la moda	*to be in style / fashion / fashionable*	**poner en duda**	*to put in doubt*
		poner en evidencia	*to show / to make obvious / demonstrate*
estar de acuerdo	*to be in agreement*		
estar de moda	*to be in style/fashion / fashionable*	**poner en riesgo**	*to put at risk*
		ponerse a	*to begin to do something*
estar molesto con	*to be bothered by*	**ponerse de acuerdo**	*to come to agreement*
estar seguro	*to be sure*	**por cosa de magia / arte de magia**	*as if by magic / by magic*
fijarse en / poner los ojos en	*to notice / to look at*		
		por/de/en todo el mundo	*everywhere*
frente a / ante	*facing*		
hace + *time* + *preterite*	*ago*	**por/durante un fin de semana**	*for/during the weekend*
hace más de + *time*	*(for) more than*		
hacer, dormir, echar, tomar una siesta	*to take a nap*	**por eso**	*for that reason / therefore*
		por lo visto	*apparently*
hacerle caso a	*to pay attention to (a person)*	**por primera vez**	*for the first time*
hacerle caso de	*to pay attention to (a thing)*	**por supuesto**	*of course*
hasta la fecha	*so far*	**por vía marítima**	*by sea*
hoy día	*today*	**primera plana**	*front page*
hoy en día	*nowadays*	**punto de partida**	*starting point*
ir de compras	*to go shopping*	**punto de vista**	*point of view*
ir/estar de vacaciones	*to go / to be on vacation*	**recibir lo suyo**	*to get what s/he deserves*
junto a	*next to / along with*	**rumbo a / camino a**	*on the way to*
la falta de	*the lack of / shortage of*	**sacar/tomar fotos**	*to take pictures*
la luna de miel	*honeymoon*	**salir al mercado**	*to come out on the market*
la primera vez	*the first time*	**salirse con la suya**	*to get away with it*
llevar de la mano	*to lead / to take by the hand*	**salírsele / escapársele el corazón por la boca**	*to get a lump in one's throat*
lo antes posible	*as soon as possible*		
lo curioso	*the curious/strange thing*	**sí mismo(a)**	*himself / herself / itself*
lo más raro de todo	*the strangest (thing) of all*	**sin duda**	*without a doubt*
lo que	*what (indefinite: that which)*	**sin duda alguna**	*without any doubt*
los demás	*the rest*	**sin embargo**	*nevertheless*
luego de	*after/when*	**sin más ni más**	*without further ado*
manos a la obra	*"Let's get down to work!"*	**sobre/ante todo**	*above all*
más de + *a number*	*more than (in a positive sentence)*	**tener en cuenta**	*to take into account*
		tener éxito	*to be successful*
no más que	*no more than*	**un comunicado de prensa/radio**	*a news report*
mayor de edad	*of age / elderly*		
menor de edad	*underage*	**una vez más**	*again / once more*
nada / no / nunca más	*nothing / no more / never again*	**viajar en**	*to travel by (people)*
no caber duda / no quedar duda	*there is no doubt*	**viajar por**	*to travel by (things)*

SUGGESTED RESOURCES FOR CULTURAL REVIEW

The AP Spanish Examination Committee has identified six major themes. These are the themes around which all questions on the examination have been developed. While these themes inform all questions on the examination, they are of particular importance on the last part of the examination, presentational speaking. On this section of the examination, you will be asked a question which will require you to compare some Hispanic area's cultural practice to a similar cultural practice from your own background. This list is not exhaustive but it does give you some possible resources to help you review big *C* culture and small *c* culture.

- Try a variety of these sources to see what might be of more use to you.
- Use a search engine such as Google to look up the countries.
- Try to review the countries suggested in the study plans.
- As you see specific cultural practices of a Hispanic culture, make a mental note of a similar practice from your own cultural background.

Here is a list of the themes that will inform the questions on the AP Spanish Language and Culture exam:

Global Challenges	Personal and Public Identities
Science and Technology	Families and Communities
Contemporary Life	Beauty and Aesthetics

You should view the full sections "Themes, Recommended Contexts" and "Overarching Essential Questions" on pages 27–32 of the *AP Spanish Language and Culture Curriculum Framework 2013–2014* available on the College Board website (http://www.collegeboard.com) for more details and examples.

Here are some possible sources where you can study or review the cultures of Hispanic countries:

- "CultureGrams": Many school and public libraries subscribe to these. They give brief summaries of important information about each country in the world. Check with your local or school librarian or go to http://www.culturegrams.com.
- AMSCO *Workbooks in Spanish:* This four-year workbook series is often available in schools and for purchase at bookstores and online. The last sections of these workbooks take a look at various cultural aspects of Spain and Latin America. Check with your teacher or go to http://www.amscopub.com.
- *Repaso: A Complete Review Workbook for Grammar, Communication, and Culture* (McGraw-Hill). This workbook is often available in schools and can be purchased at bookstores and online. The last sections of this workbook take a look at various cultural aspects of Spain and Latin America. Check with your teacher.
- *El Sol, Hoy Día, Ahora,* and *¿Qué Tal?* These magazines are published by Scholastic. Many schools subscribe to these. Check with your teacher and/or librarian.

- *Authentik.* This magazine also comes with a CD for listening. Many schools subscribe to it; check with your teacher.
- Wikipedia. Go to Wikipedia online and enter the name of the country about which you want information. It will take you to a page that summarizes many cultural points. But be aware that Wikipedia may not always be accurate.
- Also check with your teacher/school librarian to see if your school receives popular magazines in Spanish such as *People en español, ¡Hola!, Novedades,* etc.
- The *World Almanac* also contains summaries of essential cultural facts.

Here are a few websites that might be of interest to you as you prepare for the AP Spanish Language and Culture exam. You may find additional reading material and listening practice through these sites.

http://www.collegeboard.org
This site provides information on all of the Advanced Placement Examinations and any changes in them.

http://www.radio-directory.com
This site can link you to Spanish-language radio stations.

http://www.icom.museum/vlmp
This site can link you to virtual museum tours.

http://www.mae.es
This is the Spanish embassy site in Washington, D.C. You may find additional reading and cultural materials here as well.

http://www.wordreference.com
This is an electronic dictionary.

http://radio.un.org/es
This is a good site for listening practice as it has an extensive archive of audio clips.

http://abacus.bates.edu/lrc/spanish.html
This is a good site for links to Spanish-language radio, newspapers and television stations.

http://abcnews.go.com/Technology/podcasting
In the "Exclusiva" section you can listen to podcasts of headline news from the Spanish-speaking world.

http://podcast.com
At this site you can find a directory of Spanish-language podcasts on a variety of topics.

http://www.bbc.co.uk/spanish
This is a good site for world news, along with articles on economy, science and technology, and arts, in Spanish from the BBC.

Newspapers in Latin America

Argentina: El Clarín: *http://www.clarin.com*

Bolivia: El Diario: *http://www.eldiario.net*

Chile: El Mercurio: *http://www.elmercurio.cl* and La Tercera: *http://www.latercera.cl*

Colombia: El Tiempo: *http://www.eltiempo.com*

Costa Rica: La Nación: *http://www.nacion.com*

Cuba: Granma: *http://www.granma.cubaweb.cu*

Ecuador: El Comercio: *http://www.elcomercio.com*

Guatemala: Prensa Libre: *http://www.prensalibre.com*

Honduras: La Prensa: *http://www.laprensahn.com*

México: El Heraldo de México: *http://www.heraldo.com.mx* and Reforma: *http://www.reforma.com*

Nicaragua: El Nuevo Diario: *http://www.elnuevodiario.com.ni*

Panamá: Critica: *http://www.critica.com.pa*

Paraguay: Diario ABC: *http://www.abc.com.py*

Perú: El Comerico: *http://www.elcomercioperu.com.pe*

Puerto Rico: El Nuevo Día: *http://www.endi.com*

La República Dominicana: Listín Diario: *http://www.listin.com.do* and Hoy: *http://www.hoy.com.do*

Uruguay: El Observador: *http://www.observa.com.uy*

Venezuela: El Universal: *http://www.eluniversal.com*

Grammar practice

http://www.colby.edu/~bknelson/SLC/index.php
This site offers free grammatical practice exercises. For a fee, more exercises are available.

http://www.studyspanish.com/tutorial.html

http://spanish.about.com/od/tipsforlearningspanish/u/continue.html

NOTES